NUCLEAR LEGACY

Students of Two Atomic Cities

Атомна спадщина

школярі двох атомних міст

Maureen McQuerry

PRINCIPAL ASSISTANTS:

Tetyana Gavrysh

Inna Ryazanova

STUDENT EDITOR:

Erin Donahoe

Морін МакКвирі

За допомогою:

Тетяни Гавриш

Інни Рязанової

Редакція учениці:

Ерін Донахоу

Battelle Press

Columbus • Richland

Library of Congress Cataloging-in-Publication Data

McQuerry, Maureen, 1955-
Nuclear Legacy : students of two atomic cities / Maureen McQuerry, Tetyana Gavrysh, Inna Ryazanova = [Атомна спадщина: школярі двох атомних міст / Морін МакКвирі, Тетяна Гавриш, Інна Рязанова].
p. cm.
Includes index.
Summary: Students from Slavutych, Ukraine, and Richland, Washington, describe the effects of growing up in communities purposely developed in isolation or secrecy because of their nuclear-based industry and discuss their future in these towns as demand for nuclear energy declines.
ISBN 1-57477-087-X (case : alk. Paper)
1. Nuclear industry—Social aspects—Juvenile literature. 2. Chornobyl Nuclear Accident, Chornobyl§' Ukraine, 1986—Social aspects—Juvenile literature. 3. Nuclear industry—Social aspects—Washington—Tri-Cities—Juvenile literature. 4. Slavutych (Ukraine)—Social conditions—Juvenile literature. 5. Richland (Wash.)—Social conditions—Juvenile literature. [1. Nuclear industry—Social aspects. 2. Slavutych (Ukraine)—Social conditions. 3. Richland (Wash.)—Social conditions. 4. Ukrainian language materials—Bilingual.] I. Title: Атомна спадщина: школярі двох атомних міст. II. Гавриш, Тетяна; Рязанова, Інна, 1963—III. Title.

HD9698.A2 M4 2000
306'.09477'7—dc21

99-058585

Printed in the United States of America

Battelle Press
505 King Avenue
Columbus, Ohio 43201-2693, USA
614-424-6393 or 1-800-451-3543
Fax: 614-424-3819
E-mail: press@battelle.org
Website: www.battelle.org/bookstore

U.S. Students

FROM LEFT TO RIGHT: *Back row: Kylie Fullmer, Ben Ford, Michael Juracich, James French, Maggie Wertz, Benjamin Goodey, Michael McCain, Maureen McQuerry (teacher). Front row: Matthew Quesnell, Kalin Sloughter, Kelli Bruemmer, Brennan McQuerry, Miranda Woodford, Zach Cook, Dustan Terlson, Kerri Brown.* ***NOT PICTURED:*** *Rachel Berkowitz, Erin Donahoe, Melissa McCoy, Devon Mix, Claire Sellers.*

Ukrainian Students

FROM LEFT TO RIGHT STANDING: *Dmytro Genzytsky, Pavlo Gubin, Anton Syomen, Kateryna Minazova, Iryna Makarova, Daria Goschak, Ganna Andrusha, Kateryna Khropata, Tetyana Shlopak, Olga Schukina.* ***FROM LEFT TO RIGHT SITTING:*** *Olga Ryezan, Yana Genzytska, Bogdana Ponomarenko.* ***NOT PICTURED:*** *Yuliya Lapinska, Maryna Pichkur, Yevgeniya Vysotska, Olga Ponomarenko, Sergiy Zhykharev, Oleksiy Ustyugov, Veronika Glukhova, Tetyana Gavrysh (teacher), Inna Ryazanova (teacher).*

Larry Meyers

Photography
Фотографії

U.S. PHOTOGRAPHERS: *starting at bottom and going clockwise: K'Lyn Merrill, Torrey Bates, Marlene Bailey, Darcy Terlson, Megan Bruemmer, Kaitlin Gallagher, Rebecca Estes.* ***NOT PICTURED:*** *Erin Donahoe, Kevin Boger, Vickie Rosenwald, Miranda Taylor, Kari Wiborg, Larry Meyers (instructor).*

АМЕРИКАНСЬКІ ФОТОГРАФИ: *знизу за напрямком годинної стрілки: Кейлин Меррилл, Торрі Бейтс, Марлін Бейлі, Дарсі Терлсон, Меган Бруммер, Кейтлин Галлахер, Ребекка Естес.* ***Не на фотографії:*** *Ерін Донахоу, Кевін Богер, Вікі Розенвалд, Міранда Тейлор, Кері Виборг, Леррі Маєрз (вчитель).*

UKRAINIAN PHOTOGRAPHERS: *Volodymyr Savran, Yuliya Lapinska, Yevgeniya Sulimova, Artur Korneev.*

УКРАЇНСЬКІ ФОТОГРАФИ: *Володимир Савран, Юлія Лапінська, Євгенія Сулімова, Артур Корнеєв.*

ФОТОГРАФІЇ НА ПОПЕРЕДНІЙ СТОРІНЦІ
АМЕРИКАНСЬКІ ШКОЛЯРІ

ЗЛІВА НАПРАВО: *Задній ряд: Кайлі Фулмер, Бен Форд, Майкл Джурасич, Джеймз Френч, Меггі Вертц, Бенджамин Гуді, Майкл МакКейн, Морін МакКвирі (вчителька). Передній ряд: Мес'ю Квеснел, Кейлин Слотер, Келлі Бруммер, Бреннан МакКвирі, Міранда Вудфорд, Зак Кук, Дистен Терлсон, Керрі Браун. НЕ НА ФОТОГРАФІЇ: Речел Берковиц, Ерін Донахоу, Мелисса МакКой, Девон Мікс, Клеар Селлерз.*

УКРАЇНСЬКІ ШКОЛЯРІ

ЗЛІВА НАПРАВО: Стоячи: Дмитро Гензицький, Павло Губін, Антон Сьомен, Катерина Міназова, Ірина Макарова, Дарія Гощак, Ганна Анндруша, Катерина Хропата, Тетяна Шлопак, Ольга Щукіна. Сидячи: Ольга Рєзан, Яна Гензицька, Богдана Пономаренко. НЕ НА ФОТОГРАФІЇ: Юлія Лапінська, Марина Пічкур, Євгенія Висоцька, Ольга Пономаренко, Сергій Жихарев, Олексій Устюгов, Вероніка Глухова, Тетяна Гавриш (вчителька), Інна Рязанова (вчителька).

Contents

Foreword

Introduction

Reflections on Nuclear Culture

Part I: History

Chapter 1: The Frontier (pages 1-38)
Native Americans, The Nez Perce, The River People, Lewis and Clark, Early Settlers and Farmers, Early Towns, 1st School White Bluffs, Old Hanford School, Slavutych History

Chapter 2: Hanford Beginnings - The Atomic Bomb and the Manhattan Project (pages 39-76)
Site Selection, Uranium, Seaborg, Plutonium, Matthias, Los Alamos, Fermi, Oppenheimer, A Final Effort, Conclusion, Losing the Land, Military History, Security

Chapter 3: Hanford Community - WWII - Cold War (pages 77-106)
Termination Winds, Alphabet Houses, Women at Hanford, Day's Pay, Secrets, Disposal Act, The Cold War

Chapter 4: Chornobyl Beginnings (pages 107-110)
Site Selection, Site Construction

Chapter 5: Prypyat (pages 111-114)
Building of Prypyat, The Workforce

Chapter 6: Reactors (pages 115-130)
Introduction, Plutonium, Radiation, Chornobyl Reactor Design, Hanford's Reactors-B, N Reactor, Reactor Safety

Chapter 7: The Chornobyl Disaster (pages 131-158)
The Accident, Emergency Response, Heroes, Evacuation of Prypyat, When Can We Come Back to Prypyat?, International Response, Soviet Explanation, A Tragedy of the Century, Object Shelter

Зміст

Передмова

Вступ

Міркування про ядерну культуру

Частина І: Історія

Глава 1: Першопроходці (сторінки 1-38)
Індійці, Нез Перс, Річкові люди, Л'юіс і Кларк, Перші переселенці та фермери, Перші міста, Перша школа в Уайт Блаффс, Стара школа в Хенфорді, Історія Славутича

Глава 2: Початки Хенфорда – Атомна бомба і Манхеттенський проект (сторінки 39-76)
Вибір майданчика, Уран, Сіборг, Плутоній, Маттіас, Лос Алмос, Фермі, Оппенхаймер, Останнє зусилля, Висновки, Втрачена земля, Військова історія, Охорона Хенфорда

Глава 3: Хенфордське суспільство — Друга світова війна – Холодна війна (сторінки 77-106)
«Вітри звільнення», «Алфавітні» будинки, Жінки Хенфорда, «Денна платня», Секрети, Закон про передачу власності, Холодна війна

Глава 4: Початки Чорнобиля (сторінки 107-110)
Вибір майданчика, Будівництво майданчика

Глава 5: Прип'ять (сторінки 111-114)
Будівництво Прип'яті, Робоча сила

Глава 6: Реактори (сторінки 115-130)
Загальна інформація, Плутоній, Радіація, Конструкція Чорнобильского реактора, Хенфордські реактори – «B» і «N», Безпека реакторів

Глава 7: Чорнобильска катастрофа (сторінки 131-158)
Аварія, Перша реакція, Герої, Евакуація Прип'яті, Коли повернемось у Прип'ять?, Міжнародна реакція, Пояснення Радянського Уряду, Трагедія століття, Об'єкт «Укриття»

Частина II: Життя регіонів сьогодні

Глава 8: Атомна спадщина – Річленд (сторінки 159-178)
Міністерство енергетики США, Типи відходів, Історія басейнів «К», Оздоровлення майданчика, Природний комплекс Хенфорда, Червоні коршаки, Сапсани, Білоголові орлани, Лосось

Глава 9: Атомна спадщина – Чорнобиль і Славутич (сторінки 179-188)
Чорнобильська АЕС, Все живе прагне жити, Фауна Чорнобильської зони

Глава 10: Славутич сьогодні (сторінки 189-204)
Символ безмежності, Місто Білого Янгола, Культурне життя Славутича, Розпад Радянського Союзу

Глава 11: Місто Річленд (сторінки 205-214)
Громада, кондитерська крамниця «Пундик», ріка Колумбія, Коледж басейну ріки Колумбії, Університет штату Вашингтон, мер Річленда

Глава 12: Диверсифікація підприємницької громади (сторінки 215-250)
«Пан Тримістя», Порт Бентон, Місто XXI-ого віку, Бізнес у Славутичі, TACIS, Річленд, Випробувальний реактор на швидких нейтронах, Ядерна медицина, Медичні ізотопи

Глава 13: Диверсифікація науки і техники (сторінки 251-272)
Славутицка лабораторія міжнародних досліджень і технологій, ПППІД, компанія «Геосейф», Екологічна лабораторія молекулярних досліджень, СОММО, Центр «Хаммер»

Частина III: Майбутнє

Глава 14: Майбутнє атомної енергетики (сторінки 273-282)
Хибні уявлення, Атомна енергія, Програма «Глоуб»

Глава 15: Відгуки школярів (сторінки 283-300)
Майбутнє Річленда
Майбутнє Славутича

Part II: The Communities Today

Chapter 8: Nuclear Legacy Richland (pages 159-178)
U.S. DOE, Types of Waste, Exploring the K-Basins, Remediation, The Hanford Reach, Ferruginous Hawks, Peregrine Falcons, Bald Eagles & Salmon

Chapter 9: Nuclear Legacy -- Chornobyl & Slavutych (pages 179-188)
Chornobyl NPP, All Flesh, Mice & Men Struggle for Their Lives, Animals Of the Exclusion Zone

Chapter 10: City of Slavutych Today (pages 189-204)
The Symbol of Infinity, White Angel City, Cultural Life of Slavutych, The Break-up of the Soviet Union

Chapter 11: City of Richland (pages 205-214)
The Community, Spudnut Shop, Columbia River, Columbia Basin College, WSU, Mayor of Richland

Chapter 12: Diversification in the Business Community (pages 215-250)
Mr. Tri-Cities, Port of Benton, 21st Century City, Business in Slavutych, TACIS, Richland, FFTF, Nuclear Medicine, Medical Isotopes

Chapter 13: Diversification in Science and Technology (pages 251-272)
Slavutych Laboratory, SPIRE, Geosafe, EMSL, SAMMS, HAMMER

Part III: The Future

Chapter 14: The Future of Nuclear Energy (pages 273-282)
Public's Misgivings, Nuclear Power, GLOBE

Chapter 15: Student Voices (pages 283-300)
The Future of Richland
The Future of Slavutych

Foreword
Передмова

Seldom does a book come along that contains such a rich mixture of youthful insight, cross-cultural impact, scientific reflection, and genuine vitality as does the present product. When I was asked if I would be willing to write a foreword for the book, I jumped at the opportunity!

Why? I had the rare opportunity while serving as president of the American Nuclear Society to take my wife to Chornobyl on the occasion of the 9th anniversary of that tragic accident, which occurred on April 26, 1986. In some ways, I think she went through many of the same emotions experienced by the youth that wrote this book. At first, she was shocked that I wanted her to go. But given reassurances from several trusted colleagues, she ventured on—and what she found was a profoundly human element to the whole drama. The accident itself, and the aftermath it created, was certainly tragic. There can be no doubt about that. Much could be and has already been written to underscore human frailty at its worst. Several of the stories contained in this book attest to this dark chapter in human history.

But there is more to the story—much more. After touring the remains of Chornobyl Unit 4, plus the other nuclear power units that are part of this nuclear complex, we toured Prypyat (the city that once housed most of the Chornobyl plant workers and their families). This city was evacuated shortly after the accident and a new city, Slavutych, was built about 30 miles away to provide new, safe housing. We had an opportunity to visit that city and immediately fell in love with the people. Those now living in Slavutych, Ukraine are, in many ways,

Нечасто трапляються книги, наповнені такою багатою сумішшю юних думок, культурних традицій, наукових роздумів та істинною життєвою силою. Коли мене спитали, чи не хочу я написати передмову до цієї книги, я одразу ж ухопився за таку можливість!

Чому? Коли я був президентом Американського ядерного товариства, мені разом з моєю дружиною випала рідкісна нагода відвідати Чорнобиль з приводу дев'ятої річниці Чорнобильської трагедії, яка сталася 26 квітня 1986 року. Мені здалося, що емоції, виявлені моєю дружиною, були в чомусь подібні до почуттів тих дітей, що написали цю книгу. Спочатку вона навіть не могла повірити, що я хочу взяти її з собою туди. Але після того, як кілька моїх авторитетних колег запевнили її, що небезпеки немає, вона ризикнула, поїхала та змогла побачити, як глибоко вплинула та трагедія на душі людей. Сама аварія та її наслідки були, безумовно, трагічні. В цьому не може бути ніяких сумнівів. Багато вже написано про найтяжчі помилки людей, багато можна написати ще. Кілька розповідей в цій книзі змальовують цю трагічну картину з історії людства.

Але на цьому моя історія не закінчується – навпаки, це був тільки початок. Після відвідування залишків четвертого блока Чорнобильської атомної електростанції (ЧАЕС) та решти енергоблоків цієї атомної станції, ми поїхали на екскурсію до Прип'яті (міста, в якому колись жила більшість персоналу ЧАЕС та члени їхніх сімей). Це місто було евакуйоване невдовзі по аварії, а для робітників станції було побудувано Славутич – нове, незабруднене радіацією місто, десь в 30 милях від Прип'яті. Нам випала нагода відвідати Славутич, і ми одразу ж закохалися в людей, які там мешкають. Сьогоднішні мешканці українського Славутича багато в чому нагадують мешканців американського Річленда, що в штаті Вашингтон (США). Це приязні, дружелюбні люди, які всі сили віддають створенню щасливого майбутнього своїх дітей. Вони добре знають, що весь світ пильно стежить за ними, і дуже хочуть досягти успіху.

Після повернення до Річленду, де моя сім'я прожила вже майже три десятиріччя, я довідався про написання цієї книги від одного з учнів Морін МакКвирі. Мене запросили виступити на одному з її уроків, і я був уражений тим ентузіазмом, який вона та її учні вкладали для того, щоб обмін зі Славутицькими школярами був цікавий і змістовний. Вона та її учні казали, що хочуть зкласти книгу зі спільних матеріалів, але, чесно кажучи, я не вірив, що вони зможуть це зробити. Я колись написав одну книгу сам, а ще в одній був співавтором. Я знаю, яких зусиль це коштує, тому я не порадив би братися за таку справу, якщо у Вас нема терпіння Іова, товстої, як у гіпопотама, шкіри, та сім'ї, яка завжди готова підтримати Вас. Це дуже важка справа!

Тому я вельми вражений тим, що вдалося зробити цим учням. Те, що почалося, як звичайна цікавість, бажання довідатися про життя двох різних міст, перетворилося на міцні дружні зв'язки та обмін життєвим досвідом в найглибшому розумінні цього слова. Хоча мені не довелося побачити всю книгу, ті фрагменти, які я прочитав, роздмухали вогнище моєї цікавості до незвичайної розповіді про те, якими бувають ядерні суспільства, і що вони собою являють. Юнаки і дівчата, що взяли участь в цьому проекті, зрозуміли, що освіта – це значно більше, ніж тільки книжки та відеофільми. Вони зрозуміли — відповідей на деякі питання в підручниках не знайти. Справді, багато питань ще не мають відповідей взагалі. Можливо, деякі найважливіші питання ще навіть не сформульовані. Однак, ці учні добровільно зайнялися вивченням та дослідженням дуже важливих аспектів життя. Цій книзі вони віддали перевагу над майже всіма розвагами та зайняттями, які звичайно володіють думками підлітків, бажання зібрати матеріал для книги витіснило навіть спокусу провести канікули з батьками. Учні

much like the people living in Richland, Washington (USA). They are warm, friendly, and deeply committed to the future welfare of their children. They are well aware that the eyes of the world are watching them, and they want very much to succeed.

Upon returning to Richland, where my family lived for nearly three decades, I learned of the present project through one of Maureen McQuerry's students. I was invited to talk to one of her classes and was impressed with the zeal that she and her students were putting into the effort to have a meaningful exchange with Slavutych students. She and her students mentioned the possibility of putting their shared experiences into book form but, quite frankly, I didn't really think they would have the tenacity to pull it off. I have written one book and co-authored another. I know what it takes to do this, and I would only recommend it to someone who has the patience of Job, the skin of a pachyderm, and an incredibly supportive family. It is not an easy job!

Hence, I am most impressed by what these students have been able to accomplish. What started out as a curiosity about two different communities has turned into a deep bond of personal relationships and a sharing of life in its deepest meaning. Whereas, I haven't had the opportunity to see the entire book, the samples provided to me have whetted my appetite for a rare treat of insight into what community in a nuclear culture is all about. These young people have learned through this project that real education is far more than reading books and watching video clips. They knew that all of the answers are not in textbooks. Indeed, many of the answers are not yet available. It may well be that some of the crucial questions have yet to be posed. Yet these students voluntarily immersed themselves into investigative reporting of the most meaningful type. They put this project ahead of almost all other distractions that normally lure the attention of teenagers, such that even family vacations took second place to the drive to compile the contents of this book. Students rode bikes and took transits to places where they could work on this project. In short, they *owned* this effort!

But even more impressive than the dedication evidenced by the teenagers in two cities on the opposite sides of the earth, the fact is that deep friendships have been formed. These could prove pivotal as these young people grow to take over leadership roles in the nuclear world that they inherited. Let us hope that the intellect, drive, and creativity demonstrated by the writing of this book will help all of us again realize that good can still evolve out of tragic situations. Mistakes have and probably always will mar the roads of new technologies. But I believe efforts of the present type provide ample proof that our future is in good hands. My heartiest congratulations for a rare and important contribution to a brighter global future for all of humanity.

Dr. Alan E. Waltar
Professor and Head
Department of Nuclear Engineering
Texas A&M University

вирушали автобусами та велосипедами до тих місць, де вони могли працювати над проектом. Коротше кажучи, вони вклали в цю справу свою душу!

Але що вражає ще більше, ніж зусилля та ентузіазм підлітків з двох міст на різних сторонах земної кулі – це ті глибокі дружні зв'язки, які вони створили. Це може стати кардинально важливим фактором, коли ці підлітки виростуть та займуть місце за кермом ядерного світу, який вони успадкували. Я сподіваюся, що розум, ентузіазм та творча винахідливість, які були продемонстровані під час написання цієї книги, допоможуть нам знову згадати, що навіть з трагічних ситуацій можуть з'являтися паростки добра. Помилки завжди супроводжували і, мабуть, супроводжуватимуть нові технології. Але мені віриться, що такі проекти, як цей, являють собою дуже серйозні докази того, що наше майбутнє в хороших руках. Мої найщиріші привітання цим людям з приводу рідкісного та вельми важливого внеску, зробленого ними заради майбутнього всього людства.

Доктор Алан І. Волтар
Професор, завідувач кафедри
атомної енергетики
Університет A&M, штат Техас

U.S. Acknowledgements

There are many people who assisted, encouraged and helped to make this book possible. I'm very grateful for the support of: Bechtel, Battelle, and the Pacific Northwest National Laboratory for sponsoring this project, especially Steve Leidle and Jerry White (Bechtel), and Gary Petersen for their consistent support; the Richland School District and GATE program for the opportunity to pursue this project; my tireless advisory committee who debated, proofread and encouraged me — Dennis McQuerry, Rick and Deb Donahoe and Thomas Zemanian; Linda Herman, Tatyana Colgan, and Tanya Korotkov — proof readers, translators and resource people; Peg Timmins for being the Slavutych liason back to the U.S.; Michelle Gerber, historian, for finding numerous historical photos; Howard Bullock for the Ukrainian layout; the parents of all the students who were ready to drive them anywhere at the last minute for the interviews; the Sunday Night Gang for listening, suggesting and laughing with me.

Ukrainian Acknowledgements

Encouragement and support to our "student project" were given by many of our Slavutych and Chornobyl family. From the Mayor of Slavutych, Volodymyr Udovychenko; to the Director General of the Chornobyl Nuclear Power Plant, Vitaly Tolstonogov, we were provided access and assistance. Mr. Oleksandr Lynkevych, head of Slavutych schools, provided first direction and guidance, as did Leonid Ladyzhev. Slavutych Laboratory for International Research and Technology provided access to communications and teleconferencing equipment. Numerous individuals who allowed us to interview are also to be thanked—Sergiy Hashchak, Yevgen Kyrylyuk, Volodymyr Scherbina, Volodymyr Chugunov, and many others. The Ukrainian portion of the book would not have been created without the technical assistance of Victor Kapusta, Volodymyr Savran, Yevgen Alimov, and Oksana Bogatyrenko. And finally, our heartfelt thanks to Maryna Davydko—interpreter, provider of internet e-mail contact with Richland, and friendly "encourager!"

Подяки американської сторони

Поява цієї книги стала можливою завдяки сприянню, підтримці та допомозі багатьох людей. Я дуже вдячна компанії Бектел і Тихоокеанській північно-західній національній лабораторії під керівництвом компанії Баттелл за спонсорську підтримку цього проекту, особливу вдячність висловлюю Ґері Пітерсену, Стіву Лайделу та Джеррі Вайту за їх постійну підтримку; шкільному округові Річленда та програмі GATE – за надану можливість здійснювати цей проект; моєму невтомному консультативному комітетові, який обговорював і вичитував цю працю та заохочував мене – Деннісу МакКвирі, Рику та Деб Донахоу і Томасу Земан'яну; Линді Хьорман, Тетяні Колґан і Тані Коротковій – моїм коректорам та помічникам; Пег Тиммінз за допомогу у зв'язку з Славутичем; історикові Мішел Ґербер – за знайдені нею численні історичні фотознімки; Хаварду Буллоку – за українську верстку; батькам усіх студентів, що з готовністю везли їх будь-куди в останню хвилину для інтерв'ю; нашій «недільній групі» – за те, що слухали, давали поради і сміялися разом зі мною.

Подяки української сторони

Багато членів нашої Славутицької та Чорнобильської сім'ї надавали підтримку та допомогу нашому «учнівському проекту». Усі, від мера Славутича Володимира Удовиченка до генерального директора Чорнобильської АЕС Віталія Толстоногова, надавали нам допомогу та дозволи на вхід. Пан Олександр Лінкевич, голова Славутицького місцевого відділу освіти, був нашим надійним помічником та наставником, так само, як і Леонід Ладижев. Славутицька лабораторія міжнародних досліджень і технологій надала нам можливість користуватися засобами зв'язку та обладнанням для телеконференцій. Ми також дякуємо багатьом людям, які дозволили нам взяти у них інтерв'ю – це Сергій Гащак, Євген Кирилюк, Володимир Щербина, Володимир Чугунов та багато інших. Українську частину книги ми не створили б без технічної допомоги Віктора Капусти, Володимира Саврана, Євгена Алімова та Оксани Богатиренко. І нарешті, наша найщиріша подяка Марині Давидко – перекладачці, організатору електронного листування з Річлендом та людині, яка надавала нам дружню «моральну підтримку»!

Вступ

American Teacher Maureen McQuerry

Американська вчителька Морін МакКвирі

Вирушайте на схід від Сієтлу по той бік гір, де в степах росте чагарник, а далі починаються фруктові сади та виноградники, і ви потрапите до батьківщини Манхеттенського проекту. А ще можете поїхати в саме серце України, житниці колишнього Радянського Союзу, краю, баготому на ліси, ягоди, дачі, а також Чорнобиль. То може існує ядерна культура, для якої нема національних кордонів і яка робить ці та інші ядерні містечка багато в чому схожими одне на інше? Що відрізняє ці ядерні поселення від решти секторів національної культури? Метої цієї книги є погляд на ту унікальну культуру очима учнів, що живуть та зростають у цих містечках – в українському Славутичі та американському Річленді, що в штаті Вашингтон.

Це діти, які зовсім не з чуток знають про Чорнобильську катастрофу, а також ті, кому дісталася спадщина атомної бомби. Це ті діти, яким судилося жити в двох з найбільш суперечливих містечок в світі. Те, як учні бачать історію своїх міст, їхні сподівання на майбутнє, дає нам змогу побачити ядерну історію очима тих, кому ми передаємо ядерну спадщину.

Ці ядерні містечка в чомусь схожі, хоча в них різна історія. Багато таких міст спеціально будували подалі від великих мегаполісів в досить ізольованих місцях. Секретність та державні таємниці завжди були і, великою мірою, залишаються з ними і тепер. Мешканців таких містечок, в яких дуже багато науковців та інженерів, об'єднує багато спільного, адже протягом років вони працювали над одною ідеєю, що продовжує бути предметом запеклих дискусій в усьому світі. Незважаючи на зміни державної політики та громадської думки, вони спромоглися вижити. А ще ці громади зараз знаходяться в процесі пошуку нового змісту свого життя. Ядерна енергетика втрачає прихильність світу, і тепер їм доводиться

Introduction

Travel east from Seattle to the other side of the mountains, to a land of shrub steppe, fruit orchards, vineyards, and the home of the Manhattan Project. Or travel to the heart of the Ukraine, the breadbasket of the former Soviet Union, a land lush with forests, berries, country dachas, and Chornobyl. Is there a nuclear culture, a culture that transcends national boundaries and makes these and other nuclear communities more similar than different? What sets these and other nuclear communities apart from other sectors of their national culture? The purpose of this book is to explore that unique culture through the eyes of students growing up in these two communities—Slavutych, Ukraine, and Richland, Washington, U.S.A.

These are the children who tell us first hand accounts of the Chornobyl disaster, of inheriting the legacy of the atomic bomb, and growing up in two of the more controversial communities in the world. Student perceptions of the history of their communities and hopes for the future of our world tell the nuclear story from the perspective of those who will inherit its legacy.

These nuclear communities do share some similarities despite diverse histories. They are often towns of isolation purposefully set far apart from any major metropolitan area. They are towns built on secrecy and that legacy is still prevalent. Peopled with high numbers of scientist and engineers, the community members often have a collective identity because they have worked for a cause that has been controversial. They have survived despite the swings of government and public opinion. They are also communities in the midst of finding a new identity. As public favor turns away from nuclear energy, these communities must diversify to survive.

In this book, students of two countries explore the history, present, and future of their nuclear communities and discuss with fresh voices their hopes for the future. It is first and foremost a book about student perspectives. Student researchers wrote all the articles. Much of the photography was done by student photographers. The articles reflect the priorities, insights, and perspectives of American and Ukrainian teenagers as they respond to their nuclear legacies.

шукати нові шляхи розвитку.

У цій книзі учні двох країн досліджують історію, сучасність та майбутнє своїх ядерних містечок, висловлюють свіжі відверті погляди та сподівання. Головне в цій книзі те, що всі статті в ній написані самими учнями, всі їхні погляди та дослідження належать їм самим. Велика кількість фотографій в цій книзі також зроблена учнями. Статті віддзеркалюють турботи, здогадки та відчуття американських та українських підлітків відносно ядерної спадщини, яка їм дісталася.

Earth Has the Shape of a Heart

Letters from planet childhood. Such phrase can be used to describe the book which is now in front of you. Just a year ago, its authors did not know that this book will come into existence.

And then, during a children teleconference between Richland and Slavutych, students from the two cities got to know each other, and so sincere friendship began.

And then, it became obvious that Earth is not just two separated hemispheres, where in different geographical coordinates United States and Ukraine are located, but rather one large sphere with single worldwide breathing and single cosmic pulse.

And then, a wonderful idea from Maureen McQuerry at Hanford School to publish under one book cover two sets of children's communications.

Children have a unique view of life. This, it seems, is the biggest value of this book. And when children are contemplating such complicated "adult" issues as Chornobyl accident in Ukrainian region of Polissya or creation of the first atomic bomb material at Hanford in the United States, history of Slavutych or business

Ukrainian Teacher Tetyana Gavrysh

Українська вчителька Тетяна Гавриш

У Земної кулі форма серця

Листи з планети дитинства. Так можна сказати про книгу, яка зараз перед вами. Ще якийсь рік тому її автори і не підозрювали, що вона з'явиться на світ.

І раптом дитячий телеміст між Річлендом і Славутичем, під час якого школярі обох міст чимало дізнались одне про одного і поклали початок щирій дружбі.

І раптом з'ясувалося, що Земля – не дві окремішні півкулі, де на розполюсованих географічних координатах розташувалися Сполучені Штати Америки і Україна, а суцільна велика куля з єдиним всесвітнім диханням, з єдиним космічним пульсом.

І раптом чудова ідея вчительки Морін МакКвирі з Хенфордської школи випустити під однією книжковою палітуркою стрімкими ластівками дві зустрічні зграйки дитячих послань.

У дітей неповторний погляд на життя. В цьому, здається, найбільша цінність видання. І коли діти беруться розмірковувати про такі складні «дорослі» питання, як Чорнобильська катастрофа в українському Поліссі чи створення матеріалу для першої в світі атомної бомби в американському Хенфорді, історія будівництва Славутича чи становлення бізнесу в умовах міст з моноіндустріальною економікою, перспектива розвитку атомної енергетики чи природоохронні заходи з мінімізації впливу ядерних відходів на довкілля, - ці найскладніші проблеми під дотепним дитячим пером здаються простими і безумовно вирішуваними. Бо діти – парость нового покоління – часто-густо насправді спроможні знайти простіші й ефективніші рішення, ніж їхні попередники в часі і просторі...

Сподіваємося, ця книга допоможе читачам збагнути таку істину. В якому б куточку планети не жили діти та їхні батьки, якої б віри чи яких би переконань вони не були, - всі без винятку прагнуть добра, щастя, злагоди з людською спільнотою і природою.

У світлі промінчиків дитячої наївності наразі розумієш: Земля – велика, та не більша за людське серце.

development in cities with mono-industrial economy, future of the nuclear industry, or protection of the environment from the effects of nuclear waste—these extremely complicated problems seem simple and definitely solvable under the quick-witted children's pen. This is because children, the undergrowth of the new generation, very often can indeed find the simplest and the most effective solutions than their ancestors in time and space...

We hope that this book will help readers understand this truth. It does not matter which part of the planet children and their parents live in, what religion they are, or what they believe in—they all without a doubt strive for good, happiness, harmony with humanity, and nature.

In the light of beams of children's naivete, one quickly understands: the Earth is large, but it is not larger than a human heart.

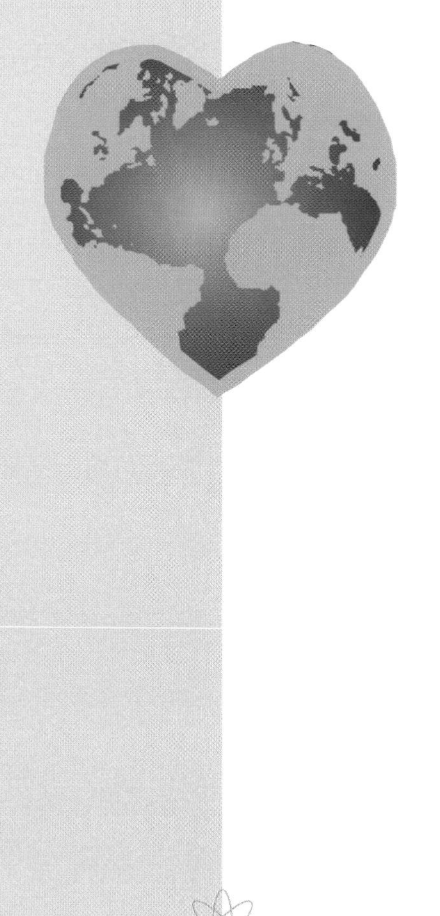

Roadmap
A Reader's Guide

Beginning this book is like beginning a journey, a journey that crosses cultures and travels through time. Along the way, we are guided by young adolescents who interpret their world for us. The perspectives are Ukrainian, American, and global. Just as perspectives vary so does the quality of the writing, some pieces being much stronger than others. All are the words of 13-16 year olds. When editing was done, the students' own voices were preserved as much as possible. Writing this book has been a journey for the students as well. From the very beginning they planned the content, interviewed, researched, photographed, and wrote. They learned about editing, about layout and design, and how the process of collaboration works and how difficult that can be whether collaborating with a classmate or with a stranger across the globe. This is not a technical document and it should not be read as one. I am immensely proud of their accomplishment.

In 1984, a study of 900 American children and 300 Soviet children ages 10-15 found that both groups worried intensely about nuclear war (Stark 1984). Both groups were pessimistic about surviving a nuclear war, and the American children were the most pessimistic about the ability of avoiding one in their future. The authors of this book were born about the time this study took place. Their normative history includes changes that were not anticipated, the fall of the Berlin Wall, the break-up of the Soviet Union, and the Gulf War. This book reflects the perspective of a post cold war generation, and it is most apparent as students talk of global cooperation previously unimagined. It is my hope that collaborations like this book will further hopeful perspectives for new generations.

Maureen Doyle McQuery

Путівник
ДО ЧИТАЧА

Початок цієї книги нагадує початок подорожі, подорожі у часі крізь пласти культур. Цим шляхом ведуть нас молоді люди, які викладають нам своє світобачення. Вам відкриваються українські, американські і ще ширші - світові - замальовки. Вони змінюють одна одну, а разом з цим міняється і якість тексту, деякі місця виписані сильніше за решту. Усе це слова тринадцяти-шістнадцятилітніх. Під час редагування «власні школярські голоси» зберігалися якомога старанніше. Написання цієї книги і для учнів нагадувало подорож. Від самого початку вони планували її зміст, брали інтерв'ю, проводили дослідження, фотографували та писали. Вони навчилися редагування та макетування, занурились у процес практичної співпраці і побачили, яка це важка справа - чи то працюючи зі шкільним приятелем, чи з незнайомцем по той бік планети. Це не є технічний документ, і його не слід сприймати як такий. Я безмежно пишаюсь їхніми досягненнями.

У 1984 році дослідження з залученням 900 американських та 300 радянських дітей у віці 10-15 років виявило, що діти в обох групах дуже переймаються з приводу ядерної війни (Старк, 1984). Обидві групи песимістично ставилися до виживання у ядерній війні, а американські діти були найбільш песимістично налаштовані з приводу можливості уникнути її в майбутньому. Автори цієї книги народилися приблизно в той час, коли це дослідження якраз проводилося. За їхнього життя сталися історичні події, яких не зовсім-то й чекали, зокрема, падіння Берлінської стіни, розпад Радянського Союзу, війна в Перській затоці. Книга відображає погляди покоління, яке живе після холодної війни; це найпомітніше тоді, коли школярі говорять про глобальну співпрацю, що раніше навіть уявити собі було неможливо. Я сподіваюсь, що співпраця на зразок тієї, якою є ця книга, розкриє нові горизонти і запалить нові надії для наступних поколінь.

Написання українських назв та імен англійською мовою

Після здобуття Україною незалежності від колишнього Радянського Союзу, уряд України заходився відроджувати статус української мови та притаманний їй правопис. Трьома з найбільш помітних змін в англіському написанні українських назв і імен є такі: «Chornobyl» (україньске написання, «Чорнобиль») і «Chernobyl» (російське написання, «Чернобыль»), «Prypyat» (україньске написання, «Прип'ять») і «Pripyat» (російське написання, «Припять»), та «Kyiv» (українське написання, «Київ») і «Kiev» (російське написання, «Киев»).

Ці зміни в написанні було зроблено на вимогу офіційних представників українського уряду, з якими ми працюємо. У нас також є громадяни США, що живуть і працюють в Україні (чи то в Славутичі, чи в Києві); крім того, деякі громадяни України працюють у Сполучених Штатах. Усі вони висловились за необхідність змінити транслітероване написання українських слів англійською мовою з опорою на український, а не російський правопис.

До того ж, на вимогу українського уряду, Державний департамент США в серпні 1997 року порадив іншим відомствам перейти на переважне написання мовою тієї країни, де знаходиться місто чи атомна електростанція.

English Transliteration of Ukrainian Names

With Ukraine becoming independent from the former Soviet Union, the Ukrainian government has set about to reestablish its own language and original spellings. The Ukrainian language is more similar to Polish than to Russian. Three of the most noticeable differences in English transliteration of Ukrainian names are Chornobyl (Ukrainian phonetic spelling) and Chernobyl (Russian phonetic spelling), Prypyat (Ukrainian phonetic spelling) and Pripyat (Russian phonetic spelling), and Kyiv (Ukrainian phonetic spelling) and Kiev (Russian phonetic spelling).

This transliteration was made at the request of Ukraine government officials with whom we work. We also have U.S. citizens who are living and working in either Slavutych or Kyiv, Ukraine; and we have several Ukrainian citizens working in the United States. All of these individuals have expressed the desire to change our spellings to the Ukrainian (English) spelling, and not the former Russian (English) spelling.

In addition, the U.S. Department of State, at the request of the Ukrainian government, advised other agencies in August 1997 to change to the preferred spelling of the country in which the city or nuclear power plant is located.

Reflections: Growing up in a Nuclear Society

Міркування: зростаючи в ядерному суспільстві

Ukrainian Reflections

My life has always revolved around nuclear energy – literally, like an electron spinning around the nucleus of an atom. And it's ironic.

I was born in Russia on Aug. 26, 1980, in the town of Obninsk, about two hours away from Moscow, the town where the first nuclear power plant in the world was built and where my grandparents worked. At the time, my parents were finishing their master's degrees at one of the most prestigious universities in the former USSR—the Moscow Institute of Physics and Engineering; my father in nuclear physics and engineering, my mother in computer engineering.

About a year later, we moved to Prypyat, Ukraine, a newly built town where my parents started working at a nuclear power plant. A year later, my brother was born.

April 26, 1986, was a normal Saturday—sunny, incredibly warm for the North Ukraine, and very windy.

It was a typical day until around 7 in the morning when my father received a call. He told my mom something and left. I don't remember too much, just how frustrated I was to be inside when all the kids were out playing; my mom wouldn't let me out the door. The windows were closed, and it was very hot.

The next day, April 27, we all left—the whole town of 50,000 residents. Buses arrived

Veronika Glukhova
Вероніка Глухова

Міркування української сторони

Моє життя завжди оберталося навколо ядерної енергії, подібно до того, як електрон обертається довкола ядра атома. І це досить іронічно.

Я народилася в Росії 26 серпня 1980 року в місті Обнінську, приблизно в двох годинах їзди від Москви, в місті, де було збудовано першу в світі атомну енергетичну установку і де працювали мої дідусь та бабуся. Тоді мої батьки закінчували один з найпрестижніших учбових закладів у колишньому СРСР – Московський фізико-технічний інститут; батько писав диплом з ядерної фізики та техніки, а мати – з електронно-обчислювальної техніки.

Десь через рік ми переїхали до Прип'яті, щойно збудованого українського міста, де мої батьки почали працювати на атомній електростанції. Ще через рік народився мій брат.

Двадцять шосте квітня 1986 року було звичайним сонячним суботнім днем, стояла надзвичайно тепла для півночі України в цю пору року погода, віяв сильний вітер.

Все було, як завжди, доки десь о сьомій ранку моєму батькові не зателефонували. Він щось сказав матері та пішов. Багато я не пам'ятаю, тільки те, як заздрісно було мені – всі діти гралися надворі, а мені мама наказала сидіти вдома. Вона зачинила вікна, і було дуже жарко.

Наступного дня, 27 квітня, ми всі

залишили місто – всі 50 тисяч мешканців. Автобуси приїхали через 36 годин після найсерйознішої ядерної катастрофи в історії людства, аварії на Чорнобильській атомній електростанції (АЕС), яка трапилася менше ніж у двох милях від нашого дому.

Одною з найстрашніших рис катастрофи була відсутність інформації – більшість людей точно не знала, що трапилося, і ніхто не міг прогнозувати наслідки.

Від'їзд не був складною справою. Евакуацію оголосили в неділю вранці. Мешканцям наказали взяти з собою тільки документи, гроші, подушки та ковдри, для «кількаденного перебування за межами міста». Влада не говорила правди; людям сказали, що вони зможуть повернутися через три дні, тому вони практично нічого з собою не брали.

Але нам не судилося повернутися. Місто залишилося закритим. Мій батько тоді посадив нас в автобус, а сам залишився. Ми приїхали до Обнінська, де в нас відібрали весь одяг та знищили його – він був забруднений радіацією. Нас з братом лікували, тому що лікарі були занепокоєні кількістю радіоактивного йоду, що накопичився в наших щитовидних залозах.

Більшість з евакуйованих людей оселилася в Києві, столиці України. Більшість працівників Чорнобильської АЕС продовжила працювати на станції в наступні роки. Життя тривало. Евакуйовані підтримували тісні зв'язки між собою. Коли ми приїхали до Києва, нам дали квартири в новобудовах на околиці міста. Багато киян чекало на ті квартири. Ми зайняли їхнє житло. Вони були страшенно обурені. Потім нам почали давати гуманітарну допомогу. За це нас знову стали ненавидіти. Більшість сусідів не були дуже освіченими, вони вважали, що ми заразні, чумні.

Вперше я відчула на собі фізичні наслідки аварії через два місяці. Вранці я прокинулася із страшенним болем в шлунку. Мене відвезли до лікарні, взяли аналізи, поставили діагноз – гострий гастрит. Мені було тоді 5 років.

36 hours after the worst nuclear disaster in history—the Chornobyl accident that occurred less than two miles away from our home.

One of the scariest things about the accident was that very few people knew exactly what had happened, and no one was able to predict the consequences.

Leaving wasn't hard. The announcement of evacuation came on Sunday morning. Residents were told to take only their documents, cash, pillows, and blankets for "a few days' stay in the country." The authorities lied; they told families they would be coming back in three days, so people left everything behind.

But we never returned. The city remains closed. My father put us on a bus and stayed behind. We arrived in Obninsk where all our clothes were confiscated and buried because of radioactive contamination. My brother and I underwent a medical treatment, since doctors were alarmed with the level of radioactive iodine that had accumulated in our thyroids.

Most of the evacuated people eventually moved to Kyiv, the capital of Ukraine. The majority of the Chornobyl Nuclear Power Plant employees continued working at the plant for the next several years. Life went on. In fact, those of us who were evacuated lived as a community. When we first moved to Kyiv, we were issued recently built apartments in the new part of the city. Lots of local people waited

Vacated city of Prypyat with Chornobyl in background

for these apartments to be built so they could relocate from older houses. We took their places. People were very mad. Then the humanitarian aid came, and we were hated again. Most outsiders weren't too educated; they considered us as contagious, plagued.

The first time I experienced physical effects of what had happened was just over two months after the accident. I woke up in the morning with horrible pains in my stomach. I was taken to the hospital and tested. At the age of 5, I was diagnosed with acute gastritis.

Destroyed Chornobyl Unit 4.

I remember going to the first grade and knowing exactly who was originating from Kyiv, and who was from Prypyat. Being that young, we didn't necessarily understand dislike, fear, or misunderstanding. It was normal to be asked for your name when meeting someone for the first time, and then being asked where you were from: Kyiv or Prypyat.

One of the scariest periods in my life was when I was 9. All of a sudden, kids started to get sick. That's also the year the government decided to seriously start testing us. After that, every spring we had to undergo a complete series of medical tests and then treatments. I have spent at least a month in the hospital every year since then.

Something new and wrong was discovered in my body every year. It was everywhere. It happened to all of us. The doctors didn't see it as a necessity to shield us from anything, and soon most of us knew the medical terms associ-

Я пам'ятаю, як пішла у перший клас – я точно знала, хто в школі з Києва, а хто – з Прип'яті. Ми були малі та не розуміли, що таке ворожість, страх або неправильне розуміння. Було цілком природним спитати ім'я людини, з якою знайомишся, а потім поцікавитися, звідки вона – з Києва, або Прип'яті.

Коли мені було 9 років, почався один із найстрашніших періодів мого життя. Зненацька діти почали хворіти. Того року уряд вирішив провести серйозні медичні обстеження. З тієї пори, кожної весни, ми мали проходити повне медичне обстеження та курс медичних процедур. Відтоді, щороку близько місяця я проводила у лікарні.

Кожного року в моєму організмі виявляли все нові відхилення. Вони були всюди. Це трапилося з нами усіма. Лікарі не вважали за необхідне берегти наші нерви та приховувати від нас діагноз, тому незабаром багато з нас вже знали медичні терміни, які мали відношення до наших хронічних хвороб. Так чи інакше, ми знали, що є й інші, які страждають так само. Нікого не виділяли окремо; ніхто не сумував, не жалів себе. Я така не одна – тож годі.

Тепер ми живемо в Річленді, який добре відомий тим, що саме тут розташований Хенфордський майданчик. От і ще одна «ядерна» сторінка моєї біографії. Моєму батькові запропонували роботу в Тихоокеанській північно-західній лабораторії, за Міжнародною програмою з ядерної безпеки. Знову він працює заради Чорнобиля, допомагає підвищувати ядерну безпеку.

Минулого літа, вперше за чотири роки, що ми тут живемо, нам видалася нагода відвідати родичів в Росії та поїхати в Україну до Києва та Прип'яті.

Більш за все я запам'ятала подорож до Прип'яті; спогади про неї повертаються до мене, як сновидіння. Я йшла вулицями відчуженого міста. Це було місто-привид, мертве місто. Це було зовсім не те місто, яке я бачила 13 років тому. Воно більш схоже на джунглі, дерева розрослися всюди, але ж це не нагадує прогулянку лісом. Тут не почуєш пташиного співу. Батько попередив мене, що не можна торкатися дерев, або стін; все забруднено радіацією та вкрито радіоактивним пилом.

Ми заходили до своєї квартири. Двері були виламані. Після того, як місто було евакуйовано, його пограбували мародери, а потім спеціальні групи захоронили те, що залишилося. Люди бачили на київських ринках, як продавалися речі, що раніше їм належали. Я не могла дивитися на нашу квартиру, вибігла надвір та заплакала на дитячому майданчику, де гралася колись. Центр міста дещо дезактивували. Кілька тижнів тому мій батько супроводжував американського віце-президента Ала Гора в його подорожі до Прип'яті. Віце-президент був похмурим та мовчазним, проїжджаючи вулицями мого рідного міста. Він питав про долю людей, що тут жили.

Більшість людей, як мінімум, щось чули про Чорнобиль. Але дуже мало є таких, хто точно знає, що тут трапилося та якими були масштаби катастрофи.

Безпосередньо від аварії загинула 31 особа, серед яких були працівники станції та пожежники; вони померли протягом першого місяця. Одну людину вбило самим вибухом. Її тіло так і не знайшли. Ще один чоловік помер в лікарні наступного ранку. Багато людей страждали від променевої хвороби. Сотні тисяч людей отримали надзвичайно великі дози опромінення – місцеві мешканці, військові та цивільні ліквідатори наслідків аварії.

ated with chronic diseases. No matter what had happened, it was known and understood that there were others who suffered the same. No one had been singled out; there was no self pity. I'm not the only one, so just move on.

We now live in Richland, well known for the Hanford site, another page in my "nuclear" biography. My father received a job within the Pacific Northwest National Lab's International Nuclear Safety Program. Again, he is working for Chornobyl, helping improve nuclear safety.

Last summer was the first time in the four years since we've lived here that we got a chance to go to Russia to visit our relatives and to the Ukraine to visit Kyiv and Prypyat.

The Prypyat part was the most memorable for me; I remember it like a recurrent dream. I walked through the alienated town. It was a ghost town, it was dead. It wasn't the town I saw 13 years ago. It looks like a jungle, the trees have gotten out of control, but it's not like walking through a forest. You don't hear the birds singing. My father cautions me not to touch the trees or the walls; everything is contaminated and covered with radioactive dust.

We went to our apartment. The door was kicked out. After everyone left, everything was robbed by looters or buried later by special clean-up teams. People would go to the market in Kyiv and see their old possessions being sold. Not being able to stand it, I ran out and broke down in the middle of my old playground. The town center was slightly cleaned up. Just a couple of weeks before, my father escorted American Vice President Al Gore around the town. The vice president was quiet and somber as he toured our former hometown, asking questions about what had happened to those who had lived there.

Most people have heard at least the name Chornobyl. But very few know exactly what happened and the scale of the disaster.

There were 31 immediate victims among the plant workers and firefighters, who died during the first month after the accident. One

person died in the explosion. His body was never found. Another man died in the hospital the morning after the explosion. Many more suffered from radiation sickness. Hundreds of thousands of people were exposed to extremely high levels of radiation, including area residents and military and civilian workers brought in to perform recovery activities.

The polluted 18.75 mile exclusion zone around the plant will be contaminated for many centuries. It's hard to predict how long it will be until people will be able to live there again. The half-life of plutonium alone is 24,000 years. Besides the Ukraine, the radiation spread to Russia, Belarus, and Scandinavian countries.

Human and technological progress has a bigger impact on our lives than we think. We've been moving at an incredible speed. Our inventions make our lives easier, but the further we go, the more complex they get. It all comes with a price. Most commonly, it's human sacrifice. Sacrifice of human emotion and life. And even though life goes on, casualties along the way do count. People are left without homes, without other people, and they carry scars all their lives. The pain diminishes with time, but it never completely goes away.

Years after the accident, whenever Prypyat was mentioned, I broke into tears. It used to be hard to remember the many friends, memories, and toys that were left there. Locked away, hidden behind the barbed wire, in the dead zone. I wanted to go back home. Yesterday, these were emotions of a child, but they make me who I am today.

Everything in the zone and in Prypyat is a legacy of the disaster, a nuclear catastrophe. Sometimes I wish those who still think about a clean nuclear war would go there to see the real picture of nuclear aftermath.

Safety and human lives should be the priority, the idea behind our actions. That's where the progress is. There have been enough lessons.

Забруднена 30-кілометрова зона відчуження навколо станції залишатиметься небезпечною протягом багатьох сторіч. Важко прогнозувати, коли люди зможуть повернутися туди. Період напіврозпаду плутонію дорівнює 24 000 років. Окрім України, радіоактивно забрудненими були території Росії, Білорусі та Скандинавських країн.

Прогрес людства та технологій має значніший вплив на наше життя, ніж нам здається. Ми рухаємося з неймовірною швидкістю. Наші винаходи полегшують нам життя, але стають дедалі складнішими. За це доводиться платити. Найчастіше за це розплачуються люди -- своїм життям та своїми почуттями. Хоча життя продовжується, не можна забувати про ці жертви. Люди втрачають домівки, близьких та рідних – все це залишає шрами на їхніх серцях. З часом біль вже не такий гострий, але він ніколи не зникає.

Ще багато років після аварії я плакала при слові «Прип'ять». Мені важко було згадувати друзів, спогади та іграшки, що залишилися там, за замками та колючим дротом, у мертвій зоні. Мені хотілося повернутися додому. Це були емоції дитини, але вони створили ту дорослу людину, якою я є тепер.

Все в зоні та Прип'яті нагадує про трагедію, ядерну катастрофу. Іноді мені хочеться, щоб ті, хто все ще думає про «чисту» ядерну війну, поїхали туди та побачили на власні очі реальні наслідки ядерної катастрофи.

На першому місці завжди повинні бути безпека та життя людей, ця думка має бути основою всіх наших дій. Це те, що створює прогрес. Адже досить вже сумних уроків.

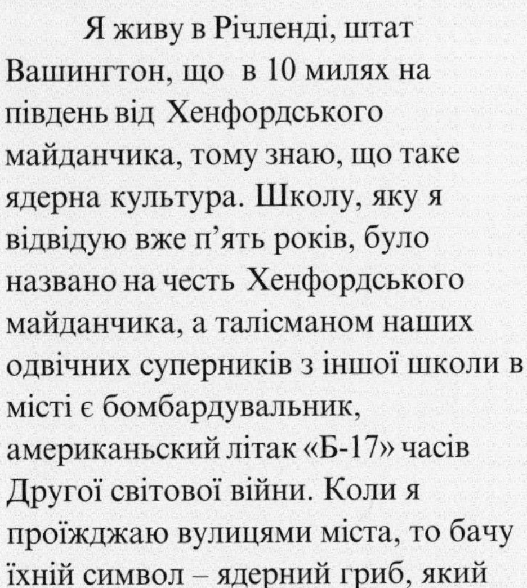

Міркування американської сторони

Я живу в Річленді, штат Вашингтон, що в 10 милях на південь від Хенфордського майданчика, тому знаю, що таке ядерна культура. Школу, яку я відвідую вже п'ять років, було названо на честь Хенфордського майданчика, а талісманом наших одвічних суперників з іншої школи в місті є бомбардувальник, американьский літак «Б-17» часів Другої світової війни. Коли я проїжджаю вулицями міста, то бачу їхній символ – ядерний гриб, який часто супроводжується девізом «Зруйнуймо!». Так, спеціальний «радіаційний» жаргон супроводжує мене з того моменту, як я тут оселилася. Слова «плутоній», «уран», «радіація» зустрічаються в місцевих випусках вечірніх новин частіше, наприклад, від слів «аварія», «вбивство» та навіть «податки». Це накладає на життя дивний відбиток. На мою думку про ядерну енергію дуже сильно впливає те, що мене оточують найактивніші її прихильники. Моє розуміння можливостей, що їх дає ядерна енергія, значно розширилося завдяки людям, які мене оточують. Тим часом як звичайні учні американських шкіл мало цікавляться ядерною тематикою або взагалі байдужі до неї, залежність мого рідного міста від ядерного оточення обумовлює мій великий інтерес до атомної енергії.

Звичайно ж, не все моє життя пройшло у цьому ядерному «притулку». Після того, як я прожила дев'ять років в південній Каліфорнії, мого батька перевели до Річленда. Через секретність Хенфордського майданчика було навіть важко знайти карту, на якій був би Річленд. Одного разу нам трапилася якась карта, та про Річленд вдалося з'ясувати тільки те, що «це місце, де займаються чимось ядерним». Отож, я приїхала сюди, практично нічого не відаючи про ядерну культуру, і мені довелося одразу ж зануритися в ядерний осередок, осередок галузі, щодо якої точилося багато дебатів. Мої знання постійно розширювалися,

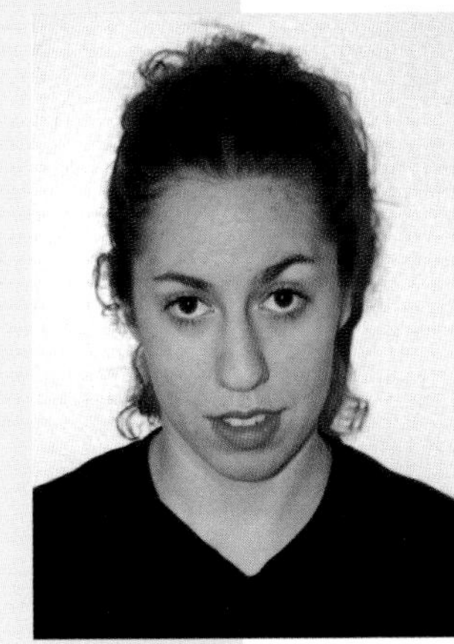

Erin Donahoe
Ерін Донахоу

American Reflections

Living in Richland, Washington, about 10 miles south of the Hanford site, I have had my fill of nuclear culture. The school I have attended for the past five years is named after the Hanford site, and our cross-town high school rivals are the Bombers, referring to the World War II American B-17 plane. When driving down the street, I see their mascot—the mushroom cloud, often accompanied with the motto, "Nuke 'Em." Yes, I have been surrounded with radiation slang for as long as I've lived here. The words "plutonium," "uranium," and "radiation" are far more frequent on the local nightly news then, I would guess, "accident," "murder," and probably even "taxes." Such familiarity breeds strange results. My opinion of nuclear power is strongly tinted by the fact that I live surrounded by its first and strongest advocates. My understanding of the possibilities of nuclear power has been expanded and challenged because of those around me. While the normal American high-school student has little to no interest in the nuclear community, because of my hometown's dependency on the nuclear culture, there has been a particular interest in nuclear power fostered within me.

Granted, I have not always lived in this nuclear "haven." After living in Southern California for 9 years, my dad was transferred to Richland. Because of secrecy at the Hanford site for such a long time, it was hard to find a map that had Richland on it. Once we found a map, all we could find out about Richland was that, "it's the place with the nuclear stuff." So, I moved here with little knowledge about nuclear culture, and almost overnight was submerged into nuclear society, a society that was dependent on an often controversial topic. My knowledge slowly increased as lectures in my science, math, and language arts classes often revolved around Hanford's history and

Richland's dependence on the site.

My first three years living in Richland served as a base for further involvement in Richland's nuclear circle. In 1997, I was part of a project that researched Richland and Hanford's past. We studied and conducted interviews, and all the while, I began slowly understanding Richland's history. However, this hardly prepared me for what was to come. In December of 1998, I spent two weeks in Slavutych, Ukraine, as an extension of our study of "nuclear communities." While I was there, I saw firsthand the dependence of cities on nuclear culture. It is difficult for people, especially Americans, to fully understand this reliance. An American's mind-set is that of the possibility of moving, or being hired elsewhere if Hanford was to shut down. However, this is not an option for those in the Ukraine. They do not have the resources to just pick up and move, and so they rely even more on their community. As the possibility of shutting down Chornobyl becomes more and more of a reality, the threat to the people of Slavutych become more imminent.

While Richland is in no way free of Hanford, we have programs trying to diversify our economy and become less dependent on the site. Slavutych has just begun looking at other options for their town. Upon my return to Richland, I began to realize how vital it is, for the survival of Richland, that we become serious about diversification efforts.

I do not know what my future holds concerning the nuclear community. However, I do know that my past as a member of a nuclear culture will spurn me on to a new way of looking at the world, and the importance of an individual's interaction within their community.

Torry Bates

тому що на уроках фізики, математики та англійської мови часто йшлося про історію Хенфорда та залежність Річленда від нього.

Перші три роки перебування в Річленді забезпечили моє поступове проникнення в його ядерний осередок. В 1997 році я брала участь у дослідженні минулого Річленда і Хенфорда. Ми набували знань та брали інтерв'ю, і я поволі починала розуміти історію Річленда. Однак, це не можна назвати гідною підготовкою до того, що на мене чекало згодом. У грудні 1998 року я провела два тижні в українському місті Славутичі -- цей вызит був частиною нашої програми вивчення «ядерних міст». Коли я жила там, я на власні очі побачила докази залежності міст від ядерного оточення. Людям, особливо американцям, важко зрозуміти цю залежність. Американці звикли до думки, що завжди можуть переїхати до іншого міста і знайти там роботу, якщо Хенфордський майданчик закриють. А от у їхніх українських колег така можливість відсутня. В них немає можливості просто знятися з місця та переїхати, тому вони ще більше покладаються на своє місто. Коли закриття Чорнобильської АЕС стало реальною перспективою, для мешканців Славутича виникла реальна загроза.

Річленд, звісно, теж не є незалежним від Хенфордського майданчика, але в нас є програми диверсифікації економіки та послаблення залежності від Хенфорда. А славутчани тільки-но почали шукати нові шляхи розвитку свого міста. Коли я повернулася до Річленда, я почала розуміти, наскільки важливим для виживання Річленда є наше серйозне ставлення до диверсифікації його економіки.

Я не знаю, наскільки моє майбутнє буде пов'язано з ядерною галуззю. Однак я впевнена, що моє минуле, пов'язане з ядерною культурою, позначиться на моєму світосприйнятті і допоможе зрозуміти важливість людських стосунків у громадах.

History
Історія

L. E. Bowman

Chapter 1

Глава 1

The Frontier

Першопроходці

Native Americans

Miranda Woodford

Корінні американці

Міранда Вудфорд

Paul Showaway

Пол Шовевей

Природний комплекс Хенфорда, остання частина річки Колумбія, що вільно тече, зараз є резервацією для захисту тварин, корінних для цієї місцевості. Колись ці землі були також рідними для корінних американців, що тут рибалили та полювали. Хоча документована історія басейну Колумбії починається з подорожі Л'юіса та Кларка в 1805 році, корінні американці вже досить добре заснувалися тут. Індійські племена Ванапум, Якіма, Нез Перс та Юматилла називали басейн Колумбії своєю домівкою. Вони знайшли ці землі багатими на дичину, ягоди, воду та рибу. Племена добували харчі для виживання, збирали

The Hanford Reach, the last free flowing stretch of the Columbia River is now a reservation for the protection of the animals native to the area. Once the land was also the home of the Native Americans who fished and hunted there. Although the recorded history of the Columbia Basin begins with Lewis and Clark's journey in 1805, Native Americans were already well established in the Basin. The Wanapum, Yakima, Nez Perce and Umatilla Indians called the Columbia Basin their home. They found it a land rich in wildlife, berries, water and fish. The tribes foraged for survival, gathered roots, seeds and berries, hunted game and fished in the Columbia, Yakima and Snake rivers.

Native American art still remains on some of the basalt cliffs along the Snake and Columbia rivers. Their traditions and culture reflected their interaction with this land they called home.

Winter villages were established on islands in the Columbia. These villages were clusters of 50 or so "pit houses" covered with tulle mats. Native Americans also lived along the rivers in houses covered by large mats of woven rushes. Tribes often gathered for special occasions at the junction of the Snake and Columbia rivers. Hudson Bay Company's John McLoughlin called the meeting place the Nez Perce Forks after the Nez Perce Indians.

In 1943 the Native Americans were told to leave their lands, along with the early settlers in the area, when the government decided to make the Columbia Basin home to a government project that would ultimately help end the war. They were given a month or so to leave their ancestral lands. Both Native Americans and settlers believed they would be able to return to their homes when the project was over, but to their dismay that didn't prove true. Wananpum and Yakima Indians were occasionally permitted to return to Gable Mountain only for religious observances. Indeed to many Native Americans the land is sacred. According to Rex Buck Jr. a leader in the Wanapum band, "We believe the Wanapum were made from this piece of earth. That is why I say this land is very sacred."

Life in the Columbia Basin changed dramatically. The isolated land of the Columbia Basin became home to a thriving project that provided fifty thousand people with jobs. Initially the government intended to allow the Native Americans to live on their land again, after they were done with the plutonium project. This assumption was made before much was known about nuclear power, though. The nuclear reactors were a very successful source of power. There was also unpredicted environmental contamination. These factors changed

Courtesy of University of Washington Special Collections

Mat Lodge
Вігвам з очеретяних рогож

коріння, насіння та ягоди, полювали на дичину та ловили рибу в річках Колумбія, Якіма та Снейк. Зразки мистецтва корінних американців ще й досі залишаються на деяких базальтових скелях вздовж річок Снейк та Колумбія. Їхні традиції та культура відображають їхній взаємозв'язок з цією землею, що вони її називають рідною.

На островах ріки Колумбія було засновано зимові поселення. Вони являли собою зібрання приблизно 50 «землянок», вкритих тюлевими рогожами. Корінні американці жили також вздовж річок в будинках, вкритих великими рогожами, сплетеними з очерету. Племена часто збиралися на різноманітні свята в місці з'єднання річок Снейк та Колумбія. Джон МакЛофлін з компанії «Хадсон Бей» назвав це місце зібрань розвилка Нез Перс на честь індійців Нез Перс.

В 1943 році корінним американцям було наказано полишити свої землі разом з першими поселенцями в цій місцевості, коли уряд вирішив розгорнути в басейні річки Колумбія урядовий проект, що зрештою допоміг скінчити війну. Вони мали місяць чи близько того на те, щоб покинути свої успадковані землі. Як корінні американці, так і поселенці вважали, що матимуть змогу повернутися по завершенні проекту, але, на їхнє розчарування, це не справдилося. Індійці Ванапум та Якіма час від часу отримували дозвіл повернутися до Гори Гейбл тільки для відправи релігійних обрядів. Насправді, для багатьох корінних американців ця земля є святою. Як свідчить Рекс Брук молодший, вождь Ванапум: «Ми віримо в те, що Ванапум походять з цього шматку землі. Ось чому я кажу, що ця земля дуже свята.»

Життя в басейні Колумбії зазнало радикальних змін. Відокремлена ділянка цієї землі прийняла перспективний проект, що забезпечив робочими місцями 50 тисяч чоловік. Поперших уряд мав наміри, щоб корінні американці знову повернулися в рідні краї після закінчення плутонієвого проекту. Одначе, так думалося ще тоді, коли про атомну енергію багато не знали. Ядерні реактори виявились дуже перспективним джерелом енергії. Проте вони спричинили несподіване забруднення навколишнього середовища. Ці фактори змінили початковий план переселення, оскільки майданчик продовжував розростатися. Зараз на території Хенфорда розташовано дев'ять виведених з експлуатації ядерних промислових реакторів, декілька дослідницьких реакторів і один працюючий ядерний реактор, що на сьогодні більше, ніж у будь-якому іншому місці на планеті. В 1999 році проблеми власності та управління приподним комплексом Хенфорда все ще залишаютья суперечливими. Міністерство енергетики кінець кінцем виявило готовність передати управління цією землею, але неясно, хто має бути новим наглядачем. (*Див. статтю про природний комплекс Хенфорда*). Більшість корінних американців не вірить у володіння землею, тому декому важко зрозуміти, чому ця земля не може по праву належати всім.

Courtesy of University of Washington Special Collections

Yakima Infants
Немовлята племені Якіма

the original resettlement plan as the site continued to grow. The Hanford area is now home to nine terminated nuclear production reactors, several test reactors and one operating nuclear power reactor, more than any other place on earth to date. In 1999, the ownership and management of the Hanford Reach is still controversial. The Department of Energy is finally ready to cede management of the land, but it is unclear who the new caretakers should be. *(See article on the Hanford Reach.)* Most Native Americans don't believe in owning land, so for some it's hard to understand why this land cannot rightfully belong to everyone.

THE *Nez Perce*

Нез Перс

Miranda Woodford

Міранда Вудфорд

The Nez Perce call themselves the Nimiipu. The name means "the real people". They roamed the lands of the Columbia Basin for hundreds of years before the first farms and well before the Manhattan project. The Nez Perce is a tribe that strongly believes in preserving their ancestral lands. They are especially interested in the preservation of salmon.

Salmon are a very important part of their culture and their old ways of life; they have been harvesting them for hundreds of years. The Nez Perce made a treaty with the government in 1855, as did most of the tribes in the area. The treaty ensured the tribe's aboriginal fishing and gathering rights in the states of Washington, Oregon, and Idaho. This basically means that they can still meet and fish, without any tool, on the Reach. They do have some regulations to follow, though, unlike their ancestors, they cannot use any type of net to catch fish, and they are not allowed to live on the Reach.

A large part of the Nez Perce's beliefs have to do with animals. The Nez Perce believe that they are here to maintain the land; therefore, they strive to respect all that is around them, salmon and game included. Salmon are very sacred to them for this reason. Wasting game is believed to carry large consequences, so they always used the entire animal that they kill. In fact, Nez Perce children had to go up into the mountains and find a spiritual guide, in the form of an animal or bird before they became women and men, and before they were able to participate in their first kill.

Плем'я Нез Перс називає себе Німіпу. Ця назва означає «справжні люди». Вони мандрували басейном Колумбії за сотні років до того, як там з'явилися перші ферми, та задовго до Манхеттенського проекту. Плем'я Нез Перс вірить у збереження землі своїх предків. Вони особливо зацікавлені в збереженні популяції лососів.

Лосось – дуже важлива частина їхньої культури та старовинного способу життя; вони рибалять вже впродовж багатьох століть. В 1855 році Нез Перс уклали угоду з урядом, як це зробила більшість місцевих племен. Угода залишала за ними права оригінального рибальства та збирання на території штатів Вашингтон, Орегон та Айдахо. Це означає, що вони можуть збиратися у приподному комплексі Хенфорда та рибалити без використання якихось засобів. Тим паче, вони мають додержувати деякі правила - їм заборонено користуватися сітями для вилову риби і не дозволяється жити у природному комплексі Хенфорда.

Значною мірою вірування Нез Перс пов'язані з тваринами. Вони вірять, що живуть тут для того, щоб охороняти цю землю, тому намагаються поважати все, що на ній живе, у тому числі лосося та диких звірів. Це тому лосось є дуже священним для них. Вони вважають, що залишати щось від вбитих звірів має дуже великі наслідки, тому вживають їх тіла повністю. Діти Нез Перс мають йти в гори та знайти собі там духовного напутника, звіра або птаха, перш ніж вони зможуть стати чоловіками або жінками та перед своїм першим полюванням.

Salmon and Tribal Culture

Лосось та культура племен

Близько 1855 року більшість племен з басейну Колумбії підписали угоди щодо рибальства, які діють і сьогодні. Єдина проблема полягає в тому, що були побудовані дамби і більшість території, відведеної для рибальства, було затоплено. На річці Колумбія, довжина якої 1400 миль, є одинадцять дамб, які простягнулися від її середини до пониззя річки Снейк. Багато американських індійців вимагають знищення дамб.

Близько ста років тому п'ятнадцять мільйонів лососів щороку мандрували по річці до місць нересту та назад до океану. Сьогодні кількість лососів зменшилася приблизно до 2,5 мільйонів. Кількість лососів, які в змозі нереститися на своїх власних нерестилищах складає всього 30-50 тисяч у рік. Той факт, що тисячі лососів все ж таки дістаються так далеко, дивує вчених. Для того, щоб здійснити свою подорож з океану і назад, їм доводиться долати чотири великі дамби.

Лососі складають важливу частину культури племен цього регіону. Їхні обряди та традиції залежать від добробуту лосося. Якщо вимре лосось, загине і цей культурний пласт.

Around 1855 most of the tribes in the Columbia Basin signed treaties for fishing rights, and today they still have those rights. The only problem is that most of fishing land that was guaranteed is all dammed up now. The 1,400-mile Columbia River has eleven dams stretching from its mid-point to the lower Snake River. Many of the Native Americans want the dams removed.

About a hundred years ago, fifteen million salmon made a yearly trip to the sea and back to their spawning grounds in the Columbia River. Today the number has dropped considerably to about 2.5 million salmon. The number of salmon that get to spawn in their original spawning grounds is a mere 30 to 50 thousand a year. The fact that thousands actually make it that far amazes some scientists. In order to make the journey to the ocean and back they have to navigate four major dams.

The salmon are a major part of tribal culture in this area. Tribal customs and traditions depend on the welfare of the salmon. As the salmon die, so does part of tribal culture.

В 1805 році в долині Уелпі бачили експедицію. Це було ніщо інше, як експедиція Л'юіса та Кларка. Нез Перс стверджують, що після цієї першої зустрічі з євро-американцями північно-американські індійці розкололися на племена. До того часу вони просто жили групами, мали однакові звичаї. Після тієї першої зустрічі Нез Перс завоювали стійку репутацію миролюбного племені.

In 1805 an expedition was spotted as they rode down into the Welpee meadow. This expedition was none other than that of Lewis and Clark. According to the Nez Perce, the bands of Northwest Indians were separated into tribes after this initial meeting with Euro-Americans. Before the Northwest Indians were just bands with similar customs. This first meeting established a long-lived reputation of the friendliness of the Nez Perce.

THE *River* PEOPLE

Miranda Woodford

Річкові люди

Міранда Вудфорд

The Wanapum Indians, also known as the Priest Rapids Indians and the River People, lived along the banks of the Columbia River about one hundred years ago. They frequently traveled into the Hanford-White Bluffs area. They lived in homes covered with tulle mats and wove tulle for baskets and bedding. They fished in traditional places along the Columbia and Snake rivers and at times supplemented their income with farm labor. The Wanapums speak the Sahapatin language and believe in the Dreamer religion.

The prophet Smowhala started the Dreamer religion in the nineteenth century. Smowhala awoke one night after having a dream describing a new ritual to add to the old religion and with the words to a song in his head. This dream was then followed by others, including a series that showed Smowhala how to do the Washat dance. This dance is believed to bring the time that the Native Americans will regain their land closer. In the Dreamer religion songs are very important; the songs are a form of prayer. Wanapums hold services weekly to give appreciation to the creator.

Wanapum villages traditionally had about 20 to 50 people living in them. They built long houses, which they not only lived in, but held ceremonies in as well. The Wanapums were very strict in matters of child discipline. Not only was the misbehaving child punished, but all the children in the village were punished. Punishment was usually carried out by one individual called the "whip man".

In 1855 when most of the Columbia Basin Indians were forced onto reservations, the Wanapum refused to sign the treaty. They continued to live in the Priest Rapids area practicing their customs into recent years. Currently about 75 Wanapums live year round on the west side of the Priest River Dam. The Wanapum tribe now lives on a reservation near Priest Rapids and tries to conduct their lives as traditionally as possible.

Індійці Ванапум, також відомі як «індійці з порогів Пріст» та як «Річкові люди», жили на берегах Колумбії близько ста років тому. Вони часто подорожували в район Хенфорда – Уайт Блаффс, жили в будівлях, вкритих тюлевими рогожами, ткали з тюлі кошики та білизну. Вони рибалили у традиційних місцях на річках Колумбія та Снейк, а інколи доповнювали свій прибуток роботою на фермах. Плем'я Ванапум розмовляє мовою Сахапатин і сповідує релігію Мрійника.

Пророк Смоухала заснував релігію Мрійника в дев'ятнадцятому сторіччі. Однієї ночі він прокинувся після того, як йому наснився новий ритуал, який треба було додати до старої релігії, та зі словами пісні, що звучала в його голові. Після того він бачив ще багато подібних снів, серед яких був сон, в якому Смоухалі було показано, як танцювати танок Вашат. Вважається, що цей танок допоможе наблизити час, коли корінні американці повернуть собі свою землю. В релігії Мрійника пісні дуже важливі — вони є формою молитви. Ванапуми служать щотижня, славлячи творця.

Зазвичай в селах Ванапумів було 20-50 мешканців. Вони будували довгі будинки, в яких не тільки жили, а також служили свої церемонії. Ванапуми виховували дітей дуже суворо. За провину карали не тільки ту дитину, що ослухалась, а взагалі всіх дітей в селі. Покарання звичайно виконував так званий «різкар».

В 1855 році, коли більшість індійців басейну Колумбії загнали в резервації, Ванапуми не підписали угоду. До недавнього часу, вони продовжували жити біля порогів Пріст, виконуючи свої ритуали. Сьогодні біля 75 Ванапумів постійно живуть на західному боці дамби на річці Пріст. Плем'я Ванапум розмістилося в резервації біля порогів Пріст і докладає усіх можливих зусиль, щоб жити у традиційний спосіб.

The *Yakima* Indians

Miranda Woodford

Індійці Якіма

Міранда Вудфорд

Індійці Якіма мешкали вздовж річки Якіма, притоки Колумбії. Це плем'я вважає, що всі повинні бути рівними. Воно прагне миру. Вони гадають, що все в світі взаємно пов'язане, та що в усього є дух, тому все треба поважати. Це переконання визначає їхній стиль життя. Тих індійців Якіма, що не були згодні з таким переконанням, так чи інакше карали. Таких людей інколи лупцювали, але частіше відправляли мандрувати в пошуках просвітління або в «потогінні будинки».

Мандри повинні були бути досвідом, спрямованим на зростання духовності та особистості. Людина йшла до лісу й повинна була жити там впродовж якогось часу, не маючи права брати з собою будь-якої їжі або речей. Під час таких мандрів індійцям Якіма часто траплялися видіння, до них приходило більше розуміння того, що треба поважати довкілля.

«Потогінні будинки» мали форму іглу. Всередині розводили вогнище, і вождь визначав, впродовж якого часу хтось із Якіма мав залишатися в середині та потіти. Після цієї пропарки індієць стрибав у холодну воду річки Якіма.

Сім'ї жили в легких тимчасових будівлях і переселялися в більш-менш капітальні будівлі тільки взимку. Розмір будинків залежав від кількості людей, що жили в них.

Courtesy, U.S. Army Corps of Engineers, Walla Walla District

Sweat lodge
«Потогінний будинок»

The Yakima Indians lived along the Yakima River, a tributary of the Columbia. They are a tribe that believes in equality and peace among everyone. They believe that everything is related and has a spirit, and therefore should be respected. This belief is central to their way of life. Yakimas who did not follow this belief were disciplined in one of several ways. Disrespectful tribe members were sometimes beaten, but more often sent on vision quests or sent to sweat houses.

Vision quests were to be spiritual and personal growth experiences. A person went out in the woods to survive for a prescribed amount of time without any supplies. During this time Yakimas often had visions and became more aware of the need to respect the environment.

Sweathouses were igloo shaped buildings. A fire was built inside and the chief determined how long a Yakima must sit and sweat. After leaving the sweathouse, the person then jumped into the cold Yakima River.

Families lived in tee-pees most of the year, and in the winter they lived in semi-permanent houses. The size of the houses depended on the number of family members living together.

L.E. Bowman

History of the Columbia Basin
Історія басейну ріки Колумбія

1805-1900

KALIN SLOUGHTER   КЕЙЛИН СЛОТЕР

The history of Richland and the Hanford site begins with the history of the Columbia Basin, an arid land of sagebrush and shrub steppe surrounding the Columbia River. The river, remote location and seemingly inhospitable land were to become the very characteristics needed for a site to build the world's first full-scale plutonium production reactor.

Історія Річленда і Хенфордського майданчика розпочинається історією басейну ріки Колумбія - засушливих степових земель, вкритих полином і чагарником, навкруги ріки Колумбія. Ріка, далечінь і непривітна на вигляд місцевість - це був якраз підходящий куток для майбутнього будівництва першого у світі повномасштабного реактора-виробника плутонію.

В 1805 році експедиція Л'юіса та Кларка прибула до штату Вашингтон в пошуках водного шляху від Атлантичного до Тихого океану, відомого як Північно-західний водний шлях. Кларк охарактеризував цю місцевість як «низькоділ», вкритий високою рослинністю, що нагадує «звичайний полин», причому «дерев не можна було знайти ніде поблизу». Ці нотатки започаткували історію басейну ріки Колумбія, якою вона нам відома тепер. Після Л'юіса та Кларка ще багато американців приїжджало сюди з метою досліджень або щоб оселитися біля ріки Колумбія.

Через шість років після експедиції Л'юіса та Кларка ще двоє дослідників відвідали місцевість, у якій зараз знаходиться Річленд. Восьмого липня 1811 року дослідник та торговець хутром Дейвид Томпсон з канадської Північно-західної компанії проплив через гирло Колумбії і отаборився у теперішньому державному парку Сакаджувія. Трохи більше ніж через місяць, 16 серпня, Олександр Росс, клерк хутрової компанії «Пасифік Фьор», проплив гирлом річки Якіма. Росс так розповів про цю місцевість у своїх дорожніх нотатках: «...приблизно в 12 милях вище за течією до ріки приєднується із західного боку маленька річка, що зветься Аякема. Ландшафт у районі гирла Аякеми перевищує своєю мальовничістю все нами бачене раніше.»

Незабаром туди приїхали й інші торговці хутром, а в 1818 році Північно-західна компанія збудувала форт Нез Перс в гирлі річки Валла Валла. У 1821 році Північно-західна компанія та компанія «Хадсон Бей» об'єдналися, а форт було перейменовано в форт Валла Валла. На протязі майже трьох десятиріч мешканці форту мандрували в районі басейну Колумбії, вели дослідження, складали мапи та торгували.

В тридцятих роках XIX-го сторіччя армійський корпус інженерів-топографів складав мапи західних територій США, щоб стимулювати освоєння західних регіонів. Експедиція Вілкса склала мапи огруга Орегон (тоді до Орегону входив і нинішній штат Вашингтон). Цілком імовірно, що

L.E. Bowman

White Bluffs along the Columbia
Уайт Блаффс (Білі кручі) на річці Колумбія

In 1805, the Lewis and Clark expedition came to Washington searching for an all water route between the Atlantic and Pacific Oceans, known as the Northwest Passage. Clark described the countryside as "low," and covered with tall plants resembling "the whins" (sagebrush) with "no wood to be seen in any direction." The recorded history of the Columbia Basin begins with their journals and records. After the Lewis and Clark expedition, many more Americans came to Washington to explore or settle around the Columbia River.

Six years after the Lewis and Clark expedition, two more explorers visited what is now Richland. On July 8, 1811, explorer and fur trader David Thompson, from the Canadian Northwest Company, passed the mouth of the Columbia, and camped in what is now Sacajawea State Park. A little more than a month later, on August 16, Alexander Ross, a clerk with the Pacific Fur Company, passed the mouth of the Yakima River. Ross described the area in his journal, "...about 12 miles up, a small river entered on the West Side, called the Eyakema. The landscape at the mouth of the Eyakema surpasses in picturesque beauty anything we had yet seen."

More fur traders soon followed, and in 1818, the Northwest Company built Fort Nez Perces near the mouth of the Walla Walla River. The Northwest Company and Hudson Bay

Company merged in 1821, and the fort was renamed Fort Walla Walla. For almost three decades, men from the fort spread out across the Columbia Basin, exploring, mapping, and trading.

In the 1830s, the Army Corps of Topographical Engineers mapped the western territories of the United States to promote westward expansion. The Wilkes Expedition mapped Oregon County (Oregon territory included what is now Washington and Oregon). It is very likely that the expedition traveled through what is now highway 240, including what would later become the Hanford Site.

In 1847, a group of Roman Catholic Missionaries came to the area from the Congregation of the Oblates of Mary Immaculate in Marseilles, France. They were just some of the many Catholic and Protestant missionaries who came to the area in the 1830s and 40s. Walla Walla chief Peo Peo Mox Mox offered Father Pascal Richard, from the Congregation of the Oblates of Mary Immaculate, a mission on the right bank of the Columbia near the mouth of the Yakima River. Near the Indian village of Chemna, Father Richard built a small wooden chapel and began to work with the Indians. The following summer, Yakima Indians invited him to establish a mission in the Yakima Valley. Father Richard thought that in the Yakima Valley there would be better weather and soil, and the Indians would be more receptive of his message, so he decided to move there.

Until the 1850s and 1860s, the only people living along the Columbia River were Native Americans. However, in 1853, congress authorized a wagon road through Yakima Valley, and in the 1850s and 60s more Americans started settling in the Columbia and Yakima Valleys. One of the first permanent American settlements was White Bluffs, a town on the east bank of the river. In 1858, gold was discovered to the north and east of the Columbia Basin, in British Columbia, and in Idaho. Many prospectors came and searched the

експедиція просувалася шляхом, на якому зараз міститься швидкісна магістраль 240, пройшовши також теперішній Хенфордський майданчик.

В 1847 році група місіонерів римо-католицької церкви прибула в цю місцевість з Конгрегації служителів непорочної діви Марії, що в Марселі, Франція. Вони були лише одними з багатьох католицьких та протестантських місіонерів, що приїжджали туди в 30-х– 40-х роках XIX-го сторіччя. Вождь Валла Валла, Пео Пео Мокс Мокс, запропонував отцю Паскалю Рішару з Конгрегації служителів непорочної діви Марії заснувати місію на правому березі ріки Колумбія, поблизу гирла річки Якіма. Отець Паскаль Рішар збудував біля індійського селища Чемна невелику капличку і почав працювати з індійцями. Влітку наступного року індійці Якіма запропонували йому заснувати місію в долині річки Якіма. Отець Паскаль Рішар гадав, що в долині клімат та земля кращі, а також що тамтешні індійці краще сприйматимуть його проповіді, тому він вирішив переселитися туди.

До 1850—1860 років єдиними людьми, що жили в басейні ріки Колумбія, були корінні американці. Однак, у 1853 році конгрес ухвалив будівництво шляху через долину річки Якіма, і в 50-х та 60-х роках XIX-го сторіччя усе більше американців стали селитися у долинах Колумбії та Якіми. Одним із постійних американських поселень стало Уайт Блаффс (Білі кручі), містечко на східному березі ріки. В 1858 році на півночі та сході від басейну Колумбії, у Британській Колумбії та в Айдахо, було знайдено золото. Багато золотошукачів приїхало в басейн Колумбії, та їм не пощастило знайти там великої кількості золота. Ці золотошукачі серйозно вплинули лише на розвиток містечок Уайт Блаффс та Валла Валла. Район Уайт Блаффс знаходився на перехресті важливих шляхів індійців, але після золотої лихоманки це маленьке містечко перетворилося на популярне місце доставки худоби, торгівлі та закупівлі припасів. Містечко швидко розросталося і незабаром стало центром торгівлі. В 1866 році портлендська газета «Орегонець» назвала Уайт Блаффс «другим Сакраменто». Торгівля на території від Уайт Блаффс до Пенд Орей

Courtesy, East Benton County Historical Society

Harvesting in the Columbia Basin, late 1800s *Збирання врожаю в басейні ріки Колумбія, кінець XIX-го сторіччя*

розквітала, і незабаром до Уайт Блаффс стали прибувати вантажі для шахт в Колвіллі, Верхній Колумбії, Кутенаї та Блекфуті. Але, на лихо, в той же час було закінчено будівництво Маллан Роуд - шляху, що проходив від форта Бентон в штаті Монтана до Валла Валли. Маллан Роуд став зручнішим торгівельним шляхом, який дозволяв уникати порогів та стрімнин ріки Колумбії, а також багатьох миль піщаної пустелі, які доводилося долати, щоб дістатися до Уайт Блаффс. Ближче до 1870 року масштаби торгівлі зменшилися.

Коли торгівля пішла на спад, чабани почали зганяти в долину Колумбії худобу. Одним із найбільших результатів золотодобування стало утворення в регіоні перших великих ранчо. Бен Снайпс, який став пізніше відомий під іменем «Північно-західного короля скотарів», заснував нове поселення. В кінці 50-х років XIX-го сторіччя він розширив ареал розведення худоби на північ від Даллеса, штат Орегон, через долину річки Якіма до Британської Колумбії. Пізніше він став також переганяти худобу на схід з Уайт Блаффс до Айдахо. У 1859 році він заснував перше неіндійське ранчо в долині річки Якіма та запросив інших зробити те ж саме.

У 1863 році територіальним законодавством було утворено округ Фергюсон, названий так на честь спікера палати Конгресу Джеймса Лео Фергюсона. Кордони округа на півдні утворювалися горами Сімкоу, на заході – горами Каскейдз, на сході кордони проходили в районі округів Валла Валла та Стівенс, а на півночі –по ріці Венатчі. До складу округа входило і місто Уайт Блаффс. Однак, хоча до складу округа входили великі території, мешкало тут усього близько 100 чоловік; через це

Columbia River, but they found very little gold there. The prospectors coming in had little effect on most of the towns nearby, except for the towns of White Bluffs and Walla Walla. The White Bluffs area had been a central crossing point for the local Native Americans, but after the gold rush, the small town became a popular place to ford cattle, and to trade or purchase supplies. The town quickly grew, and it soon became a center for trading. In 1866, the Portland *Oregonian* called White Bluffs "a second Sacramento." Trade from White Bluffs to Pend Orreille grew, and soon White Bluffs became the receiving point of freight for Colville, Upper Columbia, Kootenai, and Blackfoot mines. Unfortunately, the Mullan Road, which stretched from Fort Benton in Montana to Walla Walla, was finished around the same time. The Mullan Road provided an easier trade route by avoiding the Columbia River's rapids, and the miles of loose sand leading to White Bluffs. By 1870, the trade in the town had diminished.

As the trading in the area decreased, stockmen began bringing their cattle herds over into the Columbia Valley. One of the biggest effects of the gold mining had been the establishment of the first large, regional ranches. Ben Snipes, who became known as the "Northwest cattle king," began the settlement. In the late 1850s, he blazed a cattle trail north from The Dalles, Oregon across the Yakima Valley and North to British Columbia. He later blazed a trail eastward from White Bluffs to Idaho. He established the first non-Indian ranch in the Yakima Valley in 1859, and encouraged others to follow him.

In 1863, the Territorial Legislature created Ferguson County, named for the Speaker of the House, James Leo Ferguson. The county's boundaries were the Simcoe Mountains on the south, the Cascades on the west, Walla Walla and Stevens Counties on the east, and the Wenatchee River on the north, and it included White Bluffs. However, even though the territory covered a large area of land, there were only about 100 people living there and Ferguson County was never legally created. In 1865, more settlers had come, and the Legislature created Yakima County, which had almost the same boundaries as Ferguson County.

Cattle ranching was a big part of life in the Columbia Valley, until harsh winters forced people to seek other ways of life. The winter of 1880-1881 was an extremely brutal winter, with temperatures of 20 degrees Fahrenheit below zero and 4 feet of snow on the ground. This was especially bad for the stockmen who were raising herds of cattle and horses in the area. The herds had overgrazed the land, and were stranded in the frozen hills for months unable to break through the icy crusts of the snow to get at the grass. The animals that did not starve froze to death as temperatures plummeted. The stockmen lost about 80% of their cattle, and about 20% of their horses. Approximately 100,000 head of livestock died that winter, and the settlers endured similar conditions in the winters of 1886-1887 and 1889-1890. Stockmen who survived the decade of freezing winters realized that they needed to provide winter feed for their stock. Some began to grow fields of alfalfa and rye grass to feed their herds, while other simply moved to other areas.

In 1882, looking for a flat place near the Snake River to bridge the Columbia River, railway engineers founded the towns of Pasco and Kennewick. Soon after, they began advertising the "lordly plain of the Columbia" in fliers distributed around the Midwest in hopes of attracting customers.

The railroad succeeded in attracting more

офіційно округ так і не відбувся. В 1865 році кількість мешканців збільшилася, і законодавчі органи утворили округ Якіма, кордони якого майже збігалися з кордонами округа Фергюсон.

Велику частку діяльності в долині Колумбії складало розведення худоби на фермах, поки суворі зими не змусили місцевих мешканців шукати інших шляхів розвитку. Зима 1880-1881 року була страшенно суворою, температура сягала 20 градусів нижче нуля по Фаренгейту, сніг вкривав землю шаром завтовшки в 4 фути. Це особливо вдарило по скотарях, які розводили там худобу і коней. Худоба об'їла пасовиська і місяцями перебувала на крижаних схилах косогорів, не в змозі пробитися крізь твердий верхній шар снігу до трави. Якщо худоба не гинула від голоду, вона замерзала всмерть, бо температура опускалася все нижче. Скотарі втратили біля 80 відсотків рогатої худоби і близько 20 відсотків коней. Тієї зими загинуло близько 100000 голів худоби, подібні ж холоди дошкуляли мешканцям і в 1886-1887 та в 1889-1990 роках. Скотарі, які пережили холодне десятиріччя, зрозуміли, що потрібно готувати корми для худоби на зиму. Деякі з них почали вирощувати люцерну та жито, щоб бути в змозі нагодувати худобу; інші просто переселилися до інших місць.

В 1882 році, в пошуках зручного місця біля ріки Снейк для побудови мосту через Колумбію, інженери- залізничники заснували містечки Паско та Кенневік. Вже незабаром вони почали рекламувати «божественні долини Колумбії» в листівках, що розповсюджувалися на Середньому Заході, сподіваючись привабити сюди нових клієнтів.

Залізниця змогла привабити в цю місцевість велику кількість нових мешканців, потік новоприбулих помітно збільшився. Нові мешканці знали, що тамтешня земля родюча, а посівний сезон – довгий. Вони сподівалися, що якщо вони зможуть зросити свої землі водою з ріки, це принесе їм багаті та щедрі врожаї. В 1890-х роках вони винайшли багато способів провести воду до своїх ферм. В 1890 році один із фермерів, Нельсон Рич, вирив спеціальний канал і почав закачувати воду для зрошення власних ланів. В 1894 році Бен Розенкранц побудував 34-футове дерев'яне

Abandoned harrow on the Hanford Reservation

Покинута борона на Хенфордському майданчику

водяне колесо на східному березі річки Якіма. Його система зрошення давала воду його ланам та садам, а також землям, які він здавав в оренду чи продав іншим. В 1894 році мешканці стали свідками ще більшої «щедрості» річок, коли Колумбія та Якіма вийшли з берегів і змили будівлі, посіви та худобу під час найбільшої за всі часи повені в долині Колумбії.

У той же час, Август І. Тиннермен розводив худобу на півночі округа Франклін та в Грантс Медоус. У Грантс Медоус він помітив, що роза вітрів, течія ріки, та обривисті береги створюють ідеальні умови для відкриття канатної паромної переправи. Він купив 40 акрів землі та збудував 40-футову вежу на франклінському боці ріки і 80-футову – в Грантс Медоус. Він добре укріпив вежі в землі. Після цього він купив 3000 футів 3/4- дюймового тросу, натягнув його поперек ріки, і в 1884 році паромну переправу було відкрито. Нею користувалися аж до1931 року, коли вона стала збитковою.

settlers to the area, and the slow trickle of people coming to the area grew increasingly. The settlers knew that the land was fertile and the growing season was long. They believed that if they could irrigate their land with water from the rivers, their crops would flourish. By the 1890s, they had found many ways to bring the water to their farms. One settler, named Nelson Rich, made a pump and private ditch to irrigate his land in 1890. In 1894, Ben Rosencrance built a 34-foot wooden water wheel on the east bank of the Yakima river. His irrigation system watered his fields and orchards, as well as the land that other framers had leased or bought from him. In 1894 the settlers saw a much more "giving" side of the river as the Columbia and Yakima rivers rose up and swept away homes, barns, crops, and livestock in the highest flood ever recorded in the Columbia Valley, a record that still stands today.

At the same time, August E. Tinnerman was raising cattle in north Franklin County and at Grant's Meadows. At Grant's Meadows, he noticed that the prevailing winds, the Columbia River's current, and the steep banks along the shore all combined to make the perfect place to build a cable ferry. He bought 40 acres of land and built a 40-foot tower on the Franklin side of the river, and an 80-foot tower at Grant's Meadows. He anchored the towers deep into the ground. He then bought 3,000 feet of 3/4 inch cable and strung it across the river, and, in September of 1884, the ferry was installed. The ferry continued to be used until 1931, when ferry service ceased to be profitable.

THE *Start* OF RICHLAND

KALIN SLOUGHTER

Як починався Річленд

КЕЙЛИН СЛОТЕР

In the 1880s and 1890s, the Yakima Irrigation and Improvement Company was one of the first irrigation companies to attempt to build irrigation canals along both banks of the Yakima River. Many companies filed articles of incorporation, drew up plans, and started digging ditches to irrigate the surrounding farmland. These irrigation companies platted land for towns and offered many acres of farmland for sale. The plat maps from the Yakima Irrigation Company showed three proposed town sites, Kino, Kennewick, and Riverside, which is where present day Richland is.

The first irrigated land areas did not extend very far. There were not any railroads in the area yet, so irrigation companies preferred to build their projects near the towns. The irrigation companies struggled to succeed. The companies were constantly changing. Some merged with companies that were more successful, some went into receivership, and others simply disappeared. It was difficult to bring irrigation water through the ditches dug into the sandy desert soil. The manager of one irrigation company estimated that only about 30 percent of the water that went into the canals actually reached the farmers' fields. The rest of the water was lost to the absorbent soil or evaporated because of the hot, sunny days. In 1893, a financial panic brought an end to the thousands of dollars investors in the east were pouring into their irrigation projects.

In 1902, the Newlands Reclamation Act was passed by congress. This Act gave funds from the sale of public lands for the "survey for and the construction and maintenance of

У 1880-90 роках компанія «Якіма Іригейшн енд Імпрувмент» була однією з перших іригаційних компаній, що намагалися побудувати зрошувальні канали вздовж обох берегів річки Якіма. Реєструвалося багато компаній, які складали плани і починали копати канави для іригації навколишньої місцини. Ці іригаційні компанії готували землю під міста і пропонували багато акрів сільськогосподарської землі на продаж. На картах, складених компанією «Якіма Іригейшн енд Імпрувмент», було показано три майданчики, запропоновані для закладення міст Кіно, Кенневік та Ріверсайд, останній якраз на місці теперішнього Річленда.

Перші зрошувані території сягали не надто далеко. Там ще не було залізниць, тому іригаційні компанії намагались реалізувати свої проекти поблизу міст. Для того, щоб досягти успіху, їм доводилось напружено працювати. Компанії повсякчас змінювались. Деякі зливалися з більш успішними, інші підпадали під стороннє керівництво, а деякі просто щезали. Провести зрошувальну воду по канавах, які були викопані в піщаному грунті пустелі, було важко. За оцінками керівника однієї з іригаційних компаній, до фермерських полів доходило тільки 30 відсотків води, яка потрапляла до каналів. Решта води втрачалася через поглинання грунтом або випаровування спекотними сонячними днями. У 1893 році фінансова паніка пустила по вітру тисячі доларів, які інвестори на сході країни вклали в іригаційні проекти.

У 1902 році Конгрес прийняв «Закон про меліорацію нових земель». Цей закон надавав кошти від продажу державних земель під «відповідну розвідку, будівництво та експлуатацію іригаційних об'єктів для збереження й відведення вод і розвитку гідротехнічної справи для меліорації засушливих і напівобезводнених земель...» Спраглі фермери в басейні річки Колумбія сприйняли закон як гарантію майбутнього зрошення їхніх ферм та садів.

Невдовзі почався другий бум з іригації земель, ініційований вельми ефективною, хоча й простою, рекламною кампанією. Місцеві землевпорядники почали розповсюджувати у вагонах на станціях та вокзалах Північно-тихоокеанської залізниці на Середньому Заході брошури, що розписували сільськогосподарські принади родючої землі, м'якого клімату, а також багатих річкових вод. Багато фермерів, а також тих, хто хотів стати фермером, по всій країні читали ці брошури і поспішали подати заяви на будівництво садиб в місцях, де мали бути прокладені іригаційні канали.

Paddlewheel passenger ship on the Columbia, early 1900s

Колісний пасажирський корабель на Колумбії, початок 20-го сторіччя

Мрії та плани людей відновилися після купівлі і засіювання землі; знову почалися розмови про закладення в гирлі річки Якіма міста, можливо з назвою Коттонвуд.

В 1904 році У.Р.Еймон разом зі своїм сином Хавардом Еймоном придбав ферму та іригаційну систему у Розенкранців. Еймони встановили бензонасос для зрошення полів люцерни та садів, де росли сливи, яблуні та груші. В березні наступного року У.Р. Еймон придбав ще одну ферму з іригаційним каналом, що довело земельні володіння родини Еймонів до 2300 акрів. Почали розгортатися плани будівництва міста на північному березі ріки Якіма.

26 квітня 1905 року невелика група ініціаторів, серед яких були і Еймони, зареєструвала компанію «Бентон Уотер». Компанія була зацікавлена в побудові

irrigation works for the storage, diversion and development of waters for the reclamation of arid and semiarid lands..." The water-starved farmers in the Columbia Basin grasped the act as a guarantee that their farms and orchards would be irrigated.

A second irrigation land boom soon started, initiated by a very effective, although simple advertising campaign. The local land developers began distributing brochures onto the seats of railway cars in the major Northern Pacific rail terminals in the Midwest praising the agricultural assets of the fertile soil, mild climate, and abundant river waters. Many farmers and aspiring farmers around the country read the brochures and rushed to file homestead claims along the proposed irrigation canal routes.

As the land was purchased and the crops were planted, peoples' dreams and plans were renewed, and people once again began talking about building a town, possibly to be called Cottonwood, at the mouth of the Yakima River.

In 1904, W. R. Amon, and his son Howard Amon purchased a farm and irrigation system from the Rosencrances. The Amons put in a gasoline pump to irrigate fields of alfalfa and an orchard of plums, apples, prunes, and pears. The next March, W. R. Amon purchased another farm and irrigation canal, which brought the Amon families land holdings to 2,300 acres. Plans to build a town on the north bank of the Yakima began to unfold.

On April 26, 1905, a small group of developers, including the Amons, filed articles of incorporation for the Benton Water Company. The company was interested in building a power plant on the Yakima River. They proposed a townsite on the north bank of the river, and used their power plant to provide electricity and irrigation to it. The Amons extended their irrigation canal to promote growth in the area, and William R. Lamb built the first store, a grocery store.

One thing that would help the townsite develop was a bridge across the Yakima River. At the time, the only way to get across was by ferry, so in 1904 the first bridge across the Yakima was built, a wooden bridge that lasted only until 1905, when the spring thaw took out the bridge. Another bridge was built to replace the lost bridge, but it also was destroyed by a spring thaw. The ferry across the river ended up being the best way to get across until a steel bridge was built in 1907.

To promote the townsite, a contest was held to name the city, with a prize of a 25 by 140-foot lot on Main Street. The contest received over 1,000 entries, including 12 for the name that was chosen, Benton. To decide who would win the lot, a drawing was held and Althea Rosencrance, the daughter of area pioneers, won.

Problems with the name Benton arose however, when the townspeople tried to apply for a post office. Postal officials said the name Benton sounded too much like Bentsen, another Washington town, so the Amons quickly substituted the name Benton with Richland, for the area's rich farm land. Postal officials accepted the name on October 12, 1905, and a month later a post office was opened in William Lamb's grocery store.

On January 6, 1906, the name "Richland" was recorded at the Benton County courthouse in Prosser, and articles of incorporation for the fourth-class city of Richland were filed with Benton County on April 18, 1910. By that time, Richland had already become a well-established agricultural community, and had a newspaper, the *Richland Advocate*, and a new schoolhouse. The town was also home to several general

електростанції на річці Якіма. Вони запропонували місце для закладення міста на північному березі ріки і використовували свою електростанцію для постачання туди електроенергії та іригації земель. Еймони продовжили свій іригаційний канал, щоб сприяти розвитку регіону, а Уіл'ям Р. Лем побудував перший магазин -- продуктовий магазин.

Розвитку міста могла б допомогти одна річ, а саме міст через ріку Якіма. У той час дістатися іншого берега можна було лише з допомогою парому, і тому в 1904 році був збудований перший міст через Якіму. Він був дерев'яний і простояв лише до 1905 року, коли його змила весняна повінь. Натомість був збудований інший міст, але його теж зруйнував весняний паводок. Таким чином, паром зрештою залишався найбільш надійним засобом для того, щоб перебратися на протилежний берег ріки, аж до 1907 року, коли був збудований стальний міст.

З метою сприяння розвитку міста був проведений конкурс на кращу назву для нього. Був встановлений приз - земельна ділянка розміром 25 на 140 футів на вулиці Мейн. Надійшло понад 1000 пропозицій, причому в 12 з них пропонувалась назва «Бентон», яка вийшла переможцем. Володаря земельної ділянки визначив жереб. Ним виявилась Елті Розенкранц, донька піонерів освоєння регіону.

Проте з назвою «Бентон» виникла неув'язка коли жителі подали заяву на міський поштовий відділок. На думку поштових керівників, ця назва дуже вже була схожа на Бенцен, ще одне місто у штаті Вашингтон. Тому Еймони швидко змінили назву Бентон на Річленд, маючи на увазі родючі землі регіону (від англ. Richland - багаті чи родючі землі). Це влаштувало поштовиків, які підтвердили прийнятність назви 12 жовтня 1905 року, а ще через місяць у магазині Уіл'яма Лема відкрився поштовий відділок.

6 січня 1906 року назву «Річленд» було зафіксовано у суді округа Бентон в місті Проссер, а 18 квітня 1910 року округ Бентон видав свідоцтво про реєстрацію міста четвертої категорії Річленд. На той час

Річленд був уже міцною сільськогосподарською громадою, видавав свою газету «Річленд Едвокет» і мав школу. У місті було декілька великих магазинів, готель, дві лісопилки, пошта, банк, м'ясний базар, перукарня, центр розваг, розсадник декоративних рослин на площі у 75 акрів, а також три церкви.

Регіон швидко розвивався. У 1906 році Еймони віддали шість кварталів міста для будівництва нової школи, яке розпочалося у лютому. У самому регіоні теж видавалась щотижнева газета «Кур'єр». Долею місту було призначено зазнати і лиха. Перші згадки про пожежі датуються 1906 роком, коли збитки від втраченого м'яса та інших продуктів у будинку Джоу Кепла склали близько 2,5 тисяч доларів.

Конюшня в Уайт Блаффс

У 1907 році Річленд почав себе рекламувати, говорячи про те, що «школи настільки гарні, наскільки це може собі дозволити округ, є прекрасна початкова школа і два класи середньої школи. Наступного року очікується додатково ще два класи, і таким чином у Річленді буде середня школа такого рівня, як ніде інде.»

В басейні ріки Колумбія розростався Річленд. А в долині біля порогів Пріст створювалось нове місто Хенфорд. Його започаткувала група інвесторів, які організували компанію для побудови дамби на порогах Пріст, а також електростанції на порогах Койоті. Дехто з членів цієї компанії волів би мати штаб-квартиру в Уайт Блаффс, інші ж заперечували і вирушили на сім миль на південь, щоб заснувати її в селищі індійців племені Ванапум Ченаут, що означає «навколо вирує вода». Попервах це місто збирались назвати Хейнс на честь Менлі Боствік Хейнса, що першим прибув сюди у 1890 році. Він придбав землю і заохотив

stores, a hotel, two lumberyards, a post office, a bank, a meat market, a barbershop, a concert factory, and a 75-acre ornamental nursery, as well as three churches.

The area developed quickly. In 1906, the Amons donated six blocks of the townsite for a new school to be built, and in February, construction began. The area also got its own weekly newspaper, the *Courier*. The new town also had its share of misfortune, with the first recorded fire in 1906, doing about $2,500 worth of damage to the stock of meats and groceries in a building owned by Joe Kepl.

In 1907 Richland began to advertise the community, telling that the "schools are as good as the county affords, there is an excellent grade school, and two years of the high school course, and next year it is expected that the other two years will be added so that it will give Richland a high school second to none."

In the Columbia Basin, Richland was growing. In the Priest Rapids Valley a new town of Hanford was forming. The town was started by a group of investors who formed a company to make a dam at Priest Rapids as well as a power plant at Coyote Rapids. Some members of the company wanted to have headquarters at White Bluffs, others objected and went seven miles south to establish headquarters at the site of a Wanapum Indian Village, Chanout, which means "water whirls around." The town was originally going to be named Haynes, after Manley Bostwick Haynes, who first visited the area in 1890. He bought land and encouraged others to do the same. He donated the townsite with the stipulation that the town be named for him. However, the regional railroad, planning to build a branch line into the new town, objected because there was already a town called Haynes on their branch line. Haynes then named the town for his father-in- law, Cornelius H. Hanford, a judge in Seattle.

The town sprung up quickly, and soon had a newspaper, the *Hanford Columbian.* Talk of a railroad coming to Hanford started, and the Priest Rapids Railway Company began surveying the area.

In 1907, the White Bluffs Grade School was built. The school was used until 1932, when it burned down. White Bluffs also got its first hotel that year, when the White Bluffs Hotel was opened in December with a ball and banquet.

In 1908, the town got its first post office. The small town was growing into a successful community, with an irrigation company, a barbershop, and lumberyard, as well as many other small businesses. The town also got its first newspaper, the *White Bluffs Spokesmen.* The newspaper was published occasionally until the late 1930s.

Both Hanford and White Bluffs had their share of problems in 1908. Hanford's irrigation canal broke, and the farmers were left with no way to water their crops. In White Bluffs the pumping plants burned, leaving the machinery, which was worth $28,000, but insured for only $5,800, completely destroyed. In 1909 banks began to come to the area. In February White Bluffs got its first bank. The bank started out with $10,000 and grew quickly with the growing economy of the area. Richland got its first bank the same year.

In November 2, 1910, fire destroyed the business center of White Bluffs. Four buildings were destroyed and several people suffered from burns. The dry conditions in the area caused many fires, burning many buildings in the area.

In August 1911, Howard Amon gave the deed to a family-owned plot of land on the Columbia River to the city. Howard Amon's father,

White Bluffs Bank
Банк в Уайт Блаффс

решту до того ж. Він також віддав землю для створення міста за умови, що воно буде назване його ім'ям. Однак місцева залізниця, яка планувала протягнути залізничну колію до нового міста, заперечила, оскільки місто Хейнс уже було на цьому відгалуженні. Тоді Хейнс назвав місто на честь свого тестя, Корнеліуса Г. Хенфорда, судді з Сіетлу.

Місто швидко розвивалося і згодом вже мало газету «Хенфорд Колумбіен». Почалися переговори про проведення залізниці до Хенфорда, і компанія «Пріст Репідс Рейлвей» розпочала вивчення території.

В 1907 році було збудовано початкову школу в Уайт Блаффс. Ця школа слугувала аж до 1932 року, коли вона згоріла. Того ж року в Уайт Блаффс з'явився і перший готель - готель «Уайт Блаффс», на честь чого в грудні було влаштовано бал та банкет.

В 1908 році в місті з'явився перший поштовий відділок. Маленьке місто виросло в успішну громаду зі своєю іригаційною компанією, перукарнею, лісопилкою та іншими установами малого бізнесу. Місто також отримало власну газету «Уайт Блаффс Споуксмен». Ця газета нерегулярно публікувалася до кінця 30-х років.

І Хенфорд, і Уайт Блаффс в 1908 році зіткнулися з проблемами. Хенфордський зрошувальний канал зруйнувався, і фермери залишилися без засобів для поливу своїх полів. В Уайт Блаффс згоріли насосні станції, внаслідок чого устаткування вартістю 28 тисяч доларів, яке було застраховане лише на 5800, було повністю знищене. В 1909 році у цю місцевість прийшли банки. В лютому перший банк з'явився в Уайт Блаффс. Він почав з 10 тисяч доларів, але швидко зріс разом з місцевою економікою. Того ж року перший банк було відкрито в Річленді.

2 листопада 1910 року пожежа знищила бізнес-центр в Уайт Блаффс. Було зруйновано чотири будинки, а кілька людей зазнали опіків. Сухий клімат в цій місцевості спричинив багато пожеж, в яких згоріло багато споруд.

В серпні 1911 року Хавард Еймон

передав місту родинну ділянку на річці Колумбія. Його батько, У.Р. Еймон, вирощував на цьому місці дерева, а на вході було побудовано кам'яну арку. Це місце стало міським парком під назвою «Парк ім. Еймона». Цей парк залишається у Річленді і зараз, але тепер він називається «Парк ім. Хаварда Еймона».

В березні 1911 року було прийнято постанову побудувати нову школу, і тієї ж весни у школі Річленда з'явився перший випускний клас, де було тільки п'ять учнів. Того ж року Тедді Рузевелт відвідав Кенневік, подорожуючи західними штатами. Близько тисячі людей прийшло поговорити з колишнім президентом про «Меліораційний закон», який було прийнято за часів його президентства.

Компанія «Хорн Репідс Ірригейшн» розгорнула низку насосів та зрошувальних каналів, і фермери почали збирати врожаї різних культур. Річлендські фермери зажили доброї слави завдяки своїй якісній продукції, що постійно раніше за всіх надходила на ринок і була там кращою. Вони експериментували з різними культурами на зразок столового винограду та винограду для виноробства, люцерни, картоплі, м'яких фруктів та кукурудзи, які були популярними. Деякі з фермерів вирощували більш екзотичні рослини: бавовну, арахіс, манго, а також цитрон. Найкмітливіші серед них вирощували багато культур, так що в разі невдачі з однією мали на продаж щось інше.

27 листопада 1913 року згорів готель в Уайт Блаффс. Йому було тільки шість років, а зайнявся він через несправний димохід. Він був дуже популярним і вважався «найкрасивішим серед готелів у східній частині штату Вашингтон».

В 1914 році в Реттлснейк Хіллз, що на північний захід від Річленда, було знайдено природний газ. Це притягло до Річленда багато компаній, які прагнули розвідати цю місцевість в пошуках нових покладів газу і почати буріння. Їхня робота була успішною, і в 1918 році компанія «Валла Валла Ойл, Гес енд Пайп Лайн» мала свердловину глибиною 715 футів, що видавала 3 мільйони кубічних футів газу на добу. В 1930 році сюди

W. R. Amon, had trees planted at the site, and a stone arch was built over the entrance. The area became the city's park, called Amon Park. The park is still in Richland today, but it is now called Howard Amon Park.

In March of 1911, a bond was passed to build a new high school building and that spring Richland High had its first graduating class, which had only five students. Teddy Roosevelt visited Kennewick that same year on a tour of the western states. The former President spoke to about 1,000 people about the Reclamation Act, which was passed while he was president.

The Horn Rapids Irrigation Company developed a series of pumps and irrigation canals, and farmers began to plant a variety of crops. Richland farmers started to become well known for their good produce which was consistently the earliest and best on the market. Growers experimented with a variety of crops, including wine and table grapes, alfalfa, potatoes, soft fruits, and corn which were all popular. Some farmers had more unique crops, such as cotton, peanuts, mangos, and citron. The most successful farmers had many different crops so that if one failed, they had several other crops to sell.

On November 27, 1913, the White Bluffs Hotel burned down. The hotel, which was only six years old, caught on fire from a defective chimney. The hotel was very popular, and had been regarded as one of "the most handsome hostelries in eastern Washington."

In 1914, natural gas was discovered in Rattlesnake Hills, which are northwest of Richland. The strike brought many companies to Richland to explore the area for more gases and begin drilling. Their work was a success and in 1918, the Walla Walla Oil, Gas, and Pipe Line Company had a 715-foot well built, that yielded 3 million cubic feet of gas per day. The Shell Oil Company came to the area in 1930, offering competition to the three local companies. In the early 1940s, the wells began to run dry, and the companies began to leave Richland.

On April 2, 1917, the United States declared war on Germany, entering it into World War I, which had began in 1914. The local towns threw themselves into helping with the war effort. At the Red Cross's request, Richland women made the Spokane hospital 150 pairs of pajamas and 150 nightgowns. The women sewed them in a building donated for them to use by A. L. Nelson. The communities also raised money for the Red Cross, gathering almost $3000 between the three cities. The residents also bought war bonds and stamps, as well as holding other fundraisers to help their country. The communities were very patriotic, with flag raising ceremonies and speeches. On November 11, 1918 Germany signed the armistice, ending World War I.

The area's agricultural community grew a lot during and after the war. In Richland, a small business district grew along the town's main street, Columbia Avenue. The prices of land and produce steadily rose in the war. In 1926, a road was built connecting Richland and Kennewick. This road provided an easier route for the farmers to take to get to the Kennewick railroad station, where they would ship their crops.

In 1929, the Great Depression began to hit Richland. It was a bad time for many people. Fires in the 1920s and 1930s destroyed many buildings in the town, and the town's bank closed after "irregularities" were discovered in the bank's account books. The prices on agriculture plummeted, leaving many farmers broke. With no where to go, these struggling farmers remained on their farms in an effort to make ends meet.

In spite of the Depression, Richland continued to grow. For many years, the town had saved to build a swimming pool at Amon Park, and, in 1935, with the help of many

Early Paddlewheel ferry on the Columbia by Richland
Одна з перших колісних паромних переправ на річці Колумбія біля Річленда

прийшла компанія «Шелл Ойл», склавши конкуренцію трьом місцевим компаніям. Оскільки на початку 40-х років свердловини почали висихати, ці компанії почали залишати Річленд.

2 квітня 1917 року Сполучені Штати оголосили війну Німеччині, вступивши до Першої світової війни, що почалася 1914 року. Місцеві міста взялися допомагати у веденні війни. На прохання Червоного Хреста жінки Річленда зшили для госпіталю у Спокені 150 пар піжам та 150 нічних сорочок. Вони пошили їх в будинку, наданому для цієї мети А.Л.Нельсоном. Крім того, в громадах проводився збір коштів на потреби Червоного Хреста. Загалом, в трьох містах було зібрано майже три тисячі доларів. Крім того, місцеві жителі купували воєнні облігації та поштові марки, а також влаштовували інші заходи для збирання коштів на користь своєї країни. Ці громади були осередками патріотизму, що проводили церемонії підняття прапора та проголошення промов. 11 листопада 1918 року Німеччина підписала акт про капітуляцію, що поклало край Першій світовій війні.

Під час війни та після неї сільськогосподарська громада в цій місцевості дуже зросла. В Річленді вздовж головної вулиці Колумбія Авеню виріс невеликий діловий район. Під час війни постійно збільшувалась ціна на землю та продукцію. В 1926 році було побудовано дорогу з Річленда до Кенневіка. Це полегшило фермерам шлях до залізничної станції Кенневік, звідки вони мали змогу вивозити свою продукцію.

В 1929 році «Велика депресія» вразила Річленд. Це були важкі часи для багатьох людей. Пожежі в 20-ті і 30-ті роки знищили в місті багато будівель, а міський банк було закрито після того, як в його звітних книгах було виявлено «невідповідності». Ціни на сільськогосподарську продукцію впали, що призвело до краху багатьох фермерських господарств. Подітись було нікуди, і ці стражденні фермери залишилися на своїх фермах, прагнучи якось звести кінці з кінцями.

Незважаючи на депресію, Річленд продовжував рости. Протягом багатьох років місто заощаджувало на побудову плавального басейну в Парку ім. Еймона, і в 1935 році за допомоги багатьох добровольців та підтримки членів громади цей басейн було збудовано. Тоді ж було прийнято постанову щодо заміни старої школи, побудованої ще в 1906 році.

Під час депресії було реорганізовано іригаційний район Річленда, що постачав воду для 320 фермерів на понад 7 тисяч акрів землі. Фермери вирощували врожаї нових культур, а саме спаржі та м'яти. Багато з найперших у місті комерційних закладів пережило депресію, зокрема, перукарня, універмаг та місцева газета «Бентон Каунті Едвокет». Деякі фермери, не маючи грошей, віддавали свою продукцію в обмін на газетну передплату, стрижку та харчові продукти.

7 грудня 1941 року Японія бомбардувала Перл Харбор, що спричинило вступ Сполучених Штатів до Другої світової війни. З початком війни громади почали допомагати у веденні війни. Молодь з цих міст гордо записувалася до війська, громада купувала військові облігації і збирала металобрухт та макулатуру. Жителі цих невеликих громад не мали жодної уяви про те, наскільки великим має бути їхній внесок та пожертва у воєнні зусилля.

volunteers and the support of community members, the pool was built. A bond to replace the old grade school, which had been built in 1906, was passed at the same time.

The Richland Irrigation District reorganized in the Depression, and was providing water to 320 farmers on over 7,000 acres of land. Farmers were growing new crops, like asparagus and mint. Many of the town's earliest businesses survived the depression, including the Richland Barber Shop, the Richland Cash store, and the local newspaper, the *Benton County Advocate*. Some farmers, short of money, traded produce in exchange for newspaper subscriptions, haircuts, and food.

On December 7, 1941, Japan bombed Pearl Harbor, entering the United States into World War II. As the war began, the communities began to turn their attention to helping with the war effort. The young men of the towns proudly registered for the draft, the community bought war bonds, and scrap drives to collect things like paper and aluminum were held. The residents of these small communities had no idea how great their contribution—and sacrifice—for the war effort would be.

Steve Barton

Old Hanford School

Maggie Wertz

Стара школа в Хенфорді

Меггі Вертц

In 1916 the original Hanford School was built in the small town of Hanford. This school was filled with learning and people for 30 years until 1945 when it was permanently closed by the United States Government. The children who attended the school were the children of

У 1916 році в невеличкому містечку Хенфорд було побудовано першу школу. Протягом 30 років в цій школі кипіло навчання і вона була переповнена людьми, доки в 1945 році уряд Сполучених Штатів не закрив її назавжди. Діти, які відвідували її, були дітьми власників фруктових садів. Їхній шкільний розклад в основному був таким же, як і в школах сьогоднішнього Тримістя (Річленд, Кенневік і Паско).

Школярі на початку дня збиралися в актовій залі, щоб вислухати оголошення та прочитати Обітницю на вірність. Потім починалися уроки - 5 чи 6 на день, залежно від класу. В Хенфордській школі була адміністративна шкільна рада та класні ради, що організовували заняття спортом, музикою, театральні вистави й танці для школярів та широкого загалу. Талісманом Хенфорда був мисливський собака, а кольорами - синій та золотий. З роками талісманом став сокіл, а кольорами - пурпуровий та золотий.

В 1936 році приміщення школи в Хенфорді вигоріло зсередини. Школярі були змушені відвідувати школу-суперницю в Уайт Блаффс. В об'єднаному випускному класі у 1938 році було 18 осіб! Коли настав 1942 рік, випускний клас став останнім, оскільки Хенфордський майданчик почав розвиватися. Членам громади було велено спакувати речі та протягом 30 діб виїхати, лишивши більшу частину свого майна без жодної компенсації з боку уряду. В 1945 році стару школу в Хенфорді було закрито назавжди.

orchard owners. Their school day follows a basic pattern similar to the schools in today's Tri-Cities (Richland, Kennewick, and Pasco).

The students would assemble in the assembly room at the start of the day to have announcements and recite the Pledge of Allegiance. The day would continue with either a 5 or 6 period day, depending on what grade level you were in. The Hanford School had an Associated Student Body (ASB) and class councils, which organized activities such as sports, musicals, plays, and dances for the students and community. The mascot for Hanford was a whippet and their colors were blue and gold. Over the years, that has changed to a falcon mascot and the colors of purple and gold.

In 1936 the Hanford School interior burned down. The students were left to attend their rival school, White Bluffs. The graduating class of 1938 combined was 18! When 1942 came around, they had their last graduating class because the Hanford site was beginning to develop. The community members were told to pack up and leave in 30 days without many of their possessions or any government compensation. In 1945 the old Hanford School was permanently closed.

The First Schools in White Bluffs

Kalin Sloughter

By the end of the nineteenth century, many people in White Bluffs had become concerned about the growing number of school age children in the area, and the lack of schools to educate them in. In order to have a school funded by the county, they first had to have a school run by local citizens for three months, and have a petition signed by a certain number of people. A woman named Mrs. Craig opened the first school in her house, although she had no previous teaching experience. Their county superintendent didn't have enough books for the White Bluffs school, and the residents couldn't afford to buy any, so they had to rely on whatever books they could find at home or what friends and relatives "back home" could send.

After the first term of school had ended, the residents began to look for a place to locate their school. They finally decided to locate their school in an abandoned cabin, and began to clean the place up. In 1895, White Bluffs got its first real teacher, a woman from Yakima named Mary Young. Her first class had nine students, ranging in age from six to eighteen. Mr. Brice, the father of several of the pupils and the first member of the school board, decided that the schoolteacher should not have to walk to school, and bought her a pony. It was a kind

Перші школи в Уайт Блаффс

Кейлин Слотер

Наприкінці дев'ятнадцятого сторіччя мешканців почала турбувати зростаюча кількість учнів шкільного віку та брак шкіл, де вони могли б навчатися. Для того, щоб школу почав фінансувати округ, необхідно було, щоб спочатку впродовж трьох місяців нею керували місцеві мешканці, а також потрібна була петиція за підписом деякої кількості людей. Жінка на ім'я пані Крег відкрила першу школу у себе вдома, хоча й не мала попереднього досвіду вчителювання. В окружного керівника не знайшлося достатньої кількості підручників для школи в Уайт Блаффс, а в людей не було грошей, щоб їх придбати, тому їм доводилося якось обходитися тими книжками, які можна було знайти вдома або які надсилали родичі та друзі «з дому».

Після того, як скінчилася перша чверть, місцеві мешканці почали шукати місце для школи. Нарешті вони вирішили влаштувати школу в старій хатині, де ніхто вже не мешкав, і почали її прибирати. В 1895 році до Уайт Блаффс приїхала перша справжня вчителька з міста Якіма. Звали її Мері Янг. В найпершому класі у неї було дев'ять учнів віком від шести до вісімнадцяти років. Пан Брайс, батько кількох учнів та перший член шкільної ради, вирішив, що вчительці не

личить ходити до школи пішки, і придбав для неї поні. Це було дуже мило з його боку, але, на жаль, з цього нічого не вийшло. У поні було двоє маленьких, які ходили за нею до школи. Якщо поні втрачала з поля зору своїх лошат, вона вчиняла такий галас, що Мері Янг вирішила, що легше все ж ходити пішки.

Учні Мері Янг ставилися до неї з великою повагою. Хлопці поїдали її очима замість того, щоб займатися шкільними справами, дівчата намагалися копіювати її зачіски та манери. Всі школярі долали великі труднощі аби вчитися. Двоє хлопчиків діставалися до школи за допомогою невеличкого човника та часто не мали змоги повернутися потім додому, бо жорстокі вітри робили річку занадто небезпечною для їхнього човника. Одного дня до школи заповзла велика змія, яку діти не змогли вигнати. Їм довелося чекати надворі, доки пані Янг вбила змію великою палкою.

Хоча пані Янг подобалося вчителювати в Уайт Блаффс, вона вирішила не залишатися там на другий рік. Вона повернулася до Якіми, де вчителювала ще вісім років.

Впродовж наступних кількох років навчальний рік у школі тривав усього три місяці, до того часу, коли в долині з'явилися ще й інші учні, і навчальний рік довелося збільшити. Ще за кілька років місцеві мешканці збудували нову школу на земельній ділянці, яку подарував один з них.

gesture; unfortunately, it ended up not working. The pony was a mother, and her two colts would follow them to school. If the mother lost sight of her colts she would create such a fuss that Mary Young decided that it would be easier to simply walk to school.

Mary Young's pupils were all rather worshipful of her. The boys would gaze at her adoringly instead of doing their schoolwork, while the girls would try to copy her hairdo and mannerisms. All the people at the school accepted hardships in order to learn. Two little boys came to the school by crossing a river in a small rowboat, and frequently ended up not being able to get home because the fierce winds would make the river too dangerous for their boat. One day the class was visited by a large bull snake, and they were not able to chase it out. The students had to be sent outside until Miss Young managed to kill the snake with a big stick.

Although Mary Young liked teaching at White Bluffs, she decided not to remain for a second term. Instead, she moved back to Yakima where she taught for eight more years.

For the next several years, the school year was a three-month term, until more students moved to the valley, and it was necessary to lengthen the term. A few years later the community built a new school building on land donated by one of the local citizens.

White Bluffs gathering, early 1900s
Мешканці Уайт Блаффс, початок 20-го сторіччя

Where did the Town Anchor?

Tetyana Shlopak
Ganna Andrusha
Bogdana Ponomarenko

Де місто кинуло свій якір?

Тетяна Шлопак
Ганна Андруша
Богдана Пономаренко

Раніше на місці Славутича була невелика станція Нерафа. Власне, не станція – залізничний роз'їзд з кількома будиночками. Нерафу оточували багаті поліські ліси. Це сюди приїздили донедавна збирати гриби і ягоди мешканці старовинного Чернігова. Це, можливо, тут полював Новгород-Сіверський князь Ігор – персонаж славнозвісної літературної пам'ятки XI століття «Слово о полку Ігоревім».

В ягідних місцях і виникло наше рідне місто. А поклала йому початок … аварія, яка сталася на Чорнобильській атомній електростанції (АЕС) 26 квітня 1986 року.

Для нас, сьогоднішніх школярів, той рік і та подія – далека історія. Тільки з архівних даних дізнаємося, що в директивній постанові, прийнятій у тодішній столиці Радянського Союзу Москві 2 жовтня 1986 року, вперше сказано про спорудження нового міста чорнобильських енергетиків-атомщиків Славутича. Постанова вказувала, що місто розраховане на 20 тисяч чоловік з можливістю подальшого розвитку до 30 тисяч чоловік. Воно мало заступити для енергетиків колишнє їхнє місто – Прип'ять, яке було полишено назавжди.

Славутич прибрав собі старовинну слов'янську назву головної української ріки Дніпра-Славутича. Спочатку його збирались збудувати просто на дніпровських схилах, а потім проектанти і будівельники заглибились на кілька кілометрів в соснові ліси. Перші будівельні десанти висадились неподалік села Неданчичів у зручній дніпровській гавані. Ночували в річкових теплоходах. Це маленьке плавуче селище назвали Якорем. А потім виникло тимчасове вахтове селище Лісне, яке збереглося до цього дня.

Славутич будували всім Радянським Союзом. Тому тут відчутні національні будівничі традиції і Закавказзя, і Прибалтики, і України, і Росії… Будинки в основному мають від п'яти до дев'яти поверхів і створюють образ сучасного великого міста в мініатюрі. Особливо ж цікаві, на

A small railway station called Nerapha was located in the same place, where Slavutych now stands. It was not even a station—a railway junction with several houses. Rich Polissya forests surrounded Nerafa. This is the place where not that long ago people from the old town of Chernihiv came to pick mushrooms and berries. This, it may be, is the place where Novgorod-Siversk Prince Igor hunted—a character from the well-known work of literature of the XIth century, "A Tale of Igor's Army".

In this place rich in berries grew our native town. But it all started with... an accident that happened at Chornobyl Nuclear Power Plant (NPP) on April 26, 1986.

For us, today's schoolchildren, that year and that event are old history. Only from the archives we can find out that construction of a new town of Slavutych for Chornobyl NPP plant personnel was first mentioned in the directive dated October 2, 1986, which was adopted in Moscow, then the capital of the Soviet Union. The directive stated that the town was being built for 20,000 people, with possible future growth up to 30,000 people. It was to replace the plant workers' former town – Prypyat, which was left forever.

The name of the town, Slavutych, originates from the ancient Slavic name of the main Ukrainian river, Dnipro-Slavutych. At first, the plan was to build it right on the Dnipro banks, but then the designers and builders shifted several kilometers into the pine forest. The first brigades of builders landed next to the village of Nedanchychiv in a suitable Dnipro harbor. They spent the nights on river steamships. That small floating settlement got the name of Yakor ("Anchor"). Later, a temporary settlement of Lisne was built, which is still there.

All of the Soviet Union was involved in the construction of Slavutych. That is the reason one can notice here national construction traditions from the Caucasus, the Baltics, Ukraine, and Russia... The buildings are mainly between five and nine floors, and they create an image of a large modern city in miniature. In our opinion, especially attractive are different and elegant one or two-story cottages, with small plots of land, gardens and flower-beds in full bloom.

A number of housing blocks have large sports and health complexes. Just recently built are the new sports center "Olympiyskiy," School of the Arts, House for Children's Creative Activities, where the talented younger generation of Slavutych is studying. And how beautiful is the Palace of Culture! Just imagine: such a small town has as many as four secondary schools and eight kindergartens! Children in Slavutych are always the focus of attention - we are a third of the population here.

Most of us, because of our young age, cannot remember how the construction of Slavutych began; some came here as babies, some as preschoolers. Yet, we feel the warmth of the hands and the generosity of the hearts with which the city was built by the ambassadors of close and far corners of a country that no longer exists on a map. It was as if some very ancient heroes had gathered here, committed their good deeds, and returned again to a legend that has not yet been told to the very end.

The first builders were very much in a hurry to provide us beautiful gifts. And when things are done in a hurry, mistakes can happen. New requirements to life are set by time itself. And our generation will need to exert a lot of effort to keep up the image of a modern town. Our love and initiative will be the guarantee that this happens.

наш погляд, різноманітні ошатні котеджі на один-два поверхи, з присадибними ділянками, буйноцвіттям садків і газонів.

У багатьох кварталах розташовані великі спортзали, які у нас називають ФОКами – фізкультурно-оздоровчими комплексами. Зовсім недавно збудовано спортивний центр «Олімпійський», Школу мистецтв, Будинок дитячої творчості, де навчаються юні таланти Славутича. А який чудовий Палац культури! Уявіть: в такому невеликому місті аж чотири середні школи і вісім дитсадків. Діти в Славутичі – на чільному місці, нас тут третина населення.

Далеко не кожен з нас через малий вік пам'ятає початок славутицького будівництва: хто приїхав сюди немовлям, хто дошкільнятком. Але нам передались ті тепло рук і щедрість сердець, з якими зводились квартали посланцями далеких і близьких куточків країни, якої тепер немає на карті. Наче якісь прадавні богатирі посходилися, зробили тут добру справу і знову повернулись у недоспівану билину.

Перші будівельники дуже поспішали, щоб зробити нам прекрасні подарунки. А там, де поспіх, трапляються і прорахунки. Сам час поставив нові вимоги до життя. І нашому поколінню доведеться докласти чимало зусиль, аби підтримати імідж сучасного міста. Наші любов та ініціативність будуть цьому запорукою.

Slavutych Cottage
Котедж у Славутичі

"History so old – it gives me shivers..."

Olga Ryezan

«Історія – глибока, аж отерп...»

Ольга Рєзан

Славутичу – дванадцять. Це наймолодше місто в Україні, а, можливо, й у всій Європі. В ньому проживає близько 25 тисяч чоловік, але з цих тисяч мало хто поцікавився історією Славутича. Причому, не історією прийняття рішення про створення такого міста, не історією вибору майданчика або історією побудови – це знає майже кожен славутчанин, а історією того таємничого, сповненого гіркої печалі і чистої джерельної радості давнього життя далеких поселенців. Не звертають уваги на ці «дрібниці» люди, так само, як на свої давні-предавні прізвища, так само, як на багато чого іншого, дуже важливого. Але, можливо, саме оці «дрібниці» і є найважливішими у нашому житті та історії...

Якщо Києву більше ніж 1500 років, а Чернігову близько 1300 років, то за цей час, неодмінно, повинні були з'явитись якісь інші поселення. І вони були насправді. Про це я дізналася з розповідей та статей Євгена Абдулайовича Алімова. Він – учитель історії в міській загальноосвітній школі № 3, але крім учителювання, займається і краєзнавством. Ця людина справді вміє цінувати історію, історію народу, який став йому рідним і близьким на все життя. Як пише Євген Абдулайович у журналі «Сіверянський літопис» (№ 1, 1996 рік): «Я народився і виріс на далекій марійській землі. Але вже досить тривалий

Slavutych has turned twelve. This is the youngest city in Ukraine and possibly in the whole Europe. Twenty five thousand people live there, however there are few of those who know the history of the city. Not how the city was founded, site chosen, or the town built—this is known to everyone in Slavutych. I am speaking about the history of the mysterious life of ancient settlers, life filled with bitter sorrow and crystal clear joy. People just don't care about these "details," neither do they care to find out the origins of their ancient sirnames and other things, just as important. Maybe these "small points" are the most important things in our life and history...

Knowing that Kyiv is 1500 years old and Chernihiv is 1300 years old, it is quite obvious that other settlements also must have appeared during all these years. And so they have. I learned this from lectures and articles by Eugen Abdulayovych Alimov. He teaches history in local secondary school #3, but apart from teaching he is also interested in local history. This man can really appreciate the history of the people that became dear to him, became his life. Eugen Alimov writes in *Siveryanskyy Litopys* magazine (#1, 1996): "I was born and raised in the distant land of Mari. However, it has been a long time since I moved here, first to Nedanchychy, then to Slavutych. I have fallen in love with this land, it's in my heart, it became my native land." He spends a lot of time in the archives, studying documents and history books; visits, on his own or with his students, the villages in the neighborhood. Each of these villages has contributed something to the history of Slavutych. Thanks to Eugen Alimov, the school got its own history museum. This article also would not have been written without him...

Old manuscripts confirm that the land of Southern Slavs that became the ground of Slavutych city at the end of the second millennium back in 9th-10th centuries was populated and had state structure. Chernihiv grew stronger and blossomed, competing for political leadership with Kyiv itself. Chernihiv princedom's boundaries expanded all the way to Tmutarakan on Tanyan peninsula. Lubech princedom also has written a glorious page in the book of the region's history. Famous Dobrynya, Antoniy Pechersky, Peresvet and Grand Prince Volodymyr, the baptizer of Kyiv Rus were Lubech natives. Memories of Igor, Prince of Novgorod-Siversky and possibly the author of "A Tale of the Igor's Army" also dwell in Slavutych region.

Contemporary Slavutych is located where at the end of 18th—beginning of 19th century was Nerapha volwerk (farm). This is witnessed

час живу тут. Спершу – в Неданчичах, згодом – у Славутичі. Полюбив цей край. Увійшов він у моє серце, все стало мені рідним.» Багато часу він проводить в архівах, вивчає документи й історичну літературу, сам або з учнями відвідує навколишні села, кожне з яких поклало свій золотник в історію Славутича. Завдяки Євгену Абдулайовичу з'явився шкільний історичний музей. А тепер завдяки ж йому з'являється ось ця стаття...

Письмові джерела свідчать, що на східнослов'янських землях, де наприкінець другого тисячоліття мав виникнути Славутич, ще у IX – X століттях була державність. Змагаючись за політичну першість з самим Києвом, могутнішав і розквітав Чернігів. Межі Чернігівського князівства досягли навіть Тмутаракані на Танянському півострові. Свою славну сторінку в літопис краю внесло Любецьке князівство. Виходцями з Любеча були славнозвісні Добриня, Антоній Печерський, Пересвет і, зрештою, великий князь Володимир, який хрестив Київську Русь. Оповивають Славутицький край і спомини про Новгород-Сіверського князя Ігоря – героя, а можливо, і автора «Слова о полку Ігоревім».

На території сучасного Славутича в кінці XVIII століття – на початку XIX століття існував фільварок Нерафа. Про це свідчить топографічна

The village of Nerapha, the railway station. The place where it was decided to start construction of the town of Slavutych.

Полустанок Нерафа, залізнична станція. На цьому місці було вирішено побудувати місто Славутич.

The new railway station is initiated. Cranes and concrete blocks.
Починається побудова нової залізничної станції. Підйомний кран і бетонні плити.

карта 1800 року. Ім'я фільварку успадкувало урочище Нерафа, де 1927 року розпочалось будівництво залізниці. Був створений роз'їзд, потім збудований полустанок Нерафа, який зараз перетворився на станцію Славутич Південно-Західної залізниці. На цьому полустанку деякий час працював мій прадід. Там, де зараз наше місто, розлягались селянські поля до 30-х років XX століття. Але грунт був піщаний, мало родючий, тому в 30-х роках, коли почали утворюватись колгоспи, ці землі засадили деревами. Ось звідки виник ліс, серед якого збудований Славутич.

Говорячи про історію поселень, що існували на території Славутича, потрібно дещо сказати про навколишні села.

Неданчичам – за 400 років. Перша письмова згадка про них датується 1559 роком у купчій боярина Василя Семеновича Кривопиші. А в грамоті від 13 березня 1571 року уже польський король Сігізмунд пише про володіння цими землями. На лівому березі Кривої річки, де сьогодні розташовані дачі славутчан, був «Залізний завод», що належав Іллінському монастирю. У 1860 році в селі проживало 592 чоловіки, 588 жінок. У XVIII столітті в нашому краї розвивалось гутництво. Гута –

by the topographic map dated 1800. The name of volwerk was inherited by Nerapha gully, where in 1927 a railroad construction began. They built a passing track, later—Nerapha stations which is now the station of Slavutych of the Northwest Railroad. For some time, my great-grandfather worked at the Nephra station. Here, where our city is situated today, there were peasants' lands up to 1930s. However, the land here was sandy, practically badlands, so in the 1930s, when the first collective farms were established, trees were planted there. This is where the forest around Slavutych came from.

Speaking of the history of settlements that used to be where Slavutych now stands, it's necessary to mention the neighboring villages.

Nedanchychi are over 400 years old. First written evidence of the village goes back to 1559, when it was mentioned on the deed of purchase of Boyar Vasyl Semyonovych Kryvopysha. And in the official letter dated March 13, 1571, Polish King Sigizmund stated his propriety over this land. On the left bank of Kryvaya river, where the citizens of Slavutych have built their summer houses, there used to be an "Iron Plant", that belonged to Illinsky monastery. In 1860, 592 men and 588 women

lived in the village. In the 18th century this land became the domain of glass-making. "Gutas" (glass-workshops) crafted glass products. Glass-making inherited traditions of the ancient Russian glass-blowing and reached the highest level of development in the 17th–18th centuries. In the 19th century, when the first glass factories were opened the craft fell into decay.

In the Chernihiv region, glassblowing started to develop intensively at the second half of the 17th century. In the 17th century there was over 100 "gutas." Some of them operated for over 150 years. Gutas were built on sandy timberlands near water streams. Gutas producing sheet glass also had pottery departments (making pots for smelting glass and fire bricks), relaxation rooms for the workers and a separate storage facility.

Nedanchychi "guta" workshop was located 5 verstas (1 versta=1.06 kilometers) from Nedanchychi, in the forest on a flat land, near a small swamp. There were 17 houses and the glass-works with four smelting furnaces. Besides regular window glass (green glass) and regular ware it also made potash (white) glass, crystal, pharmaceutical ware, round and flat bottles.

Also, beside 5 "gutas" near Nedanchychi a Bronze Age settlement (late 3rd—early 2nd millennium B.C.), early Iron Age settlement[1] (late 2nd—early first millennium B.C.), Kyiv Rus settlement (12th–13th century), Nedanchych I and Nedanchychi II ancient settlements (1st millennium B.C.) and metallurgical works (12th–13th century) have been discovered.

This land, especially regions by Dnipro (Chernihiv, Ripkyn regions) were rich in marsh ore in the 17th century. In the area of today's Slavutych mines were in the following villages: Nedanchychi, Gubychi, Redkivka, Grabivka, Liskovka and Gunkovka. Mines were built on the banks of the rivers. People diked the river and used the water engine to operate the sledge-hammer and the bellows that sent air

це склоровна майстерня, яка виробляла гутне скло. Гутництво розвинулось на традиціях давньоруського скляного ремесла й досягло найвищого рівня у XVII – XVIII століттях. У XIX столітті, з появою скляних заводів, воно занепало.

На Чернігівщині гутне виробництво інтенсивно почало розвиватися з другої половини XVII століття. У XVIII столітті тут налічувалось понад 100 гут. Деякі з них працювали більше ніж півтора віку. Будували гути в місцях, багатих лісом, на піщаному грунті, де була проточна вода. На гутах, де виготовляли листове скло, були ще розвідний відділ, гончарний відділ (тут виготовляли горщики для плавлення скла та вогнетривку цеглу), приміщення для майстрів та робітників, а також окреме приміщення для готових виробів.

Неданчицька гута була за 5 верст від Неданчичів, у лісі, на рівному місці, при невеликому болоті. Складалася вона з 17 хат і склозаводу з чотирма плавильними печами. Крім звичайного віконного (зеленого) скла і звичайного посуду, виготовляли поташне (біле) скло, кришталь, аптечний посуд, круглі і пласкі пляшки.

Поблизу Неданчичів, крім гут, виявлено і поселення епохи бронзи (кінец III - початок II тисячоліття до нашої ери), періоду раннього заліза (кінец II - початок I тисячоліття до нашої ери), часів Київської Русі (XII – XIII століття), городища Неданчицьке перше і Неданчицьке друге (I тисячоліття до нашої ери), металургійний комплекс (XII – XIII століття).

Наш край, особливо Придніпров'я (Чернігівський, Ріпкинський райони), в XVII столітті був багатий болотною рудою. Навколо теперішнього Славутича рудники мали такі села: Неданчичі, Губичі, Редьківка, Грабівка, Лісковка, Гуньковка. Рудники будували на берегах річок. Греблею перегороджували потік, а водяний двигун приводив у рух ковальський молот і міхи для передачі повітря у піч. В руднях видобували і обробляли болотяні і дернові руди, зокрема в басейні лівих приток Дніпра – Сохи і Десни. Перші рудні в нашому краї з'явились наприкінці XVI століття. У XVII – XVIII століттях на Чернігівщині існувало до 100 невеликих рудень. На кожній з них щороку вироблялося близько 500-700 пудів сиропутного заліза. Продукція рудень Чернігівщини, незважаючи на її порівняно низьку якість, деякий час задовольняла потреби місцевого господарства і місцевого ринку. Потім це залізо не змогло конкурувати з російським, яке було якісніше і дешевше. Проіснувавши близько двох сторіч, рудні занепали і припинили виробництво заліза. Вони залишили пам'ять про себе в назвах поліських поселень: Рудня, Руда, Рудники, Димерка, Гамарниця... Залишилась також і документальна згадка про рудні. Гетьман Іван Мазепа в Універсалі від 26 березня 1701 року писав: «Неданчицька рудня кожного року повинна поставляти 12 возів доброго гнучкого заліза. Звільняється від податків на 1 рік, в зв'язку з ремонтом та реставрацією рудні». Рудня в селі Неданчичах була збудована 1664 року чернігівськими міщанами, а її ремонт після заливних дощів та повіней робили селяни з Неданчичів.

А ось інша епоха – інша сторінка історії.

Приблизно за три кілометри від Славутича є невелике село Червона Гута. Проживало там до Великої Вітчизняної війни біля 200 чоловік. А під час тієї війни тут діяв партизанський загін імені М.Коцюбинського. У січні 1943 року партизани зупинили вантажний поїзд, що йшов з Неданчичів до Чернігова, на станції Нерафа і спрямували його у протилежному напрямку без машиніста. Поїзд упав під укіс біля Дніпра. Вбивши німецького офіцера, партизани зникли в лісі.

Фашисти вирішили помститись, але свій гнів вони перенесли на мирних людей. 23 лютого каратели з неданчицькими місцевими поліцаями прибули підводами в Червону Гуту. На щастя,

into the ovens. The iron works mined and processed marsh ores and turf ores, in particular, in the basin of the left Dnipro tributaries—Sokha and Desna. First mines in our region appeared at the end of the 16th century. In the 17th–18th centuries Chernihiv region had about 100 small mines. Each mine produced 500-700 poods (1 pood=16.38 kg) of iron ore. These products, although of a relatively poor quality, for some time were able to satisfy local demand. But after a while, local iron could not compete with Russian iron, which was cheaper and better. After two hundred years of existence, mines were under and ceased to produce iron. Memory of the mines ("rudni") remained in the names of such local villages as Rudnya, Ruda, Rudnyky, Dymerka, Gamarnytsya... There are also written evidences of the mines. Hetman Ivan Mazepa wrote in his "Universal" dated March 26, 1701, "Nedanchychi mines must supply 12 cartloads of good quality pliant iron every year. It is exempt from taxes for 1 year due to repair and restoration of the mine." Nedanchychi mine was built in 1664 by Chernihiv townsmen, its repair was done by Nedanchychi villagers after it was damaged by the heavy rains and floods.

And here is another time, another page in history.

Approximately three kilometers from Slavutych there is a little village of Chervona Guta. Before World War II around 200 people lived there. During the war, it became a place of military operations of the partisan unit named after M. Kotsyubynsky. In January of 1943, at Nerepha station partisans stopped a freight train that was heading to Chernihiv from Nedanchychi, and sent it in the opposite direction without the engine driver. The train derailed near Dnipro. Partisans killed one German officer and disappeared in the forest.

The Nazis wanted to take revenge and turned their wrath against civilians. On February 23, the chastens and local polizei came to Chervona Guta. Luckily, the village men went to Dnipro to collect hay. Other people stayed in

Vilnyussky block of apartments. The construction is in progress. Only the cottages have been built; construction of the apartments has not yet been started.

Вільнюський блок квартир. Розпочалося будівництво. На фотографії тільки котеджі, ще не побудовано жодного багатоповерхового будинку.

the village despite the warnings of their acquaintances-polizeis. Germans surrounded the village. Then they started to drive all villagers together to the shrubs. When all women, children and old people were there, Nazis set the shrubs on fire. My grandmother showed me this place and told me about this terrible tragedy.

German soldiers were searching all around, and if they found anyone in the house, barn, cellar or other hiding place, they killed them right there. The Sybirskis family (mother Maria, children: Kolya, Ulyana, Maria) ran to the woods. Polizeis crossed their way. They lined the family up against the wall and shot them all. Maria got six bullets and lost a lot of blood, but lived. Germans set the house on fire, the burning roof fell on Maria, she felt the heat and started crawling out of the fire. She was trying to get to the cellar when chasteners saw her and shot her again. But she was destined to live. When the Nazis left, her father, who just returned with the hay, spotted his daughter who was barely alive.

Mekshunivka, a village 6 kilometers from

чоловіки в цей час поїхали до Дніпра за сіном. Інші ж мешканці не зважили на попередження знайомих поліцаїв про можливу помсту і сиділи вдома. Німці оточили село. Потім всіх жителів почали зганяти до омшаника. Коли він був заповнений жінками, дітьми, старими людьми, омшаник підпалили. Моя бабуся показувала мені місце, де стояв той омшаник і розповідала про страшну трагедію.

Німецькі солдати нишпорили скрізь, і коли знаходили когось у хаті, хліві, погребі чи ще в якомусь потаємному кутку, вбивали на місці. Родина Сибірських – мати Марфа, діти Коля, Уляна, Марія – побігла до лісу. Дорогу їм перетнули поліцаї. Поставили родину біля клуні і розстріляли. Марія, одержавши шість ран, втратила свідомість, але залишилась живою. Німці підпалили клуню і палаючий дах впав на дівчину. Вона відчула жар, почала виповзати з полум'я. Хотіла добратись до погреба, але карателі помітили і ще раз вистрелили по ній. Та доля наказала дівчині жити. Коли карателі поїхали, батько, що саме повернувся з сіном, підібрав напівживу доньку.

Мекшунівка за шість кілометрів від Славутича – невелике село, але там чи не найбільше дач славутицьких людей. Маленьке сучасне поселення, де видніються різноманітні будинки з білої цегли. Ще історико-статистичний опис Чернігівської єпархії зафіксував: «Село Мекшунівка Чернігівського повіту біля річки Вертеч. Тут була гута, збудована в 1751-1760 роках, яка належала поміщику Федору Романовичу Посудевському. При гуті було чотири хати. По смерті Посудевського завод належав удові Федора Романовича Марфі Іванівні». Цю гуту так і називали – посудевською.

В Мекшунівці здавна проживали українці. Люди займались господарством, ловили рибу. В річці Вертеч водились карасі, окуні, щуки, в'язі. Була пасіка. Недалеко від села знаходився цегельний завод.

Життя було важким завжди. Людей принижували, але щоб так… Неподалік від Мекшунівки розташувалось маленьке село Озерська (Собача) Гута (і зараз можна побачити горбочки там, де стояли будівлі). Переповідали, що тутешній поміщик в часи кріпацтва придбав селян за собак. До речі, цій легенді є документальне підтвердження.

Сіл навкруги Славутича багато і кожне має свою історію, але розповісти про них в короткій статті не можливо. Хіба ось ще перегорну одну сторінку… Сторінку глибоко трагічну.

Як не згадати прообраз чудового Славутича – місто Прип'ять, перше місто працівників Чорнобильської АЕС. Збудоване в 70-ті роки нашого віку на березі чудової річки Прип'яті – притоки Дніпра, воно нагадувало огранений рукою майстра білопрозорий діамант у зелено-золотій оправі Полісся. Місто Прип'ять виникло на новому місці. Архітектори і будівельники втілили в ньому свої найкращі прагнення: стрімкі проспекти і вулиці, стрункі висотні квартали – усе для життя, усе для щастя. Понад 50 тисяч прип'ятчан сподівалися знайти свій

Slavutych, is very small, but most of the summer houses of Slavutych towners are built there. It is a small modern settlement where one can see white brick houses of various shapes. Chronicles of Chernihiv eparchy state, "Mekshunivka village, Chernihiv district, near Vertech river. There was a glass-workshop there, built in 1751-1760, that belonged to the landlord Fedor Romanovych Posudevsky. There were 4 houses near the glass-workshop. After the death of Fedor Romanovych Posudevsky, the workshop was inherited by his widow Marfa Ivanivna." This glass-workshop was called Posudevsky, after the owners' names.

Ukrainians lived in Mekshunivka starting from long time ago. They fished and worked on land. There was crucian, perch, pikes and ide in the Vertech river. There was also a bee-garden. Not far from the village there was a brick factory.

Life was always rough. People always were humiliated, but here it was something else... Near Mekshunivka there was a little village of Ozerska (Sobacha) Guta (even today you can still see the knolls where the houses used to be). It is said that at the time of serfage the local landlord bought peasants in exchange for dogs. In fact, documents confirming this legend survived.

There are many villages around Slavutych, each of them has its own history, but it is impossible to squeeze all of this information into this short article. Maybe, just one more page in the book of history... This page is profoundly tragic.

I can't skip the history of the prototype of Slavutych—the town of Prypyat, first hometown of the Chernobyl NPP employees. Built in the 1970s at the beautiful river of Prypyat, Dnipro's tributary, it looked like a clear transparent diamond, skillfully cut by a talented jeweler and mounted in the green and gold frame of Polissya. Prypyat was built from the ground up. Architects and construction workers embodied their best aspirations—straight avenues and spacious streets, tall buildings—all for life, all

for happiness. Over 50 thousand people were hoping to settle in the "white city." They built and put into operation four units of Chornobyl NPP, each with over million kilowatt capacity, and were preparing two more units. And then, suddenly... Why do the worst troubles always begin at night?

Right after the 26th of April, 1986, people of Prypyat had to leave their happy haven. They didn't sail away, they were evacuated by buses. The endless convoy of buses took them from their hometown in the direction of Kyiv. As they found out later, they left it for good.

Then, part of the Prypyat population moved to the new city of Chornobyl NPP employees. Now, the White Angel—symbol of Slavutych—shelters those who will remember Prypyat forever and those, who came here from all around the former Soviet Union.

Not only the cities go, the whole countries disappear with time. History keeps on teaching new lessons.

Interesting, magic, bitter, painful pages... I suddenly remembered words from a poem by Borys Oliynyk:

"My rich land is fruitful as a woman,
The history so old—it gives me shivers.
It must be that we are the only people
That reap the harvest of gold
With a sickle made of laughter."

And all this is about us.

життєвий причал у «білому» місті. Вони збудували і ввели в експлуатацію чотири енергоблоки – мільйонники Чорнобильської атомної станції, готували до роботи ще два блоки. І раптом та нічна несподіванка... Чому найбільше нещастя зароджується вночі?

Зараз після 26 квітня 1986 року мешканці Прип'яті змушені були полишити свій щасливий причал. Але не теплоходами, а автобусами. Нескінченно довгий автопоїзд вивіз їх назирці з рідного міста у бік Києва. Як виявилося, назавжди.

Згодом частина прип'ятчан переїхала на постійне проживання до нового міста чорнобильських енергетиків. І тепер Білий Янгол – символ Славутича – взяв під своє крило і тих, хто навік зберіг у серці Прип'ять, і тих, хто прибув сюди з різних куточків колишнього Союзу Радянських Соціалістичних Республік (СРСР).

Зникають не лише міста – зникають держави. Історія постійно дає нові уроки.

Цікаві, чарівні, пекучі, гіркі сторінки... Пригадалися раптом рядки з вірша Бориса Олійника:

«Мій ситий чорнозем плодючий, наче жінка,
Історія – глибока, аж отерп.
Це, мабуть, тільки в нас на золоті обжинки
Завжди на похваті зі сміху литий серп».

І все це про нас.

EXTRA **The Villager** EXTRA

VOLUME 1 — Richland, Washington, Monday, August 6, 1945 — NUMBER 22—A

IT'S ATOMIC BOMBS

News Spreads Slowly, Surprises Everyone Here

Jubilation And Satisfaction Follows Revelation Of Product Manufactured Here

Richland was about the last place in the country to hear the news of the atomic bomb. As in other parts of the country it was the housewives who first heard the news over their radios, and broke it to their husbands in a flurry of telephone calls which kept the switchboards humming.

In town, the stores were all closed until noon and few people were on the street. It was THE VILLAGER reporter who spread the word to most of those encountered. Disbelief was soon followed by enthusiasm. Everyone felt the same reaction—"It's nice to know what this project is all about" and "Maybe the war will end promptly."

To nearly everyone the news of what Richland was helping to make came as a complete surprise. Even those who may have been in the know would not admit it. The old habit of secrecy was strong upon them.

Said J. T. Minard who was downtown doing some shopping: "They did the most marvelous job of keeping a secret. I just didn't think it would be possible."

Patrolman W. N. Gasway, who was enjoying a day off with a stroll through the village, had no idea what was being made. "I didn't

Development Of Bomb Traced

Begun In 1939; Plant Expanded In June, 1942

The energy of the atom has been harnessed to produce the deadliest weapon ever devised, the atomic bomb, the War Department today announced shortly after the first of the aerial missles cascaded upon a Japanese military target

The initial combat use of the bomb culminated three years of intensive effort on the part of science

President Truman Releases Secret of Hanford Product

Information Is Made Public This Morning

SPECIAL—Today President Truman, in an offical White House release, broke the biggest secret of World War II—and perhaps the greatest secret of any war—when he informed Americans that the U. S. Army Air Forces had

Chapter 2

Глава 2

Hanford Beginnings

The Atomic Bomb and the Manhattan Project

Початки Хенфорда

Атомна бомба і Манхеттенський проект

Hiroshima: August 6th, 1945

Michael McCain

As the night lifted, the sun emerged into a clear blue sky, shining warmly. Throughout the city, people began their daily routines, unconcerned with the war. Already the streets were bustling with activity. Kids scurried toward school, and street vendors set up shop, preparing for the steady flood of pedestrians through the city. The water lapped gently against the shore of Hiroshima Bay, where a myriad of ships were moored, idly waiting.

Three bombers appeared out the sky, the incessant drone of their propellers alerting the civilians below. An American air raid! But no more aircraft appeared; could this be considered a threat? The lead bomber veered towards Hiroshima Bay. It's identity: the Enola Gay, commanded by Colonel Paul Tibbets, U.S. Air Force. As the ground sped by beneath, the bomb-bay doors swung smoothly open. Bending down, the B-29's bombardier Thomas Ferebee sighted his target, the Aioi Bridge, with trained ease. "Bomb away!" he exclaimed. At 8:12, a single bomb, the "Little Boy," plummeted downwards on a course to change history.

"My God, what have we done?!"

The bomb missed the Aioi Bridge and exploded about 2,000 feet above ground directly over the Shima Clinic, a thousand feet away…

The morning erupted in a brilliant flash of light! The massive explosion seared through the city, it's blast and impossibly hot temperatures quickly leveling everything within sight. Thousands of people were instantly cremated. Shock waves rocketed outwards from the ominous mushroom cloud at "ground zero" that would forever taint the reputation of nuclear energy. The vicious winds swept through the city, wrenching apart everything within a 1.5 mile radius. The catastrophe was almost immediate. In the aftermath of the disastrous explosion, those not in the disintegration area of the bomb were left homeless, grief-stricken, and showered with dangerously high doses of radiation. Infants screamed desperately for dead or dying parents, as people staggered out of collapsed buildings in shocked disbelief.

One survivor vividly depicted the horrors of the scene. "Holes opened between my ribs and the movements of my heart and other organs became visible through my skin.... It took me an hour to get off the ground. A lady had to cut the skin that was hanging down and rubbed machine oil on the burns."

The B-29 banked sharply into a steep dive to gain enough momentum to avoid the tumultuous blast. Shock waves rocked the plane violently as it sped away, leaving bitter disaster in its wake. A plume of dense black smoke rose from the ruined city. "A bright light filled the plane. We turned back to look at Hiroshima. The city was hidden by that awful cloud... boiling up, mushrooming," recounts Colonel Tibbets. "My God, what have we done?!" co-pilot Robert Lewis expressed in his journal. The disaster at Hiroshima was complete. The power of the atom had been unleashed, and over 140,000 people lay dead.

Хіросіма: шосте серпня 1945 року

Майкл МакКейн

Коли скінчилася ніч, на чистому блакитному небі тепло засяяло сонце. У всьому місті люди почали займатися своїми буденними справами, не зважаючи на жахи війни, що ще не скінчилася. Вулицями вже сновигали люди та машини. Діти мчали до школи, вуличні торгівці встановлювали свої лотки, готуючись до жвавого пішохідного руху вулицями міста. Хвилі Хіросімської затоки тихенько пестили береги, в затоці було повно пришвартованик кораблів.

Три бомбардувальники раптом з'явилися у небі, дзижчання пропелерів насторожило людей. Американський повітряний наліт! Але більше літаків не з'являлося. Японці потроху заспокоювалися. Перший бомбардувальник змінив курс у бік Хіросімської затоки. Це був літак «Енола Гей», під командуванням полковника американських військово-повітряних сил Пола Тіббетса. Коли під черевом літака з'явилася земля, дверцята бомбового відсіку плавно відчинилися. Нахилившись, бомбардир Б-29-го, Томас Фірбі, тренованим оком легко впізнав ціль – міст Аіоі. «Кидай бомбу!» О 8:12 єдина бомба під назвою «Малюк» попрямувала до землі, щоб назавжди змінити історію людства...

Бомба не влучила в міст, а вибухнула в 2000 футах понад землею, над лікарнею Шіма, яка була в 1000 футах від епіцентру...

Ранок розірвав яскравий сполох світла! Містом прокотилася потужна луна вибуху, ударна хвиля та пекельний вогонь вмить зрівняли з землею усі будівлі. Тисячі людей згоріли миттєво. Ударна хвиля пронеслася до міста від лиховісної грибовидної хмари над епіцентром вибуху, якої відтоді судилося бути погрозливою тінню, що супроводжує ядерну енергію. Злі вітри промчали зруйнованими вулицями, нівечачи все на своєму шляху в радіусі 1,5 милі. Катастрофа сталася майже миттєво. Ті, хто не знаходився в зоні прямого ураження, лишилися без своїх домівок, були в розпачі від лиха та знаходилися під дією страшних доз радіації. Немовлята кричали у розпачі біля померлих або вмираючих батьків, шоковані люди вибиралися з-під уламків будівель не в змозі зрозуміти, що сталося.

Один з тих, хто лишився жити, яскраво змалював жахливу картину. «На шкірі, між моїми ребрами, були отвори, через які я бачив як працює моє серце та інші внутрішні органи... Впродовж цілої години я намагався піднятися на ноги. Якась жінка обрізала мою шкіру, що звисала донизу та натерла мої опіки машинним маслом.»

Б-29 зробив різкий віраж, щоб набрати досить швидкості аби уникнути зони дії шаленого вибуху. Ударні хвилі термосили літак, що швидко відлітав, залишаючи за собою лихо. Стовп густого чорного диму здіймався над руїнами міста. «Яскраве світло заповнило літак. Ми обернулися, щоб подивитися в бік Хіросіми. Міста не було видно за тією жахливою хмарою... вона вирувала, ставала схожою на гриб», пригадує полковник Тіббетс. «О Боже, що ж ми наробили!?», писав другий пілот Роберт Л'юїс в своєму щоденнику. Катастрофа у Хіросімі була повною. Сила атому вирвалася на волю, вбивши понад 140000 людей.

THE Atomic BOMB

KALIN SLOUGHTER

Атомна БОМБА

КЕЙЛИН СЛОТЕР

У 1938 році німецькі вчені Отто Ган та Фріц Штрассман відкрили поділ атомного ядра, поставивши таким чином світ на порозі атомної ери. При зіткненні нейтрона з атомом урану ядро розщеплюється (ділиться) і невеличка частинка маси перетворюється на величезну кількість енергії (згідно з формулою Ейнштейна $E=mc^2$). Новина про це відкриття, яку опублікувала у Швейцарії Ліс Майтнер, колега Гана, швидко поширилася у всіх наукових колах. А незабаром гітлерівські нацисти окупували Польщу і розв'язали Другу світову війну. Вчені та політики почали обмірковувати, що, якби вдалося скористатися цим новим джерелом енергії для створення «атомної бомби», то можна було б забезпечити перемогу.

Як це починалося

У Європі про можливість використання атомної енергії мріяв Лео Сцилард, єврейський фізик з Угорщини. Присвятити свою діяльність вивченню атомної енергії Сцилард вирішив під впливом офіційної заяви у 1933 році лорда Ернеста Разерфорда. Разерфорд проголосив: «За наявних на цей час засобів та знань про енергію атомного ядра будь-чиї заяви про можливість скористатися з енергії його поділу

In 1938, German scientists Otto Hahn and Fritz Strassman discovered fission, plunging the world into the atomic age. When a neutron strikes a uranium atom, the nucleus spits (fissions), and a small fraction of the mass is converted into a large amount of energy (according to Einstein's formula $E=mc^2$). Publicized by Hahn's colleague Lise Meitner, in Switzerland, news of the discovery quickly spread through the scientific community. Soon after, Hitler's Nazi regime invaded Poland, triggering World War II. Scientists and politicians began to think: if this new energy could be harnessed into an "atomic bomb," it would ensure certain victory.

The Beginnings

In Europe, Leo Szilard, a Jewish Hungarian physicist, dreamed of nuclear possibilities. A statement by the famous scientist Lord Ernest Rutherford in 1933 further inspired Szilard to devote his work to atomic energy. "Any one who says that with the means at present at our disposal and with our present knowledge we can utilize atomic energy is talking moonshine," Rutherford claimed. Szilard was rather appalled. He frequently exchanged ideas with his colleague and fellow Hungarian physicist Eugene Wigner, whom he met in 1934. Often working furiously on calculations for weeks at a time, Szilard contributed to much of the early development of the fission concept. While conducting many experiments with various elements to produce fission, he never obtained a chain reaction, however. Szilard's quirky, undisciplined, absent-minded attitude also made it difficult to find supporters and benefactors of his idea. His "bathtub physics" and unsystematic research approach also made him unpopular with many scientists. Although Szilard worked hard to convince both England and the United States, he wasn't able to sell his idea until the discovery of fission and the outset of the war.

Szilard soon fled Germany and came to the United States to develop his idea. Wigner, who had also recently left Europe, helped Szilard in his efforts. Being both Jewish, the pair was deeply afraid of the Nazis. Wigner explained: "As for my participation in making the bomb, there was no choice. The original discovery that made it possible was made in Germany, and we had believed that the German scientists were ahead of us in the development of a nuclear weapon. I shudder to think what would have happened if Germany had been first to acquire the weapon." Together they convinced Albert Einstein (Szilard and Wigner's former professor) to sign a letter to the President, urging the government to take action. "I really only acted as a mailbox," Einstein later commented. The prominent theoretical physicist wrote:

> *"Some recent work by E. (Enrico) Fermi and L. Szilard... leads me to expect that the element uranium may be turned into a new and important source of energy in the*

[cont'd on bottom of page 44]

є чистісіньким п'яним базіканням.» Такий погляд просто приголомшив Сциларда. Він часто обмінювався думками зі своїм колегою та приятелем, угорським фізиком Євгеном Вігнером, з яким познайомився у 1934 році. Працюючи часто безперервно протягом тижнів над обрахунками, Сцилард зробив великий особистий внесок на першому етапі розвитку теорії ділення атомного ядра. Однак жодного разу йому не пощастило експериментально отримати реакцію ділення, хоча було проведено багато дослідів з різними хімічними елементами. Від природи Сцилард був чудернацькою людиною, не відзначався особливою уважністю та дисципліною, що разом тільки ускладнювало проблему знаходження когось, хто поділяв би та підтримував його теорії. Багато хто з вчених також недолюблював Сциларда через його «фізику між іншим» та несистематизований науковий підхід до розв'язання проблеми. Сцилард доклав чимало зусиль, щоб зацікавити своїми ідеями Англію та Сполучені Штати, але так і не спромігся зробити це аж до відкриття поділу атомного ядра та початку війни.

Невдовзі по тому Сцилард утік з Німеччини і опинився у Сполучених Штатах, щоб продовжити вдосконалення своєї теорії. Вігнер, який теж нещодавно прибув з Європи, допомагав Сцилардові у його напруженій праці. Оскільки обоє були євреями, вони панічно боялися нацистів. Вігнер потім це пояснював так: «Що стосується моєї участі у створенні атомної бомби, то іншого вибору у мене не було. Початкові відкриття, необхідні для цього, були зроблені у Німеччині, і ми побоювалися, що німецькі вчені випереджали нас у створенні атомної зброї. Я просто завмираю від жаху, припускаючи, що Німеччина стала першою країною, що заволоділа такою зброєю.» Разом вони переконали Альберта Ейнштейна (колишнього професора Сциларда і Вігнера) підписати листа Президенту, закликаючи уряд негайно вжити заходів. «Я був тільки поштовою скринькою», - пізніше прокоментує цей факт сам Ейнштейн. Цей видатний фізик-теоретик написав таке:

> *«Деякі з останніх робіт Е. (Енріко) Фермі*

[продовження знизу на сторінці 44]

Leo Szilard
Лео Сцилард

Лео Сцилард народився в Будапешті (Угорщина) 11 лютого 1898 року. Він отримав освіту в Будапештському технологічному інституті та Берлінському університеті, де він пізніше, з 1923 по 1933 рік, викладав фізику. Коли до влади в Німеччині прийшли нацисти, Сцилард переїхав до Англії і став займатися ядерною фізикою. Ядерна фізика повністю заполонила його, і він працював як одержимий, часто цілими днями відмовляючи собі в їжі або відпочинку Після того, як Сцилард покинув свою домівку, він тинявся по готелях і ніколи не осідав для роботи в одному місці. У тих готелях він часто годинами мокнув у ванні, весь у мріях про ядерну фізику та її багаті можливості. В 1938 році Сцилард залишив Європу і поїхав до Сполучених Штатів, щоб займатися дослідженнями в галузі ядерного поділу в Колумбійському університеті, хоч він не знайшов елемента, здатного до поділу.

Після того, як спалахнула війна і розпочався Манхеттенський проект, Сцилард, як і раніше, грав головну роль у розробці атомної бомби. Працюючи зі своїм близьким другом Евгеном Вігнером, Сцилард також працював і з Енріко Фермі. Вони провели чимало перших експериментів Манхеттенського проекту, а в 1942 році Сцилард допомагав Фермі у роботі над першою реакторною кладкою і підтримуваною ядерною реакцією в Чикагському університеті. Сцилард, що вельми полюбляв розрахунки, частенько відмовлявся від того, щоб попрацювати руками. Через це Фермі доводилося доводити до кінця багато вирішальних експериментів. Незважаючи на його значний внесок у роботу, у Сциларда був серйозний особистий конфлікт з генералом Гроувзом. Відомо про неоднразові спроби

Leo Szilard was born in Budapest, Hungary, on February 11, 1898. He received his education at the Budapest Institute of Technology and the University of Berlin, where he later taught physics between 1923 and 1933. When the Nazi party came to power in Germany, Szilard left for England and began work on nuclear physics. Szilard became quite obsessed with nuclear physics and worked furiously, often denying himself food or recreation for days at a time. After leaving his home, Szilard roamed hotels, never settling to work in one location. While at hotels, he would frequently soak for hours in the bath, dreaming about nuclear physics and the many possibilities in this fascinating subject. Szilard left Europe in 1938 and came to the United States to do fission research at Columbia University, although he did not find an element capable of sustaining nuclear fission.

After the war broke out, and the Manhattan Project began, Szilard continued to play a key role in the development of an atomic bomb. As well as coordinating with his close friend Eugene Wigner, Szilard also worked with Enrico Fermi. This pair performed many of the early Manhattan Project experiments, and Szilard helped Fermi create the first reactor pile and sustained nuclear reaction at the University of Chicago in 1942. Szilard, although active with calculations, often refused to work with his hands. This left Fermi to complete many of the key experiments. Despite his many contributions, Szilard had an intense personality conflict

та Л.Сциларда... переконали мене в тому, що найближчим часом можна сподіватися на перетворення елемента урану на нове та важливе джерело енергії. Певні особливості загальної ситуації, яка має місце, вимагають пильності і, у разі потреби, негайних дій з боку уряду. А тому я вважаю своїм

immediate future. Certain aspects of the situation, which has arisen, seem to call for watchfulness and, if necessary, quick action on the part of the administration. I believe, therefore, that it is my duty to bring to your attention the following facts and recommendations.

with General Groves. Groves tried many times to get Szilard removed from the project. He accused Szilard of being an enemy alien, kept him under close observation, and even tried to force him off of the payroll.

Szilard actually helped keep much of the early scientific work for the bomb secret. "I invented secrecy," Szilard said after the war. Ironically, Groves and the U.S. Army Security accused Szilard of not being secretive enough. At this point, Arthur Compton, director of the Chicago Metallurgical Laboratory, which conducted important research on the bomb, came to Szilard's defense. Compton and Szilard had become friends shortly after they met, and Compton told Groves about Szilard's attempts to keep his work from the Germans, and that he had legally come to the United States before Nazi takeover.

Szilard was strongly opposed to the use of atomic weaponry. After the war (and his failed petition to avoid dropping atomic bombs on Japan), he continued in his efforts to restrict atomic energy to peaceful usage. His early visions of nuclear physics included commercial uses, aside from its power as a weapon of mass destruction. He saw nuclear power replacing coal and oil and bringing power to many poor third world countries. He became a professor of biophysics at the University of Chicago in 1946 and quit research on nuclear physics. In 1959, he was awarded the Atoms for Peace Award, given to him by the Ford Motor Company in recognition of his efforts to promote peaceful atomic energy. Szilard died on May 30, 1964, in California.

Гроувза відсторонити Сциларда від проекту. Він обвинувачував Сциларда у тому, що він «ворожий чужоземець», тримав його під суворим наглядом і навіть намагався викинути його з платіжної відомості.

Насправді Сцилард допоміг зберегти в секреті чимало перших наукових робіт, присвячених бомбі. «Я запровадив секретність», - сказав він після війни. За іронією долі, Гроувз і служба безпеки армії США звинуватили Сциларда в тому, що він недостатньо дотримувався режиму секретності. З цього приводу Артур Комптон, директор Чикагської металургійної лабораторії, де проводилися важливі для бомби дослідження, став захищати Сциларда. Комптон і Сцилард невдовзі після їхньої зустрічі стали друзями, і Комптон розповів Гроувзу про Сцилардові спроби приховати свою роботу від німців і про те, що він легально приїхав до Сполучених Штатів до нацистського перевороту.

Сцилард був рішуче проти використання атомної зброї. Після війни (і його невдалої петиції про те, щоб уникнути скидання на Японію атомних бомб) він не припиняв своїх зусиль до того, щоб обмежитись мирним використанням атомної енергії. Спочатку він вбачав у ядерній фізиці перспективи комерційного використання на додаток до її сили як зброї масового знищення. Він бачив, як ядерна енергія приходить на зміну вугіллю та нафті і дає електрику бідним країнам «третього світу». В 1946 році він став професором біофізики Чикагського університету і перестав займатися ядерною фізикою. В 1959 році «Форд мотор компані» на знак визнання його зусиль до заохочення мирного використання атомної енергії присудила йому нагороду «Атом для миру». Сцилард помер 30 травня 1964 року в Каліфорнії.

In the course of the last few months, it has been made probable...that it may become possible to set up a nuclear chain reaction in a large mass of uranium, by which vast amounts of power and large quantities of new radium-like elements would be generated. Now it appears certain that this could

обов'язком надати до Вашої уваги наступні факти та рекомендації.

За останні декілька місяців стало ймовірно... що можна буде отримати ланцюгову реакцію в атомах великої кількості урану, наслідком якої стане вивільнення величезної кількості енергії та створення нових елементів, схожих на радій. І тепер вже

немає сумнівів, що це повинно статися найближчим часом.

Зазначене нове явище напевне призведе до вироблення бомб, і є підозра, хоча й менш певна, що при цьому виникає можливість для створення потужних бомб з новим принципом дії». --

Альберт Ейнштейн

«...Саме як фахівець з військової історії я можу вам повідомити, що ще жодна війна не вигравалася завдяки новій зброї.»

Ейнштейн пропонував, щоб проект розпочався негайно. Уран можна було б отримувати з бельгійського Конго, і він наголошував на нагайній необхідності поквапитися з початком наукових досліджень. Ейнштейн також попереджав:

«Мені відомо, що Німеччина вже припинила продавати уран з копалень у Чехословаччині, які вона привласнила. І мабуть, можна здогадуватися, що такий розвиток подій означає те,... що Німеччина повторює американські досліди з ураном.»

Командування Військового-морського флоту виступало проти такої бомби, вважаючи це завдання занадто складним, щоб встигнути впоратися з ним до кінця війни. Рузвельт же вважав неможливими будь-які дії без їхньої згоди. Проте неофіційному радникові Президента Рузвельта Олександрові Саксу, який працював разом із Сцилардом, вдалося переконати Президента у важливості проекту. Накопичувалися факти, які свідчили про те, що німці в той час вже також працювали над створенням бомби для себе; готова до застосування бомба в руках нацистів зробила б марними всі зусилля у війні союзників. Дехто з добре відомих вчених, наприклад, Отто Ган, перебували в Німеччині, не маючи змоги залишити її. Були підозри, що їх

be achieved in the immediate future.

This new phenomenon would also lead to the construction of bombs, and it is conceivable— though much less certain— that extremely powerful bombs of a new type may thus be constructed."--

Albert Einstein

Einstein suggested that a project should start immediately. Uranium could be acquired from the Belgian Congo, and he urged research to begin with haste. Also, Einstein warned:

"I understand Germany has actually stopped the sale of uranium from the Czechoslovakian mines which she has taken over. That she should have taken such early action might perhaps be understood.... (that) some of the American work on uranium is now being repeated."

The Navy opposed the bomb idea as too uncertain to be developed in time to end the war, and Roosevelt felt unable to act without their approval. However, Alexander Sachs, an unofficial advisor to President Roosevelt, worked with Szilard and managed to convince the President of the matter's importance. Evidence was mounting that the Germans were working to build an atomic bomb on their own; operational bombs in the hands of the Nazi's would spell certain doom for the Allied war effort. Several renowned scientists like Otto Hahn remained in Germany, unable to escape. It was suspected that they were involuntarily working for the German government.

"... I'm an expert on military history, and I can tell you that no war has ever been won by a new weapon."

The Nazi efforts to obtain large amounts of uranium in Belgium and Czechoslovakia also supported the fear that the Germans were far ahead in the race for the bomb. After listening to Sachs' argument, Roosevelt interrupted, "Alex, what you are after is to see that the Nazis don't blow us up."

Delegated to the Bureau of Standards, however, the bomb project progressed inordinately slowly. Chairman Lyman Briggs and his Uranium Committee would have to be replaced. The committee had only asked for a meager budget of $6,000 for some "proposed experiments." In September 1942, after two years of bureaucratic delay and skepticism, the project was assigned to the Army's Manhattan Engineers District (MED). It would be led by Colonel Leslie Richard Groves—the engineer responsible for building the Pentagon. He was a proficient, brisk, and demanding leader with a reputation for getting jobs done. Although he had hoped for a combat command, he quickly set the Manhattan Project in motion. After a promotion to the rank of Brigadier General, Groves set out to acquire a site at which development and construction of the bomb could take place. A previously considered site at Oak Ridge, Tennessee, offered ample open ground and relative seclusion. Its inland location also removed the threat of Axis bombers. The previous project leadership, however, had been reluctant to buy the site. After a quick survey, Groves

Oppenheimer and Groves at test site, top. Leslie Groves park in Richland, left.
Оппенхаймер і Гроувз на випробному майданчику, зверху. Парк ім. Гроувза в Річланді, зліва.

примусили працювати на німецький уряд. Намагання нацистів отримати велику кількість урану в Бельгії та Чехословаччині ще більш наводили на неприємну думку про помітне випередження німців в перегонах за атомну бомбу. Вислухавши аргументацію Сакса, Рузвельт перервав його зауваженням: «Ваше завдання, Алекс, дивитись за тим, щоб нацисти нас не «пустили під укіс».

Однак проект створення атомної бомби, переданий до Управління стандартизації, просувався навдивовиж дуже повільно. Довелося замінити склад Комітету з урану разом із його головою Лиманом Бриггсом. Комітет запросив усього-навсього якихось 6000 доларів для проводення «запропонованих експериментів». У вересні 1942 року, після двох років бюрократичних зволікань та скептичних закидів, проект передається у Військово-інженерний район Манхеттена (ВІРМ). Очолює його полковник Лезлі Ричард Гроувз, інженер, відповідальний за будівництво Пентагону. Це був досвідчений, енергійний та вимогливий керівник, з репутацією людини, яка всі справи доводить до кінця. Хоч він і сподівався на керівництво бойовими операціями, він почав швидко посувати роботи з Манхеттенського проекту. Отримавши підвищення - звання бригадного генерала, - Гроувз почав підшукувати місцину, придатну для робіт з виготовлення атомної бомби. Майданчик в Оук Ридж, штат Теннессі, який розглядався раніше, мав більш ніж досить відкритого простору, при цьому він був відносно віддаленим. Те, що ця зона була посеред материка, робило її, окрім усього, ще й важкодоступною ціллю для бомбардирувальників типу «Аксіс». Попереднє керівицтво проекту, однак, не поспішало придбати цю ділянку. Після швидкого ознайомлення з місцевістю, Гроувз купив землю. Генерал Гроувз, крім того, вимагав для проекту спеціального грифа ААА, щоб забезпечити необмежений доступ до усіх наявних матеріалів, потрібних для створення атомної бомби. Гроуз зазнав сильного опору з боку генерала Л'юсіуса Д. Клея, відповідального за пріоритетні потреби армії. Хоча Гроувз і спромігся тут обійти Клея, висловлювання останнього демонстрували негативне ставлення до створення бомби, яке існувало на той час. «... Саме як фахівець з військової історії я можу вам повідомити, що ще жодна війна не вигравалася завдяки новій зброї. А щодо цього атомного дива, то воно є абсолютно нездійсненною мрією. Президентові про неї наплела купка вчених із мізками, що вже від старості покрилися мохом, а той чомусь попався на їхній гачок.»

Важливо було зберігати роботи з Манхеттенського проекту у таємниці. Гроувз особисто розбив проект на окремі складові, і лише обмежене коло людей було обізнане з проектом в повному обсязі. Можливому витоку інформації запобігали дуже серйозно, а основні технічні об'єкти для створення атомної бомби охороняли багато озброєних вартових. Часто застосовувалися умовні

purchased the land. The general also demanded a special AAA priority to ensure limitless access to any available materials necessary in the bomb endeavor. Groves met strong opposition from General Lucius D. Clay, in charge of the army's priority needs. Groves soon got material priorities, but Clay's comments characterized much of the opposition to the bomb project at the time. "...I'm an expert on military history, and I can tell you that no war has ever been won by a new weapon. And this atomic thing is a dream of the highest order. It was sold to the president by a bunch of hair brained scientists, and for some reason he bought it."

Secrecy during the Manhattan Project was vital. General Groves carefully compartmentalized the project, and only a select few were aware of the entire plan. Armed guards rigorously patrolled the MED's major bomb facilities, and security agents aggressively searched for leaks. Code names were used often. Diaries were not allowed, the press was strictly monitored, and recruiting efforts were carefully veiled. The scientists were kept under close observation and restricted from many activities, despite the considerable unhappiness and dissension this caused.

Вибір майданчика

Меггі Вертц

Маленький військовий літачок розрізав небо, пролітаючи над річкою Колумбія. Цей літак прибув з ріки Дешют в штаті Орегон. Він пролетів над горбами Хорс Хевен Хілз та горою Ратлснейк. Згодом пілот побачив місце, відоме тепер як Хенфордський майданчик. Так полковник Френклін Маттеіс, голова проекту, побачив місце майбутнього об'єкту. В той самий час, коли в небі носився літак, Гілберт Чьорч та A.C.E. Холл їхали автомобілем по піщаних землях цього регіону. Вони також бачили ці землі вперше. Чого ж вони там шукали? Ці люди

Site Selection

Maggie Wertz

The small Army airplane cut through the sky as it soared over the Columbia River. This airplane flew from the Deschutes River in Oregon. The plane crossed the Horse Heaven Hills and Rattlesnake Mountain. Then the land soon to be known as the Hanford site came into view. This was the first time Colonel Franklin Matthais, who was the head of the plutonium project, had seen the site. At the same time as the airplane was soaring above, Gilbert Church and A.S.E. Hall were driving along the site's sandy lands. They too were seeing the land for the first time. Why were these men surveying this land? The men were scouting the land to

The Uranium Dilemma

The most vital part of the atomic bomb was uranium. An AAA priority would provide the resources of the entire United States, but uranium would have to be found elsewhere. Edgar Sengier, a Belgian businessman, knew of uranium's importance. As chairman of the Union Miniere mines in the Belgian Congo, he procured 1,200 tons of uranium tailings heaped outside the mines and shipped them to America before German forces could take over. Project leaders at the time were skeptical of the deal, however. The vital purchase was delayed until General Groves assumed leadership of the project. Groves quickly acted on the offer, buying the uranium for the bargain price of $1.60 a pound. The material for the project was secured. The problem with designing and completing a bomb remained.

It was soon discovered that the uranium-235 isotope was necessary for a sustained fission reaction. This created a formidable hurdle that would consume the attention of the nation's leading scientists. Uranium occurring in nature consists of about 0.7% uranium-235, mixed with the more stable isotope uranium-238. Both isotopes have almost identical characteristics. How could they be separated? No chemical methods would work, and scientists

імена. Не дозволялося вести щоденників, преса була під суворим контролем, а набір нових робітників було дуже добре приховано. Вчені перебували під пильним наглядом, і їх діяльність була дуже обмеженою, незважаючи на те, що такі умови спричиняли помітні незгоди та розбрат.

Дилема з ураном

Найнеобхіднішим для створення атомної бомби був уран. Пріоритет ААА міг забезпечити будь-які ресурси, наявні на той час в Сполучених Штатах, проте уран потрібно було шукати в іншому місці. Бельгійський бізнесмен Едгар Сенж'є знав про важливість урану. Головуючи на шахтах Юніон Мін'єр в бельгійському Конго, він купив 1200 тонн уранового шламу, що накопичувався біля них у великих купах, і перевіз його до Америки, перш ніж це дісталося німцям. Проте тодішні керівники проекту дуже скептично поставилися до запропонованої сировини. Важлива операція купівлі була затримана аж до призначення керівником проекту генерала Гроувза. Останній діяв миттєво і придбав уран за договірною ціною по 1,6 долара за фунт. Таким чином проект було забезпечено вихідним матеріалом. Залишалася ще проблема розробки та виготовлення бомби.

Доволі швидко з'ясувалось, що для підтримки реакції поділу ядра потрібен ізотоп урану-235. Звідси випливала відчутна проблема, що вимагала залучення провідних

determine whether or not it would meet the requirements for a top-secret World War II project.

The criteria for the project was that it have a sparse population, a remote location, ground that could hold heavy land loads (stable), an abundant supply of cold water, and a power supply from hydroelectric dams. After they saw the land and compared notes, the men decided the Hanford area was "far more promising" than the Deschutes-John Day area. "I thought the Hanford site was perfect the first time I saw it,"declared Matthais; therefore, the Hanford area was chosen. The land was sparsely populated by orchard and small farm owners. The government

досліджували землі регіону з метою визначення того, чи задовольняють вони вимогам секретного проекту Другої світової війни.

L.E. Bowman

вчених країни. Природний уран складається приблизно на 0,7 відсотків з урану-235, змішаним з більш стабільним ізотопом - ураном-238. Характеристики обох ізотопів майже зовсім однакові. Тоді яким же чином їх розділити? Жоден хімічний метод тут не спрацьовував, і вченим довелося вдаватися до складних способів, які нещадно поглинали бюджетні кошти. Ще гірше було від того, що фізики тоді ще були неспроможні визначити кількість урану-235, необхідну для ланцюгової реакції. Його могло знадобитися від 1 до 50 кг. Почалася розробка п'яти різних підходів до проблеми розділення ізотопів.

У науково-дослідній лабораторії Військово-морських сил в Анакостії, штат Вірджинія, фізики проводили експерименти, намагаючись розділити ізотопи шляхом термічної дифузії в рідині. Принцип полягав у тому, що газоподібний шестифтористий уран спочатку нагрівали, а потім охолоджували, щоб перевести у рідку фазу. Утворена рідина пропускалася між двома концентричними трубами, причому у зовнішній трубі була пара, а у внутрішній - вода. Оскільки уран-235 трішечки легший від урану-238, він здатний накопичуватися на підігрітій трубі і виноситися за допомогою конвекції. Але, на превеликий жаль, вартість необхідної кількості матеріалів для налагодження промислового виробництва урану-235 за технологією рідинної термодифузії сягала декількох мільярдів доларів. Тимчасом

had to resort to complex, expensive ideas. Worse, physicists weren't certain how much uranium-235 would be required for a chain reaction. Between 1 and 50 kilograms of material could be needed. Work began on five different approaches to the isotope separation problem.

At the Naval Research Laboratory in Anacostia, Virginia, physicists experimented with liquid thermal diffusion to separate the isotopes. After heating uranium hexafluoride gas, it would be cooled into a liquid phase. This liquid would then pass between two concentric pipes, with steam in the outer pipe and water in the inner pipe. Because uranium-235 is very slightly lighter than uranium-238, it would tend to accumulate on the heated pipe and convection would direct it away. Unfortunately, the scale of the process required to produce significant quantities of uranium-235 by liquid diffusion would require several billion dollars. The entire Manhattan Project budget was only $85 million at the time.

Another approach was being developed at the Radiation Laboratory in San Francisco, California, under the direction of Ernest Lawrence (the inventor of the Cyclotron, a powerful particle accelerator). Ionized uranium chloride gas would be injected into an intense

Проект вимагав невеликої кількості розкиданого населення, віддаленого місця розташування, твердої поверхні грунту, яка могла б витримувати значні навантаження, великої кількості холодної води та енергії з гребель гідроелектростанцій. Коли вони побачили ці землі та переглянули свої нотатки, то вирішили, що цей регіон є «набагато перспективнішим» від району Дешют – Джон Дей. «З першого погляду я зрозумів, що Хенфорд підійде ідеально», заявив Маттеіс, отже Хенфорд було обрано. На цих землях мешкала лише невелика кількість власників маленьких ферм та фруктових садів. Уряд дав цим 1500

gave these 1,500 community members thirty days to move out of their homes, paying them only pennies on the dollar for their land. The construction for the site began immediately after the land was cleared.

The government was in a race against time to build the world's first atomic weapon before the Germans. The project that began this mission was called the Manhattan Project. This mission was called the Manhattan Project because the first headquarters of the Corps of Engineers was located in Manhattan, New York, and they were the district in charge of building the bomb. The exact mission of this project was to make the plutonium for the atomic weapon.

alternating electromagnetic field. The ions would be accelerated in a circle, and the uranium-235 would accumulate in a container a fractional distance away from the uranium-238, because of its slightly lower mass. Lawrence built the 184-inch Calutron for this process. Unfortunately, the Calutron had never operated for more than fifteen minutes, and it would need to operate continuously for almost a day. Also, many Calutrons would have to be built to produce enough uranium-235.

One of the more promising methods was gaseous diffusion. Uranium hexafluoride gas was pumped through a long sequence of minutely porous metal barriers. The decreased pressure on the other side of the barrier encouraged diffusion of the lighter uranium-235 atoms. More than a thousand consecutive stages were needed to sufficiently enrich the uranium. Finding an acceptable barrier material was almost impossible. The metal had to be resistant enough to withstand the highly corrosive gas and contain billions of consistently sized, infinitesimal holes. A nickel alloy appeared suitable, but it had to be significantly improved. Another promising material was stumbled upon by an interior decorator who was attempting to refine the spray gun. It would take considerable time before either barrier

поточний бюджет Манхеттенського проекту складав тоді тільки 85 мільйонів доларів.

Ще одна технологія розроблялася в Радіаційній лабораторії у Сан-Франциско під керівництвом Ернеста Лоуренса (винахідника циклотрона - потужного прискорювача елементарних частинок). В сильне змінне електромагнітне поле впорскувався іонізований газоподібний хлорид урану. Іони прискорювалися по колу, і уран-235, через те, що він трохи легший, накопичувався у контейнері на невеликій відстані від урану-238. Для цього процесу Лоуренс побудував 184-дюймовий калутрон. На жаль, до того калутрон ще ніколи не працював довше п'ятнадцяти хвилин, а потрібно було б, щоб він працював безперервно впродовж майже цілого дня. Крім того, для вироблення достатньої кількості урану-235 довелося б побудувати багато калутронів.

Одним з більш перспективних способів розділення ізотопів був метод газової дифузії. Газоподібний гексахлорид урану прокачувався крізь велику кількість металевих перегородок з надзвичайно дрібними порами. Менший тиск з протилежного боку такої перешкоди спричинював дифузію більш легких атомів урану-235. Для достатнього збагачення урану треба було мати понад тисячу послідовних рівнів. При цьому виявилось майже неможливим віднайти прийнятний матеріал для металевих перегородок.

Abandoned road at Hanford townsite
Покинута дорога на місці міста Хенфорд

Larry Meyers

мешканцям 30 діб на те, щоб залишити регіон, заплативши їм лише крихти за землю, що була їхньою власністю. Як тільки район було очищено, почалося будівництво.

Уряд гнався за часом, намагаючись зробити першу в світі атомну зброю раніше від Німеччини. Для цього було започатковано Манхеттенський проект. Цю місію назвали саме так, тому що штаб-квартира Корпусу інженерів була розташована в Манхеттені, штат Нью Йорк, а вони саме й займалися створенням атомної бомби. Конкретною метою Манхеттенського проекту було створення плутонію для атомної зброї.

Відповідний метал мав бути достатньо стабільним, щоб не піддаватися дії дуже корозійного газу, і одночасно мати мільярди надзвичайно малих отворів визначеного розміру. Один нікелевий сплав, здавалося, відповідав цим вимогам, проте над ним треба було ще працювати з метою суттєвого покращення характеристик. На ще один начебто прийнятний матеріал наткнувся майстер оздоблювальних робіт, коли намагався вдосконалити пульверизатор. Однак, перш ніж той чи інший бар'єрний матеріал можна було б застосувати для розділення ізотопів урану, сплинуло б багато часу.

Найпростіший спосіб полягав у використанні центрифуги.

При обертанні великої центрифуги відцентрова сила більше діє на атоми урану-238, а

Chicago Pile
Чикагська реакторна кладка

could be applied to isotope separation, however.

The simplest approach was the centrifuge.

As a large centrifuge revolved, the centrifugal force would exert a slightly greater pull on the uranium-238 atoms, so that the lighter uranium-235 atoms would tend to concentrate near the center of the drum. The program was transferred from its shaky university beginnings to Westinghouse Laboratories. More than 25,000 centrifuges would have to run continuously for nearly a day to produce 100 grams of uranium-235. Centrifuges were expensive and extremely difficult to construct. Worst, the single centrifuge prototype that was built was never tested at the required speed and never operated for more than

[cont'd on bottom of page 54]

Plutonium's Role at Hanford

Ben Goodey

Роль плутонію в Хенфорді

Бен Гуді

На початку 1940-х років існувала гонка. Гонка, яка вирішить перемогу в Другій світовій війні. Гонка за щось таке могутнє, що дало б змогу правити світом. Гонка за атомну бомбу.

Таким чином, урядові потрібно було вибрати якесь спеціальне місце, де було б достатньо відкритого вільного простору, а також ріка - для водопостачання і охолодження майбутніх реакторів. Зрештою уряд знайшов місце, що відповідало усім його вимогам, і цим місцем був Хенфорд.

Головним Хенфордським проектом було виробництво плутонію з тим, щоб переправити його в Лос Аламос для виготовлення атомних бомб «Гладун» і «Малюк». Цей надсекретний проект було названо Манхеттенським проектом.

Плутоній (Pu) являє собою штучний

During the early 1940's, there was a race. A race that would determine who was victorious during World War II. A race for something so powerful it would declare world dominance. The race for the atomic bomb.

So the government needed to choose a spot, a special spot with wide open space, and a river for power and for the cooling of future reactors. The government eventually found a spot that met all their requirements, Hanford.

Hanford's main project was to produce plutonium (Pu) so it could be sent to Los Alamos to be used in the making of the atomic bombs "Fat Man" and "Little Boy." This top secret project was called the Manhattan Project.

Plutonium is a man-made element that is a silvery white color when in the form of a metal.

B Reactor *Реактор «B»*

легші атоми урану-235 збираються у центрі барабану. Програму передали на її початковому університетському рівні до лабораторій фірми «Вестінхауз». Для отримання 100 грамів урану-235 доводилося протягом майже цілого дня крутити понад 25000 центрифуг. Збудувати центрифуги було дуже нелегкою і дорогою справою. Ускладнював справу також той факт, що єдиний прототип центрифуги не випробувався на потрібній швидкості і ніколи не працював довше п'яти хвилин. А тому такий підхід до проблеми незабаром було визнано дуже непрактичним.

У грудні 1940 року американський хімік Гленн Т. Сіборг відкрив другий трансурановий елемент – плутоній, який також міг ділитися. Це відкриття створило нові можливості щодо реалізації атомної бомби, обходячи проблему розділення уранових ізотопів. Теоретично плутоній

[продовження знизу на сторінці 54]

It is extremely reactive and tarnishes when it comes in contact with the air. So far, no stable isotope of plutonium has been discovered.

Plutonium was discovered in 1940 at the University of California by Glen T. Seabourg, Edwin M. McMillian, Joseph W. Kennedy, and Arthur C. Wabel. A very simple way of explaining how they made plutonium is to bombard uranium-235 with neutrons while in a cyclotron. A cyclotron is a machine that accelerated particles propelled by a alternating electric field in content with a magnetic field.

Plutonium .... Pu
Atomic Number 94
Melting Point 913K
Boiling Point 3505K
Atomic Weight 244

елемент, що у металевій формі має сріблясто-білий колір. Він має надзвичайно високу хімічну активність і окислюється, коли вступає в контакт з повітрям. Жодного стабільного ізотопа плутонію досі не відкрито.

Глен Т. Сібург, Едвін М. МакМиллан, Джозеф В. Кеннеді і Артур К. Уейбел відкрили плутоній у 1940-му році в університеті штату Каліфорнія. Пояснити, яким чином вони отримали плутоній, дуже просто - це було бомбардування урану-235 нейтронами в циклотроні. Циклотрон - це установка для прискорення елементарних часток, приведених у рух за допомогою дії перемінного електричного поля в магнітному полі.

Плутоній ... Pu
Атомний номер ... 94
Точка плавлення ... 913K
Точка кипіння ... 3505K
Атомна вага ... 244

Enrico Fermi
Енріко Фермі

Не можна уявити собі історію Хенфорда, не згадуючи ім’я Енріко Фермі. Внесок цього фізика італійського походження в розвиток ядерної фізики значною мірою забезпечив успіх Манхеттенського проекту.

Він народився 29 вересня 1901 року в Римі у сім’ї залізничника-службовця. Його батько пишався своєю роботою, і був би вельми щасливим, якби Енріко продовжив його справу. Проте коли він визнав неабиякий інтелект свого сина, він став його підтримувати, і Енріко для своєї розумової роботи отримав все необхідне.

Енріко, який виріс у Римі, з 1918-го по 1922-й рік навчався в Пізанському університеті, а пізніше - в університетах Лейдена і Геттінгена. У 1927 році він став професором Римського університету.

Протягом наступних десяти років він вивчав теорію бета-розпаду і у 1938 році отримав Нобелівську премію за «відкриття нових радіоактивних елементів, що утворюються при опроміненні нейтронами, та за відкриття ядерних реакцій, спричинених повільними нейтронами». Окрім премії, йому

Enrico Fermi played an integral part in the Hanford legacy. An Italian-born physicist, his contributions to the field of nuclear physics were a major part of the success of the Manhattan Project.

He was born September 29, 1901, in Rome to a railroad official. His father was proud of his job and would have been happy for Enrico to continue his work. When he recognized his son’s great intelligence, though, he gave him lots of support, and Enrico got the opportunities he needed to let his mind work.

After growing up in Rome, Enrico studied at the University of Pisa from 1918 to 1922 and later at the universities of Leyden and Gottingen. He became a professor of theoretical physics at the University of Rome in 1927.

Over the next ten years, he studied the theory of beta decay, and in 1938, he received the Nobel Prize for “his discovery of new radioactive elements produced by neutron irradiation and for the discovery of nuclear reactions brought about by slow neutrons.” He was offered a trip to Sweden along with the prize and used the opportunity to leave the country permanently. At the time, Fermi and his family had been living under the Italian fascist regime. Fermi and his family came to the United States,

[продовження з сторінки 52]

можна було отримувати бомбардуванням урану-238 «повільними» нейтронами під час точно керованої ланцюгової реакції. При цьому утворювався нептуній-239, який розпадався до плутонію-239 з випромінениям бета-частинки. У 1942 році італійський фізик Енріко Фермі, який став головним науковцем Манхеттенського проекту, отримав першу керовану реакцію поділу атомного ядра під глядацькими трибунами поля Стегг на площадці для гри в сквош Чикагського університету. Ця подія підтвердила можливість керованої реакції поділу і

[cont’d from page 52]

five minutes. This approach was soon labeled as highly impractical.

In December of 1940, American chemist Glenn T. Seaborg discovered the second transuranic element, plutonium, which was also fissionable. This finding provided a new option for the atomic bomb, neatly bypassing uranium isotope separation. Plutonium could theoretically be obtained by bombarding uranium-238 with “slow” neutrons in a carefully controlled chain reaction. This process would produce

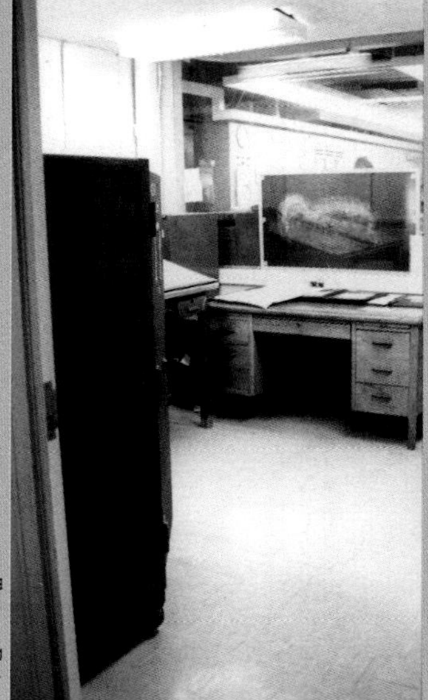
Torrey Bates

Original office used by Fermi at B Reactor

Кабінет у будівлі реактора «В», в якому працював Фермі

and he accepted a position as a professor of physics at Columbia University. Fermi became involved with the Manhattan Project while at Columbia University.

It was recognized that many of Fermi's experiments had dealt with nuclear fission—the splitting of the atom. Many United States scientists believed that this principle could help build the theoretical "atomic bomb."

Fermi was invited to the University of Chicago for the command of the first major step toward creating the atomic bomb.

On December 2, 1942, Fermi achieved the world's first self-sustaining chain reaction. This advancement was the base behind the atomic bomb's principle. With this knowledge, Fermi became a part of the Manhattan Project, until the end of the war when the atomic bomb was actually used.

Without the support of Fermi, the atomic bomb may never have been a reality.

The Fermi Institute was formed after the war, and Fermi died on November 28, 1954.

запропонували поїздку до Швеції, і він скористався цією можливістю, щоб назовсім покинути країну. На той час Фермі та його родина жили в Італії, де панував фашистський режим. Фермі з родиною виїхав до Сполучених Штатів, де він отримав посаду професора фізики Колумбійського університету. Саме за часів роботи в Колумбійському університеті Фермі залучили до Манхеттенського проекту.

Було помічено, що чимало експериментів Фермі стосувалися ядерного поділу - розщеплення атому. Багато фізиків у Сполучених Штатах вважали, що цей принцип міг допомогти конструюванню теоретичної «атомної бомби».

Фермі запросили до Чикагського університету для керівництва першими й вирішальними кроками в напрямку створення атомної бомби.

2 грудня 1942-го року Фермі отримав першу в світі самопідтримувану ядерну реакцію. Це досягнення стало підгрунтям принципу атомної бомби. Фермі з усіма своїми знаннями став частиною Манхеттенського проекту аж до кінця війни, коли вибухнула справжня атомна бомба.

Навряд чи атомна бомба змогла б стати реальністю без доробку Фермі.

Після війни було створено Інститут ім. Фермі, а сам він помер 28 листопада 1954 року.

neptunium-239, which would emit a beta particle and decay into plutonium-239. In 1942, the Italian physicist Enrico Fermi, who became a key scientist in the Manhattan Project, produced the first controlled nuclear fission reaction in a squash court under the bleachers of Stagg Field at the University of Chicago. This proved that controlled fission was possible and that plutonium could be produced. Research began immediately at the Chicago Metallurgical Laboratory, or Met Lab, where many talented

виробництва плутонію. Одразу ж були розпочаті наукові дослідження у Чикагській металургійній лабораторії (скорочено МетЛаб), де було зібрано чималу групу обдарованих вчених на чолі з Артуром Комптоном.

Керівництво проекту швидко відмовилося як від рідинної дифузії, так і від центрифуги як способів збагачення урану через їхню непрактичність при великомасштабному виробництві. В Оак Риджі розпочалося будівництво установки для газової дифузії, яка стала однією з найбільших споруд у світі і обійшлася більш як у 150 мільйонів доларів. Там також мали звести і установку для електромагнітного розділення ізотопів, на що для початку було виділено 10 мільйонів доларів. Крім того, треба було знайти місце для будівництва об'єкту для масового виробництва плутонію коштом на 100 мільйонів доларів. Гроувз почав активно просувати проект і домігся збільшення його бюджету вчетверо.

Плутоній з Хенфонда

Керівником проекту з виробництва плутонію було призначено полковника Френкліна Т. Маттіаса. Для будівництва заводу було залучено велику промислову фірму «Дюпон». Зважаючи на попередній досвід роботи фірми у проектуванні та будівництві великих хімічних підприємств, а також беручи до уваги бездоганні показники безпеки, досягнуті при виконанні попередніх робіт та військових замовлень, генерал Гроувз і Артур Комптон були впевнені, що «Дюпон» найкраще впорається з завданням. «Дюпон», що вже була одним з провідних постачальників озброєння, не байдуже ставилася до громадської думки, а тому перспектива пов'язати своє ім'я з виробництвом зброї «кінця віку» її спокушала не дуже. Крім того, багато хто з учених Металургійної лабораторії були категорично проти залучення сторонньої компанії і навіть пропонували провести будівельні роботи на майданчику власними силами. Проте ні генерал Гроувз, ні Маттіас не погодилися з цим; їм вдалося переконати «Дюпон» побудувати реактори та технологічні установки. Все ще побоюючись бути звинуваченими у «масовому вбивстві заради прибутків», «Дюпон» проте погодилася на контракт, загальний прибуток від якого становив один долар. Однак, Маттіасу та «Дюпон» ще потрібно було знайти відповідну ділянку. Витративши декілька місяців на пошуки на північному заході країни, Маттіас знайшов нарешті те, що йому хотілося, у Хенфорді.

Хенфорд відзначався дуже малою кількістю місцевого населення, віддаленістю від театрів воєнних дій, а також великими запасами чистої води та можливістю енергопостачання за рахунок ріки Колумбії.

scientists were gathered under the leadership of Arthur Compton.

The liquid diffusion and centrifuge methods of uranium extraction were very impractical for large-scale production, and they were soon dropped. Construction began for a gaseous diffusion plant at Oak Ridge, which would become one of the largest buildings in the world. This building would cost over $150 million. An electromagnetic separation plant would also be built there, starting at $10 million. Next, a site had to be found for a massive plutonium plant with a cost of $100 million dollars. Groves had set the project into motion and quadrupled the project budget.

Plutonium from Hanford

Colonel Franklin T. Matthais was appointed leader of the plutonium project. The large industrial firm DuPont was hired to construct the facility. With their background in large-scale chemical process design and construction, as well as their flawless safety record and history of military work, General Groves and Arthur Compton were convinced that DuPont would be the best firm for the job. DuPont, already a major weapons supplier, was concerned about public perception and was reluctant to be associated with the building of a "doomsday" weapon. Also, many Met Lab scientists were vehemently opposed to the idea of hiring an outside company and even offered to manage site construction themselves. General Groves and Matthais both disagreed, and they managed to convince DuPont to build the reactors and process plants. Still concerned that they would be blamed for "mass killing for a profit," DuPont accepted the contract—for a total profit of one dollar. DuPont and Matthias still had to find a suitable location, however. After months of searching the Northwest, Matthias finally found what he wanted at Hanford.

Hanford had a very small local population, seclusion from the war, and a large supply of clean water and hydroelectric power in the Columbia River. It also had an abundance of

flat, open space; firm, load bearing soil; and nearby aggregate for concrete. In February of 1943, a total of 620 square miles of land were acquired. The 1,500 people of the area were quickly relocated from the small towns of Hanford and White Bluffs, and by March, the Army Corps of Engineers had begun a massive construction effort. By the end of the war, the Hanford Engineer Works would be built for only $230 million.

Scientists at the Met Lab had not decided on a coolant material for the reactor. Also, they were not certain how to chemically separate reactor fuel (which, after going through a reactor, contained uranium, plutonium, and various fission products) after it was produced. Labor became a problem. Harsh living conditions, high temperatures, and fierce sandstorm winds (named the "termination winds") caused many workers to leave as fast as they arrived. Despite these problems, the first three reactor "piles" B, D, and F were built along the Columbia River in what are called the 100 areas. Reactors were called "piles" because they were basically just a big pile of graphite blocks. Because health and safety were a primary concern, the piles were constructed with thousands of tons of concrete, wood, and steel plating as shielding. The process tubes that held uranium slugs (uranium enclosed in aluminum) were meticulously placed, with a maximum error of 0.0005 inches. Water was chosen as a coolant and moderator to absorb extra neutrons, thus controlling the reaction. River water was first treated and then stored in large concrete basins called clearwells before going to the reactors. After water passed through a reactor, the effluent was sent back to the Columbia River. Later, holding ponds were added downstream of the reactors to give the water time to "cool" (both radioactively and thermally) before it went to the river. Because of this discharge into the river, a fish laboratory was built to study the effects of radiation on salmon.

Air pollution was also a safety issue.

[cont'd on page 60]

Там також були в наявності простора відкрита рівнина, міцний грунт, здатний витримувати навантаження, та можливість брати неподалік наповнювач для бетону. У лютому 1943 року було придбано ділянку загальною площею у 620 квадратних миль. 1500 мешканців невеликих містечків Хенфорд і Уайт Блаффс швидко переселили, і ще до березня Військово-технічний армійський корпус розпочав масштабне будівництво. Хенфордські технічні споруди, як тоді це називалось, були готові під кінець війни, причому витрати склали лише 230 мільйонів доларів США.

Вчені Металургійної лабораторії до того часу ще не визначились з матеріалом теплоносія реактора. Крім того, вони не зовсім розуміли, яким чином здійснювати хімічне розділення реакторного палива (яке після використання у реакторі мало у своєму складі уран, плутоній та інші продукти реакції поділу) після закінчення процесу. Складнощі виникли і з робочою силою. Жорсткі житлові умови, дуже висока температура та нещадні вітри з піщаними бурями (так звані «вітри звільнення») змушували багатьох робітників полишати ці місця одразу ж після прибуття сюди. Та незважаючи на всі складнощі, уздовж ріки Колумбія на території, яка зараз називається «ділянка 100», були побудовані три перші ядерних реактори «B», «D» і «F». Реактори ще інакше називалися «кладками», тому що вони практично являли собою просто велику кількість складених графітових блоків. Оскільки техніка безпеки була одним з пріоритетів, реактори будувалися із використанням тисяч тонн цементу, деревини та сталевої обшивки для забезпечення екранування. Графітові технологічні канали, де утримувалися уранові блоки (уран в алюмінієвій оболонці) розташовувалися з філігранною точністю, максимальне відхилення становило 0,0005 дюйма. Як теплоносій та уповільнювач для поглинання надлишкових нейтронів (і керування реакцією поділу) використовувалась вода. Перш ніж потрапити в реактор, річкова вода спочатку проходила спеціальну підготовку, а потім накопичувалася у великих бетонованих басейнах, що називалися чистими басейнами.

[продовження на сторінці 60]

J. Robert Oppenheimer

Дж. Роберт Оппенхаймер

Дж. Роберт Оппенхаймер народився 22 квітня 1904 року в заможній єврейській родині у Нью-Йорку. Будучи одним з найкращих студентів, він отримав освіту в Гарвардському, Кембріджському та Геттінгенському університетах. Потім він став професором Каліфорнійського університету і Каліфорнійського технологічного інституту. Саме тоді він займався квантовою теорією і написав кілька статей про космічні промені, хоч це так ніколи й не зробило його популярним. Він викладав теоретичну фізику до 1943-го року. Саме тоді генерал Гроувз обрав його для керівництва роботою провідних американських учених в Лос Аламосі.

Гроувза познайомив з Оппенхаймером Ернест Лоуренс 8 жовтня 1942 року в Берклі. Скромного, тендітного науковця весь час вабила атомна теорія, і він швидко став знавцем теоретичних аспектів нової бомби. Він вже працював у лабораторії Артура Комптона, де очолював експерименти зі швидкими нейтронами. Як честолюбна людина, він сподівався, що Манхеттенський проект принесе йому славу. Оппенхаймер одразу ж справив на генерала Гроувза добре враження, і невдовзі той призначив його директором нової лабораторії, створеної для виготовлення бомби.

Через це призначення мали місце значні непорозуміння. Для такої посади мали гарну підготовку кілька інших осіб. У Оппенхаймера були проблеми зі здоров'ям, він був схильний до приступів тяжкої депресії. Крім того, він мав історію зв'язків з комуністами. Його дружина, брат, невістка і колишня подруга належали до комуністичної партії. Оппенхаймер ніколи не був її членом, але протягом кількох років перебував під наглядом ФБР.

J. Robert Oppenheimer was born in New York City on April 22, 1904, to a wealthy Jewish family. A top rate student, he received his education at the universities of Harvard, Cambridge, and Gottingen. He then became a professor at the University of California and the California Institute of Technology. At this time, he made contributions to the quantum theory and wrote several papers on cosmic rays, although these never earned him much publicity. He taught theoretical physics until 1943, when he was picked by General Groves to direct the work of the nations leading scientists at Los Alamos.

Groves was introduced to Oppenheimer in Berkeley on October 8, 1942, by Ernest O. Lawrence. The quiet, frail scientist was continually attracted to atomic theory, and he soon became knowledgeable in the theoretical aspects of the new bomb. He was already working in Arthur Compton's laboratory leading research on fast neutrons. Ambitious, he looked towards the Manhattan Project as his claim to fame. General Groves was immediately impressed with Oppenheimer, and he soon appointed him director of the new laboratory to produce the bomb.

This appointment caused considerable resentment. Several other people were well qualified for the position. Oppenheimer had a troublesome medical history and was prone to bouts of serious depression. Also, he had a background of communist relationships. His wife, brother, sister-in-law, and former girlfriend all belonged to the Communist Party. Oppenheimer was never a member, but he had been watched by the FBI for several years.

Groves stood firm. "(He was) the best man, in fact the only man. I stood almost alone," Groves later commented.

Oppenheimer began by scouring the nation for talented physicists. He recruited scientists from already understaffed universities, causing hysteria from many of the schools. General Groves had to intervene. Also, Oppenheimer was not inclined to be a strong leader. One of his associates, I. I. Rabi, another scientist working on the bomb, described:

"Oppenheimer was brilliant, but he was not a strong character. He was indecisive and definitely not a fighter. If he couldn't persuade you, he'd cave in, especially to group opposition."

This caused many problems and raised questions about Oppenheimer. Was he really the right man for the job? Throughout the project and afterwards, he was constantly haunted by his political background and kept under close observation.

After this shaky start, Oppenheimer proved himself as an able leader. He organized the project with incredible dedication and worked furiously to improve the deteriorating relationships that developed between the scientists and the army. The project soon took it's toll on "Oppie," as his colleagues called him. He would go into deep depressions, and his medical condition worsened. After the war, he became a national hero for his efforts in the bomb endeavor. In 1946, he was awarded the Presidential Medal of Merit for his efforts. In 1947, he was appointed chairman of the Atomic Energy Commission (AEC), the civilian body formed to regulate and promote atomic energy. In 1954, he was suspended, and his security clearance was revoked due to his opposition to the hydrogen bomb, and his past communist association. His loyalty was found to be intact, and to help clear his name, the AEC awarded him the Enrico Fermi Award in 1963. Oppenheimer died on February 18, 1967, from throat cancer.

Гроувз наполягав на своєму. Пізніше Гроувз коментував: «(Він був) найкращим кандидатом, фактично єдиним. Майже ніхто не був згоден зі мною.»

Оппенхаймер почав розшукувати талановитих фізиків по всій країні. Він вербував учених з університетів, де й без того бракувало працівників, і багато кого з вищих шкіл це доводило до істерії. Генералу Гроувзу довелося втрутитися. Крім того, Оппенхаймер не мав схильності до керівництва. Один із його колег, І.І. Рейбі, ще один учений, що працював над бомбою, писав: «Оппенхаймер був блискучим, але слабовільним. Він був нерішучим, і аж ніяк не бійцем. Якщо він не міг переконати Вас, то поступався, особливо груповій опозиції.»

Це було причиною багатьох проблем і ставило питання щодо Оппенхаймера. Чи справді це та людина, що потрібна для такої роботи? Протягом всього періоду роботи над проектом і пізніше Оппенхаймера постійно переслідувала його політична історія, і його тримали під пильним наглядом.

Після такого сумнівного початку Оппенхаймер виявив себе як здібний керівник. Він з неймовірною відданістю ставився до організації роботи над проектом і шалено боровся за налагодження натягнутих стосунків між ученими та військовими. Незабаром проект став для «Оппі» (як його звали колеги) пасткою. Він впав у глибоку депресію, а стан його здоров'я погіршився. Після війни він став національним героєм за усі зусилля, які вклав у створення бомби. У 1946 році за свої зусилля він отримав у нагороду Президентську медаль за заслуги. У 1947 році він був призначений головою Комісії з атомної енергії (КАЕ), цивільного органу, сформованого для регулювання і розвитку атомної енергетики. У 1954 році його тимчасово усунули та позбавили допуску до секретних робіт через його опозицію до водневої бомби та зв'язки з комуністами в минулому. Та його лояльність було доведено, і для поновлення його гарної репутації в 1963 році КАЕ присудила йому премією Енріко Фермі. 18 лютого 1967 року Оппенхаймер помер від раку горла.

[продовження зі сторінки 57]

Після використання води у реакторі, вона спускалася знову в ріку Колумбію. З часом було облаштовано басейни витримки, куди вода надходила після реакторів, щоб «охолонути» (як у плані зменшення її радіоактивності, так і температури); лише потім її випускали в ріку. Через ці скиди води у ріку для вивчення впливу радіації на лосося заснували рибну лабораторію.

Забруднення повітря було також одним з показників безпеки. Фірма «Дюпон» офіційно заявила: «Від початку робіт за цією програмою стало зрозуміло, ...що видобуття плутонію з урану та продуктів поділу... супроводжується видаленням та вивільненням газів, які за своєю природою є дуже токсичними або надзвичайно радіоактивними». Інженери з Військово-інженерного району прагнули забезпечити як безпеку працівників Хенфордських споруд,

[cont'd from page 57]

DuPont stated, "From the inception of the work under this program, it was realized... that the extraction of the plutonium from the uranium and fission products... would be accompanied by the removal and liberation of gases either highly toxic in nature or extremely radioactive." The MED engineers were determined to ensure the safety of both Hanford employees, and the natural environment within and around the Hanford area. Ventilation systems in the reactors sucked air inward, to help prevent the spread of airborne activity. Large stacks were built to safely channel released gases into the air, and special fans were added to dilute the flow. The MED did many things at Hanford to assure worker safety. Safety rallies were held regularly. Safety signs and messages were posted throughout Richland, and strict rules

LOSING *Land*

MIRANDA WOODFORD

Втрачена земля

Міранда Вудфорд

23 лютого 1943 року суддя Л'юіс Швелленбах окружного суду Сполучених Штатів Америки у місті Спокен, штат Вашингтон, прийняв рішення про відчуження місцевості Хенфорда, Уайт Блаффс і фермерського поселення Річленд. При цьому усі постійні мешканці мали бути виселені з своїх власних земель. Ці землі стали вкрай важливими для воєнних потреб і необхідними для секретних робіт на Хенфордському майданчику. Згідно із зазначеною судовою постановою приблизно 1500 чоловік були практично примушені залишити свої власні ділянки, навіть не дізнавшись, чому вони мали виїхати.

Люди, яки втратили свою землю, були убиті горем. Дехто прожив тут все своє життя, а тепер отримав з місяць, щоб спакувати увесь свій скарб та залишити ці місця без жодної надії на повернення. Може ця втрата і здається незначною, врешті-решт ця земля була неродючим степом, вкритим чагарником, сухою

On February 23,1943, a condemnation order for Hanford, White Bluffs, and the farming village of Richland was signed by Judge Lewis Schwellenbach of the United States District Court in Spokane, Washington. The order was to move all residents from their land. The land had become vital to the war effort and was necessary for the secret work at the Hanford site. There were about 1,500 people who were practically forced to leave their lands because of this order, not even knowing why they had to leave.

The people who lost their land were heart-broken. Some of the people had lived there their whole lives and were only given about 30 days to pack up and leave, never to return. To others, this loss may seem small, after all the land was poor shrub-steppe, dry, and harsh. But to those were maintained when working with hazardous materials. Also, workers were frequently checked for signs of radioactive contamination.

The uranium that fueled the reactor was delivered to the 300 Area, where it was formed into "slugs," canned with aluminum cladding, and shipped to the reactors in the 100 areas. The 100-B pile (the first full-scale nuclear reactor in the world) went online on September 27, 1944. The cadmium control rods that prevented uranium fission by absorbing neutrons were slowly removed, initiating the controlled self-sustained fission reaction and generating huge amounts of power. The next morning, however, the power output began to drop. Soon, the reactor had completely shut down. Hanford scientists were perplexed. Maybe the coolant was absorbing extra neutrons? Or was it leaking

так і природного середовища поблизу та навколо Хенфрдської зони. Вентиляційні системи в реакторах засмоктували повітря усередину, щоб запобігти поширенню радіоактивності повітряним шляхом. Було збудовано величезні витяжні труби для безпечного виводу газів в атмосферу, а для розбавлення потоків було встановдено спеціальні вентилятори. ВІР зробив немало у Хенфорді для безпеки працівників. Періодично здійснювалися заходи з підвищення безпеки. По всьому Річленду стояли знаки та повідомлення стосовно безпечних умов експлуатації, а щодо роботи із шкідливими матеріалами були запроваджені суворі правила. Окрім цього, працівників часто перевіряли на радіоактивне забруднення.

Уран, який використовували як паливо для реактора, доставляли на Ділянку 300, де його перетворювали в «уранові блоки» в алюмінієвій оболонці та завантажували в реактори на Ділянках 100. Кладка «100-В» (перший повномасштабний

who were forced to leave, without even being told why, it was extremely hard to relinquish their land, land that they had turned from a dusty patch of dirt into valuable farmland.

An uncommonly known fact is how little these people were paid. One family was offered only $1,700 for 30 acres of prominent farmland. Unlike many other farms in the area, this one had the advantage of metal pipes rather than wooden pipes for irrigation. Families were forced to leave work and memories behind and to build a new life. Some of the residents took the government to court over the prices and won. Even in the 1940's, $1,700 could not replace a farm.

One of the strangest and most difficult parts of the move was that families were not told why they needed to move. They only knew that the land was needed for the war effort. Resistance was futile and considered unpatriotic. Families and communities scattered with many settling in Yakima or Pasco.

і суворою місцевістю. Але для тих, кого примушували виїжджати, навіть не дізнавшись чому, полишати рідні краї було справді невимовно тяжко. Це була земля, яку вони перетворили з ділянок бруду та пилу на фермерські поля, дійсно чогось варті.

Не дуже відомо про те, які до смішного малі виплати отримували ці люди. Одній родині за 30 акрів високоякісної фермерської садиби було запропоновано 1700 доларів США. На відміну від інших місцевих ферм там був водопровід з металевими, а не дерев'яними трубами. Сім'ї були змушені покинути і роботу, і місця, з якими пов'язані спогади про минуле, та розпочати нове життя. Дехто з постійних мешканців звертався до суду з позовом на уряд з причини незгоди з сумою оцінки вартості садиби і вигравав судові справи. Навіть у 1940-і роки 1700 доларів не могли б замінити ферму.

Найдивовижнішим і найнезрозумілішим у цій історії з вимушеним переїздом було те, що сім'ям не пояснювали його причини. Вони знали тільки про те, що земля потрібна для зусиль, спрямованих на перемогу у війні. Опір був марним і розцінювався як прояв непатріотизму. Сім'ї та групи населення роз'їхалися і багато з них оселилися в Якімі та Паско.

ядерний реактор у світі) почала працювати 27 вересня 1944 року. Кадмієві керуючі стержні, які поглинають нейтрони, запобігаючи таким чином початку реакції поділу урану, були повільно виведені з активної зони, спричиняючи виникнення керованої самопідтримуваної реакції поділу і генерування величезної кількості енергії. Однак вже наступного ранку вихід енергії почав зменшуватися. А невдовзі реактор повністю зупинився. Хенфордські вчені були приголомшені. Може, під час процесу надлишкові нейтрони поглиналися теплоносієм? Чи той витікав у графітову кладку? Вчені виявили, що один із продуктів реакції поділу, а саме радіоактивний ізотоп ксенону, під час процесу поглинав надлишкові нейтрони, таким чином гальмуючи перебіг реакції. Уникнути утворення ксенону було неможливо, тому Маттіас почав побоюватися, аби Хенфордський проект узагалі не втратив своє значення.

Не звертаючи уваги на серйозну незгоду Металургійної лабораторії, «Дюпон» ще до того спроектувала реактори з 500 додатковими технологічними каналами. Досвідчені інженери з фірми «Дюпон» були завжди готові до несподіванок. Додаткового уранового палива вистачило для подолання проблеми із ксеноном, і незабаром ці ядерні реактори вже знову працювали з максимальною потужністю. Реактор «D» почав працювати у грудні того року, а реактор «F» - у лютому 1945 року. Після роботи в реакторі протягом декількох місяців високорадіоактивне паливо виймалося під водою і витримувалося кілька тижнів, щоб розщепилися продукти поділу з малим періодом напіврозпаду. Потім паливо вивозилося у залізничних вагонах в одну із споруд типу «каньйон» на Ділянці 200, - «T», «B» та «U», - де плутоній відокремлювався від самого палива. Однак комплекс «U» почали практично використовувати лише після закінчення війни. Алюмінієва оболонка знімалася, а блоки розчиняли в азотній кислоті. Для осаджування плутонію проводилося декілька хімічних реакцій. Через надмірне випромінювання здійснювалося дистанційне керування усім технологічним циклом. Це було одним із перших практичних застосувань технології дистанційного управління.

into the pile? The scientists discovered that one of the fission products, a radioactive isotope of xenon, was absorbing neutrons and killing the reaction. The creation of this xenon could not be avoided, and Matthais feared the entire Hanford project might be useless.

DuPont had designed the reactors with an extra 500 process tubes, despite heavy protest from the Met Lab. The experienced DuPont engineers were always ready for the unexpected. The extra uranium fuel was enough to overcome the xenon problem, and the piles were soon operating at maximum capacity. D Reactor went online that December, and F Reactor followed in February of 1945. After running in the reactor for a few months, the highly radioactive fuel was removed underwater and stored for several weeks to allow the short half-lived fission products to decay. Then the fuel was carted by rail to one of the "canyon" buildings in the 200 Area—T, B, and U—which further separated the plutonium from the fuel. U Plant was not actually used until after the war, however. The aluminum shells were removed, and the slugs were dissolved in nitric acid. Several chemical reactions were used to precipitate out the plutonium. Because of extreme radioactivity, the entire operation was done by remote control. This was one of the first practical applications of remote control technology.

The construction endeavor at Hanford was monumental. A total of 554 buildings were built, plus housing for more than 17,500 people in Richland, the newly built government city. The world's first four nuclear production reactors were built at Hanford which played a vital role in producing the atomic bomb. Hanford was also left with a long legacy of nuclear waste.

Los Alamos

A place was needed to design and build the bomb. The Army found Los Alamos, a large secluded area in the New Mexico high desert. Led by physicist J. Robert Oppenheimer, the nation's top scientists were gathered at this isolated think-tank. General Groves had wanted to separate the bomb construction from the Chicago Met Lab's scientists, which he classified as often fanciful and unruly. Oppenheimer suggested Los Alamos, in the middle of the New Mexico desert, as a place for the new lab. He had been there before at a boy's camp that could be evacuated and used as a barracks. The area was isolated, and several canyons nearby provided a sheltered place for explosive testing. The water supply was poor, but the lab expected only a small staff of less than 300 people. Los Alamos would serve as the center of operations for the entire bomb effort. Immediately these scientists faced a problem. The original design for a uranium bomb was simple: two masses of uranium would be shot together in a gun barrel to produce a criticality and trigger the explosion. This would not work for plutonium, because the material tended to detonate prematurely, resulting in a "fizzle" instead of a blast. A method was needed to compress the plutonium and hold it together long enough for the chain reaction to occur. A previously discarded implosion design method was used. A shell of high explosives was designed to create an implosion. This required a perfectly symmetrical blast, and scientists spent a lot of frustrating time and effort trying to perfect this device. John Von Neumann, a Hungarian physicist interested in implosion, developed explosive "lenses" to "focus" the explosion.

Because no one was sure if this would work, a test was required. A suitable location was found at White Sands near Alamagordo, New Mexico. The Trinity test was originally scheduled for mid-July, but cracked explosive lenses threw the Los Alamos lab into turmoil. More lenses had to be hurriedly shipped from Detroit, yet Groves remained firm on the schedule. President Truman and Winston Churchill were meeting with Stalin at Potsdam, and they needed to know if the bomb would work. In the early morning on July 15, 1945, a fierce storm raged, threatening to postpone the test. The test had to be performed before dawn, so as not to alert civilians, and weather had to be mild, or

Будівельні звершення на Хенфордському майданчику були просто-таки героїчними. Загалом було зведено 554 будівлі, не рахуючи помешкань для більш ніж 17500 осіб у Річленді, новому державному містечку. У Хенфорді були побудовані перші у світі чотири ядерних реактори - виробники плутонію, які зіграли провідну роль у створенні атомної бомби. Але Хенфорд також залишився наодинці зі своєю спадщиною на довгі роки – ядерними відходами.

Лос Аламос

Необхідно було також місце для розробки та виготовлення атомної бомби. Військові віднайшли Лос Аламос, велику віддалену територію у пустелі у штаті Н'ю Мексико. На цьому безлюдному плацдармі для мізкової атаки була зібрана група найблискучіших фізиків країни на чолі з Дж. Робертом Оппенхаймером. Генерал Гроувз хотів залишити чикагських науковців з Металургійної лабораторії, які йому часто здавалися неслухняними мрійниками, осторонь від робіт по створенню атомної бомби. Оопенхаймер запропонував обрати місцем для нової лабораторії Лос Аламос, що знаходився у центрі пустелі у штаті Н'ю Мексико. Раніше він сам бував тут хлопчаком у таборі, який можна було евакуювати, а будівлі використати як казарми. Навколишня місцевість була незаселеною, а декілька каньйонів поблизу підходили для випробування вибухівки. Води там бракувало, але для лабораторії планували лише невеликий штат у 300 чоловік. Лос Аламос мав стати центром робіт, спрямованих на створення бомби. Вчені одразу ж зіткнулися з проблемою. Перший задум уранової бомби був дуже простим: дві маси стикалися на швидкості одна з одною в об'ємі бомби для створення умов критичності та спричинення вибуху. Цей принцип ніяк не спрацьовував для плутонію, оскільки цей матеріал мав схильність детонувати передчасно, і в результаті замість вибуху виходив тільки «пшик». Виникла потреба стиснути плутоній і протримати його так якнайдовше, аж поки не почнеться ланцюгова реакція. Для цього скористалися способом отримання вибуху, спрямованого усередину, від якого відмовилися раніше. Для цього було розроблено снаряд з високоенергетичними видами вибухівок. Потрібен був бездоганно симетричний вибух, вчені витратили чимало часу й зусиль, зазнали багато розчарувань, намагаючись зробити свій пристрій дійсно без вад. Угорський фізик Джон фон Н'юманн, що цікавився вибухами, спрямованими усередину, розробив вибухові «лінзи» для «фокусування» вибуху.

Trinity Test
Випробування «Триниті»

Оскільки ніхто не був упевненим, що все буде гаразд, постала потреба у випробуванні. Придатна ділянка знайшлася в Уайт Сендз поблизу Аламагордо, штат Н'ю Мексико. Випробування під кодовою назвою «Триниті» спочатку були призначені на середину липня, але вибухові лінзи дали тріщину, що внесло сум'яття і паніку в дії Лос Аламоської лабораторії. Потрібно було швидко привезти з Детройта інші лінзи, і все-таки Гроувз чітко дотримувався графіка виконання робіт. Саме в той час Президент Трумен та Уінстон Черчилль зустрічалися у Потсдамі зі Сталіним, тому їм конче потрібно було знати, чи спрацює бомба. Рано вранці 15 липня 1945 року розгулялася шалена буря, випробування опинилися під загрозою. Вони мали бути проведені вдосвіта, щоб не привабити увагу громадського населення, і погодні умови мали бути м'якими, інакше радіоактивні опади могли поширитися на сусідні території.

Небо вкрилось похмурими хмарами, які пішли в наступ на пустелю внизу. Завивав вітер та миготіли блискавки. О 5:00 дощ перестав, від чого стало легше на душі у декількох десятків вчених, що чекали з напруженими нервами. Випробування мали початися о 5:30. Усі відчули хвилювання. Кожний з них зробив свій внесок у створення бомби, і всі вони сподівалися, що витвір їхнього розуму виявиться дієздатним. Чи не даремно було витрачено три роки напруженої праці та понад два мільярди доларів? Відлік почався, коли заграла мелодія американського гимну. «5... 4... 3... 2... 1... Старт!». Небо над Аламагордо зненацька спалахнуло яскравим вогняним болідом від першого у світі ядерного вибуху.

Сам вибух був чимось неймовірним. Генерал Томас Фаррел, один із очевидців,

radioactive fallout would be spread to the surrounding areas.

Ominous clouds loomed in the sky, challenging the desert. The wind howled, and lightning crackled. At 5:00, the rain let up, relieving the dozens of waiting, tense-nerved scientists.

The test would begin at 5:30. An air of apprehension settled among the watchers. Each had contributed something to the bomb, and they collectively hoped that their project would work. Would three laborious years and over two billion dollars pay off? The countdown initiated to the music of the Star-Spangled Banner. "5...4...3...2...1... Zero!" The sky above Alamagordo was suddenly lit up by a brilliant fireball of light from the world's first nuclear explosion.

The blast was astounding. General Thomas Farrell, an observer, described:

> *"The first thing to hit everyone was a searing light with an intensity many times that of the midday sun. Golden, purple, violet, gray, and blue. It lighted every peak, crevice, and ridge of the nearby mountain range with a clarity and beauty that cannot be described."*

Farrell also wrote,

> *"The effects could well be called unprecedented, magnificent, beautiful, stupendous, and terrifying. No man-made phenomenon of such tremendous power had ever occurred before. The lighting effects beggared description. The whole country was lighted with the intensity many times that of the midday sun."*

Ernest Lawrence reflected, "The grand, almost cataclysmic proportion of the explosion produced a hushed murmuring bordering on reverence." I.I. Rabi, another important physicist in the Manhattan Project, remembered, "Suddenly there was an enormous flash of light, the brightest light I have ever seen." "It was shaped just like a derby hat," Groves commented.

Enrico Fermi managed a quick calculation: the bomb had a force of over 20,000 tons of TNT. The surrounding public was informed by the local media that a military weapons storehouse exploded in the early morning.

A Final Effort

Meanwhile, uranium production was proceeding. The "spray bottle" barrier was finally perfected for gaseous diffusion and production at the massive Oak Ridge plant began in earnest. After months of frustrating equipment problems (including faulty magnets and broken parts), the Calutrons were operating. But uranium production was not up to expectations. The diffusion process only partially enriched the uranium, and the Calutrons were having problems with isotopes becoming embedded at the end of the machine. Groves contacted the Naval Research Lab, where liquid thermal diffusion research was still independently proceeding. Although it could only slightly enrich uranium, it was enough to provide a "booster" material for the Calutrons. The Calutron problems were solved by plating the receiving tanks with copper to withstand the force of the flying atoms. After passing through the Calutrons, uranium went through gaseous diffusion to produce the sufficiently enriched uranium-235. The material for the bomb was being produced.

Army intelligence indicated that the Germans had long since abandoned the bomb. Nevertheless, Groves insisted on completing the project. Germany capitulated before the bombs could be produced, and the target switched to Japan. Major controversies now arose among the scientists involving the ethics of using the bomb. Some public figures also opposed the bomb. A popular option among many Manhattan Project scientists was to demonstrate the bomb to Japanese officials. The Japanese, they reasoned, would be highly impressed and would see the uselessness of continuing the war. With the Nazi threat removed, Leo Szilard saw the bomb as unneces-

писав про нього так:

> *«Першим, від чого у всіх перехопило подих, стало обпалююче світло, яскравість якого у багато разів перебільшувала яскравість сонця, коли воно в зеніті. Золотаве, пурпурове, фіолетове, сіре та блакитне. Воно висвічувало кожну вершину, ущелину та кручу сусіднього гірського пасма так виразно і з такою красою, що передати у словах це неможливо.»*

Фаррел також відзначив, що

> *«результати вибуху можна було назвати нечуваними, фантастичними, прекрасними, колосальними і жахаючими. Ніколи ще і ніде не мало місця таке потужне явище, спровоковане людиною. А світлові ефекти не можна було порівняти ні з чим . Уся місцевість була освітлена у багато разів сильніше, ніж це буває вдень при сонячному освітленні.»*

А так розмірковував Ернест Лоренс: «Величезний, майже катаклізмічний масштаб вибуху викликав тихий шепіт, які межував з благоговінням.» І.І.Ребай, ще один видатний фізик з Манхеттенського проекту, згадував: «Раптом спалахнуло потужнє світло, яскравіше якого я ніколи в житті раніше не бачив.» «Зовнішньо вибух нагадував капелюх-циліндр», - пригадував Гроувз.

Енріко Фермі швидко підрахував, що сила вибуху бомби перебільшила 20000 тонн тротилу. Місцевому населенню повідомили через засоби масової інформації, що на світанку того дня вибухнуло військове сховище із зброєю.

Останнє зусилля

А тим часом виробництво урану продовжувалося. Нарешті було доведено до ладу бар'єр для газової дифузії у вигляді пляшкоподібного розпилювача і виробничий процес на величезному підприємстві в Оак Риджі налагодився по-справжньому. Після кількамісячної роботи, коли вирішувались проблеми з обладнанням, що ніяк не хотіло підкорятися (у тому числі несправні магніти та частини, що виходили з ладу), запрацювали калутрони. Але уранове виробництво ще не вийшло на необхідний рівень. Методом дифузії збагачувалася тільки частина урану, а з калутронами постійно виникали проблеми, оскільки ізотопи затримувалися в кінці установки. Гроувз зв'язався з Науково-дослідною лабораторією Військова-морських сил, де продовжувалися незалежні дослідження рідинної термічної дифузії. Хоча цей процес дозволяв збагатити уран лише незначною мірою, цього вистачало, щоб забезпечити для калутронів матеріал-«підсилювач». Проблеми з калутронами розв'язали нанесенням міді на поверхню збиральних баків, щоб протистояти дії налітаючих атомів. Після калутронів на уран чекала газова дифузія для отримання достатньо збагаченого урану-235. Отже, матеріал для атомної бомби нарешті став реальністю.

Військова розвідка зазначала, що німці вже давно полишили роботи по створенню атомної бомби. Незважаючи на цей факт, Гроувз наполягав на завершенні проекту. Німеччина капітулювала раніше, ніж ці бомби могли бути виготовлені, і за ціль тепер правила Японія. Між вченими стали розростатися дискусії щодо етичних питань застосування атомної бомби. Деякі громадські особи також виступали проти використання бомби. Досить поширеною серед науковців з Манхеттенського проекту була думка про необхідність продемонструвати свою бомбу японським керівникам. Виходили при цьому з того, що японці були б надзвичайно вражені та побачили б усю безглуздість продовження війни. Коли нацисти вже перестали бути загрозою для Лео Сциларда, він дійшов до висновку, що атомна бомба була непотрібною і вирішив за необхідне розповсюдити серед вчених у Металургійній лабораторії та Лос Аламосі петицію проти використання бомби, що й незабаром зробив. Сцилард наголошував: «Протягом 1943 і

[1] *Під такою назвою відомий меморандум комісії Чикагського університету, створеної для розгляду соціальних і політичних проблем, пов'язаних з атомною енергією, яку очолював Нобелівський лауреат Джеймс Франк*

sary and passed a petition among scientists at the Met Lab and Los Alamos to oppose the bomb. Szilard stated, "During 1943 and part of 1944, our greatest worry was the possibility that Germany would perfect an atomic bomb before the invasion of Europe... In 1945, when we ceased worrying about what the Germans might do to us, we began to worry about what the government of the United States might do to other countries." Many of the scientists agreed, including Eugene Wigner. "I signed the Franck[1] petition because I believed at the time that it would be possible to terminate the war without the use of the nuclear weapon," Wigner commented. In the Franck Report, Szilard addressed the President:

"Discoveries of which the people of the United States are not aware may affect the general welfare of this nation in the near future. The liberation of the atomic power, which has been achieved, places atomic bombs in the hands of the Army. It places in your hands, as Commander-in-Chief, the fateful decision whether or not to sanction the use of such bombs in the present phase of the war against Japan.

We, the undersigned scientists, have been working in the field of atomic power. Until recently, we have had fear the United States might be attacked by atomic bombs during this war, and that her only defense might lie in a counterattack by the same means. Today, with the defeat of Germany, this danger is averted and we feel impelled to say what follows..."

Szilard warned that the atomic bomb would bring about a world force of unimaginable power. If other countries could gain control of atomic weapons, the world would be under constant threat of a nuclear holocaust.

"The added material strength which this

[1] *The Franck Petition is a Memorandum of the University of Chicago Commission on Social and Political Problems related to nuclear energy, headed by Nobel Prize Winner James Franck.*

lead (in the field of atomic power) gives to the United States brings with it the obligation of restraint, and if we were to violate this obligation, our moral position would be weakened in the eyes of the world and in our own eyes. It would then be more difficult for us to live up to our responsibility of bringing the unloosened forces of destruction under control.

In view of the foregoing, we, the undersigned, respectfully petition: first, that you exercise your power as Commander-in-Chief to rule that the United States shall not resort to the use of atomic bombs in this war unless the terms which will be imposed upon Japan have been made public in detail and Japan knowing these terms has refused to surrender and second, that in such an event the question whether or not to use atomic bombs be decided by you in the light of the consideration presented in this petition as well as all the other moral responsibilities which are involved."

Although it was signed by 68 members of the Met Lab, the petition was stopped by General Groves. It was his only contribution to the war effort, and he didn't want to see it destroyed. Also, since the beginning of the project, Szilard and Groves' conflicting personalities made for intense enmity between them. President Truman (who did not know about the Manhattan Project until he became President after Roosevelt's death), however, authorized the use of the bombs. He never saw the petition. With this final permission, the 509th bomber squadron, which had been specially trained to drop the bombs, was sent to the island of Tinian for the mission.

On August 6th, 1945, the uranium gun bomb "Little Boy" was dropped on Hiroshima by the Enola Gay, killing 140,000 people and wounding countless more. Military strategists, however, expected that one bomb alone would not induce Japanese capitulation. Another bomb would have to be used. "The first one," as Groves explained, "to show them what it was like, and the second one to show we had more of them." A plutonium bomb was prepared at Los

почасти у 1944 роках ми найбільше боялися можливого створення атомної бомби Німеччиною до захоплення Європи… У 1945 році, коли ми вже не думаємо про те, що могли б зробити з нами німці, нас починає турбувати, що може уряд Сполучених Штатів Америки зробити з іншими.» Більшість вчених підтримали цю думку, зокрема Євген Вігнер. «Я підписав петицію Франка[1], оскільки тоді був впевнений, що припинити війну без застосування ядерної зброї неможливо», - скаже Вігнер потім. У «доповіді Франка» Сцилард звертався до Президента:

«Відкриття, про існування яких народ Сполучених Штатів Америки ще не здогадується, можуть негативно вплинути на благополуччя всієї країни у майбутньому. Вивільнення атомної енергії, що вже стало реальністю, забезпечує армію атомними бомбами. А Вам, як Головнокомандуючому, це надає право приймати доленосне рішення відносно того, чи санкціонувати застосування цих бомб на теперішньому етапі війни з Японією.

Ми, вчені, що поставили підписи під цим документом, дотепер пропрацювали у галузі атомної енергетики. Донедавна ми ще боялися, що атомні бомби могли бути застосовані проти Сполучених Штатів Америки упродовж цієї війни, і вважали, що єдиною протидією могла бути така сама зброя. На сьогодення, після поразки Німеччини, зазначена вище небезпека для США минула, і ми вирішили за необхідне повідомити про наступне…»

Сцилард попереджав, що завдяки атомній бомбі у світі з'явиться сила, яку навіть уявити неможливо. Якщо й інші країни зможуть оволодіти атомною зброєю, світ опиниться перед постійною загрозою ядерної війни.

«Разом з додатковою силою, яку Сполучені Штати Америки отримали, повівши перед (у галузі атомної енергії), виникає обов'язок обмежити поширення атомної зброї. І якщо ми знехтуємо цим своїм обов'язком, наші позиції з моральної точки зору в очах світу, та і у наших власних очах, ослабнуть. Тоді нам буде набагато важче реалізувати свій обв'язок поставити під контроль руйнівні сили, що вирвались на волю.

З огляду на зазначене, ми, що поставили свої підписи нижче, відповідним чином, звертаємося з проханням: по-перше, Ви, як Головнокомандуючий, маєте забезпечити, щоб Сполучені Штати Америки не вдавалися до застосування атомних бомб у цій війні, доки громадськість буде детально проінформавано про умови, які буде сформульовано Японії, а Японія, знаючи ці умови, не погодиться капітулювати; і по-друге, у подібному разі, Ваше рішення про застосування атомних бомб має прийматися з урахуванням цієї петиції, а також пам'ятачи про всі інші моральні обов'язки.»

Петицію підписали 68 членів Металургійної лабораторії, але незважаючи на це, генерал Гроувз призупинив її. Цей проект був його єдиним внеском у справу війни, і він аж ніяк не хотів побачити його скаліченим. До того ж, з самого початку робіт по проекту конфліктування особистостей Сциларда і Гроувза призвело до войовничої ворожнечі між ними. Однак, Президент Трумен (котрий не знав нічого про Манхеттенський проект, аж доки не став Президентом після смерті Рузвельта), дав свою згоду на застосування атомних бомб. Петиції він так ніколи і не побачив. Після такого офіційного погодження 509-ту ескадрилью бомбардувальників, яка була спеціально навчена скидати бомби, відправили на острів Тініан для виконання місії.

А 6 серпня 1945 року уранову атомну бомбу «Малюк» було скинуто на Хіросіму з літака «Енола Гей»; 140000 людей було вбито і безліч поранено. Однак військові стратеги не сподівалися, що однієї бомби буде достатньо, щоб змусити японців капітулювати. Мала бути

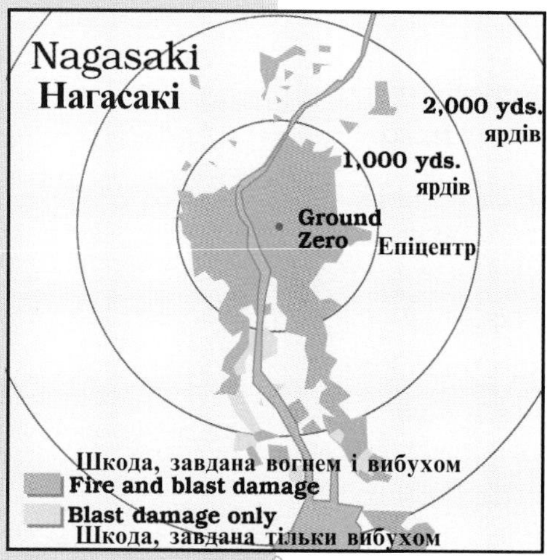

Alamos. On August 9th, the Bock's Car dropped the "Fat Man" bomb on Nagasaki. The original target was Kyoto, but secretary of war Henry Stimson didn't want to destroy it's rich cultural centers. The skies were too cloudy over the next target, Kokura, and the Bock's Car flew to its secondary target, Nagasaki, releasing it's deadly payload. Commander Frederick Ashworth "The bomb burst with a blinding flash and a huge column of black smoke swirled up towards us. Out of this column of smoke there boiled a great swirling mushroom of gray smoke, luminous with red, flashing flame, that reached to 40,000 feet in less than eight minutes. Below, through the clouds, we could see the pall of black smoke ringed with fire that covered what had been the industrial area of Nagasaki."

Conclusion

In a White House press release shortly after Hiroshima, President Truman addressed the public:

"Sixteen hours ago an American airplane dropped one bomb on Hiroshima, an important Japanese Army base. That bomb had more power than 20,000 tons of TNT.

The Japanese began the war from the air at Pearl Harbor. They have been repaid many fold. And the end is not yet. With this bomb, we have now added a new and revolutionary increase in destruction to supplement the growing power of our armed forces. In their present form, these bombs are now in production and even more powerful forms are in development.

It is an atomic bomb. It is a harnessing of the basic power of the universe. The force from which the sun draws its power has been loosed against those who brought war to the Far East.

Before 1939, it was the accepted belief of scientists that it was theoretically possible to release atomic energy. But no one knew any practical method of doing it. By 1942, however, we knew that the Germans were working feverishly to find a way to add atomic energy to the other engines of war with which they hoped to enslave the world. But they failed.

The battle of the laboratories held fateful risks for us as well as the battles of the air, land, and sea, and we have now won the battle of the laboratories as we have won the other battles."

After outlining the circumstances of the Manhattan Project, and the enormity of the effort, the President added:

"But the greatest marvel is not the size of the enterprise, its secrecy, nor its cost, but the achievement of scientific brains in putting together infinitely complex pieces of knowledge held by many men in different fields of science into a workable plan. And hardly less marvelous has been the capacity of industry to design, and of labor to operate, the machines and methods to do things never done before so that the brain child of many minds came forth in physical shape and performed as it was supposed to do. Both science and industry worked under the direction of the United States Army, which achieved a unique success in managing so diverse a problem in the advancement of knowledge in an amazingly short time. It is doubtful if such another combination could be got together in the world. What has been done is the greatest achievement of organized science in history. It was done under high pressure and without failure.

We are now prepared to obliterate more rapidly and completely every productive enterprise the Japanese have above ground in any city. We shall destroy their docks, their factories, and their communications. Let there be no mistake; we shall completely destroy Japan's power to make war.

It was to spare the Japanese people from utter destruction that the ultimatum of July 26 was issued at Potsdam. Their leaders promptly rejected that ultimatum. If they do not now accept our terms, they may expect a rain of ruin

використана ще одна бомба. «Перша бомба», - пояснював Гроувз, - «мала показати їм, що це таке, а друга - що таких подарунків у нас не один». Бомбу на плутонії зробили в Лос Аламосі. 9 серпня бомбардувальник «Бокс Кар» скинув бомбу «Гладун» на Нагасакі. Спершу за ціль мало правити місто Кіото, але військовий міністр Генрі Стімсон на те не погодився через багаті культурні цінності цього міста. Над наступною ціллю, Кокира, було занадто хмарно, і «Бокс Кар» подався ще далі до злощасного Нагасакі. Командир Фредерік Ашворс виразно описав те, що побачив: «Бомба вибухнула із засліплюючим спалахом, до нас у круговерті підіймався величезний стовп чорного диму. Поза цим стовпом вирував здоровенний гриб із сірого диму, висвітлений червоним спалахуючим полум'ям, яке менш ніж за вісім хвилин сягнуло 40000 футів. А під нами, крізь хмари, видно було жахливе чорне кільце диму і вогню, які вкривали те, що до цього було промисловим районом Нагасакі.»

Висновок

Невдовзі після нападу на Нагасакі Президент Трумен звернувся до народу в пресвипуску Білого Дому:

«Шістнадцять годин по тому американський літак скинув бомбу на Хіросіму, важливу базу японської армії. Потужність бомби перевищила 20000 тонн тротилу.

Японці почали війну з повітря у затоці Перл. Вони поплатились за все сповна. І це ще не кінець. Цією бомбою ми зараз робимо революційний внесок у руйнівну силу озброєної армії нашої країни. На поточний момент вже налагоджено виробництво таких бомб, і можна сподіватися на появу ще потужніших зразків.

Це атомна бомба. Вона використовує основну силу всесвіту. Її енергію, з якої черпає свою силу сонце, розряджено супроти тих, хто приніс війну на Далекий Схід.

До 1939 року вчені непохитно вірили у теоретичну можливість вивільнення енергії атомного ядра. Але ніхто не знав, як практично досягти цього. Однак у 1942 році нам вже було відомо, що Німеччина напружувалася з останніх сил, щоб зробити атомну енергію ще однією складовою війни, за допомогою якої німці сподівалися перетворити на рабів увесь світ. Але вони зазнали поразки.

«Бої» в лабораторіях були пов'язані із фатальним ризиком так само, як і бої у повітрі, на суші та на воді, і ми зараз виграли «бої» в лабораторіях так само, як ми отримали перемогу в інших битвах.»

Після змалювання у цілому умов Манхеттенського проекту та тих величезних зусиль, що стояли за ним, Президент США додав:

«Але найбільшим дивом є зовсім не розмах самого виробництва, рівень його секретності, чи його вартість, а те досягнення вченого розуму, яке уможливило звести докупи нескінченно складні елементи знань, підготовлених величезною кількістю людей-науковців, щоб перетворити їх у план реальних дій. І навряд чи меншим дивом стала також здатність промисловості розробити, а людей - використовувати, техніку і методи роботи, яких досі не було; немовля, породжене мозком багатьох осіб, розвинулося фізично і стало тим, чим воно мало стати. Наука та виробництво діяли під керівництвом армії Сполучених Штатів Америки, що спромоглася досягти унікального успіху у вирішенні такої непростої проблеми в розвитку і застосуванні знань за такий короткий час. Навряд чи ще якесь подібне поєднання складників могло бути реалізоване у світі взагалі. Те, що зроблено, є найгучнішим за всю історію досягненням організованої науки. І здійснене воно в умовах надзвичайних обмежень та з переможним підсумком.

Тепер ми можемо ще швидше перетворити на руїни будь-яке наземне виробництво японців у будь-якому місті. Ми зруйнуємо їхні доки, їхні заводи, їхню систему комунікацій. Тут немає ніякої помилки; ми не залишимо каменя на камені від японської здатності воювати.

Причиною появи постдамського ультиматуму від 26 липня було тільки бажання попередити остаточний кінець існування японського народу. Їхній уряд відразу не погодився на той ультиматум. Якщо він і зараз не погодиться на наші умови, то вони можуть очікувати з неба на дощ, що несе суцільне руйнування, досі не бачений

EXTRA **The Villager** EXTRA

VOLUME 1 — Hanford Engineer Works — Richland, Washington — Tuesday, August 14, 1945

PEACE!

OUR BOMB CLINCHED IT!

Plant Will Not Close!

The Hanford Engineer Works will not close! It will continue operating indefinitely! Such was the official announcement from the offices of Colonel F. T. Matthias, Area Engineer, and W. O. Simon, duPont Project Manager.

"With the end of the war, project workers are entitled to celebrate and be proud of the big part they played in bringing the war to a close so quickly," Col. Matthias said, "but workers will go to the plant as usual. There will be no interruption in the operation of the production of Atomic Bomb material."

"Our work will go on indefinitely for some time to come," the Colonel added, "at least for several months, until the international situation clears up. We have received no official word on this, but I'm sure there will be no change in our plans whatever."

Mr. Simon has prepared and is distributing an official notice to all duPont employes in Richland in which he states that the company has commitments to continue operations here regardless of the war, and that the plant will continue to operate for many months following the close of the war.

"What we do depends, of course, on the wishes and plans of the Corps of Engineers," Mr. Simon said, "but our obligations under our contract do not terminate with the end of the war."

Message from W. O. Simon

Text of W. O. Simon's V-J message to all workers.

To All Employees:

With the surrender of Japan it is only natural that speculation will occur in regard to the future of Operations at the Hanford Engineer Works. The Du Pont Company has a commitment with the Corps of Engineers whereby the Company has agreed to continue operations on any scale proposed by the Corps of Engineers for a period of many months following the close of the war. The extent of operations and the plans for future operation in the years to come are yet to be decided. For the time being, it is imperative that we continue to turn out the plant's vital production with intensified vigor while we await further definition of Hanford's future.

The quick ending of the war is a source of pride and satisfaction to everyone who has contributed to the success of the Hanford Engineer Works. Our job has been well done. Let us continue our fine record.

W. O. Simon

Food & Drug Stores Close Tomorrow

Only Recreational And Service Facilities Open

Food stores in Richland will be closed all day tomorrow it was announced late today by George Houston of the Village Office. Drug stores, too, will be closed, the announcement stated, with the exception of the prescription counters which will maintain emergency service.

Other establishments which will be closed tomorrow are the C. C. Anderson Co., Klopfenstein's, Shoe Salon, Electric Shop, Mickey's Shoe Renewing, Laundry and Dry Cleaning, Beauty Salon, Barber Shop, Style Center, Diamond's, Supply Co., Motor Co., Binyon's, Columbia Service Co., and the Railway Express Agency.

"Our Bomb" Does the Job

Report Last Nite Awakens Village

Japs Surrender

(Special to THE RICHLAND VILLAGER)

WASHINGTON, D. C., Aug.14, (UP)—FLASH President Truman announces Jap surrender terms.

Japanese Government's message accepting Allied terms says Hirohito is prepared (quote) to authorize and ensure signature (unquote) by Jap Government and Imperial General Headquarters of necessary terms for carrying out provisions of Potsdam Declaration (unquote).

(Quote) His Majesty also prepared to issue commands to all Military, Naval and Air authorities of Japan and all forces under their control wherever located to cease active operations to surrender arms and to issue such other orders as may be required by Supreme Commander of Allied Forces of execution of above mentioned terms (unquote).

President Truman didn't say where surrender terms will be signed but it's been reported that ceremony will take place aboard a battleship or at Okinawa period

Truman said arrangements being made for formal signing at earliest possible moment.

Truman made announcement at press conference reading statement saying: "I deem this reply full acceptance of Potsdam Declaration which specified unconditional surrender of Japan. In the reply there is no qualification unquote.

President also revealed he named MacArthur Supreme Commander to receive the Japanese surrender. Meanwhile he said Allied Armed Forces have been order to suspend offensive operations. V-J Day will not be proclaimed until after the formal signing of surrender terms by Japan. The three Allies in the Pacific War, Great Britain, Russia and China will be represented at the signing by high ranking officers.

"It's Peace"

"It's Peace," was heard first by village housewives who had done their housework with one ear listening to the radio since early Friday morning when announcement was first made of the Jap peace feelers.

"It's Peace," they screamed to anxiously awaiting husbands as soon as jammed switchboards permitted their calls to go through.

На першій сторінці Річлендської газети «Вілладжер» від 14 серпня 1945 року, «Мир!»

from the air, the like of which has never been seen on this earth. Behind this air attack will follow sea and land forces in such numbers and power as they have not yet seen and with the fighting skill of which they are already well aware."

On August 14th, Japanese Emperor Hirohito announced unconditional surrender. In a public announcement, Hirohito somberly spoke, "The war has developed not necessarily to Japan's advantage, while the general trends of the world have all turned against her interests. Moreover, the enemy has begun to deploy a new and most cruel bomb, the power of which to do damage is indeed."

The atomic bomb was an engineering marvel, a technological masterpiece, and a scientific breakthrough, marking the dawn of the atomic age. Einstein once remarked, "Nuclear science was born when the bombs were produced. If the bombs were not made, nuclear science would be born in another decade." Einstein also commented, however, "If I had known that the Germans would not succeed in constructing the atom bomb, I would have never lifted a finger." The Manhattan Project was the single largest construction project in modern history. The bombs caused many deaths and large amounts of destruction, although they undoubtedly saved the lives of many American and Japanese soldiers by ending the war. Despite the nuclear crises and environmental effects the Manhattan Project caused, nuclear weapons have never been used maliciously against another country again.

ніким у світі. До такого повітряного нападу додадуться ще й атаки з моря та суші такої сили та в такій кількості, якої японці ще не бачили, та з міццю, про яку вони тепер дуже добре знають.»

14 серпня японський Імператор Хірохіто оголосив про безумовну капітуляцію. У публічному повідомленні про це Імператор сказав:

«Ця війна розвивалася не обов'язково на користь Японії, в той час як загальний хід подій у світі виявився несприятливим для її інтересів. Крім того, ворог почав застосовувати нову і найжорстокішу бомбу, дійсно здатну нашкодити дуже серйозно.»

Атомна бомба стала інженерним дивом, шедевром технічної майстерності та порогом нової ери в науці і техніці. Ейнштейн колись зауважив так: «Наука про ядро народилася, коли були виготовлені атомні бомби. Якби бомби не було зроблено, ядерна наука народилася б в іншому десятиріччі.» Манхеттенський проект був найбільшим у світі будівельним проектом у сучасній історії. Хоча атомні бомби і спричинили нечувані руйнування і смерть, вони, безсумнівно, врятували життя багатьом американським і японським солдатам, оскільки посприяли закінченню війни. Попри ядерну кризу та наслідки для довкілля, спричинені Манхеттенським проектом, ядерна зброя більше ніколи не застосовувалася проти жодної іншої країни.

Richland, VJ Day

Річленд, День перемоги над Японією

Military History of Hanford

Devon Mix

Військова історія Хенфорда

Девон Мікс

Військова історія Хенфорда безпосередньо пов'язана з подіями другої світової війни. Занепокоєння цікавістю Німеччини до урану та бажання прискорити кінець війни змусили Сполучені Штати започаткувати власну програму ядерних досліджень, сподіваючись розробити атомну зброю. Для проведення цих робіт були обрані Хенфорд у штаті Вашингтон та Лос Аламос у штаті Н'ю Мексико.

В 1939 році Гітлер вдерся до Польщі, і почалася остання велика війна. У той час Адольф Гітлер видав багато законів, що були призначені для обмеження свободи євреїв та звеличення переваг арійської раси. Освічені євреї були серед перших, хто втратив роботу. Багато фізиків-ядерщиків виїхали до США; серед них був і Альберт Ейнштейн. В 1939 році Ейнштейн написав листа президентові Рузвельту на підтримку створення першої в світі атомної бомби. Пізніше багатьох фізиків, які залишили Європу, було залучено до розробки атомної бомби.

Сполучені Штати не вступали у Другу світову війну до 7 грудня 1941 року, коли японці напали на затоку Перл. Протягом року дуже вдало розгорталася кампанія по захопленню островів. Кілька наступних років США просувалися до основної японської території, отримуючи перемоги на Мідуей, Уейк, Тарава, Філіпінах, Іво Дзіма та Окінава. Командування Тихоокеанською кампанією планувало вторгнення до Японії, що, за оцінками, коштувало б мільйона життів американців.

У штаті Вашингтон було побудовано і введено до ладу ядерну станцію в Хенфорді. Її метою було виробництво плутонію для воєнних потреб. Для захисту майданчика від повітряних атак японців було задіяно 32 протиповітряних установки. Військова база називалася Табір Хенфорд. Нею командував полковник Френк Маттеіс. Ця база мала забезпечити безпеку та

Hanford's military history is directly tied to the events of World War II. Concerned over Germany's interest in uranium and desiring to hasten the end of the war, the United States began their own program of nuclear research in hopes of developing an atomic weapon. Hanford, Washington, and Los Alamos, New Mexico, were selected as the primary locations for this work.

In 1939, Adolf Hitler invaded Poland and started the last Great War. During this time, Hitler had many laws in place designed to limit the freedom of the Jews and promote the Aryan Race. Jewish scholars were some of the first to lose their jobs. Many nuclear physicists escaped to the United States; among them was Albert Einstein. Einstein signed a letter in 1939 urging President Roosevelt to support the creation of the world's first atomic bomb. Later many of the physicists who left Europe were involved in the development of the atomic bomb.

It wasn't until December 7, 1941, when the Japanese attacked Pearl Harbor, that the United States entered World War II. Almost a year later, their island hopping campaign was going extremely well. During the next several years, the United States pressed towards the Japanese mainland with victories at Midway, Wake, Tarawa, the Philippines, Iwo Jima, and Okinawa. The Commanders of the Pacific campaign were contemplating an invasion of the Japanese mainland which would cost an estimated 1,000,000 American lives.

In Washington State, the nuclear plant at Hanford had been built and had begun production. The plant's purpose was to produce plutonium for the war effort. To protect the site from a Japanese air attack there were 32 anti-aircraft sites. The military base was called Camp Hanford. It was under the command of Colonel

Frank Matthais. The base was to provide security and secrecy as well as anti-aircraft defense. The overall layout of the site was designed to prevent as much damage as possible in the event of an air attack. Reactor sites (100 areas) were spread out along the river, and the process plants were located in two separate areas, 200 East and 200 West.

The 100 Area and 200 Area of Hanford were circled with 16 anti-aircraft sites to protect the reactors and chemical separation plants. The anti-aircraft sites measured roughly 20 acres in size and contained at least 20 buildings, which included utility distribution, roads, and sidewalks. Revetments made of sandbags, wood planking, wooden structures, prefabricated metal buildings, and concrete structures protected each site.

Each site contained a radar site, a small arms range, and a rifle range. These sites were connected to other structures by roads and parking lots. The design and layout of the anti-aircraft sites reflected a standard military arrangement of that time which separated the facilities by function. The four semicircular, artillery emplacements with revetments were arranged in a square or a rectangle plan separated from the residential and administrative facilities. Two anti-aircraft sites were placed in Richland, seven were placed at North Slope, and seven in the central area of Hanford.

The first Army defensive guns at Hanford consisted of 64-120mm anti-aircraft guns, 64-.50-caliber machine guns, .30 caliber machine guns, anti-tank rockets, grenades, and small arms. Each battery of anti-aircraft site consisted of four 120mm anti-aircraft guns that gave Hanford the ability to take out high altitude heavy bombers, and the machine guns gave Hanford the ability to take out the fighter escorts and dive bombers.

The anti-aircraft sites were later changed to Nike surface-to-air missile sites in late 1957 and early 1958 during the Cold War.

секретність, а також протиповітряну оборону. Загальна схема майданчика була розрахована на те, щоб якомога сильніше запобігти пошкодженням в разі нападу з повітря. Реакторні майданчики («ділянки 100») розташувалися вздовж річки, а заводи з переробки було розташовано в двох окремих зонах: «200 Схід» та «200 Захід».

Ділянки 100 та 200 в Хенфорді були оточені 16-ма протиповітряними установками для захисту реакторів та заводів з хімічного розділення. Під протиповітряні установки було зайнято приблизно 20 акрів та щонайменше 20 будівель, разом із комунальними спорудами, дорогами та тротуарами. Кожен майданчик був захищений брустверами, складеними із мішків з піском, дерев'яних дощок та конструкцій, металевих заготовок та бетонних блоків.

На кожному майданчику була радарна установка, стрілецький полігон для стрільби з малокаліберної зброї, та полігон для стрільби з гвинтівок. Ці майданчики сполучалися з іншими спорудами дорогами і стоянками для машин. Конструкція та розташування протиповітряних установок відображали військові стандарти того часу, згідно з якими установки розрізнялися відповідно до їх функцій. По кутах квадрата чи прямокутника розташовувалися чотири артилерійських гнізда у вигляді півкола з захисними стінами, відокремленими від житлових чи адміністративних будівель. Дві протиповітряні установки були розташовані в Річленд, сім - на північному схилі та ще сім - в центральній зоні Хенфорда.

Перші батареї для захисту Хенфорда складалися з 64-х 120-міліметрових зенітних гармат, 64-х кулеметів 50-го та 30-го калібру, протитанкових ракет, гранат та стрілецької зброї. Кожна батарея на протиповітряній установці складалася з чотирьох 120-міліметрових зеніток, що надавало Хенфорду змогу протистояти атакам висотних важких бомбардувальників, а кулемети дозволяли відбивати напади винищувачів та пікіруючих бомбардувальників.

Згодом, в кінці 1957 та на початку 1958 років, за часів холодної війни, на зміну протиповітряним установкам прийшли ракети «Найк» класу «земля-повітря».

Megan Bruemmer

Попереджувальний знак біля в'їзду до Хенфордського майданчику

Hanford Security

Devon Mix

Охорона Хенфорда

Девон Мікс

Одним з головних завдань армії в межах Хенфордського майданчика було забезпечення режиму секретності та охорони. Майже нікому нічого не було відомо про цей об'єкт чи взагалі про його існування. Працівникам, як правило, говорили, що вони будуть працювати «десь на заході» і будуть «виконувати важливі воєнні завдання». Багатьох з тих, хто працював на реакторах, весь час міняли, щоб вони не могли зрозуміти, що саме будується, і продати секретні відомості німцям чи японцям.

Усе, від людей до предметів виробництва, мало свої умовні імена та кодові назви. Слово «плутоній» (який власне виготовлявся на реакторах) ніколи не використовувалося. Радіацію називали «особливо небезпечним фактором», а уран - «основним металом». Учені теж мали кодові імена. Скажімо, Енріко Фермі був відомий як «Фермер». Близько 90 відсотків людей в Хенфорді не мали уявлення про те, що саме вони виготовляли, аж до опублікування інформації про атомну бомбу. Усі відомості зберігались під замком. Від секретарів вимагалось прибирати з робочого місця усі папери навіть при необхідності вийти, щоб скористатися туалетною кімнатою. Працівникам Хенфорда, які мали особливі

One of the army's main tasks at the Hanford site was to provide security. Almost nobody knew about the site or its existence. Employees were told that they would be working "out west" and "doing important war work." Many of the employees that were working on the reactors were rotated out so that they would not know what they were building and so that they would not sell their secrets to the Germans or the Japanese.

Codes names were used for everything from people to products. The word plutonium, the product of the plant, was never used. Radiation was "special hazard," and uranium was called "base metal." Scientists had code names as well. For example, Enrico Fermi was known as Mr. Farmer. About 90 percent of the people working at Hanford did not know what they were producing until the public announcement of the atomic bomb was made. Everything was kept under lock and key. Secretaries were required to lock all documents away before leaving to use the rest room. Hanford workers with special skills were given draft deferments to keep them working on the project even though many of them did not know why their work was so important.

The project was kept secret even from the War Production Board. In order to keep the site a secret, the Japanese in the Northwest, near Hanford, and in the Southwest, near the scientific lab in Los Alamos, New Mexico, were moved to P.O.W. camps. When President Roosevelt died, Harry S. Truman was finally notified of the "Above Top Secret Manhattan Project." Truman had no prior knowledge of the Manhattan Project, and he also had a hard decision whether or not to drop the bomb on Japan and end the war or invade Japan and lose an estimated 1,000,000 American GI's.

The army was also responsible for moving the plutonium from Hanford to Los Alamos. The amount of plutonium was small enough to be transported in army ambulances. The ambulances were used for security.

After the war, President Truman announced the involvement of the Hanford site in the war to the public. He acknowledged that the plutonium manufactured there was used in the bomb dropped on Nagasaki.

During the Cold War, the security of Hanford was increased. It included anti-aircraft missiles to respond to a possible high altitude, Soviet bomber attack. The Hanford site was one of the main targets of the Soviets if they launched their nuclear ICBM's against America. The missile sites lasted until the early 1970s to the late 1970s when the missiles were taken apart and shipped off or upgraded to a better system.

Between the 1980s and the 1990s, the area of the site has been reduced as well as the number of people employed there. Security is still tight, and workers must be badged and have thorough background checks.

The threat of terrorism is as high as it was in the beginning 1980s. That threat increased with the fall of the Soviet Union and the increasing sales of nuclear, biological, and chemical weapons to the countries that house terrorist units that strike American targets anywhere in the world. The collapse of the Soviet Union has also aided the renegade countries with long

професійні дані, надавали відстрочку від призову в армію; таким чином вони продовжували виконувати завдання в рамках проекту, хоча багатьом з них не було відомо, чому їх робота була такою важливою.

Роботи трималися в секреті навіть від Ради з питань виробництва для воєнних цілей. Для збереження секретності самого об'єкта японців, які перебували на північному заході поблизу Хенфорда та на південному заході неподалік від наукової лабораторії у Лос Аламосі, штат Н'ю Мексико, перевели у табори для військовополонених. Після смерті Президента Рузвельта Херрі С. Трумена кінець-кінцем повідомили про «Манхеттенський проект надзвичайної секретності». Раніше він про це нічого не знав. Йому довелося прийняти важке рішення - скинути створену бомбу на Японію і покласти край війні чи окупувати Японію і втратити при цьому, за попередніми оцінками, 1000000 американських солдатів.

На армію також було покладено завдання здійснювати перевезення плутонію з Хенфорда до Лос Аламоса. Кількість плутонію була невеликою, так що його можна було перевозити армійськими каретами швидкої допомоги, які використовувалися для забезпечення режиму секретності.

Після війни Президент Трумен офіційно оголосив народу США про роль Хенфордського майданчика у цій війні і про те, що плутоній, вироблений там, було вжито для атомної бомби, скинутої на Нагасакі.

В роки холодної війни охорону Хенфорда було посилено: встановлено зенітні ракети для протидії можливим атакам радянських бомбардувальників з великої висоти. Хенфорд став би однією з головних мішеней Радянського Союзу у разі запуску ним міжконтинентальних балістичних ракет проти Америки. Зенітні позиції проіснували до початку, а деякі й до кінця семидесятих років, доки ракети не було демонтовано та вивезено або замінено на більш досконалі системи.

У вісімдесяті роки площу майданчика було зменшено, а персонал скорочено. Проте режим секретності та охорони і нині залишається суворим. Працівники повинні мати спеціальні перепустки, а їх минуле ретельно перевіряється.

Як і на початку вісімдесятих, існує велика загроза тероризму. Вона посилилася з розпадом Радянського Союзу та нарощуванням обсягів продажу ядерної, біологічної та хімічної зброї у країни, де надано притулок терористичним угрупованням, які наносять удари по американських об'єктах в усьому світі. Крім того, розпад Радянского Союзу допоміг країнам-відступницям отримати міжконтинентальні балістичні ракети, здатні вражати американські військові сили як в межах європейського театру дій, так і безпосередньо в США. На поточний момент підрозділи охорони готуються та навчаються на випадок можливого терористичного нападу на майданчик; вони отримали нове озброєння, зокрема, нові напівавтомати. Це робиться з метою знешкодити будь-яку загрозу, коли вона стане реальною. Можливості охоронців перевіряють на практиці, для чого «диверсійна» група спеціального призначення отримує завдання проникнути на територію і заволодіти визначеним предметом.

Підрозділи охорони добре проінформовані про будь-які терористичні акції або збройні конфлікти у світі. У найближчому майбутньому ще більша частина Хенфордського майданчика може бути закрита, і сили охорони можна буде зменшити. Новою загрозою є Китай, оскільки нещодавно виявили ознаки шпигунства з його боку в американських лабораторіях, де сконцентровано ядерну технологію. Режим охорони на Хенфордському майданчику такий суворий, що ні в минулому, ні сьогодні не зафіксовано фактів неуповноваженого проникнення до майданчику чи викрадення збройного плутонію. Хоча Міністерство оборони США продовжує закривати об'єкти Хенфорда та скорочувати персонал, охорона зберігає свою силу і повністю виконує свої обов'язки, як і буде тривати до припинення роботи всіх об'єктів на майданчику.

Знак на Хенфордському майданчику, що нагадує про важливість охорони секретної інформації

range ICBM's that have the ability to hit U.S. forces in the European operations area and in the U.S. itself. Security forces are currently preparing and training for a possible terrorist attack at the site and have been issued new equipment such as new sub-machine guns to help take out the threat when it presents itself. The security forces are tested by a team of Special Force personnel put together to check the response of the security forces and see if the Special Force team can go in and grab the "special package".

The security forces receive an overview of events that involve terrorists actions or shootings around the world. In the near future, more of the Hanford site could be closed down, and the security force could be downsized. China is also a new threat to the site because of the recent espionage threat in the labs that house the nuclear technology. The Hanford security is so tight that in the past and present there have been neither break-ins nor thefts of special weapons grade plutonium. Although the U.S. Department of Energy continues to shut down parts of Hanford and layoff personnel, the security forces remain strong and consistent at their job, and they will remain strong until the site closes down.

Chapter 3

Глава3

Hanford Community
World War II - Cold War

Хенфордське суспільство
Друга світова війна - Холодна війна

Termination Winds and Housing

MAGGIE WERTZ

«Вітри звільнення» і умови життя

Меггі Вертц

Сильні вітри та пісок у харчах були серйозною проблемою в Хенфорді та Річленді. Вітри віяли над неродючою пустелею, вкритою лише острівцями чагарнику та будяків. Погано збудовані будівлі кепсько захищали від жорстоких вітрів. Через вітри, шар піску вкривав простирадла, столи, стільці та їжу. Неможливо було щось покуштувати, аби не наїстися піску!

Ці тяжкі умови робили життя в Річленді на Хенфордському майданчику просто жахливим. Вітри виганяли людей з міста, вони тікали, як вівці. Щоп'ятниці працівники отримували заробітну платню і, як правило, полишали роботу на об'єкті. Вітри спричиняли звільнення працівників, через що їх стали називати «вітрами звільнення». Проте вітри були не єдиною причиною втечі з Річленда. Тут зіграло свою роль ще й те, що люди не мали змоги залишитися наодинці з собою.

Багато людей жили в казармах, що нагадували гуртожитки. Ці гуртожитки були збудовані в рекордно малий час. Ще вчора була пустеля, а сьогодні вже утворилося містечко працівників. Окреме житло надавали тільки сім'ям. Кожний тип будинку називали літерами алфавіту, починаючи з літери «А». Люди розповідають, що помилялися та потрапляли до чужих домівок, тому що всі вони були однакові. Умови життя в Хенфорді та Річленді були далеко не з кращих, але люди приїздили туди тому, що тут добре платили, та щоб почати нове життя.

Ой - вже нема вітру -

High winds and gritty food were a persistent problem at the Hanford site and the town of Richland. The winds that would blow across the barren land, which was only scattered with sagebrush and tumbleweed, would leave the land reformed. The poorly built housing hardly gave refuge from the harsh winds. Because of these winds, a layer of sand covered the bed sheets, the tables and chairs, and the food. You couldn't take a bite to eat without getting a mouth full of sand!

These harsh conditions made living in Richland on the Hanford site horrible. The winds caused people to herd like sheep from the area. Every Friday workers would get their paychecks and leave or terminate their responsibility at the site. The winds that lead the workers to terminate their jobs were eventually called "termination winds." The winds weren't the only contributors to the exodus from Richland. The lack of privacy at the site also contributed.

Many of the workers lived in dormitory style barracks. The barracks were constructed in record time. One day the land was barren, and the next there was a community for the workers. Families were able to have individual housing. The design was very similar for each house. The houses were lettered by their design starting with the letter A. There are stories of people walking into each others' houses because of their similarity. The conditions at Hanford and Richland weren't the greatest at all, but people kept coming to the communities for the good pay and to start a new life.

Donald Mazur
Дональд Мазур

Мелисса МакКой

Я потрапив до Хенфорда ще юнаком одразу після закінчення Технологічного інституту ім. Лоуренса в Детройті,штат Мічіган. Я мав працювати на Комісію з атомної енергії (тепер це Міністерство енергетики США).

Коли я прибув туди в березні 1960 року, «ця місцевість нагадувала радше казарми». В 1960 році проект Хенфорд ще був оточений завісою секретності. Сам я не мав жодної уяви про атомну енергію, проте вона мене цікавила. З цієї причини я вирішив продовжити свою освіту в Університеті штата Вашингтон.

Всі на цьому майданчику, і я в тому числі, носили на собі прилад для контролю за радіацією. Він мав вигляд значка розміром з велику кредитну картку. Ми знали, що завелика кількість радіації вбиває; зрештою, уряд проводив досліди на свинях, вівцях та мишах для вивчення радіаційних ефектів. Ця картка вимірювала радіаційне опромінення, що на неї потрапляло.

На той час у Хенфорді було не так уже й багато чого робити. Там був кінотеатр, куди можна було в'їхати на автомобілі, але світлом у моєму житті була настільна гра в монополію. Кожної п'ятниці до мене приїздили пограти друзі, а інколи ми смажили м'ясо.

В 1964 році у світі мінялися політичні союзи, і в Хенфорді почалася диверсифікація. Дехто висловлювався проти атомної енергетики, та вона продовжувала існувати. Потреба в робітниках зменшувалася, і в результаті економіка Хенфорда почала занепадати.

Увага світу до Хенфорда відновилася після того, як сталася аварія на АЕС Три Майл Айленд. Згодом катастрофа 26 квітня 1986 року в Чорнобилі продемонструвала трагічні наслідки неналежного поводження з атомною енергією. Людство було налякане, а населення в нашій місцевості прагнуло дізнатися, чи могло таке статися тут. Громадська думка про атомну енергетику стала негативною. Наш уряд надіслав до України лікарів для допомоги постраждалим в катастрофі. Небагато людей усвідомлювало, що конструкція реактора, підготовка персоналу та стандарти безпеки в Чорнобилі дуже відрізнялися від тих, що існують на ядерних майданчиках в США.

Melissa McCoy

As a young man, I came to the Hanford area fresh out of Lawrence Institute of Technology, a college in Detroit, Michigan. I came here for a job with the Atomic Energy Commission, which is now called the U.S. Department of Energy.

When I arrived in March of 1960, "the area had a more of a barracks look." In 1960, there was still a lot of secrecy about the Hanford project. I myself had zero knowledge of atomic energy, but was interested in it. So I went back to school at the University of Washington.

Everyone at the site, including myself, wore radiation-monitoring equipment. The equipment consisted of a badge that was about the size of a large credit card. We knew that too much radiation would kill you; after all, the government had conducted studies on pigs, sheep, and mice to test radiation's effects. The card measured radiation rays that hit it.

There wasn't much to do at Hanford. Well, there was a drive-in theater, but the highlight of my life was playing monopoly. My friends came over every Friday to play, and sometimes we had a barbecue.

In 1964, political alliances were changing in the world and Hanford diversification began. Some spoke up against nuclear power, but nuclear power continued. The need for workers lessened, and as a result, the Hanford economy went down.

The Hanford site was brought to the world's attention again after the accident at Three Mile Island occurred. Then on April 26, 1986, the Chornobyl disaster showed the tragic results of mishandled nuclear power. People all over the world were scared, and the people in this area wondered if that could happen here. Public opinion turned against nuclear power. Our government sent over doctors to the Ukraine to help with the catastrophe. Few people realized that the reactor design, personnel training, and safety standards at Chornobyl were very different than at U.S. nuclear sites.

Alphabet Houses

«Алфавітні» будинки

Міранда Вудфорд

Протягом другої світової війни у Річленді було побудовано цілу групу будинків, які називали «алфавітними» будинками. Вони отримали таку назву через те, що кожний проект був названий якоюсь літерою алфавіту. Їх будували так, щоб залучені до Хенфорда працівники та їх родини мали зручні житлові умови. Відповідальність за будівництво було покладено на фірму *Дюпон*, а архітектором-проектантом був Дж. Олбін Пейсон, демократ і прибічник політики Рузвельта та його «Нового курсу». У Пейсона було обмаль часу на розробку проектів будинків, і йому довелося збільшити свою невелику команду, причому суттєво. Під час проектування, Пейсон спирався на інформацію про ті будинки, що вже стояли в цій місцевості; це допомогло йому добре усвідомити, які саме будинки треба було

L-House *Будинок «L»*

Pre-Fab *Розбірний будинок*

Miranda Woodford

A series of houses were built in Richland during World War II. They were called Alphabet houses because each design was assigned to a letter of the alphabet. These houses were built to provide comfortable living space for the employees of Hanford and their families. DuPont was in charge of the building and G. Albin Pehson, a New Deal Democrat, was the architect. Pehson was given little time to design the types of houses and had to expand his small team by a large margin. Pehson created the designs by taking notes on the houses already located in the area; by doing this, he got a good idea of what was required for the houses to be built. He noticed that the houses needed a lot of ventilation to catch the wind during the hot dry summers. He also considered home location trying to avoid over population in certain areas.

DuPont wanted to ensure that their employees had quality houses, and that they were provided with minimal living space. Pehson designed 19 Alphabet houses in total. Some of the homes had many models built while others such as "D" houses had only twelve. "Pre-fabs" were also brought in to provide housing. Pre-fabs (pre-fabricated housing) were houses that had been made elsewhere and were sent to Richland to be assembled. Each type of house was assigned to certain types of workers. Pehson wanted to have variety in the neighborhoods, so he mixed up the houses. The houses were at

B-House
Будинок «B»

weird angles to the street, to trap the frequent, ever-blowing wind to cool the houses in the summer. The second story houses were placed towards the middle of the street, with the smaller houses going out to the intersections of the streets. The pre-fabs were put in a continuous belt, against Pehson's original plans.

«Ми хочемо сказати пану Мілтону, що не начекаємося, доки не посадять ті дерева!»

побудувати. Він примітив, що у будинках треба було мати ефективну вентиляційну систему, яка б добре перехоплювала вітер протягом спекотного бездощового літа. Він також хотів уникнути перенаселення окремих районів.

Фірма *Дюпон* хотіла забезпечити, щоб її працівники мали доброякісне житло із задоволенням мінімальних потреб у площі. Загалом Пейсон розробив 19 проектів «алфавітних» будинків. На основі деяких проектів будувалося багато будинків, тоді як на основі інших, таких як проект «D» - усього дванадцять Крім того, для житлового будівництва завозили також розбірні будиночки. Ці будиночки виготовляли в іншому місці, а потім доставляли у Річленд, де їх складали. За кожною групою робітників закріплювався якийсь певний тип будинків. Пейсону хотілося, щоб забудова місцевості була неоднаковою, а тому будинки були перемішані за своїми типами. До того ж вони стояли під різними кутами до вулиці, щоб перехоплювати вітер, який майже ніколи не вщухав, для охолодження будинків влітку. Двоповерхові будинки були розташовані ближче до середини вулиці, причому менші будинки збігалися до перехресть вулиць. Розбірні будинки розташували у вигляді безперервного пояса всупереч початковим планам Пейсона.

Bill McCue
Білл МакК'ю

Мелисса МакКой

Коли 15 червня 1944 року я дістався Паско, там все ще велося будівництво. Декотрі з будинків компанії «Дюпон» вже були зведені, проте я жив у казармі, оскільки належав до робочої сили. Робітники, і я в тому числі, всі їли в одній з восьми їдалень. В кожному з залів було по три довгих столи, що використовувались тричі на день, сім разів на тиждень. На те, щоб всіх нас прогодувати, йшла сила-силенна харчів та напоїв.

В Хенфорді на той час був найбільший в країні виборчий округ. Можливо, так було тому, що майже всі, хто там жив, були патріотами. Кінець кінцем, всі ми приїхали сюди на роботу, пов'язану з війною. Є дещо іронічне в тому, що Гітлер під час другої світової війни так напосів на професорів та освічених людей, що вони втекли з Європи, а дехто з них опинився в Хенфорді і допомагав створити бомбу, що покінчила з цією війною.

Після казарми я переселився до гуртожитку М2. Невдовзі я подав заяву для отримання будинку і викликав свою сім'ю до себе, щоб жити разом.

Моя дружина приїхала в неділю, і ми пішли подивитися на свій будинок. Вона була взута в чорні замшеві черевики, і коли вона вийшла з машини на нашу піщану дорогу, їх вкрив пісок. Ті чорні замшеві черевики так ніколи і не відновили свого кольору. Навіть коли ми відкрили двері до свого нового будинку, на підлозі був шар піску; його надуло під двері. Наш будинок був повністю умебльований, і це було чудово.

В лабораторії було відкрито хімічну реакцію в урані, що пригальмовує молекули. Мій начальник в «Дюпоні» вважав, що я здатен попрацювати над цим відкриттям, отже я був відряджений до штату Делавер і шість місяців провів у тамтешньому університеті. Я працював разом з фізиками над випробуваннями, а в січні повернувся до Хенфорду, щоб проводити випробування там.

У серпні на реакторі «В» було започатковано роботу в чотири зміни. Я став начальником зміни, і в мою зміну реактор було запущено. Якось один з робітників моєї

Melissa McCoy

When I arrived in Pasco on June 15th, 1944, everything was still under construction. Some of the DuPont houses were up, but I lived in the barracks because I was part of the work force. The workers, including myself, all ate in one of the eight mess halls. There were three long tables in each of the mess halls, which served three-meals-a-day, 7-days-a-week. It took an obscene amount of food and drink to feed all of us.

At Hanford, we had the largest voting precinct in the country at the time. It was probably because almost everyone who lived here was a patriot. After all, everyone moved here for jobs related to the war effort. It is sort of ironic that during World War II Hitler targeted professors and educated people who fled Europe and some ended up at Hanford and helped create the bomb that ended the war.

After living in the barracks, I was then moved to the M2 dormitory. Shortly after, I signed up for a house and sent for my family to come down here to live with me.

My wife arrived on a Sunday, and we went to go look at our house. She was wearing black suede shoes, and when she stepped out of the car onto our sandy roads, the sand covered her shoes. Those black suede shoes were never the same color again. Even when we opened the door to our new house there was a pile of sand on the floor; it had blown in under the door. Our house was totally furnished, which was great.

In the lab, a chemical reaction was discovered in uranium that slowed down the molecules. My supervisor at DuPont thought that I was capable of working on this discovery, so I was sent to Delaware and spent 6 months at a university. I worked with physicists on testing, and in January, I came back to the Hanford site to test.

In August, the B Reactor was set in four shifts. I became chief supervisor, and the reactor started on my shift. One day, one of my shift workers came up to me and said, "I know what we're making here. It's heavy and shows all the signs of being uranium, so it must be uranium." Though he was right, I couldn't tell him; it was confidential. I simply said, "Oh really? Is that what we're making?"

At Hanford, you were constantly meeting new people and making new friends. I met people from all over. Enrico Fermi was one of the people I met. He was a genius, and his mind never stopped working for one moment. It was constantly overflowing with ideas. It was fun just to sit in the library with him and have an open chat session; the things he would talk about were really fascinating. Enrico was a friendly man and "I always prized his friendship, guidance, and knowledge."

At the Hanford site, all of the physicists had aliases for security reasons. One day Vigner—or should I say "Wagner"— forgot his clearance papers and couldn't get through security. When Fermi, "Farmer", found out, he turned to the security guard and stated, "If his name's not Wagner, mine's not Farmer." So the guard let them both through. Enrico always did have a good sense of humor.

Another time, Arthur Crompton, a university physicist, came to the Hanford area on a plane and decided to take a nap. When the stewardess came over and woke him up to check the roster, he was befuddled and couldn't remember his alias. Thankfully he soon remembered his temporary name.

Life in the Tri-Cities was good, and as for the unceasing wind, we accepted it. We went to barbecues, church, movies, bowling, and sometimes my family went camping. Hanford always had concerts going on to keep us entertained. My children, Bill and Jay, loved to go exploring with their friends. When my kids would ask about my work, I'd give them "pat" answers, and they were satisfied with that.

Then the bomb was dropped, and everyone was in shock when they learned about Hanford's role in plutonium production and that the war was ending.

зміни підійшов до мене і сказав: «Я знаю, з чим ми тут працюємо. Воно важке і має всі ознаки урану, отже це мусить бути уран». Хоча він і був правий, я не міг йому нічого сказати з огляду на секретність. Я просто сказав: «Та невже? Так ось що ми виготовляємо?»

У Хенфорді ми постійно зустрічали нових людей і заводили нові знайомства. Я зустрічав людей з усіх усюд. Одним з них був Енріко Фермі. Він був геній, і його мозок ніколи ні на хвильку не припиняв роботу. Його постійно переповнювали ідеї. Було приємно просто посидіти поруч з ним в бібліотеці і побазікати; те, про що він розповідав, справді видавалося дивовижним. Енріко був приязним чоловіком, і «я завжди цінував його дружбу, настанови та знання».

Всі фізики в Хенфорді мали псевдоніми для забезпечення секретності. Одного дня Вігнер, чи, можливо, більш правильно сказати «Вагнер», забув свою перепустку і не зміг пройти повз вартових. Коли Фермі, «Фермер», побачив це, він обернувся до вартового і сказав: «Якщо це не Вагнер, то я не Фермер». І вартовий пропустив їх обох. У Енріко завжди було гарне почуття гумору.

Іншого разу Артур Кромптон, фізик з університету, летів до Хенфорда і вирішив передрімати. Коли стюардеса підійшла до нього і розбудила, щоб перевірити список, він спросоння не міг пригадати свій псевдонім. На щастя, згодом він згадав своє тимчасове ім'я.

Життя в Триместі було добре, а щодо вітру, який не вщухав, ми сприйняли його, як невід'ємну частину нашого життя. Ми влаштовували смаження м'яса, ходили до церкви, кіно, кегельбану, а інколи моя сім'я вирушала на природу. В Хенфорді завжди давали концерти, щоб ми розважалися. Мої діти, Білл та Джей, полюбляли ходити з друзями на прогулянки. Коли мої діти цікавилися моєю роботою, я давав їм «нейтральні» відповіді, і вони цим були задоволені.

Потім було скинуто бомбу, і всі були шоковані, коли дізналися про роль Хенфорда у виробництві плутонію і закінченні війни.

Women at Hanford
Жінки Хенфорда

Меггі Вертц

Жіночі клуби, вечірки з чаєм, читацькі конференції, бенкети, конкурси краси та змагання «Дівчина тижня». Чи пов'язуєте ви якимось чином ці події з Хенфордським майданчиком? Сказавши «так», ви матимете рацію. Це деякі з тих розваг, що зажили популярності серед жінок під час роботи над Манхеттенським проектом.

Жінки Хенфорда займали невеликі, але важливі посади (наприклад, секретарки, клерки, медичні сестри, обслуговуючий персонал у закладах харчування, робітниці в казармах тощо). В 1944 році серед 51 тисячі працюючих у Хенфорді жінки складали чотири тисячі. Вони відчували особисту відданість справі допомоги у війні.

Жіночою діяльністю керувала Буена Маріс. Вона мала створити щасливу, безпечну та сприятливу атмосферу для жінок. Для кожної жіночої казарми вона призначила «господиню». Крім того, Маріс організувала бібліотеку, щоденні автобусні рейси до Паско для відвідання крамниць та започаткувала відділок Червоного Хреста.

Ще одним видом роботи, придатним для жінок, була психологічна допомога працівникам у подоланні проблем, пов'язаних з самотністю, ізольованістю, пиловими бурями, а також нерозумінням проекту, задля якого вони працюють. На Хенфордському майданчику працювало небагато жінок, проте це були ті жінки, чия праця була важлива для проекту.

-- Все ж таки краще сховати це на випадок, коли прийдуть гості.

Maggie Wertz

Sororities, tea parties, book discussions, banquets, beauty contests, and the "Girl of the Week" contest. Are these events that you would associate with the Hanford site? If you answered yes, you were correct. These are some of the recreations that were popular with the women during the Manhattan Project.

The women at Hanford had small, but important jobs (i.e., secretaries, clerks, nurses, food service workers, barracks employees, and support service workers). In 1944, 4,000 of the 51,000 people who worked at Hanford were women. These women felt a personal dedication to the war effort.

The dean of the women's activities was Buena Maris. She had to provide a happy, safe, and constructive atmosphere for the women. There was a "housemother" for each of the women barracks, which Maris requested. Maris also organized a library, daily bus rides to Pasco for shopping, and started a Red Cross chapter.

Another job that was available for women was a part of the recreation staff, which worked to help employees overcome turnover problems caused by loneliness, isolation, dust storms, and not understanding the project for which they were working. The Hanford site did not have a large amount of women employees, but the women that did work were important to the project.

Annette Heriford

Аннет Херіфорд

Annette Heriford was born in Kennewick, Washington, September 13, 1920. When she was six days old, her parents took her to their home in Hanford, Washington. DeWitt and Martha Buckholdt had a 30-acre apple orchard including various other fruits for their own use.

Annette participated in many sports throughout her school years and especially liked basketball and track. During the summer months, swimming was her favorite sport, and she spent all of her spare time at one of many sloughs in the area. She also enjoyed horseback riding, hiking, and looking for Indian artifacts. During the school months, there were many activities such as school plays, carnivals, and community and church socials.

To Annette, education was a very important part of her life, and she always had a desire for higher learning. The Hanford High School burned down in December of 1936. Therefore, the Hanford High students attended the next year and-a-half at White Bluffs High School, their neighboring rivals. She joined the Drum and Bugle Corps while attending school in White Bluffs but readily admits that she could not read a note of music. Upon graduating from White Bluffs High in May of 1938, she had hoped to attend college, but money was still very scarce. The National Youth Administration had a program whereby students could take more classes and work in the office or help as a teacher's aide. Unfortunately, the funds did not materialize until the spring. In spite of this, Annette entered the University of Washington and worked two part-time jobs to help supplement the funds needed for college.

In January of 1943, she decided to drop out of college for one full quarter and return to school in April. The last six months of school would be quite demanding and earning money in advance for those two semesters would

Аннет Херіфорд народилася у Кенневіку, штат Вашингтон, 13 вересня 1920 року. Коли їй було шість днів, батьки забрали її додому у Хенфорд, штат Вашингтон. ДеВітт та Марта Бакхольд мали яблуневий сад площею 30 акрів, де росли також інші фруктові дерева для власного вжитку.

Під час навчання у школі Аннет займалася багатьма видами спорту, але особливо полюбляла баскетбол та біг. У літні місяці її улюбленим видом спорту було плавання, отож увесь свій вільний час вона проводила на одній з багатьох водойм у цій місцині. Вона також залюбки їздила верхи, осідлавши коня, міряла пішки туристичні стежки та вишукувала пам'ятки індіанської культури. Протягом шкільних місяців проводилося багато заходів, таких як шкільні театральні вистави, карнавали, а також громадські та церковні свята.

Для Аннет навчання складало дуже важливу частину її життя, тому вона завжди прагнула підвищувати свій освітній рівень. В грудні 1936 року у Хенфорді згоріла школа. З цієї причини учні протягом півтора року відвідували школу своїх сусідів і суперників в Уайт Блаффс. У цій школі Аннет займалася в марширувальному оркестрі, хоча з готовністю визнає, що не могла прочитати жодної ноти. Після закінчення школи в Уайт Блаффс у травні 1938 року вона сподівалася вступити до коледжу, та все ще бракувало грошей. Національна молодіжна адміністрація пропонувала програму, завдяки якій учні мали змогу продовжувати навчання і працювати в офісі чи допомагати вчителям. На жаль, ці кошти так і не вдалося матеріалізувати до весни. Незважаючи на це, Аннет вступила до Університету штату Вашингтон та ще й працювала неповний день у двох місцях, щоб отримати додаткові гроші, потрібні для коледжу.

У січні 1943 року вона вирішила полишити коледж на цілу чверть і повернути до навчання у квітні. Останні шість місяців занять мали бути періодом підвищених вимог; і завчасно зароблені гроші для сплати за ці два семестри могли б звільнити її від необхідності працювати. Однак у березні 1943 року уряд США здійснив відчуження місцевих земель і надав усім мешканцям 30 діб на евакуацію. Аннет з батьком вирушили працювати на компанію «Е.І. Дюпон», і їм було дозволено орендувати окреме житло протягом наступних тринадцяти місяців.

Більшість мешканців отримували вкрай мізерну платню. Батьки Аннет проклали у садку бетонну іригаційну трубу і встановили стаціонарний розбризкувач з відвідною трубою та кранами, розміщеними таким чином, що їх можна було повернути і мати воду в будь-якому місці на всіх 30 акрах. Її батько викорчував усі непотрібні яблуні і звільнив 10 акрів для фруктових дерев сорту «Ред Делішес» і двох довгих рядів вишень. Він завжди вважав, що після закінчення депресії садівництво відродиться і що з огляду на це слід вирощувати нові сорти фруктів. Вони мали одну з кращих свердловин в окрузі, яка повністю задовольняла їхні потреби, і їм не потрібно було іншої води для зрошення. Спершу за всю їхню землю пропонували 1700 доларів, зрештою ж вони отримали 3200 доларів за 30 акрів та ще 40 доларів за 40 акрів землі з нафтовими покладами без права на мінеральну сировину.

Аннет подобалося працювати на «Дюпон», а її першим місцем роботи був креслярський відділ, доки не зв'явилася посада у службі молодіжного відпочинку. Тоді відчувалася значна потреба в організації відпочинку і дорослих, і молоді, оскільки багато сімей проживали у Хенфорді в трейлерах -- житових вагончиках. Аннет запросили стати тренером з плавання та інших видів спорту, а також допомагати вести справи у Молодіжному центрі. Вона закрила Молодіжний центр у лютому 1945 року, і це був останній раз, коли вона ступала на рідну землю, аж до весни 1968 року - через 25 років.

cancel the necessity to work. However, the U.S. government condemned the land in March of 1943 and gave all of the residents 30 days to evacuate. Annette and her father went to work for E.I. DuPont and were permitted to rent their own home for the next 13 months.

The majority of all residents were grossly underpaid. Her parents had concrete irrigation pipe throughout the orchard and a stationary sprayer with spray pipe and faucets strategically placed that could be turned on at any location throughout the 30 acres. Her father had pulled all of the undesirable apple trees and saved ten acres of Red Delicious fruit trees along with two long rows of cherry trees. He always said the fruit growers would have a comeback after the depression was over and new varieties of fruit should be planted at that time. They had one of the best wells in the county, and there was no need for irrigation water other than the well water. The first offer for all of their land was $1700, and they later received $3200 for 30 acres plus $40 for 40 acres of oil-investment land, with no mineral rights.

Annette enjoyed her work for DuPont, and her first job was in the Blue Print Department until the Youth Recreation position became available. There was a great need for adult and youth recreation since many families were now living in the trailer camp in Hanford. Annette was asked to teach swimming and other sports and help supervise the youth center. She closed the youth center in February of 1945, and that was the last time she set foot on her home land until the spring of 1968, 25 years later.

Kevin Boger

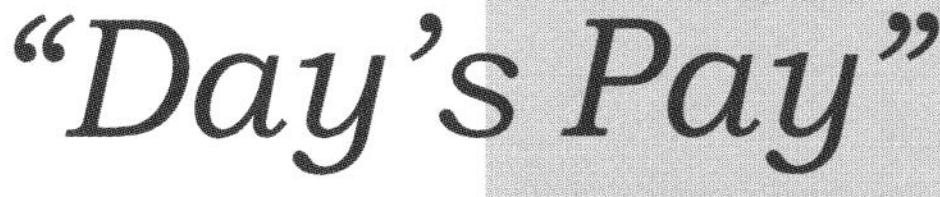

“Day’s Pay”

Brennan McQuerry
Ben Goodey

«Денна платня»

Бреннан МакКвирі
Бен Гуді

In July of 1944, a B-17 flying fortress was dedicated at Hanford Park. What made this plane so special was that the workers at the Hanford site donated one day’s pay to purchase it to help the war effort; they named it “Day’s Pay.” For this dedication ceremony, Bishop Ruland wrote this song called “One Step.”

We’re Hanford En-gin-eers
And through sand and sun we’ll fight
We’ll do our level best
To build ev’rything just right
We’ll know our duty’s done
When we’ve smashed the Japs and Huns
Through the days and through the nights
We’ll fight to keep our bill of rights
We’re the Hanford Engineers

“Day’s Pay” flew over 60 missions before it was finally shot down on the 21st of April, 1945. It was later found and scrapped.

В липні 1944 року в Хенфордському парку було присвячено «летючу фортецю» Б-17. Таким видатним цей літак став через те, що робітники Хенфордського майданчика пожертвували свій одноденний заробіток на його придбання, щоб зробити внесок у воєнні зусилля країни. Він дістав назву «Денна платня». До цієї урочистої церемонії присвячення єпископ Руленд написав пісню під назвою «Один крок».

Ми - інженери з Хенфорда,
І нас не зупинять піски та сонце.
Ми зробимо все, на що здатні, щоб побудувати все так, як треба.
Ми усвідомлюємо, що виконаємо свій обов’язок,
Коли поб’ємо японців і німців.
Дні і ночі, дні і ночі
Ми боротимемось за те, щоб захистити свої права,
Ми - інженери з Хенфорда.

«Денна платня» зробила понад 60 бойових вильотів, перш ніж 21 квітня 1945 року її було збито. Пізніше її знайшли і віддали на злам.

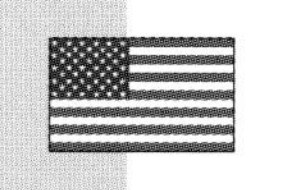

SECRETS

Miranda Woodford

СЕКРЕТИ

Міранда Вудфорд

Багато людей працювали в Хенфорді, але до кінця війни вони не знали, що саме там роблять. Коли врешті-решт деякі з таємниць розкрилися, мешканці Річленда дуже пишалися своїм внеском у справу скінчення війни, і визнали, що режим надзвичайної секретності був виправданим. Багато людей пишалися з того, що допомогли скінчити Другу світову війну, проте інші болісно переживали зруйнування Нагасакі. Люди постійно питали себе, чи скінчилася б війна без допомоги атомних бомб.

Річленд, штат Вашингтон, перетворився з невеликої фермерської громади на місце, що стало притулком для тисяч людей через секретний урядовий проект, що допоміг виграти війну. Тисячі людей переїхали до Річленда і працювали тут протягом п'яти років, кожного вечора повертаючись додому без жодної уяви, що сьогодні було ними зроблено. Коли хтось запитував них про їхню роботу, вони були не в змозі чесно відповісти. Першим робітникам в Лос Аламосі казали, що вони виготовляють зброю для війни. Проте кількість робітників усе збільшувалася, і інструкторам дали вказівки називати зброю «пристроєм».

6 серпня 1945 року новинку про Хіросіму та Нагасакі було розповсюджено по національному радіо як повідомлення про кінець війни. Але людей в Річленді більше шокувало те, що плутоній для цієї бомби було вироблено на Хенфордському майданчику. Ніхто не міг повірити, що відповіддю на всі їхні питання була бомба. Їхня бомба допомогла припинити війну і дала мешканцям цього району привід для того, щоб пишатися собою. Не всі переймалися тим, що у війні було використано атомні бомби. 16 липня 1945 року біля Аламогордо, штат Н'ю Мексико, було скинуто «експериментальну бомбу», і більшість

Many people worked at Hanford, yet they did not know what they were doing until the war was over. When some of the secrets were finally released, the people in Richland, Washington, were so proud that they had helped stop the war that the extreme security seemed justified. Many people were proud that they had helped end World War II, while others felt sick about the destruction of Nagasaki. People constantly wondered if the war would have ended without the help of the nuclear bombs.

Richland turned from a small farming community to a place that was home to thousands because of a confidential government project that helped win the war. Thousands of people moved to Richland and went to work for five years, coming home each night without the slightest idea of what they had done at work that day. When someone asked them about their work, they could not honestly answer. In Los Alamos, the first workers were actually told that they were making a war weapon; however, as more and more workers arrived the instructors were told to call the weapon a "gadget".

On August 6, 1945, the news of the Hiroshima and Nagasaki was broadcast throughout the nation by radio signaling the end of the war. Even more shocking to the people in Richland was that the plutonium in the bomb had been made at the Hanford site. Nobody could believe that the answer to all their questions was a bomb. Their bomb had helped stop the war and gave the area's residents a reason to be proud. Not everyone was thrilled that the nuclear bombs were used during the war. On July 16, 1945, a "practice bomb" was dropped near Alamogordo, New Mexico, and most

scientists were happy with the results, others were skeptical that the test bomb would have the same effects as the actual bomb. Some scientists greatly opposed the bomb being dropped on people and tried to persuade the government to drop the bomb on a deserted island, or in the water off-shore, to show Japan the possibility of our weapon. The U.S. government refused to listen and dropped the bombs on two major cities in Japan. Most scientists did not even imagine that one bomb could cause that much devastation.

At the time of the bombings, scientists knew little about radiation and its causes. They only knew that radiation destroys cells in your body, but beyond that, they were not really sure. Hanford workers had to wear protective clothing, just in case. Scientists started conducting experiments because of all the unknowns surrounding radiation—experiments like how much radiation a person can safely ingest. Scientists also thought that radiation could possibly cause cancer, but they were uncertain. If the government had known the consequences of dropping the nuclear bombs before hand, the decision to deploy may have been different. Maybe bombing was the only way, but there is no way to know. This community is what it is today because of a secret government project that helped stop World War II.

GOLLY—I HOPE I NEVER FORGET MY PASS—

Буду надіятися, що ніколи не забуду свого пропуска!

DUPUS BOOMER

вчених раділа отриманим результатам, хоча решта скептично ставилася до сподівань відтворити за допомогою випробувальної бомби дію справжньої. Деякі вчені рішуче заперечували проти скидання бомби на людей та намагалися переконати уряд скинути її на незаселений острів чи у відкрите море, щоб продемонструвати Японії можливості нашої зброї. Уряд США відмовився вислухати ці пропозиції і скинув бомби на два великих японських міста. Больщість вчених навіть не могли уявити, що одна бомба здатна спричинити таке спустошення.

На час бомбардувань вчені небагато знали про радіацію та її причини. Вони знали тільки, що вона руйнує клітини людських тіл, проте, окрім цього, вони ні в чому не були впевнені достеменно. Робітники в Хенфорді мусили вдягати захисний одяг саме з цих причин. Через брак знань про випромінювання вчені почали проводити експерименти на зразок того, скільки радіації організм людини може поглинути без шкоди для себе. Крім того, вчені вважали за можливе, що радіація спричинює рак, але без певності того. Якби уряд знав заздалегідь про наслідки скидання атомних бомб, рішення про їхнє використання могло б бути іншим. Може, бомбардування і було єдиним шляхом, але про це вже неможливо дізнатися. І хенфордська громада є тим, чим вона є сьогодні, саме завдяки секретному урядовому проекту, який допоміг припинити Другу світову війну.

Disposal Act of 1957

MAGGIE WERTZ

Закон 1957 року про передачу власності

Меггі Вертц

Річленд був урядовим містом, одним з кількох, побудованих на ядерних майданчиках по всіх Сполучених Штатах. Навіть житло було побудоване урядовими підрядниками і призначалося для сімей у відповідності з їхнім робочим статусом. Лише у 1957 році місто приватизувалося, а члени громади отримали дозвіл на володіння своїми будинками та управління своєю власною громадою.

Згідно з законом 1957 року про передачу власності, Сполучені Штати Америки проголосили, що власність Комісії з атомної енергії в окрузі Бентон мала бути продана. Інакше кажучи, місто Річленд мало перейти у приватну власність та мати муніципальну раду з мером. Подібне вже почалося на інших урядових майданчиках, як наприклад, в Оук Риджі, штат Теннесі, і очікувалося також в Лос Аламосі, штат Н'ю Мексико.

Розпродаж усієї власності Річленда тривав аж до 1962 року, коли було продано 4800 будинків та приблизно 350 інших майнових об'єктів. Спродаж будинків та майна був не єдиною зміною, що сталася впродовж тих семи років. Річленд отримав свого першого мера, пані Е.Т. (Пет) Мерріл, муніципальну раду та міського менеджера, Мьорргі У. Фуллера. Перш ніж муніципальна рада змогла розпочати свою діяльність, їм довелось скласти присягу, підписати письмові зобов'язання щодо лояльності, обрати мера та його заступника і, зрештою, призначити тимчасових чиновників, а саме, поліційного суддю, міського прокурора, представника відділу кадрів і муніципального секретаря. Попервах рада збиралась 2-3 рази на

Richland was a government city, one of several built at nuclear sites across the United States. Even the homes were built by government contractors and assigned to families according to job status. It was not until 1957 that the city became privatized, and community members were allowed to own their own homes and govern their own community.

The Disposal Act of 1957 was a declaration made by the United States of America stating that the property owned by the Atomic Energy Commission in the Benton County region was to be sold. In other words, the city of Richland was to become privately owned with a city council and mayor. This had already begun at other government sites such as Oak Ridge, Tennessee, and was to start later in Los Alamos, New Mexico, in 1962.

The total sale of all the property of Richland took until 1962 when 4,800 homes and about 350 other properties were sold. The sale of homes and properties wasn't the only change taking place during those 7 years. Richland got its first mayor (Mrs. E.T. [Pat] Merrill), a city council, and a city manager, Murry W. Fuller. Before the city council could begin any work, they had to take an oath of office, sign the loyalty affidavits, elect the mayor and mayor pro-tem, and finally appoint temporary officials such as the police judge, city attorney, personnel officer, and city clerk. The council initially met 2 to 3 times a week to develop city ordinances.

The council in charge of selling property and homes was made up of 30-35 people with 5 leaders: C.T. Johnson, Daryl MacBee, Joe Smith, N. Baxter Jenkins, Gregory Moen, and Albert Yencopal. The first home sale was June 1, 1957. The first city department to transfer from General Electric Company was the police department. The next was the fire department. Both the fire and police departments had received many awards and had established themselves among the nation's best while under the control of General Electric Company. Richland was determined to keep that standing.

Within a 5-year period, the council had moved $50 million in real estate. These homes had a full-refund guarantee if employment dropped, but if the buyer waived this guarantee, they got a 10 percent discount. Many of the buyers chose to waive their guarantee.

The total appraised value of Richland property was $48 million. About $37 million of that went to the city treasury.

тиждень, щоб розробити муніципальні розпорядження.

Рада, що відповідала за розпродаж будинків та іншого майна, складалася з 30-35 осіб на чолі з п'яти керівниками. Це були С.Т. Джонсон, Дерил МакБі, Джоу Смит, Н. Бекстер Дженкінс, Грегорі Моен та Альберт Єнкопал. Перший будинок було продано 1 червня 1957 року. Першим муніципальним управлінням, що було передане з боку компанії «Дженерал електрик», стало поліційне. За ним - пожежне управління. За часів перебування під керівництвом «Дженерал Електрик» і поліційне, і пожежне управління отримали багато нагород і закріпилися серед кращих в країні. Річленд був переповнений звитяги, щоб зберегти ці здобутки.

За п'ять років рада була залучена до продажу нерухомосі вартістю у 50 мільйонів доларів. На ці будинки було гарантоване повне відшкодування в разі втрати роботи, але коли покупець відмовлявся від такої гарантії, він отримував знижку на 10%. Через те багато покупців обрали якраз відмову від гарантій.

Загальна вартісна оцінка власності Річленда склала 48 мільйонів доларів, з яких близько 37 мільйонів відійшли до муніципальної скарбниці.

Cold War Hanford

MICHAEL MCCAIN

Хенфорд у період холодної війни

Майкл МакКейн

Післявоєнна реформа

Після Другої світової війни Сполучені Штати постали перед великою невизначеністю стосовно майбутнього контролю за атомною енергією. Інженерний район Манхеттена (ІРМ) почав сповільнювати оборонне виробництво на майданчику Хенфорда. В 1945 році було зупинено реактор «B» і знижено потужність реакторів «D» та «F». Кількість працівників, зайнятих у Хенфорді за контрактом до грудня 1946 року було скорочено наполовину, до п'яти тисяч. Здавалось, що невдовзі діяльність у Хенфорді на оборону буде припинено. Атомна політика США залишалась непевною, і багато урядовців почали перейматися ситуацією, що склалась. Хто має взяти під контроль Хенфорд, Лос Аламос та інші ядерні установки? Чи продовжиться оборонне виробництво? Зразу після війни у Сполучених Штатів було обмаль діючої ядерної зброї. Уряд був стурбований тим, що решта країн буде розвивати ядерні технології і відчув необхідність вживати заходів. Відповіддю став «Закон з атомної енергії» МакМейхона 1946 року, яким було створено Комісію з атомної енергії (КАЕ) для розробки та регулювання ядерної програми. Ця новоутворена КАЕ (зараз Міністерство енергетики) швидко взялася до справи. 1 січня 1947 року КАЕ взяла під контроль всі ядерні установки в США, включно з комбінатом в Хенфорді.

Невдовзі період стишення оборонного виробництва в Хенфорді скінчився. КАЕ відвела високу пріоритетність дослідженням та виробництву ядерної зброї. Компанія «Дженерал електрик» (тепер головний підрядник на майданчику, що в 1946 році

Postwar Reform

After the Second World War, the United States was faced with great indecision over the future control of nuclear energy. The Manhattan Engineers District began to slow defense production at the Hanford site. B Reactor was closed in 1945, and power levels were decreased at D and F reactors. Contractor personnel at Hanford were reduced by half, down to 5,000 by December of 1946. It appeared that Hanford's defense operations would soon come to a halt. U.S. atomic policy was still unclear, and many government officials began to worry about the situation. Who would take control of Hanford, Los Alamos, and the other nuclear installations? Would defense production continue? Shortly after the war, the United States had few operational nuclear weapons. The government was concerned that other countries would develop nuclear technologies and felt that they needed to take action. This was answered with the McMahon Atomic Energy Act of 1946, which created the Atomic Energy Commission (AEC) to develop and regulate the nuclear program. The newly formed AEC (now the U.S. Department of Energy) was quick to act. On January 1, 1947, the AEC took control of all U.S. nuclear facilities, including the Hanford Works.

Hanford's period of lulling defense production soon came to an end. The AEC assigned high priorities to nuclear weapons research and production. The General Electric Company (now the prime site contractor, replacing DuPont in 1946) was ordered to build two new reactors for plutonium production and to develop new plutonium separation processes as quickly as possible. The expansion of Hanford between 1947-49 became America's largest peacetime construction project (of that time) and cost over

Plutonium Finishing Plant
Завод для виробництва плутонію

$350 million—more than it originally took to build Hanford. H Reactor went online in October of 1949, and DR Reactor followed in 1950. A plutonium finishing plant, Z-plant, was built to convert plutonium nitrate, the result of chemical separation, into discs of plutonium metal. Over 40 high-level waste storage tanks were built to contain the increasing amounts of radioactive waste being generated. A new plutonium separation method, REDOX (reduction-oxidation), began development to recover uranium that was wasted in the previous bismuth-phosphate separation.

During this expansion, the city of Richland flourished. The AEC built new housing, increasing the population to about 23,000. Businesses suffering from the post-war drought also prospered with the new work. The city of North Richland, started as an army barracks in 1944, was expanded in 1948 to house even more construction workers and families. In only one year, the population grew to 25,000. Although Richland was called by many a model village, (Time magazine once dubbed it an "atomic utopia"), problems remained. Dust was a constant problem, and a program was initiated to plant trees and grass throughout the city. Other problems such as brownouts, housing shortages, and mosquitoes also plagued the city.

заступив «Дюпон») отримала замовлення на якнайшвидшу побудову двох реакторів для виробництва плутонію, а також на розробку нових технологій відокремлення плутонію. Розширення Хенфорда в період з 1947 по 1949 років стало найбільшим (на той час) в Америці будівельним проектом мирного часу, що коштував понад 350 мільйонів доларів, що було більше, ніж спочатку було витрачено на будівництво хенфордського майданчику. Реактор «Н» став до ладу в жовтні 1949 року, а реактор «DR» - слідом за ним, в 1950. Завод «Z» для виробництва плутонію було побудовано для перетворення нітрату плутонію, отриманого в результаті хімічного розділення, на диски металевого плутонію. Було побудовано понад 40 резервуарів для зберігання високоактивних відходів, яких утворювалось усе більше. Почалась розробка нової методики відокремлення плутонію - «РЕДОКС» (відновлення - окислення) - для видобутку урану, що йшов у відходи під час попереднього етапу розділення за методом використання фосфату вісмуту.

Під час періоду розширення майданчика розквітло місто Річленд. КАЕ побудувала нові житла, населення збільшилось приблизно до 23 тисяч. Бізнес, що занепадав від післявоєнної скрути, також процвітав за рахунок нових видів діяльності. Місто Північний Річленд, що в 1944 році почалося з армійських казарм, в 1948 році розширилося за рахунок будівельників та їхніх родин. Тільки протягом одного року чисельність населення зросла до 25 тисяч. Хоча Річленд багато хто називав «зразковим селищем» (журнал «Тайм» якось охрестив його «атомною утопією»), проблеми залишалися. Постійною проблемою був пил, тому було започатковано програму насаджень по всьому місту дерев та трави. Крім того, містові завдавали клопоту перебої електроенергії, брак житла та комарі.

Початок холодної війни

В той час, коли Хенфорд переживав важливий етап розширення, почалася холодна війна. Хоча Радянський Союз та Сполучені

Річленд у перші роки свого існування

Early Richland

Штати були союзниками у Другій світовій війні, їхні протилежні ідеології та глибока недовіра спричинили помітну боротьбу в післявоєнний час. Радянський Союз, під керівництвом диктатора Йосипа Сталіна, надавав допомогу комуністичним партіям в Болгарії, Румунії, Югославії, Албанії, Угорщині та Польщі, щоб ті утрималися при владі. Президент Трумен в 1947 році сформулював «Доктрину Трумена», що дозволила силам Сполучених Штатів допомогати антикомуністичним проявам в Греції та Туреччині, а згодом надала їм право протистояти радянській експансії де б то не було в світі.

Конфлікт виник і стосовно майбутнього Німеччини. Німеччину було поділено на зони, підпорядковані британській, французькій, американській та радянській адміністраціям.

The Cold War Begins

While Hanford underwent a major expansion, the Cold War was dawning. Although the Soviet Union and the United States had become allies during the war, their contrasting ideologies and deep mistrust caused considerable strife during the postwar era. The Soviets, led by dictator Joseph Stalin, helped communist parties in Bulgaria, Romania, Yugoslavia, Albania, Hungary, and Poland to secure power. President Truman passed the Truman Doctrine in 1947, which allowed United States forces to aid anti-Communist causes in Greece and Turkey and soon authorized them to counter Soviet expansion anywhere in the world.

Conflict also arose over the future of Germany. Germany had been divided into different areas of British, French, American, and Soviet administration. The allied governments in Germany quickly consolidated, but with continued Soviet occupation, it was feared that a divided Germany might cause Europe's economy to collapse. In response, in 1947, the United States offered substantial aid to help rebuild Europe's economy. This was called the Marshall Plan. The Soviet Union soon blockaded Berlin, but a massive allied airlift rendered the blockade ineffectual, and it was withdrawn after 11 months.

At the same time, the Soviets helped a communist group in Czechoslovakia gain power, consolidating their rule over Eastern Europe. The conflict escalated, and as other nations took sides, two powerful military alliances were forged: Western powers created the North Atlantic Treaty Organization in 1949, which was countered by the Soviet Warsaw pact in 1955.

In September of 1949, the Soviet Union tested its first atomic bomb—3 years before the United States expected it—resulting in another rapid expansion. On this development, President Truman addressed the public:

"I believe the American people, to the fullest extent consistent with national security, are entitled to be informed of all developments in the field of atomic energy. That is my reason for making public the following information.

We have evidence that within recent weeks an atomic explosion occurred in the USSR. Ever since atomic energy was first released by man, the eventual development of this new force by other nations was to be expected. This probability has always been taken into account by us.

Nearly 4 years ago I pointed out that "scientific opinion appears to be practically unanimous that the essential theoretical knowledge upon which the discovery is based is already widely known. There is also substantial agreement that foreign research can come abreast of our present theoretical knowledge in time." And, in the Three-

Союзні уряди в Німеччині швидко консолідувались, та впродовж радянської окупації виникли побоювання, що поділена Німеччина може спричинити розвал європейської економіки. У відповідь на це в 1947 році Сполучені Штати запропонували суттєву допомогу в справі відбудови європейської економіки. Це дістало назву «Плану Маршалла». Невдовзі Радянський Союз блокував Берлін, але потужний повітряний міст силами союзників знешкодив цю блокаду, і через 11 місяців її було знято.

В той же час Радянський Союз допоміг комуністичному угрупуванню прийти до влади в Чехословаччині, що поширило його владу на всю Східну Європу. Конфлікт набував сили, і разом з тим, як різні країни ставали на той чи інший бік, утворились два потужних військових союзи: західні країни в 1949 році склали Організацію північно-атлантичного договору (НАТО), що протистояла утвореному в 1955 році радянському Варшавському договору.

У вересні 1949 року Радянський Союз випробував свою першу атомну бомбу - на три роки раніше, ніж це очікували США, - що привело до ще більшого його зростання. Стосовно цього президент Трумен доповів громадськості:

«Я певен, що американський народ має право, у повній відповідності з ідеєю національної безпеки, бути інформованим стосовно всіх розробок у галузі атомної енергії. З цієї причини я оприлюднюю наступну інформацію.

Ми маємо докази того, що останніми тижнями в СРСР стався атомний вибух. З того часу, як людина вперше вивільнила атомну енергію, треба було чекати, що кінець кінцем цю нову силу здобудуть інші держави. Ми завжди враховували таку ймовірність.

Близько чотирьох років тому я відмічав, що «наукова думка була практично одностайною стосовно того, що важливі теоретичні знання, на яких базується цей винахід, уже широко відомі. Було також

Larry Denton
Леррі Дентон

Мелисса МакКой

Я приїхав на Хенфордський майданчик із невеликої общини у штаті Айдахо, що звалася Пріст Ривер. Мені ушкодило ногу, та мого роботодавця це не турбувало, отож я покинув Пріст Ривер і подався у Хенфорд.

У вересні 1943 року я отримав посаду службовця. В той час ще тільки будували вулицю Джорджа Вашингтона, а мені довелося мешкати в одній із казарм, оскільки наявні тут будинки належали або приватним особам, або фірмі «Дюпон». Коли я тільки прибув у Хенфорд, то пішов до агентства по найму, де мені дали офіційний дозвіл на заселення. Я вирушив у казарми. Там був єдиний на усіх туалет. «Життя тут було дуже цікавим», оскільки я виріс у невеликому містечку, а тут майже щодня відбувалися якісь події. Після роботи люди грали у покер та випивали у місцевих барах. Як службовець, я мав вести облік усього, що ввозилося на територію та вивозилося з неї. Інколи ми допомагали доставляти пошту, тому що Хенфордський поштовий вузол був найпершим у країні з кількості людей, які мали одну загальну адресу, і через це людям часто доводилося самим ходити на пошту по свою кореспонденцію.

Я любив купатися в річці Пріст Рапідз у штаті Айдахо, отож е не міг дочекатися того часу, коли можна буде наплаватися досхочу в річці поблизу

Melissa McCoy

I moved to the Hanford site from a small community in Idaho, called Priest Rapids. I had hurt my leg, and my employer at the time did not care, so I left Priest Rapids and went to Hanford.

In September 1943, I got a job and worked as a clerk. They were still building George Washington Way at this time, and I had to live in a barracks because the only houses that existed were either owned by private owners or by DuPont. When I first arrived at Hanford, I went to the employment office, and they gave me a boarding ticket. I went to the barracks. There was one restroom for all of us. "Living here was exciting" because I was from a small town, and there was so much going on here. After work, people would go play poker and drink at local bars. As a clerk, I had to keep track of things going in and out of the area. Sometimes we helped deliver mail because Hanford had the biggest general delivery in the country, which meant people often had to go to the post office to get their mail.

I loved to go swimming in Priest Rapids, Idaho, so I looked forward to swimming in the

досягнуто згоди щодо того, що закордонні дослідження можуть йти на рівні наших нинішніх теоретичних знань». Отже, в Декларації трьох держав, підписаній президентом США і прем'єр-міністрами Об'єднаного Королівства та Канади 15 листопада 1945 року, було підкреслено, що жодна окрема держава насправді не зможе мати монополію на атомну зброю.

Остання подія підкреслила ще раз, якщо це взагалі було потрібно, необхідність дійсно ефективного міжнародного контролю за атомною енергією, який можна було б впровадити в дію. Наш уряд та переважна більшість країн-членів Об'єднаних Націй підтримують такий підхід».

Nation Declaration of the President of the United States and the Prime Ministers of United Kingdom and of Canada, dated November 15, 1945, it was emphasized that no single nation could in fact have a monopoly of atomic weapons.

This recent development emphasizes once again, if indeed such emphasis were needed, the necessity for that truly effective enforceable international control of atomic energy which this Government and the large majority of the members of the United Nations support."

In addition to the Soviet nuclear advancements, other events were transforming in Asia.

river down below Hanford. After my first winter, I decided to go swimming once the river thawed. When I tested the water, the idea was quickly dismissed.

We worked long hours and only had one day off a week. But when we did have time off, we had some of the hottest bands around the country come and perform for us. The only down side was that at first, we only had outdoor theaters, which was no picnic with the dust storms. So, we had to wear goggles to the concerts. In January of 1944, the first trailer park was opened. Laundry was a problem, and laundry facilities were not available at all locations. All the workers would swarm around women in the trailer parks and try to get them to do their laundry. The government brought truckloads of beer and soda. They stored it in a huge hole in the ground that had layers of ice and straw.

When the bomb went off, I had no idea because I was at work. When I did find out, I was relieved that the war might finally end.

In 1945, they started to tear things down. During this time, I was given the option of going home, but there was not anything for me, so I stayed and continued my work. I met my wife when she was working on the payroll, and I have been working at Hanford ever since.

Хенфорда. Як тільки минула моя перша зима тут, я вирішив скупатися у річці одразу ж, як розтане крига. Але тільки-но я ступив у воду, як це бажання швидко щезло.

Працювали ми допізна і мали лише один вихідний на тиждень. Але у вихідні повеселити нас приїжджали найкращі у країні ансамблі. Єдиною нестачею було те, що спочатку в нас були тільки театри просто неба - це не найкращий варіант, коли бувають піщані бурі. Тому на концерти доводилося брати окуляри. У січні 1944 року відкрили перший парк трейлерів - житлових вагочиків. Проблемою залишалося прання білизни, тому що пральні послуги не надавалися повсюди. Всім чоловікам доводилося підлабузнюватися до жінок із трейлерного парку, щоб ті випрали їхню білизну. Уряд колонами машин завозив пиво та безалкогольні напої. Утримували це у великій ямі, викопаній у землі, перекладеній шарами льоду та соломи.

Коли вперше скинули атомну бомбу, я і не знав про це, бо був на зміні. А коли мені розповіли про подію, то навіть відчув полегшення від того, що війна повинна була скоро скінчитися.

У 1945 році почалося суцільне згортання майданчика. Мені запропонували звільнитися і їхати додому, але вдома робити було нічого, отож я нікуди не поїхав і працював службовцем, як і раніше. У відділі заробітної плати я познайомився із своєю майбутньою дружиною; і працюю у Хенфорді по сьогоднішній день.

The victory of Communist forces in China under Mao Tse-tung, which succeeded in driving the Nationalist government of China to the refuge of Taiwan, also furthered the urgency in the United States. The Soviet Union was quick to ally with China. Another war began in Korea soon after. Communist North Korean forces attacked South Korea, initiating a vicious conflict as both the Soviet Union and the United States sent aid to the respective warring nations. Espionage situations arose as well during this period, making tensions worse.

America's nuclear program underwent great expansions. Congressional appropriations for defense were increased, and budget reserves

Крім радянських ядерних досягнень, сталися перетворення в Азії. Перемога в Китаї комуністичних сил на чолі з Мао Цзедуном, що призвела до втечі правлячого націоналістичного уряду країни на Тайвань, також спричинила занепокоєння в США. Радянський Союз швидко став союзником Китаю. Невдовзі почалася нова війна в Кореї. Війська комуністичної Північної Кореї напали на Південну Корею, спровокувавши страшний конфлікт, оскільки як Радянський Союз, так і Сполучені Штати надали допомогу відповідним воюючим сторонам. Крім того, в цей період почали виникати ситуації, пов'язані зі шпигунством, що призвело до збільшення напруженості.

Ядерна програма в Америці зазнала значного розширення. Асигнування Конгресу на оборону було збільшено, а бюджетні резерви було спрямовано на програму з атомної енергії. Щорічні витрати на оборону потроїлись, перевищивши 45 мільонів доларів. Менш ніж через три тижні після того, як СРСР підірвав свою атомну бомбу, КАЕ запропонувала проект розробки водневої. Ця «супербомба» була затверджена президентом Труменом в січні 1950 року. У прес-релізі Білого Дому стосовно національної ядерної програми Трумен заявив:

«Частиною моїх обов'язків як Верховного Головнокомандувача Збройних сил є пильнувати за тим, щоб наша країна була здатна захиститися від будь-якого можливого агресора. Відповідно до цього я наказав Комісії з атомної енергії продовжити роботи над усіма формами ядерної зброї, включно до так званої водневої або супербомби. Подібно решті робіт в галузі атомних озброєнь, ця робота є та буде спрямовуватись відповідно до загальних цілей нашої програми забезпечення миру та безпеки.

Ми маємо продовжувати цю роботу доти, доки не буде розроблено задовільний план міжнародного контролю за атомною енергією. Ми також мусимо продовжити вивчення всіх тих факторів, що впливають на нашу програму забезпечення миру та безпеки нашої країни».

І КАЕ, і Міністерство оборони закликали до ще більшого розширення мережі атомних станцій. По всій країні було створено багато ядерних установок. Лабораторія Сандіа, паросток Лос Аламоса, 1949 року стала незалежною лабораторією для вивчення неядерних компонентів зброї. Почалось будівництво газо-дифузійної станції в Падука, штат Кентакі, станції Саванна Рівер у Південній Кароліні, станції Рокі Флетс у Колорадо та станції Пентекс у Техасі.

США розпочали також програму розширених ядерних випробувань. В період з

F Reactor *Реактор «F»*

were released for the atomic energy program. The annual defense spending was tripled to over $45 million. Less than three weeks after the Soviets detonated their first atomic bomb, the hydrogen bomb development project was proposed by the Atomic Energy Commission (AEC). This "super" bomb was approved by President Truman in January of 1950. In a White House press release on the national nuclear program, Truman stated:

"It is part of my responsibility as Commander in Chief of the Armed Forces to see to it that our country is able to defend itself against any possible aggressor. Accordingly, I have directed the AEC to continue work on all forms of atomic weapons, including the so-called hydrogen or super bomb. Like all other work in the field of atomic weapons, it is being and will be carried forward on a basis consistent with the overall objectives of our program for peace and security.

This we shall continue to do until a satisfactory plan for international control of atomic energy is achieved. We shall also continue to examine all those factors that affect our program for peace and this country's security."

Both the AEC and the U.S. Department of Defense called for more nuclear plant expansions. Many nuclear facilities were created around the nation. Sandia Laboratory, an extension of Los Alamos, became an independent lab in 1949 to research the non-nuclear components of the weapons. Construction began on the Paducah Gaseous Diffusion Plant in Kentucky, the Savannah River Plant in South Carolina, the Rocky Flats Plant in Colorado, and the Pantex Plant in Texas.

The United States also began a program of extensive nuclear testing. At the Bikini Atoll in the South Pacific, 23 nuclear weapons tests took place between 1946 and 1958. At the same time, Enewetak Atoll, also in the South Pacific, was used for 43 atmospheric nuclear weapons tests. Numerous tests also took place at Johnston and Christmas islands in the Pacific. In 1951, during the AEC's major nuclear expansion, the Nevada Proving Grounds was established (now the Nevada Test Site). Of 1,054 nuclear tests conducted by the United States, 904 have been at the Nevada site. Testing continued, although after 1963, all tests were conducted underground. Large improvements on nuclear weapons were made, including the hydrogen, or thermonuclear bomb. On November 1st, 1952, the test explosion "Mike," at Enewetak Atoll, yielded a force of several million tons (megatons) of TNT- the blast at Alamagordo was only 20,000 tons. (The hydrogen bomb uses a fission explosion to initiate fusion of deuterium or tritium, releasing far more energy.) In 1953, the Soviet Union countered with the detonation of a similar hydrogen bomb.

REDOX *«РЕДОКС»*

1946 по 1958 рік на атолі Бікіні в південній частині Тихого океану було проведено 23 випробування ядерної зброї. В той же час атол Енівeтек, також у південній частині Тихого океану, було використано для 43 атмосферних випробувань ядерної зброї. Численні випробування мали місце також на островах Джонстон та Різдва в Тихому океані. В 1951 році під час великого розширення ядерної програми КАЕ було засновано полігон «Невада Прувінг Граундс» (сучасна назва «Невада Тест Сайт»). З 1054 ядерних випробувань, проведених Сполученими Штатами, 904 сталося саме на полігоні в Неваді. Випробування тривають, хоча після 1963 року всі вони проводяться під землею. Було досягнуто значного удосконалення ядерної зброї, включно з водневою, або термоядерною бомбою. 1 листопада 1952 року на атолі Енівeтек було проведено пробний вибух «Майк» потужністю в кілька мільйонів тонн (меготонн) тринітротолуолу, тоді як вибух в Аламагордо мав потужність всього 20 тисяч тонн. (Воднева бомба використовує вибух, викликаний ядерним поділом, щоб ініціювати реакцію злиття дейтерію чи тритію, що вивільнює набагато більше енергії). В 1953 році Радянський Союз відповів вибухом такої ж водневої бомби.

В цей період у Хенфорді було побудовано багато нових установок. Врешті було завершено процес «РЕДОКС» - в січні 1952 року було відкрито станцію «S». Роботи, що виконувалися в Хенфорді, з нарощуванням виробництва почали все серйозніше впливати на навколишнє середовище. В процесі розділення для розчинення реакторного палива з метою екстракції урану та плутонію вживались корозійно-активні хімікати. Більш концентровані відходи зберігались в підземних резервуарах, хоча технологічні відходи, забруднені радіонуклідами, потрапляли до навколишнього середовища через витоки та захоронення в землі. Технологічні установки при розчиненні реакторного палива спричиняли викиди в повітря, зокрема, йоду-131. До 1954 року викидались також частинки рутенію-103 та -106.

Було побудовано ще один реактор, «С», що досяг критичності в листопаді 1952 року. Установка «U» (завод для відокремлення плутонію, збудований протягом Другої світової війни, який ніколи не знадобився) почала роботу в липні в якості заводу з відновлення урану. На установці «U» також використовувалась методика екстракції за допомогою трибутилфосфату для видобування урану з відходів у Хенфордських резервуарах. Було розроблено інші методи та установки для хімічного розділення, щоб підвищити ефективність цього складного процесу. Через зростання кількості відходів було збудовано 18 нових резервуарів для зберігання високоактивних відходів. Для концентрування відходів з метою вивільнення ємностей резервуарів були побудовані випарювальні установки. Для розміщення низькоактивних відходів використовувались басейни, «зруби» та котловани. («Зруб» - це підземна дерев'яна конструкція, заповнена камінням.) Для проведення робіт щодо вдосконалення реакторів, методів розміщення відходів, а також систем моніторингу довкілля було побудовано багато нових установок. Крім того, «Дженерал електрик» перейменувала Хенфордський комбінат в «Хенфордське атомне виробництво» (ХАВ). Протягом періоду цього будівництва кількість населення Річленда сягнула за 25 тисяч.

Для вивчення впливу радіації на тварин було збудовано лабораторію біологічних досліджень та лабораторію водних досліджень. Захист річки Колумбія та її фауни був першочерговою турботою в Хенфорді з часів війни, і моніторинг річки тривав протягом багатьох років. Були проведені інтенсивні дослідження впливу скидів з реакторів на рибу, на базі було зроблено висновок, що молодші риби накопичують пропорційно набагато більше радіоактивності порівняно з

Many new facilities were built at Hanford during this period. The REDOX process was finally completed—S Plant opened in January of 1952. Hanford operations began to have more serious environmental effects as production was stepped up. The separation processes used corrosive chemicals to dissolve reactor fuel to extract uranium and plutonium. The more highly concentrated wastes were stored in underground tanks, although process wastes, contaminated with radionuclides, reached the environment from spills and ground disposal. The process plants generated air emissions as reactor fuel was dissolved, particularly iodine-131. Particulates of ruthenium-103 and -106 were also released until 1954.

Another reactor was built, C Reactor, which went critical in November of 1952. U-Plant (a plutonium separation plant, which had been built during World War II but was never needed) went operational in July as a uranium recovery plant. U-Plant also used tri-butyl phosphate extraction methods to recover uranium from Hanford tank farm waste. Other chemical separation plants and methods were made to make the complex process more efficient. Because of the increasing amounts of waste, 18 new tanks for high-level waste storage were built. Evaporators were built to concentrate waste and make more room in the storage tanks. Low-level wastes were disposed of using ponds, cribs, or ditches. (A crib is a log structure built underground and filled with rock.) Many other facilities were built to support research reactor improvements, waste-disposal methods, and environmental monitoring systems. Also, General Electric Company renamed the Hanford Works the Hanford Atomic Products Operations. During this construction period, the Richland population grew to over 25,000.

A biology research laboratory and an aquatic laboratory were built to study the effect of radiation on animals. Protection of the Columbia River and its organisms had been a prime concern at Hanford since the war and monitoring of the river continued for many

"Tank Farm" under construction
Будівництво підземних резервуарів

years. Intensive studies were conducted on the effects of reactor effluent on fish, and results concluded that younger fish accumulated proportionately much more radioactivity than older fish. The laboratories also found that concentrations in river organisms usually stemmed from the basic organisms at the bottom of the food chain. This later caused determined attempts to reduce radioactive concentration in reactor effluent.

The "New Look"

After President Eisenhower was elected in 1952, he began a policy of "massive retaliation" with nuclear weapons. His "New Look" armament decision cut the United States overall defense budget (which had tripled in little over 3 years due to increasing Cold War tensions) by decreasing conventional weapons and military, while enlarging the nuclear stockpile and increasing nuclear weapons research. A committee was formed to develop intercontinental ballistic missles (ICBM's) as a main line of defense.

The explosion of the Soviet's first hydrogen bomb in 1953 and Eisenhower's New Look program brought a new period of expansion and growth to Hanford. KW and KE reactors went critical in January and April of 1955, respec-

старішими. Крім того, вчені виявили, що зазвичай радіонукліди в річкові організми надходять з простіших організмів, що знаходяться в кінці харчового ланцюга. Це останнє спричинило спроби знизити концентрацію радіоактивних речовин в реакторних викидах.

«Нова лінія»

Після обрання в 1952 році на пост президента Ейзенхауера він започаткував політику «масової відплати» з використанням ядерної зброї. Його «Нова лінія» щодо озброєння спричинилася до скорочення загального оборонного бюджету США (що через посилення напруженості за часів «холодної війни» впродовж трьох років мало не потроївся) за рахунок скорочення загальних озброєнь та армії при одночасному збільшенні ядерних арсеналів та нарощуванні досліджень в галузі ядерних озброєнь. Було сформовано комітет з розробки міжконтинентальних балістичних ракет (МКБР) як головного напрямку оборони.

Вибух в 1953 році першої радянської водневої бомби та програма Ейзенхауера «Нова лінія» призвели до нового періоду розширення та зростання Хенфорда. Відповідно, у січні та квітні 1955 року досягли критичності реактори «KW» та «KE». Побудова двох «велетнів»-реакторів «К» довела їх кількість у Хенфорді до восьми. Потужність цих реакторів, 1800 МВт, у п'ять разів перевищувала потужність реакторів часів Другої світової війни. Одначе, вплив їхніх скидів, що лише кілька годин витримувалися в басейнах перед тим, як потрапити до Колумбії, почав привертати увагу КАЕ.

Було побудовано ще 21 резервуар з одною оболонкою для відходів. Було також побудовано завод для переробки металобрухту з метою відокремлення плутонія, «Рекуплекс». В січні 1956 року став до ладу завод «П'юрекс» (для екстракції плутонію та урану). На «П'юрексі», що на той час був шедевром інженерної думки, застосовувалось багато ефективних систем на зразок азотної кислоти, що передбачала повторне використання.

Постійне зростання Хенфорда мало багато екологічних наслідків. При всій своїй ефективності «П'юрекс», а також решта технологій відокремлення плутонію, продовжували спричиняти серйозне забруднення. «П'юрекс» у великих кількостях постачав рідкі відходи. Середньодобова кількість низькоактивних відходів, що скидались з нього в грунт, сягнула 7 мільонів галонів. В період з 1955 по 1962 рік у грунт біля заводу «Рекуплекс» було скинуто багато кислотних відходів, забруднених плутонієм. Серйозне забруденння дісталося грунтових вод в Хенфорді, що сприяло значній загальній бета-активності та підвищенню радіонуклідного вмісту. В середині 50-х років спостерігалося кілька серйозних витоків з резервуарів для зберігання високоактивних відходів, що призвело до зростання уваги з боку Громадської служби охорони здоров'я США.

Забруднення Колумбії все посилювалось. Від радіоактивного забруднення потерпала білорибиця, що кінець кінцем було визнано КАЕ в 1954 році. Виявилось, що навіть океанські краби та інші ракоподібні в гирлі Колумбії забруднені Хенфордськими радіонуклідами. Поблизу санітарної насосної станції в Річленді були знайдені відходи з вмістом урану та різних важких металів; також лишалися проблеми з тепловим забрудненням. Воно разом з хімічним вплинуло на популяцію лососів. На 60-і роки середньодобовий скид з реакторів вимірювався в 14500 кюрі. Вчені в Хенфорді прагнули скоротити вміст радіонуклідів у скидах з реакторів, витрачаючи багато часу та грошей, хоча дієвого рішення знайдено не було.

Було розроблено план поводження з відходами, що передбачав іммобілізацію високоактивних відходів з Хенфордських резервуарів. Щоправда, багато посадовців у Хенфорді були певні того, що Хенфордські

tively. The construction of the two K "jumbo" reactors gave Hanford a total of 8 reactors. The power level of these reactors, 1,800 megawatts, stood at five times World War II reactor capacities. The effects of their effluents, only retained for a few hours in retention basins before release into the Columbia, began to attract AEC attention, however.

Twenty one more single-shelled waste tanks were built. A plutonium scrap recycling plant, Recuplex, was built as well. The PUREX (plutonium uranium extraction) plant went online in January of 1956. PUREX, an engineering marvel at the time, used many efficient systems, such as recyclable nitric acid.

The continued growth at Hanford caused many environmental repercussions. While efficient, PUREX and the other plutonium separation processes continued to cause serious contamination. PUREX produced large amounts of liquid waste, and its average daily rates of low-level waste disposal into the ground topped 7 million gallons. Many plutonium contaminated acid wastes were disposed of in the soil near the Recuplex plant from 1955-1962. Serious contamination reached the groundwater at Hanford, including considerable total beta activity and large increases of radionuclide levels. Several serious leaks in high-level waste storage tanks were observed in the mid-50s, causing increased attention by the U.S. Public Health Service.

Contamination on the Columbia grew worse. Whitefish in the river suffered from radioactive contamination, which was finally recognized by the AEC in 1954. Even ocean shellfish at the mouth of the Columbia were found to be contaminated by Hanford radionuclides. Waste including uranium and various other heavy metals had been detected near Richland's sanitary pumping station, and thermal pollution continued to pose a problem. This, as well as chemical pollution, both affected salmon in the river. By the 1960's, reactor effluent discharges averaged 14,500 curies per day. Scientists at Hanford strived to reduce the

President Kennedy dedicated N Reactor with his famous "Swords to Plowshares" speech, November 1963

Президент Кеннеді присвятив реактор «N» своєю відомою адресою «Від меча до лемеша», листопад 1963 року

radionuclide content in reactor effluent, spending much time and money, although a workable solution was not reached.

A waste management plan was finished to immobilize Hanford's high-level tank wastes. Many Hanford officials believed, however, that the Hanford waste could be a source of isotopes for various medical purposes and the space program. The plan was not implemented. A characteristic of Cold War thinking was that the environmental damage was an acceptable compromise necessary to maintain national security.

Nuclear Arms Race

The Cold War situation began to rapidly escalate during Nikita Khrushchev's 1955 rise to power in the USSR. Khrushchev told Americans, "Your grandchildren will live under communism!" The USSR launched Sputnik in 1957,

відходи могли б стати джерелом ізотопів для різноманітних медичних застосувань та космічної програми, тому цей план не був здійснений. Характерним для мислення часів холодної війни було те, що шкода для навколишнього середовища вважалась прийнятним компромісом, потрібним для підтримання на належному рівні національної безпеки.

Гонка ядерних озборєнь

Ситуація в холодній війні почала швидко нагнітатися за часів, коли у 1955 році до влади в СРСР прийшов Микита Хрущов. Він сказав американцям: «Ваші онуки житимуть при комунізмі!» 1957 року СРСР запустив у космос супутник, перший в світі штучний апарат. Коли обидві сторони зрозуміли потенціальні можливості супутників, це призвело до космічної гонки. Набуло нового імпульсу отримання природничої освіти, і в період з 1962 по 1966 рік було запущено понад 100 супутників. Важливим джерелом секретної інформації були супутники-шпигуни, здатні безперешкодно пролітати над ворожою територією. В 1961 році СРСР побудував в Німеччині «берлінську стіну», що забезпечила абсолютний поділ між Східною та Західною Німеччинами. Під час кубинської ракетної кризи в 1962 році Радянский Союз намагався розмістити свої ядерні ракети на Кубі, всього лише в якихось 90 милях від Флориди. Американські сили перешкоджали радянським транспортним операціям, що призвело до небезпечного протистояння, коли обидві сторони погрожували ядерною атакою.

Ситуацію було розряджено, коли Хрущов зголосився на вимоги президента Кеннеді вивезти ракети. Після обрання Кеннеді в 1960 році ядерні потужності США потроїлись. На 1965 рік ядерний арсенал США складався, за оцінками, з 854 МКБР та 554 морських ракет «Поларіс». Це накопичення зброї тривало, незважаючи на дипломатичні обіцянки «мирного співіснування».

Ці міжнародні події вивели Хенфорд на пік виробництва, і він зіграв ключову роль в розширенні ядерних запасів США при Кеннеді. В 1960 році КАЕ прийняла рішення підняти рівень потужності всіх реакторів в Хенфорді. Було також запропоновано ще два одноканальних реактори. Вивчення потенційного впливу на річку Колумбія в 1956 році показало, що заплановані одноканальні реактори в Хенфорді спричинять серйозну екологічну шкоду, і ці реактори ніколи не були споруджені. Це було перше в історії США визнання екологічного впливу. Реактор «N», 9-й Хенфордський реактор, набув критичності в грудні 1963 року (це був не одноканальний реактор). Хоча він і був призначений для виробництва плутонію, реактор «N» мав двоцільове призначення, бо виробляв і електроенергію для комерційних потреб. Крім того, реактор «N» використовував замкнену систему циркуляції охолоджувальної води в ролі теплоносія, чим значно була зменшена кількість скидів з реактора в річку Колумбія. У вересні 1963 року президент Кеннеді відвідав Річленд і звернувся до мешканців міста під час церемонії присвячення реактора «N». На той час рівень задіяної потужності в Хенфорді майже вдесятеро перевищував той, що був тут за часів Другої світової війни. Таке зростання виробництва викликало значне збільшення відходів, що призвело до ще більшого термічного, хімічного та радіоактивного забруднення річки Колумбія.

Розширення виробництва в Хенфорді знову призвело до економічного росту в басейні Колумбії. До того ж, в період з 1960 по 1965 рік на річках Снейк та Колумбія було

the first manmade vehicle in space. This soon fueled a determined space race, as both opposing countries realized the potential of satellites. A new emphasis on science and math education began, and over 100 satellites were launched between 1962 and 1966. Spy satellites were a very important source of intelligence information, able to "fly" over enemy soil unhampered. In 1961, the USSR built the Berlin Wall in Germany, rendering the division between East and West Germany absolute. In the Cuban Missile Crisis of 1962, Soviets attempted to deploy nuclear missiles in Cuba, only about 90 miles from Florida. American forces intercepted the Soviet transports, causing a dangerous showdown, as both sides threatened nuclear attack. The situation was resolved when Khrushchev gave in to President Kennedy's demands to remove the missiles. After Kennedy's election in 1960, U.S. nuclear capabilities tripled. By 1965, the U.S. nuclear inventory included an estimated 854 ICBM's and 554 Navy Polaris missiles. This stockpiling continued despite diplomatic promises of "peaceful coexistence."

These international developments brought Hanford up to peak production levels, and it played a key role in Kennedy's expansion of the U.S. nuclear stockpile. In 1960, the AEC decided to increase power levels in all Hanford reactors. The building of two more single-pass reactors was proposed as well. A study of potential effects on the Columbia River in 1956 showed that the planned single-pass reactors at Hanford would cause heavy environmental damage, and the reactors were never built. This was the first environmental impact statement in U.S. history. N Reactor, the 9th Hanford reactor, went critical in December 1963. (It was not a single-pass reactor.) Although a plutonium production reactor, N Reactor served a dual purpose by generating commercial electric power as well. N Reactor also used a closed circulating water coolant system, which greatly reduced the amount of reactor effluent that entered the Columbia River. President Kennedy traveled to

Richland in September 1963 and addressed the city at the dedication of N Reactor. Power levels at Hanford at that time reached nearly ten times those of World War II. This peak production caused waste generation to greatly increase and brought even more thermal, chemical, and radionuclide contamination to the Columbia River.

The Hanford production expansion again brought growth to the Columbia Basin. In addition, 5 more power generation dams were built on the Snake and Columbia Rivers between 1960 and 1965, attracting thousands of people to the area. In 1958, Richland became an independent city. Richland's population of 32,000 in 1964 constituted nearly a third of the population of Benton and Franklin counties combined. During the expansion, however, the public in Richland was left largely uninformed about waste disposal activities, causing much controversy in recent years.

"Hanford to Cut Back!"

Shortly after his election in 1964, President Lyndon Johnson announced his decision to reduce nuclear materials production. "Hanford to Cut Back in 1965," announced the local newspaper to a startled Richland. Hanford production dropped, and reactors were soon being closed down. In January of 1971, KE Reactor, the last of eight single-pass reactors at Hanford, was shut down. After the single-pass reactors shut down, radionuclide levels in the Columbia River dropped rapidly. By 1975, only a small radionuclide load existed. N Reactor continued to operate for 17 more years, due to demand from various U.S. weapons programs. In 1976, B Reactor was dedicated as a National Historic Mechanical Engineering Landmark. Plutonium production continued, and by 1987, the United States had a total of 23,400 nuclear warheads in inventory.

After the brutal Vietnam conflict (1965-1973), the USSR and the United States made attempts to control the nuclear arms race and improve their relationships. The Strategic Arms

побудовано ще 5 гребель-електростанцій, що принадило сюди тисячі людей. В 1958 році Річленд став самостійним містом. В 1964 році його населення сягнуло 32 тисяч, що складало приблизно третину населення округів Бентон та Франклін, разом узятих. Одначе, під час цього періоду зростання громада Річленда лишалася мало поінформованою стосовно діяльності з розміщення відходів, що згодом стало причиною багатьох протиріч.

«Закрити Хенфорд!»

Незабаром після його обрання в 1964 році, президент Ліндон Джонсон оголосив про своє рішення скоротити виробництво ядерних матеріалів. «Хенфорд буде закрито в 1965 році», оголосила місцева газета враженому Річленду. Виробництво в Хенфорді впало, а згодом почалося зупинення реакторів. В січні 1971 року було зупинено реактор «KE», останній з восьми одноканальних реакторів у Хенфорді. Після зупинки одноканальних реакторів різко зменшилися рівні радіоактивного забруднення річки Колумбії. В 1975 році залишилося тільки невелике радіонуклідне навантаження на ріку. Реактор «N» працював ще понад 17 років на задоволення вимог різноманітних програм озброєння США. В 1976 році реактор «B» було визнано «історичною віхою національного машинобудування». Виробництво плутонію тривало, і станом на 1987 рік в арсеналах США було накопичено загалом 23400 ядерних боєголовки.

Після жорстокого конфлікту у В'єтнамі (1965-1973) СРСР та США намагалися взяти під контроль гонку ядерних озброєнь та поліпшити свої стосунки. В 1972 році «Договір про обмеження стратегічних озброєнь» (ОСО-1) мало вплинув на скорочення виробництва боєголовок. До кінця десятиріччя більшість вжитих спроб виявилися марними. Складні стосунки мали місце і протягом 80-х років через загальну думку про те, що «Радянський Союз є імперією зла». Накопичення зброї тривало, і оборонний бюджет за період з 1980 по 1985 рік подвоївся.

В 1985 році до влади в СРСР прийшов Михайло Горбачов. Він перебудував радянську систему та відновив мирні переговори зі Сполученими Штатами. В період з 1985 по 1987 рік Горбачов з президентом Рейганом досягли значного прогресу. 1989 року було зруйновано Берлінську стіну, і Німеччина об'єдналася. 1988 року було ратифіковано угоду про Проміжні ядерні сили (ПЯС), що стала першим договором, який дійсно скоротив виробництво ядерної зброї в обох державах. Розпад СРСР в 1991 році, а згодом і втрата комуністами влади в країнах колишнього Радянського Союзу і Східної Європи, в кінцевому рахунку призвели до припинення холодної війни.

Limitation Treaty (SALT I) in 1972 did little to lower warhead production, however. By the end of the decade, most attempts had failed. Friction continued during the 1980's, due to the common view of, "the Soviet Union is an evil empire." Stockpiling continued, and the defense budget doubled between 1980 and 1985.

In 1985, Mikhail Gorbachev came to power in the USSR. Gorbachev rebuilt the Soviet system and reopened peace talks with the United States. Between 1985 and 1987, Gorbachev and President Reagan made significant progress. The Berlin Wall was torn down in 1989, and Germany was unified. The Intermediate Nuclear Forces Treaty of 1988 was ratified, the first agreement to actually reduce nuclear arms production in both nations. The collapse of the USSR in 1991 and soon of communist power in countries of the former Soviet Union and Eastern Europe finally brought the Cold War to an end.

Chornobyl Nuclear Power Plant Unit 4

Четвертий блок Чорнобильської АЕС

Chapter 4

Глава 4

Chornobyl Beginnings

Початки Чорнобиля

Chornobyl

Oleksiy Ustyugov

Чорнобиль

Олексій Устюгов

Вибір майданчика

Будівництво ядерних реакторів в Україні не починалося до 1966-1977 років, коли їх стали будувати для того, щоб компенсувати відчутну нестачу енергії в її центральних регіонах. Рада Міністрів колишнього СРСР вибрала майданчик для Чорнобильської атомної електростанції (АЕС) 18 січня 1967 року. Волею долі йому судилося стати місцем найбільшої в світі ядерної аварії.

Майданчик, розташований в зоні низьковрожайних грунтів, задовольняв вимогам щодо забезпечення належного водопостачання та транспортних комунікацій. Оскільки грунт у цій зоні був настільки збіднений, що вона не мала особливої цінності, такий вибір жодним чином не міг вплинути на сільське господарство. Майданчик був розташований на правому березі річки Прип'ять в 12 кілометрах від міста Чорнобиль.

Розробка проекту станції

В 1967 році Уральське відділення інституту «Теплоенергопроект» отримало завдання розробити ескізний проект Чорнобильської АЕС. Цей план передбачав три варіанти вибору типу реактора.

Реактор типу РБМК-1000 був найдешевшим з огляду на будівництво, але він не був ні технологічно безпечним, ні економічно прибутковим. Тим часом, в 1970 році інший інститут, «Гідропроект», продовжив і завершив проектування ЧАЕС. Вона стала третьою атомною станцією з реакторами типу РБМК. Науковим керівником реакторів РБМК-1000 був Інститут атомної енергетики імені Курчатова.

Реактор РБМК-1000 являє собою реактор з гетерогенними каналами на теплових нейтронах, де за уповільнювач править графіт, а за теплоносій - вода, через що він і називається реактором на легкій воді, що кипить. РБМК - це канальний реактор з

Site Selection

Nuclear reactors were not built in the Ukraine until the decade between 1966-1977. The plants were built to compensate for the severe shortage of energy in the central region of Ukraine. The council Ministers of the former USSR selected the site for the Chornobyl Nuclear Power Plant (ChNPP) on January 18, 1967. It was to become the site of the world's largest nuclear accident.

The site was located on the low-yield soil and satisfied the requirements for providing adequate water and transportation. Because it was in an area of poor soil, it would not impact the agriculture of the region. It was located on the right bank of the Prypyat River and 12 kilometers from the town of Chornobyl.

Reactor and Plant Design

In 1967, the Ural Division of the "Teploenergoproekt" Institution received requests to design the draft plan of ChNPP. The plan provided three options in choosing the reactor type.

The RBMK-1000 reactor was the cheapest to build, but it was neither technologically safe nor economically profitable. In 1970, another Institution, "Gidroproekt", continued and finished the design of ChNPP. It became the third nuclear power plant that used the RBMK type of reactor. The scientific mentor of the RBMK-1000 reactors was Kurchatov Institute for Nuclear Energy.

The RBMK-1000 reactor has heterogeneous channels on the thermal neutrons, where graphite is a delay element and water is a heat carrier, that is why it is called a boiling light water reactor. RBMK is a graphite moderated pressure tube reactor, using slightly enriched (2 percent uranium-235) uranium dioxide fuel.

The government decided to build this type of reactor for a number of reasons. The first reason was the price of construction. It did not require a complicated, high strength frame, as was required for other types of reactors. Also, frames were restrained due to lack of sources and technology during that time. The second reason was the capability and power of a RBMK reactor. It allowed power to approach up to 1500 MW, which was much higher compared to other reactors with a typical power output of 400 MW. Moreover, there was a possibility to reload the fuel during reactor operation, which basically would save time and increase the coefficient of efficiency of the reactor.

Site Construction

Construction workers carrying out low-level engineering was not unusual for the Soviet system. The government always made plans, which were impossible to accomplish in the period of time allotted. The delays in work schedules became usual. Also, the quality of the project was low and some technical changes occurred all the time. In addition, the equipment was out of date and was of low quality. There was a feeling that the Ministry of Energy was trying to implement all unnecessary and out of date equipment at the Chornobyl site.

The plan was to start the Chornobyl plant in 1975, but the first unit of the power plant did not start its operation and give its first output of energy until 1977.

Unit 3 Vent Stack breaks skyline at ChNPP
Вентиляційна труба третього блоку ЧАЕС на фоні неба

графітовим уповільнювачем, де за паливо править малозбагачений (2 відсотки урану-235) двоокис урану.

Уряд прийняв рішення будувати реактор такого типу з кількох причин. Перша полягала у вартості будівництва. Тут не потрібен був дуже міцний каркас складної конструкції, як для інших типів реакторів. Крім того, від міцного каркасу відмовилися через нестачу на той час належних ресурсів і технологій. Другою були продуктивність і потужність реактора РБМК. Він дозволяв доводити вихідну потужність до 1500 МВт, що набагато перевищувало можливості інших реакторів, де, як правило, вихідна потужність була близько 400 МВт. Більше того, існувала можливість перевантаження палива під час роботи реактора, що значно заощаджувало час та підвищувало коефіцієнт корисної дії реактора.

Будівництво майданчика

Будівельники, що виконували технологічні завдання на низькому рівні, не були дивом для радянської системи. Плани уряду, як правило, були такими, що їх неможливо було виконати за відведений термін. Затримки з робочими графіками стали звичайною справою. Крім того, якість проекту була дуже низькою і повсякчас вносилися якісь технічні зміни. На додаток, обладнання було застаріле і низької якості. Здавалося, що Міністерство енергетики намагається випхати в Чорнобиль все своє непотрібне та застаріле устаткування.

Чорнобильську станцію було заплановано пустити в 1975 році, але її перший блок був пущений і виробив першу енергію лише у 1977 році.

CHAPTER 5

ГЛАВА 5

Prypyat

Прип'ять

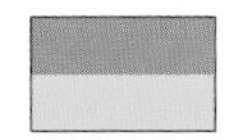

Abandoned City of Prypyat, Chornobyl Nuclear Power Plant in background
Покинуте місто Прип'ять на фоні Чорнобильської АЕС

Construction of Prypyat

Oleksiy Ustyugov

Будівництво Прип'яті

Олексій Устюгов

Місто Прип'ять було збудоване для працівників Чорнобильської атомної електростанції (ЧАЕС). Спочатку існувало сім варіантів щодо місця для майбутнього будівництва. Нарешті, було прийнято рішення будувати місто на південь від найближчого селища, Семиходи. Вирішальними факторами тут була близькість залізниці, шосе та річки Прип'ять.

Четверте лютого 1970 року вважається днем початку будівництва нового міста. Першу школу було збудовано до 1972 року. Тим часом населення зросло до 40000. Середній вік мешканців дорівнював 26 рокам.

The town of Prypyat was designed to house the workers from the Chornobyl Nuclear Power Plant. There were seven different possible locations for the construction of the town. The final decision was made to build the town to the south of the nearest village, Semikhody. The determining factors were a close location to the railway station and highway and proximity to the bank of the Prypyat River.

February 4, 1970, is considered to be the beginning of the town's construction work. By the year 1972, the first school was built. In the meantime, the town population grew to 40 thousand people. The average age of its inhabitants was 26 years.

There were one thousand newborns annually, and every third person was involved in a sports activity. Also, it was a multinational city. Employees were provided with an apartment and job security, so many recent graduates from the universities in every Soviet Republic were willing to move there and make families.

Today, Prypyat is a ghost city. The town of 40 thousand was evacuated 36 hours after the accident. People left all of their belongings. They were allowed to take one bag of clothes, their passport, and money. Most of the population went to Kyiv, and others scattered throughout the Soviet Union. Later work crews came through and disposed of furniture and goods that were left behind. The surrounding pine forest turned red from the radioactivity. The government created an Exclusion Zone within a 30-kilometer radius of Chornobyl.

Crossroads to Kyiv, Prypyat, and Chornobyl
Перехрестя, що веде до Києва, Прип'яті і Чорнобилю

Щорічно народжувалася тисяча немовлят, а кожен третій мешканець займався спортом. Крім того, це було багатонаціональне місто. Працівників забезпечували квартирами та гарантували роботу, тому багато випускників вищих навчальних закладів з багатьох республік Радянського Союзу мали бажання переїхати до Прип'яті та створити там сім'ю.

Сьогодні Прип'ять — місто-привид. Сорокатисячне населення було евакуйоване через 36 годин після аварії. Люди залишили там все своє майно. Їм дозволялося брати тільки одну валізу з одягом, паспорт та гроші. Більшість населення перебралося до Києва, а решта – розсіялася по Радянському Союзу. Пізніше робітничі бригади забрали з квартир меблі та цінності для захоронення. Навколишній сосновий ліс став рудим від радіації. За рішенням уряду навколо Чорнобильської АЕС створили 30-кілометрову зону відчуження.

Prypyat one year after Chornobyl accident
Прип'ять через рік після аварії на Чорнобильській АЕС

Chapter 6
Глава 6

Reactors

Реактори

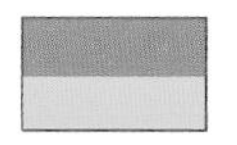

Introduction to Reactors

Zach Cook

Загальна інформація про реактори

Зак Кук

Що уявляють собі, коли думають про ядерні реактори? Багатьом спадають на думку грибоподібні хмари, небезпечні відходи, руїни, Чорнобиль, вибухи та суцільний хаос. Але так було не завжди. Починаючи з грудня 1942 року, коли Енріко Фермі отримав першу керовану і самопідтримувану ядерну реакцію, вчені, а пізніше й усі інші, відчули ейфорію. Ще б пак, віднайдено новий вид енергії, такої дешевої, що й годі виміряти. Ця енергія могла багато для чого знадобитися. Відкриття плутонію, що сталося раніше, і знання про найлегший ізотоп урану (U-235) багатьох навели і на привабливу думку про використання цієї енергії як руйнівної сили. Уряд усвідомлював, що з такою технологією можна було б здійснити вибух, здатний знищити ціле місто. А подібна бомба допомогла б здобути перемогу в Другій світовій війні.

В секретному місці, знаному лише як «W», на південному сході штату Вашингтон, серед перекоти-поля та піску побудували три перші в світі реактори-виробники плутонію. Річка Колумбія, що знаходилася поблизу, була придатною і для їх охолодження, і для ізоляції майданчика, існування якого тримали в таємниці. Для спорудження ядерних реакторів місцевість була бездоганною. Таким був початок Манхеттенського проекту.

What comes to mind when you think of nuclear reactors? Most would think of mushroom clouds, dangerous wastes, destruction, Chornobyl, explosions, and complete chaos. But it wasn't always that way. After December 1942, when Enrico Fermi made the first controlled and sustained nuclear reaction, scientists, and later the public, were euphoric. A new power was created that could be made so cheaply that it wouldn't even be metered. This power could have other purposes as well. Many thought that the earlier discovery of plutonium and the knowledge of a minor isotope of uranium (U-235) also made the idea of using this power as a destructive force attractive. The government realized that this technology could be used to create a city-destroying explosion. A bomb of this magnitude could win World War II.

On a secret site known only as "W" in the southeastern corner of Washington State, the world's first three plutonium production reactors were built among the tumbleweeds and blowing sand. The nearby Columbia River was necessary for the cooling as well as the area's seclusion for secrecy. The area was perfect for the building of nuclear reactors. This was the beginning of the "Manhattan Project."

Chornobyl worker standing over reactor core, Unit 3

Працівник Чорнобильської АЕС стоїть над активною зоною третього блоку

Chornobyl RBMK-1000 Reactors

Yevgeniya Vysotska

Реактори «чорнобильського» типу РБМК-1000

Євгенія Висоцька

RBMK reactors start from the early days of nuclear reactor design in the Soviet Union.

In 1943, an institute was established in the USSR under the scientific leadership of Kurchatov. The institute was tasked with research aimed at producing a controlled self-sustained chain reaction in a nuclear reactor. A uranium-graphite system was chosen for use in a first reactor to be built. The first dual-purpose uranium-graphite reactor for the production of electricity and plutonium processing with graphite moderator and water coolant was started in April of 1954.

Further in its development, the concept of uranium-graphite reactors produced RBMK reactors.

Родовід реакторів РБМК починається з перших днів розробки ядерних реакторів у Радянському Союзі.

1943 року в СРСР було створено дослідний інститут під науковим керівництвом Курчатова. В завдання інституту входило проведення досліджень з метою одержання в ядерному реакторі керованої ланцюгової реакції. Для реактора-первістка було обрано уран-графітову систему. Перший двоцільовий уран-графітовий реактор для виробництва електричної енергії та обробітку плутонія з графітовим уповільнювачем і водяним охолодженням було запущено у квітні 1954 року.

У подальшому концепція розвитку уран-графітовових реакторів завершилась реакторами РБМК.

Реактори РБМК — це одноконтурні реактори, охолоджувані водою. В графітовій кладці встановлені технологічні канали з труб високого тиску. Всередині каналів розташовані органи управління реактором і тепловидільні зборки, які містять тепловидільні елементи з двоокису урану в оболонці з цирконієвого сплаву.

Графітова кладка розташована в стальній оболонці з контрольованою атмосферою, яка складається з гелію та азату. Її призначення — запобігти окисленню гарячого графіту.

Особливість реакторів канального типу полягає в тому, що підведення води і відведення парової суміші здійснюється для кожного каналу окремо. В реакторі РБМК — 1000 канали згруповано у два незалежні один від одного контури, кожен з яких охоплює половину реактора. Окрім цього, на реакторах РБМК можна здійснювати перевантаження ядерного палива без зупинки реактора, що підвищує коефіцієнт його потужності.

Врешті-решт ідея реакторів РБМК втілилась в 23 енергоблоках, розташованих на п'яти майданчиках трьох республік колишнього СРСР, у тому числі на Чорнобильській АЕС. Базовим для Чорнобиля було прийнято енергоблок з реакторами РБМК-1000, електричною потужністю 1000 МВт - гетерогенний канальний реактор на теплових нейтронах, в якому в якості уповільнювача використовується графіт, а теплоносієм служить вода. Причому перший і другий блоки відносяться до першого покоління, а третій і четвертий — до другого покоління реакторів РБМК.

Енергопуск першого блока Чорнобильської АЕС відбувся 26 вересня 1977 року. 24 травня 1978 року о 7 годині 30 хвилин його виведено на проектну потужність 1000 МВт, яку було освоєно на два місяці раніше, ніж планувалось.

28 травня 1979 року о 19 годині 19 хвилин другий енергоблок було виведено на проектну потужність 1000 МВт.

9 червня 1982 року о 14 годині 28 хвилин освоєно проектну потужність на третьому блоці.

RBMK reactors are one-circuit water-cooled reactors. In the graphite stack, fuel channels are installed made of high-pressure tubes. The channels are housing reactor controls and fuel assemblies containing fuel elements of uranium dioxide covered with cladding of zirconium alloy.

The graphite stack is placed in a steel housing with an adjustable atmosphere of helium and nitrogen. It is designed to prevent oxidation of hot graphite.

Channel-type reactors specifically feature a water supply and steam exhaust arranged separately for each channel. In a RBMK-1000 reactor, channels make up two independent circuits each covering half of the reactor. In addition, refueling can be performed at full power, which improves the reactor's capacity factor.

Finally, the RBMK concept has been implemented in 23 units spread over 5 sites in three republics of the former USSR, including Chornobyl. For Chornobyl, RBMK-1000 units, with power output of 1000 MWe were chosen as the base design; that is a heterogeneous channel-type reactor using thermal neutrons and graphite moderator with water being employed as the coolant. Here, Units 1 and 2 belong to RBMK's first generation, whereas Units 3 and 4 are the second generation.

Chornobyl Unit 1 was started up to provide power output on September 26, 1977. In May of 1978, at 7:30 am, its power was increased up to the design level of 1000 MWe, two months earlier than planned.

On May 28, 1979, at 7:19 pm, Unit 2 reached its design output of 1000 MWe.

On June 9, 1982, at 2:28 pm, Unit 3 was at its design capacity level.

On March 28, 1984, at 5:00 pm, Unit 4 revealed its design output in full. This was the unit to end up with ill fate in the future.

Unit 4 was destroyed in the accident of April 26, 1986. Witnesses say there were two strong blasts that caused destruction to the reactor and part of the turbine hall. Also, fire broke out. By 3:00 pm, April 26, it was clearly determined that the reactor was destroyed and radioactivity was being released into the environment in big amounts.

What caused the accident? Over a decade has passed since then, many attempts have been made to clarify the meaning of the accident and identify its underlying causes. However, no final and experimentally supported scenario has been created so far.

Approximately ten well-based scenarios have been published and discussed among researchers and international experts. After the studies were completed regarding the causes of the accident, it was concluded that several critical factors were involved, such as RBMK physical characteristics and design specifics of reactor controls, putting the reactor into an unspecified condition. According to the International Nuclear Events Scale, the accident at Chornobyl Unit 4 was categorized as Level 7, the highest.

Since 1986, a package of measures has been implemented at all RBMK-1000 reactors, including three remaining Chornobyl units. These focused on improving operational safety and excluding further accidents. In particular, void coefficient of reactivity was reduced, a new fast emergency reactor shutdown system was introduced, and much attention was paid to fire protection. A total of USD $300 million was spent for operational safety upgrades at Chornobyl Nuclear Power Plant (ChNPP).

Chornobyl Nuclear Power Plant nuclear operator at controls of Unit 3

Оператор на блочному щиті управління третього блоку ЧАЕС

Chornobyl Nuclear Power Plant Unit 4 control panel, post accident

Блочний щит управління четвертого блоку ЧАЕС після аварії

28 березня 1984 року о 17 годині виведено на проектну потужність четвертий енергоблок. Саме його спіткала в майбутньому трагічна доля.

Четвертий блок був зруйнований внаслідок аварії 26 квітня 1986 року. За свідченням очевидців, тоді відбулися два потужні вибухи, які зруйнували реактор і частину машинного залу, виникла пожежа. До 15-ої години 26 квітня було достеменно встановлено, що реактор зруйновано, а з його розвалу в атмосферу надходять у великій кількості радіоактивні речовини.

В чому причини аварії? Минуло більше дисятиріччя відтоді, було зроблено численні спроби розібратися з сутністю аварії та причинами, які призвели до неї. Проте закінченої й експериментально доведеної версії до сьогодні не створено.

Опубліковано і обговорено науковцями та міжнародними експертами близько десяти обгрунтованих версій. Після вивчення можливих причин аварії було встановлено, що до неї призвели декілька важливих факторів, включаючи технічні характеристики реакторів типу РБМК і проектні характеристики контролю реакторів цього типу, що поставило реактор у невизначений стан. За міжнародною шкалою оцінок подій на АЕС аварію на 4-му блоці Чорнобильської станції кваліфіковано як подію сьомого, найвищого рівня.

Після 1986 року на всіх реакторах РБМК-1000, в тому числі на трьох блоках

ЧАЕС, реалізовано комплекс заходів, які спрямовані на підвищення безпеки експлуатації і виключають можливість аварії. Зокрема, знижено паровий коефіцієнт реактивності, запроваджено нову швидкодійну систему аварійної зупинки реактора, велику увагу приділено пожежній безпеці. В цілому у підвищення безпеки експлуатації Чорнобильської станції вкладено 300 мільйонів долларів США.

Згідно з постановами уряду України 1-й та 2-й енергоблоки ЧАЕС 1999 року виведено з експлуатації. В роботі залишається останній, 3-й блок. Тривають заходи по дальшому підвищенню його безпечної експлуатації. Крім України, левову частку коштів в цю роботу вкладає Міністерство енергетики Сполучених Штатів.

Міжнародні проекти виконуються спільно з Тихоокеанською північно-західною національною лабораторією. Створено тренажер для третього блока, організовано навчання і передано технології з ремонту та технічного обслуговування РБМК, запроваджено систему відображення параметрів безпеки для третього блока, зміцнено вентиляційну трубу тощо.

Спільно з Тихоокеанською північно-західною національною лабораторією здійснюється проект завершення будівництва промислово-опалювальної котельні для забезпечення виведення ЧАЕС з експлуатації.

Останнім часом спостерігається тенденція щодо зменшення кількості викидів з чорнобильського реактора та інших реакторів РБМК, незважаючи на збільшення їхньої потужності. Частково це пов'язано з технічними удосконаленнями, частково — з введенням суворіших заходів з радіаційного захисту.

According to Ukraine government resolutions, Chornobyl Units 1 and 2 are being decommissioned in 1999. Only Unit 3 remains operational. Measures are being taken to further improve its safe operations. Money for safety operations is also being provided by the U.S. Department of Energy.

International projects are being implemented jointly with the Pacific Northwest National Laboratory (PNNL). For instance, an analytical simulator for Unit 3 was set up, training was organized, RBMK maintenance and repair technologies were transferred, a safety parameter display system was installed at Unit 3, a Chornobyl plant ventilation stack was strengthened, etc.

Jointly with PNNL, a heat plant project is under way to provide for ChNPP decommissioning.

Lately, releases from the Chornobyl reactor and other RBMK reactors alike have tended to decrease despite improved reactor capacities. This is in part due to technical upgrades, and in part to stricter radiation protection measures.

B Reactor *Реактор «B»*

Hanford's Reactors

Zach Cook

Реактори Хенфорда

Зак Кук

B Reactor

B Reactor was the first full-sized production reactor ever to be built. Its main purpose was to create nuclear material for bombs to end World War II. To describe more of B Reactor, I will summarize its construction (when and why), the construction materials and processes, and last of all, how it worked.

After Enrico Fermi created the first controlled and sustained nuclear reaction, the government decided to find an area for the construction of full-sized nuclear reactors to produce plutonium. The plutonium would be used to produce "atomic" bombs in the hope that World War II could be ended rapidly. This is how the Hanford Reservation first began. The site was chosen because of its isolation and because of the abundance of water from the Columbia River, which could be used as a

Реактор «B»

Реактор «B» був першим повномасштабним реактором для виробництва плутонію. Його головним призначенням було створення ядерного матеріалу для бомб, необхідних для завершення Другої світової війни. Щоб докладніше описати реактор «B», я коротко розповім про його будівництво (коли це було і навіщо), будівельні матеріали та технології, і нарешті, про те, як він працює.

Після того, як Енріко Фермі отримав першу керовану і самопідтримувану ядерну реакцію, уряд вирішив знайти місце для спорудження повномасштабного реактора, який би виробляв плутоній. Той плутоній мав піти на «атомні» бомби, які, як сподівалися, наблизили б кінець Другої світової війни. Так було започатковано Хенфордський майданчик. Це місце обрали через його ізольованість, а також через великі запаси води в річці Колумбія; цю воду можна було використати для реактора як теплоносій. На Хенфордському майданчику збудували реактор «В», а в 60 милях від нього - його місто-супутник. Спорудження реактора «В» почалося в 1943 році і закінчилося в 1945-му. Майже одразу ж після спорудження реактор запрацював. На жаль, незадовго після введення в дію реактор «помер», оскільки ядерна реакція спричинила його несподіване «отруєння». Проблему швидко розв'язали, і реактор «В» став виробляти плутоній, що був використаний для вибуху під час випробувань в місцевості Уайт Сендз, штат Н'ю Мексико, і в бомбі, скинутій на Нагасакі. Цікавий факт: спорудження реакторів мало для уряду такий високий пріоритет, що на перших трьох із них було задіяно 51000 робітників одночасно.

Оскільки реактор «В» був першим реактором, його конструкція мала декілька вад. Реактор «В» мав графітову активну зону для уповільнення нейтронів, оскільки досягти самопідтримуваної ядерної реакції за допомогою швидких нейтронів складніше. Ззовні, навколо уран-графітового палива для гальмування повільних нейтронів, а також для охолодження активної зони, циркулювала вода. В уран-графітову активну зону вставлялися керуючі стержні. Керуючі стержні поглинають нейтрони для регулювання ядерної реакції між урановими твелами. Якщо керуючі стержні вставити повністю, реактор зупиниться.

У реакторі «В» використовувалося паливо з металевого урану (пізніше в реакторах його замінили на таблетки з двоокису урану). Паливо реактора «В» знаходилося в «технологічних каналах», де була вода для охолодження. Ці канали були оточені графітовими блоками, що допомагали зменшити швидкість нейтронів. Для поглинання зайвих нейтронів вода циркулювала навколо активної зони. Це також слугувало для підтримки охолодженого стану реактора (500-700 градусів за Фаренгейтом). Після того, як твели, керуючі стержні та теплоносій були на місці, паливо бомбардувалося нейтронами. За допомогою керуючих стержнів утримувалася стабільна та керована швидкість реакції, яка відбувалася в цьому процесі. Під час процесу виділялося багато енергії, і створене тепло відводилося в

coolant for the reactor. B Reactor was built at the Hanford site with its satellite city some 36 miles away. Construction of B Reactor started in 1943 and finished in 1945. Almost immediately after it was constructed, the reactor went into operation. Unfortunately, the reactor "died" not long after going online because the nuclear reaction produced an unanticipated nuclear "poison." The problem was rapidly solved, and B Reactor produced plutonium that was used in a test explosion at White Sands, New Mexico, and in the bomb dropped on Nagasaki. What is really interesting is that the construction of the reactors was such a high priority for the government that over 51,000 workers worked on the first three reactors at a single time.

Because B Reactor was the first reactor, it had several flaws in design. B Reactor had a graphite core to slow down the neutrons in the process because it is more difficult to achieve a self-sustaining nuclear reaction with fast neutrons. On the outside of this graphite and uranium fuel, water was circulated to stop slow neutrons and also to cool the core. Inserted into this graphite and uranium core were control rods. Control rods absorb neutrons to control the nuclear reaction between the uranium fuel elements. If the control rods were inserted all the way in, the reactor would be shutdown.

B Reactor used uranium metal fuels (later reactors used uranium dioxide pellets). B Reactor fuel was in "process tubes" which contained cooling water. Blocks of graphite that helped slow down neutron speeds surrounded these tubes. To absorb extra neutrons, water circulated around the core. This also served the purpose of keeping the reactor cool (500 to 700 degrees Fahrenheit). After the fuel rods, control rods, and coolant were in place, the fuel was bombarded with neutrons. The control rods kept the reaction that occurred during this process to a stable and controllable rate. This process produced a lot of power, and the heat created was dumped into the river. Later, it was found that this heat could be used. The N Reactor design passed the heated water through

N Reactor

Реактор «N»

turbines creating power and plutonium. It takes about 10,000 grams of plutonium to make a bomb.

Because of the war, it was desirable to make the bomb quickly. The Hanford reactors were designed to 250,000,000 watts (250MW) apiece. A single reactor could produce 10,000 grams of plutonium in forty days, an amazing accomplishment!

N Reactor

N Reactor was used for both power and plutonium production. Final design of the reactor was started in 1958, and the construction of N Reactor began in May 1959. N Reactor started up in March 1964, but unfortunately, was shut down in April 1986, just 22 years after

ріку. Пізніше винайшли спосіб використання цього тепла. Конструкція реактора «N» така, що нагріта вода пропускається через турбіни, виробляючи енергію і плутоній. Для виготовлення бомби необхідно 10000 грамів плутонію.

Через війну бажано було виготовити бомбу якнайшвидше. Кожний Хенфордський реактор розраховано на 250000000 Ватт (250 МВ). Один реактор може виробити 10000 грамів плутонію за сорок днів - дивовижне досягнення!

Реактор «N»

Реактор «N» використовували і для отримання енергії, і для виготовлення плутонію. Завершальна стадія проектування почалася в 1958 році, а в травні 1959-го почалося спорудження реактора «N». Запуск реактора «N» відбувся в березні 1964 року, але, на жаль, у квітні 1986 року, через 22 роки після початку експлуатації, його було зупинено. Одним із найвизначніших прихильників будівництва реактора «N» був покійний сенатор Хенрі Джексон. Там побував і Президент Кеннеді для участі в церемонії відкриття паросилової установки.

В 1964 році реактор «N» почав виробляти справжній плутоній, тим часом як виробництво енергії до 1964 року не починалося. Реактор «N» спроможний генерувати близько 800 мегаватт електроенергії. Парові турбіни, що продукували енергію через генератори, виробляли електроенергію. Будівництво реактора «N» почалося в той час, коли комерційна ядерна промисловість швидко зростала. Багато народу приходило до установки на екскурсію і цікавилося перспективами атомної енергетики. Це давало Хенфордському майданчику зиск у пізніші роки, коли люди почали купувати атомну енергію для домашнього, промислового і комерційного використання.

Дні реактора «N» скінчилися наприкінці 1980-х, коли стало зрозуміло, що ми здобули перемогу в холодній війні і що у нас є достатньо плутонію. Першими реакторами, що мали бути зупинені, були «H», «DR» і «F», а незабаром така ж доля спіткала реактори «D», «B», «C», «KE», «KW» і «N». Старіші реактори почали зупиняти з 1964 року.

Безпека реакторів

Реактори можуть становити небезпеку, якщо їх зводять чи піклуються про них не так, як слід. Щороку атомні електростанції зупиняють і перевантажують паливо з одночасною перевіркою стану компонентів та ділянок.

Радіоактивність є одним з найнебезпечніших джерел ризику в ядерному реакторі. В минулому захоронені резервуари з радіоактивними відходами часто давали течі. Такі викиди хімікатів можуть завдати шкоди джерелам грунтових вод, фауні та мешканцям. Втім, на щастя, нові резервуари, які вже розроблено, значно безпечніші, а завдяки чутливому обладнанню з зовнішнього боку їх першої оболонки можна виявити будь-які витоки.

starting operation. One of the major supporters of the construction of N Reactor was the late Senator Henry Jackson. President Kennedy was also here for the ground-breaking ceremony of the steam plant.

N Reactor started producing actual plutonium in 1964 while the power production did not start until 1966. N Reactor was capable of producing around 800 megawatts of electrical power. Steam-turning turbines that produced power through generators generated the power. N Reactor started construction during a period of vast growth in the commercial nuclear power industry. Many people came to tour the facility and were interested in the prospect of nuclear power. This benefited the Hanford site in later years when people started to buy nuclear power for home, industrial, and commercial usage.

N Reactor's days ended in the late 1980s when it became clear that we had won the Cold War and that we had enough plutonium. The first reactors to be shut down were H, DR, and F, but soon following were D, B, C, KE, KW, and N reactors. The earlier reactors were shut down starting in 1964.

Reactor Safety

Reactors can be hazards if not properly setup and cared for. Every year nuclear power plants shut down and refuel. The condition of reactor parts is also checked.

Radioactivity is one of the major hazards in a nuclear reactor. Many leaks occurred in radioactivity waste containers buried in the past. This release of chemicals can damage ground water supplies, wildlife, and locals. Fortunately, though, the new tanks that have been developed are much more safe and can detect any leaks due to the sensitive equipment outside their first shell.

James French

Gene Eschbach has been involved with the Hanford site from its earliest beginnings with the DuPont Company. His nuclear training began with the General Electric School of Nuclear Knowledge.

Pre-Hanford Site

Gene Eschbach's involvement at the Hanford site began when he came to work in the "Pile Technology" Division. Pile, in those days, was the term for the nuclear reactors. They called it this because the nuclear reactors were essentially *piles* of graphite. Working in the Pile Technology Division, he came to work with some greatly accomplished individuals. This is where he learned never to laugh at another person's idea but to add on to it and/or critique it. As one of the mentors he had come to work with at RCA had said, "Rise to the occasion and solve the problem." And, "Do better than you think you can do." Gene stated that when you are faced with a problem, do not show much emotion; instead, have confidence that a solution can be found. While he worked in the Pile Technology Division, he reported to Kelly Woods who was on loan from the DuPont Company. Because of the unconventional technology that DuPont employed at the Hanford site, they left behind some managers to assist General Electric. Kelly Woods was an expert in boiling heat transfer and developed impressive water cooling systems. Another man Gene worked with in the Pile Technology Division was "physicist" Paul F. Gast. He was a guest lecturer, and a great one at that. Gene took night courses from him. In fact, Washington State University (WSU) in Richland was an outgrowth of the "Nuclear School of Knowledge," started by General Elec-

Gene Eschbach
Джін Ешбах

"We must rise to the occasion and solve the problem"

«Ми повинні оволодіти ситуацією і знайти рішення»

Джеймз Френч

Джін Ешбах прийшов на Хенфордський майданчик ще тоді, коли компанія «Дюпон» тільки-но розпочинала проект. Його підготовка з ядерних дисциплін почалася у Школі атомників компанії «Дженерал електрик».

До Хенфордського майданчика

Залучення Джіна Ешбаха до робіт у Хенфорді почалось з того часу, коли він став працювати у відділенні технології ядерних реакторів («кладок»). Тодішній термін *«кладка»* використовувався для позначення ядерного реактора, бо реактори власне були складені з графіту (у вигляді *кладок*). У цьому відділенні Джіну довелось працювати разом з видатними особистостями. Саме тут він навчився ніколи не сміятися над ідеями інших людей, а доробляти ці ідеї і ставитися до них критично. Один з наставників Джіна ще в компанії «АрСіЭй» говорив: «Зберися з силами, оволодій ситуацією і знайди рішення». І ще: «Зроби краще, ніж, тобі здається, ти можеш це зробити». Джін казав, що коли натикаєшся на проблему, не слід занадто перейматися, натомість треба бути впевненим, що рішення для неї є. Працюючи у відділенні технології ядерних реакторів, Джін мав за керівника Келлі Вудза з компанії «Дюпон». Остання застосовувала у Хенфорді нову технологію і залишила після себе декількох працівників менеджерського складу на допомогу «Дженерал електрик». Келлі Вудз був фахівцем з теплопередачі в системах котлонагріву і розробником чудових водоохолоджувальних систем. Ще одна людина, з якою Джіну довелося працювати разом у «кладковому» відділенні, був фізик Пол Ф. Гаст. Його запросили читати лекції, причому робив він це дуже добре. Джін прослухав його вечірній курс. По суті Річлендське відділення Вашингтонського університету виросло з Школи атомників компанії «Дженерал електрик». Запрошені вчені вечорами проводили заняття на рівні аспірантури. Студенти навчались основам атомних реакторів та хімічним процесам паливної технології з використанням статистики, фізики, хімії та інших споріднених наук. Джін прослухав більшу кількість лекцій, ніж багато інших. Цей університет був одним з перших, де можна було вивчати фізику поділу атомного ядра, яка (як і технологія атомних реакторів) тоді була ще порівняно новою наукою у США. Джіну поталанило навчатися разом з декількома визначними людьми, і, на його думку, прискорена освітня програма, яка пропонувалася слухачам тієї школи, була однією з передумов перемоги у холодній війні. Ця школа забезпечила Джінові широкі знання, які для більшості людей на той час були недосяжними.

Хенфордський майданчик

Коли Джін Ешбах вперше офіційно з'явився для роботи на Хенфордському майданчику, йому довелося чекати протягом тривалого часу лише для того, щоб перевірили його особу, оскільки в роки навчання у коледжі він належав до кооперативного будинку. Коли він отримав допуск, йому організували супровід і огляд території майданчика протягом десяти-дванадцяти годин. Потім відвезли на ділянку 300, де він зупинився в офісі Келлі Вудза. Поцікавились і думкою Джіна про сам майданчик. «Все, що ми зможемо зробити, буде кроком вперед в порівнянні з нинішньою технологією.» Очевидний брак оптимальних рішень в облаштуванні майданчика пояснювався застосуванням компанією «Дюпон» під час його будівництва консервативних підходів з урахуванням так званих «великих» коефіцієнтів надійності. Група, до якої належав і Джін, зрозуміла, що шляхом безпосередніх досліджень і експериментів можна значно поліпшити якісні і кількісні показники роботи

tric. General Electric ran graduate level college classes at night with guest scientists as lecturers. The classes taught an understanding of nuclear reactors and the chemistry of nuclear fuel processing and involved advanced statistics, physics, chemistry, and other related subjects. Gene took more courses than most. This was one of the first places to teach nuclear fission physics, a concept that was (along with nuclear reactor technology) relatively new to the United States. Gene had the chance to study with several great men, and he believes that this accelerated education for the people attending the school was a key to success in the Cold War. Taking these courses gave him a broad background, a background that most could not have acquired in those times.

The Hanford Site

When he officially went to work for the Hanford site, he had to wait an extremely long time to even get clearance, due to the fact that he had belonged to a Co-Op house back in his college days. When cleared, he was escorted out on the site and then spent ten to twelve hours on a tour. When he came back, he was driven to the 300 Area, where he stopped at Kelly Woods' office. He was then asked for his creative criticism of the site. "Anything we can do will be an improvement on the technology." The reason for the site's apparent lack of optimization was due to the fact that DuPont had built the site conservatively, including "Big" safety factors. The group of them, Gene included, realized that with direct research and experimentation, they could grossly improve the quality and quantity of output at the site.

When the Cold War struck, the production needed to be increased ten-fold. The reactors were amendable to be outfitted to accommodate the stresses in the fuel elements and the cooling system since DuPont had designed the reactors so conservatively. Important decisions had to be and were made in order to get the reactors operating and to increase production in order to accommodate the Cold War needs. There was a considerable emphasis on production during the Cold War, and that was what led to the expedient decision to use the reactors longer than their originally presumed working time of five years. Gene Eschbach then worked to solve a variety of problems such as graphite expansion in the nuclear reactor core, developing a way of ultrasonic and eddy current testing, improving several of the cooling elements in 'once-through' reactors, and problems associated with aluminum corrosion. Many of the decisions made in those days were expedient ones; many scientists "rose to the occasion to solve the problem;" although this expediency led them to depositing some low-level radioactive materials in the ground. At that time, the Hanford site was considered to be an atomic site in perpetuity. In the fall of 1949, a new project was put on to make the first tritium for the hydrogen bomb development.

Workers strove long and hard for two to three years to make the loads for the tritium. In doing this project, they conceived a fully remote operating system using electronic valves. Hanford was not the only place that had gifted and dedicated scientists and engineers, many other sites and national laboratories had (and still do have) them too.[1](footnote on page 130) In the Cold War times, chemical engineering focused upon chemical separations. The original wartime chemical separations was a batch process only separating plutonium from the mixture of uranium and fission products. Working on this was a priority on all Atomic Energy Commission (AEC) research sites. Hanford built chemical separations plants and used them in order to separate plutonium, uranium, and fission products as discrete items. Highly motivated scientists and engineers did the separations.

By the year 1954 to 1955, there was a move to establish peaceful uses for nuclear fission. One of the new ideas was called plutonium recycling. The process led to the design, building, and operating of the plutonium recycle

майданчика. З початком холодної війни об'єми виробництва необхідно було збільшити удесятеро. Реактори були пристосовані до переобладнання таким чином, щоб витримувати більші навантаження на паливні елементи та систему охолодження, оскільки компанія «Дюпон» у свій час запроектувала їх з консервативними передумовами. Важливі рішення повинні були бути і були прийняті, щоб зробити реактори дійсно придатними для роботи і збільшити об'єми виробництва відповідно до потреб холодної війни. За часів холодної війни виробництву приділялася особлива увага, і саме це спричинило практичне рішення про подовження розрахункового терміну експлуатації понад п'ять років. Тоді Джін Ешбах працював над різними питаннями, такими як розширення графіту в активній зоні реактора, розробка методів контролю з допомогою ультразвуку та вихрових струмів, удосконалення декількох охолоджувальних елементів у реакторах з прямоточним охолодженням, а також проблематика корозії алюмінію. Багато рішень, віднайдених у ті дні, були виваженими і багато вчених виявились на висоті становища - «оволоділи ситуацією і знаходили рішення», хоча практична доцільність часом примушувала ховати низькоактивні матеріали у землю. Тоді вважалося, що Хенфорд завжди буде ядерним майданчиком. Восени 1949 розпочався новий проект - налагодження виробництва тритію для водневої бомби.

Учасники проекту цілих два чи три роки докладали всіх зусиль, щоб наблизити день, коли будуть завантажувати паливо для отримання тритію. Працюючи над цим проектом, вони застосували повністю дистанційно керовану систему з електронними клапанами. Хенфорд був не єдиним місцем, де працювали талановиті вчені та інженери, вони були також (і є й тепер) на багатьох інших майданчиках та в національних лабораторіях.[1] (помітка на сторінці 130) За часів холодної війни хімічна промисловість працювала над проблемою хімічного

розділення. Початкова технологія розділення, що була розроблена у часи війни, являла собою періодичний процес, що дозволяв лише відділяти плутоній від суміші урану та продуктів розпаду. Роботи в цьому напрямку були найважливішими в усіх дослідницьких організаціях Комісії з питань атомної енергії США. У Хенфорді були побудовані хімічні заводи, де проводилося розділення плутонію, урану та продуктів розпаду. Мотивація у науковців та інженерів, які займалися проблемами розділення, була дуже високою.

У 1954-955 роках виник рух за розвиток шляхів мирного використання енергії ядерного поділу. Однією з перших була висловлена думка про повторне використання плутонію. В зв'язку з цим було розроблено проект, збудовано і розпочато експлуатацію у Хенфорді експериментального реактора повторного використання плутонію. Замість графіту в ньому застосовувався оксид дейтерію. Це дозволило скористатися технологічними каналами для динамічних вимірів відносної кількості генерованої теплоти, реактивності реактора тощо.

Енергія виділяється при розщепленні урану-235, вміст якого у природному урані складає 1/140 (решта 139 частин припадає на уран-238). На щастя, окрім енергії, в нейтронно-стимульованій реакції поділу в середньому вивільняється більше двох нейтронів. Один нейтрон потрібен для ланцюгової реакції, а другий поглинається ураном-238 для утворення плутонію-239 за винятком нейтронів, які втрачаються чи використовуються для контролю режимів роботи реактора. Як і уран-238, плутоній-239 може розщеплюватися з вивільненням енергії. В сучасних енергетичних реакторах робота починається з урану-235 і 238, при цьому накопичується чи відтворюється плутоній, від розщеплення якого надходить третина енергії. Приблизно через три роки експлуатації реактивність палива втрачається, стає недостатньою і воно має бути вивантажене. Для повторного використання плутоній належним чином

test reactor at Hanford. It was designed and built with deuterium oxide, not graphite. This allowed the use of process tubes for dynamic measurements of the relative heat generated, nuclear reactivity, etc.

Fission energy is "enabled" by uranium-235 which occurs in natural uranium as one part in 140 (the other 139 parts are uranium-238). Fortunately, energy is liberated as neutron induced fission, with more than two neutrons. One neutron is necessary for the "chain" reaction, and the other neutron is absorbed by uranium-238 to make plutonium-239 except for neutron losses and reactor control. Like uranium-238, plutonium-239 can "enable" fission energy. Present power reactors start with uranium-235 to uranium-238 and derive 1/3 of their energy from fissioning plutonium grown or "bred" in the process. After about three years in an operating reactor, the fuel lacks adequate nuclear reactivity and has to be discharged. Plutonium recycling involves adequately separating the plutonium from the spent reactor fuel and using it in place of uranium-235 from natural uranium.

Gene Eschbach's research group originated many of the calculations for the value of plutonium and nuclear energy, and they designed several fuel element concepts and fueling strategies that would allow net breeding of both natural uranium and thorium which is virtually inexhaustible. Out of this came a new process of dealing with nuclear reactor waste. This process is called vitrification. This is the process in which glass is made out of the fission products, making it much easier to deal with. Gene Eschbach's group used most of the computer time to work on this problem and several others. These projects all helped make nuclear power what it is today.

A Few Notes on the Value of Energy as Described *by* Gene Eschbach

Gene, while working on the calculations on the value of nuclear energy, was made conscious of the value of electricity and what it has done for mankind.

The use of energy in the last 200 years has freed mankind from physical drudgery, much pain, and much suffering. The relative role of men and women has changed because of it, and it is an unmistakable part of our everyday lives. It has taken its toll on the human race however. We now still have pain and suffering mentally, and we haven't solved social-economical problems brought about by the wide application of energy. Families can now be dispersed everywhere. Very wealthy people may still have that luxury, but most families cannot get together in this modern day and age.

Eschbach points out that there are many forms of energy but few sources: fission, fusion (solar), geothermal energy, and the motion of both earth and moon and fossil fuel. Not all of these sources may be safe. In particular, hydrogen burned to H_2O is not a source but a form. In conclusion he states, "Energy is so valuable, it should be available in all types."

For the last twenty years, Gene Eschbach has been stimulating the staff at Battelle to invent and be creative. He has played an important role in the future of nuclear energy. He is one of the architects of our future and will continue to live on through his works and accomplishments.

відокремлюється від відпрацьованого палива і застосовується замість урану-235 зі складу природного урану.

Дослідницька група Джіна Ешбаха ініціювала багато розрахунків на користь плутонію та ядерної енергії, а також розробила декілька типів паливних елементів і схем завантаження палива, щоб забезпечити його відтворення з використанням як природного урану, так і торію, запаси яких є фактично невичерпними. На цьому грунті з'явилась нова технологія поводження з відходами виробництва в атомному реакторі. Цей процес має назву «вітрифікація». Він полягає у виготовленні скла з продуктів поділу, що відчутно спрощує роботу з ними. Для розв'язання цієї проблеми, а також декількох інших, група Джіна Ешбаха використала більшу частину свого комп'ютерного часу. Все це допомогло зробити атомну енергетику такою, якою вона є зараз.

Декілька зауважень щодо важливості енергетики (очима Джіна Ешбаха)

Джін працював над розрахунками, щоб оцінити, у що обходиться і що дає атомна енергія. Це допомогло йому осягнути роль електроенергії і наслідки її використання для людства взагалі.

Застосування енергії протягом останніх двохсот років звільнило людство від виснажливої фізичної праці, багатьох пекучих проблем і страждань. Змінилося відносне становище чоловіків та жінок. Зрештою електрика є незаперечним атрибутом нашої дійсності. Однак вона бере своє і від людської раси. Ми, як і раніше, потерпаємо від душевного болю та страждань, і ми ще не впоралися з соціально-економічними проблемами, викликаними розвитком енергетики. Сьогодні члени однієї родини можуть опинитися далеко один від одного. Розкіш бути цілісною родиною по кишені хіба що дуже заможним сім'ям, для більшості ж

родин на поточний момент нашого століття бути разом просто неможливо.

Ешбах вказує на те, що існує багато форм енергії, але мало джерел, таких як реакція поділу, (сонячний) термоядерний синтез, геотермічна енергія та рух Землі і Місяця, а також викопне паливо. Не всі ці джерела є надійними. Зокрема, водень, випалений до H_2O, не є джерелом, а лише формою енергії. Як висновок Ешбах стверджує: «Енергія настільки цінна, що нам треба мати її в усіх формах.»

Останні двадцать років Джін Ешбах надихав бажанням творити та винаходити працівників компанії Баттелл. Він зробив помітний внесок у майбутнє атомної енергетики. Ешбах є одним із архітекторів нашого майбутнього, і житиме завжди завдяки тому, що він зробив та чого досяг.

[1] *Історична довідка: Аж до другої світової війни уряд США не дуже й то підтримував науково-дослідні роботи. У 1862 році Президент Лінкольн підписав закон про заснування сільськогосподарських дослідницьких станцій. Це було і все. Федеральний уряд офіційно науку не фінансував. Однак після Другої світової війни уряд побачив, наскільки плідними виявилися роботи дослідницьких груп. У 1951 році Джін відвідав майже всі тодішні національні лабораторії і побачив, що дух співробітництва між ними був дуже високим. Цей дух серед окремих учених існує й сьогодні.*

[1] *Historical Note: The U.S. government did not sponsor much research until World War II. In 1862, President Lincoln signed a bill that established agriculture experiment stations, that was about all. The Federal government did not officially sponsor science. However, after World War II, the government saw how productive research groups were. Gene traveled to most all other national laboratories in 1951 and found that the spirit of cooperation was very high. In modern times, this spirit of cooperation still exists among scientists.*

International Chornobyl Union

Chapter 7
Глава 7

The Chornobyl Disaster
Чорнобильська катастрофа

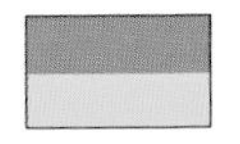

Chornobyl:
A Tragedy of the Century

Yuliya Lapinska

Чорнобиль:
Трагедія століття

Юлія Лапінська

Control room *Блочний щит управління*

26 квітня 1986 року… Ця дата надовго залишиться в пам'яті людства. Аварія на Чорнобильській атомній електростанції (АЕС) стала новою точкою відліку в історії атомної енергетики, показала, наскільки небезпечна сила атому, який вийшов з-під контролю, і як важко справитися з нею.

На долю нашої країни випала нелегка ноша – перенести найсерйознішу аварію, яка будь-коли траплялась на ядерно-енергетичних об'єктах за всю історію їх існування. Сама аварія та її наслідки так чи інакше зачепили мільйони людей у всьому світі. Одні були учасниками цих подій, а інші – жертвами. Так, саме жертвами! Люди втрачали життя, відповідаючи за чужі помилки. Ось приблизні

April 26, 1986... The world will remember this day for a long time. The accident at Chornobyl Nuclear Power Plant (ChNPP) turned into a new reference point in the history of the nuclear industry; it has demonstrated the danger of the power of an atom that got out of control, and the difficulty of getting it back under control.

The destiny of our country involves having to carry a heavy burden—going through the most serious accident in history that ever happened at a nuclear facility. The accident itself, or its consequences in one way or another affected millions of people all over the world. Some of them were participants in the events; others were victims. Yes, I mean it, victims! People lost their lives paying for the mistakes of others. Here is the approximate data in regard to the number of victims of the accident.

According to the medical data, 237 people got acute radiation sickness (ARS) of varying degrees, including:

21 people – IV Degree (20 deceased, 1 alive);
21 people – III Degree (7 deceased, 14 alive);
55 people – II Degree (1 deceased, 54 alive);
140 people – I Degree (all alive).

Overall, more than 30 people, mainly young people, died from the consequences of the accident. And how many mothers, wives, and children lost their sons, husbands, and fathers? Only photos and a memorial monument, placed in our town's square, are left to remind us of those who died. These people cannot be resurrected with tears. Although it seems to me, that if it were possible, every person on the planet Earth would sacrifice some of his or her soul to make those people alive again. But... this is impossible. The only thing that is left to us is to remember the people of Chornobyl and to praise their heroism. And we do remember our heroes—there are always fresh flowers near the memorial monument. They are brought by kids, couples on their wedding day, adults... But the question remains, why did the accident happen?

Experts tell the following...

On the night of April 26, 1986, during a routine shutdown of the reactor for regular maintenance, the personnel were to carry out special tests. The goal was to check if the turbine generator could provide power for a short period of time while the plant was completely disconnected from the power line, until the time when reserve diesel generators would provide power in the emergency conditions. But the experiment was not thought out properly. The safety requirements were not taken into account. The operators did not coordinate their actions with other services, and during the test, several operation requirements were broken at the same time. It resulted in the reactor's low capacity—200 MW, when losses of coolants and the conditions for cooling could not be stabilized with the manual control system. The servicing personnel, trying to complete the experiment at

Chornobyl memorial in Slavutych
Пам'ятний знак чорнобильцям у Славутичі

дані про кількість жертв аварії.

Гострою променевою хворобою (ГПХ) різних ступенів тяжкості, за даними медиків, захворіло 237 чоловік. У тому числі:

21 чоловік – з IV ступенем (20 загинуло, 1 живий);
21 чоловік – з III ступенем (7 загинуло, 14 живі);
55 чоловік – з II ступенем (1 загинув, 54 живі);
140 чоловік – з I ступенем (всі живі).

Усього більше 30 чоловік, переважно молодих людей, загинули внаслідок аварії. А скільки матерів, жінок, дітей втратили своїх батьків, синів, чоловіків? На згадку про загиблих залишилися тільки фотографії та пам'ятний знак, розташований на площі нашого міста. Сльозами їх не воскресиш. Хоч мені здається, що, якби це було можливо, то кожна людина, яка живе на планеті Земля, віддала б частинку своєї душі, аби повернути їм життя. Але … це неможливо. Залишається тільки пам'ятати про чорнобильців і захоплюватись їхнім героїзмом. І ми пам'ятаємо про наших героїв – біля пам'ятного знака в Славутичі завжди лежать свіжі квіти, котрі приносять діти, молодята, дорослі люди… Чому ж все-таки сталася аварія?

Спеціалісти розповідають…

Під час запланованої зупинки реактора на профілактичний ремонт персонал повинен був провести в ніч на 26 квітня 1986 року спеціальні випробування. Планувалось перевірити можливість турбогенератора під час повного відключення станції постачати електроенергію протягом короткого періоду – до того часу, коли резервні дизельні

«Слонова нога»- розплавлена лава в середині зруйнованого четвертого блоку. Фотограф: Артур Корнеєв, заступник директору Об'єкту «Укриття»

"Elephant's foot" lava flow, inside Shelter at destroyed Unit 4. Photographer: Artur Korneev, Deputy Director of Object Shelter.

генератори зможуть подати енергію в аварійних умовах. Але експеримент не був продуманий до кінця. Не відповідав вимогам безпеки. Оператори не узгодили свої дії з іншими службами і під час випробування порушили одразу декілька правил експлуатації. В результаті цих дій реактор вийшов на низьку потужність – 200 МВт, при якій витрати теплоносіїв і умови охолодження не можна було стабільно підтримувати за допомогою ручного управління. Обслуговуючий персонал, намагаючись за будь-яку ціну завершити експеримент, відключив усі аварійно-захисні системи, а для підвищення потужності став піднімати з активної зони реактора керуючі стержні. Це призвело до аварії.

Жителі Прип'яті та Чорнобиля не одразу дізналися про неї. Їх повідомили про це пізніше, після чого почалась евакуація населення. Мені довелося розмовляти з Ніною Тимофіївною Голод, яка жила в місті Прип'яті до аварії і була евакуйована з неї.

any cost, disconnected all emergency and protection systems and began to remove the control rods from the core to raise the capacity of the reactor. That caused the accident.

The inhabitants of Prypyat and Chornobyl did not find out about the accident right away. They were notified about it later. Then evacuation of the population was started. I had a chance to speak with Ms. Nina Tymofiyivna Golod who lived in the town of Prypyat before the accident and was evacuated from there.

When did you learn about the accident at ChNPP?

At about 2 a.m., my child Anya began crying. I woke up, came to the window, and heard some crashing sounds. Out of the window I could easily see the plant stack, and the glow coming from it was blinding. I felt scared. In the morning, at seven o'clock, my husband was called to the plant. Nothing was explained to us...

How long did you live in Prypyat before the accident?

Two years.

What were you told about the evacuation?

They told us that we were only leaving for three days; they told us to take only the most necessary things and food. We did not leave by bus with the others, but went to our relatives not far from Prypyat; and two days later we left for Belarus with the kids.

Did you think you would return to Prypyat?

At first, yes...

And when was it clear that there was no hope of that?

At the end of May. My husband stayed to work at the plant, and later he wrote a letter to us where he told us everything.

What did you feel at that moment?

I was very sorry. I cried. I had a feeling that it would be that way!

What were you sorry for the most?

My relatives are buried in Prypyat. Prypyat is my fatherland, my home.

When did you come to Slavutych?

In 1988. We were provided with a cottage where we live now.

Did Slavutych replace your native town?

No! I miss Prypyat very much. No other town could take its place in my heart!

Almost everybody believed that after the accident, ChNPP would be shut down. Nothing of the kind! The plant was repaired, and people work there now. And many of the people who were evacuated from Prypyat came to live in the new town of Slavutych. People from different parts of the country live here as well. Slavutych is now a town of nuclear power plant workers, as most of its population works at the site. It is a small, friendly town with many children. It is a childhood town, a town of the future.

Коли Ви дізналися про те, що сталася аварія на Чорнобильській АЕС?

Вночі, біля другої години, заплакала Аня, моя дитина. Я прокинулась, підійшла до вікна, почула якийсь гуркіт. З вікна добре було видно станційну трубу, заграва від якої засліплювала мені очі. Я злякалась. Вранці, о сьомій годині, прийшли з роботи за чоловіком. Нам нічого не пояснили...

Скільки Ви жили до аварії в Прип'яті?

Два роки.

Що Вам говорили про евакуацію?

Сказали, що вивозять на три дні, з собою взяти найнеобхідніші речі і харчові продукти. Ми не поїхали з усіма в автобусах, а направились до своїх родичів побіля Прип'яті, а за два дні з дітьми поїхали в Білорусію.

Чи сподівались повернутися в Прип'ять?

Спочатку так ...

А коли з'ясувалося, що надії марні?

У кінці травня. Чоловік залишився працювати на станції, а пізніше написав листа, в якому про все розповів.

Що Ви відчули в той момент?

Було дуже шкода. Я плакала. Я передчувала, що так буде!

Чого Вам більше всього було шкода?

У Прип'яті поховані мої родичі. Там – моя батьківщина, мій рідний дім.

Коли Ви приїхали в Славутич?

У 1988 році. Нам дали котедж, в якому зараз мешкаємо.

Чи замінив Славутич рідне місто?

Ні! Я дуже сумую за Прип'яттю. Його мені ніяке місто не замінить!

Майже всі вважали, що після аварії Чорнобильську станцію зупинять. Але ні! Станцію відремонтували, і на ній працюють люди. А багато евакуйованих прип'ятчан приїхали в нове місто Славутич. У ньому живуть і люди, які приїхали з різних куточків країни. Зараз Славутич – місто енергетиків, бо в ньому живуть майже всі працівники АЕС. Це маленьке, привітне містечко, в якому дуже багато дітей. Це місто дитинства, місто майбутнього.

Chornobyl firemen pose in front of Chornobyl Sarcophagus
Чорнобильські пожежники на фоні саркофагу

They Were the First to Step into the Fire

Ganna Andrusha

Вони ввійшли в полум'я першими

Ганна Андруша

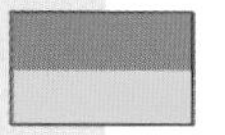

Чи можна народитись героєм? Не знаю. Але точно знаю, що ним можна стати. Зібравши в кулак волю, перемігши біль, страх, розпач…

Коли глухої квітневої ночі 1986 року виникла аварія на Чорнобильській атомній електростанції (АЕС), в оперативного персоналу станції і пожежників, які тоді несли вахту — найтрагічнішу вахту свого життя, на роздуми були лічені хвилини і миті. Я хочу

Can one be born a hero? I don't know. But I know for sure that one can become a hero; mustering courage; overcoming pain, fear, and confusion…

When in the dead of the night in 1986, the accident at Chornobyl Nuclear Power Plant (ChNPP) happened, the duty personnel of the station and fire department—standing the most tragic shift of their lives—hardly had any time for second thoughts. I would like to tell you about the firemen. The years go by, but their feat hasn't been forgotten in Chornobyl, Slavutych, or Kyiv. I hope that the world also remembers these wonderful people.

The first to get to the exploded reactor, in just a minute, were the firemen from Military Fire Station #2 that was patrolling ChNPP. They were headed by the shift manager Volodymyr Pravyk. Most of these people were young, and their manager was not even 24. They didn't have time for hesitation—they had to act immediately. So Pravyk ordered them to act.

"Of all possible decisions, Pravyk's decision was the best—he sent his people on the roof of the machine hall," General P. Desyatnykov commented later.

All the turbines, huge oil tanks, and numerous high voltage electric cables were located in the machine hall. All of this could catch fire any minute, like a Bickford's fuse.

Soon, a back-up unit from the Prypyat Military Fire Station #6 arrived, headed by the 23-year old lieutenant Viktor Kybenok. The firemen immediately connected the fire engine tanks to the hydrant and attached fire hoses.

The bitumen coating over the machine hall and the auxilliary building was on fire. Flames and poisonous smoke wouldn't let people breathe. Nobody was thinking of the terribly high radiation levels then, the consequences of which struck them so hard some time later.

In just an hour, chief of the fire station Major Leonyd Telyatnykov also arrived—he was on vacation and just happened to be home. When he found out about the accident, he didn't hesitate to hurry and join his people. The sight that opened to Major Telyatnykov baffled him: open reactor of the fourth unit and above, in spitting flames, silhouettes of people, as small as ants...

Talking about those days, Telyatnykov said that at first the most dangerous place was the machine hall, where Pravyk's unit worked. Then, when they extinguished the fire on the roof, the center of events moved to the reactor

розповісти про пожежників. Минають роки, десятиліття, а подвиг їхній не забуто ні в Чорнобилі, ні в Славутичі, ні у Києві. Сподіваюсь, світ теж пам'ятатиме про цих чудових людей.

Першими до реактора, який вибухнув, за якусь хвилину прибули бійці військово-пожежної частини №2 по охороні Чорнобильської АЕС, очолювані начальником караулу лейтенантом Володимиром Правиком. Переважно це були молоді люди, а самому командирові ще не виповнилося 24 роки. Часу для вагань не залишалось: довелось діяти негайно. І Правик наказав діяти.

«Із усіх можливих рішень Правик вибрав найбільш правильне — направив свій загін на дах машинного залу,» — так пізніше прокоментував дії пожежників генерал-майор П. Десятников.

У машинному залі були розташовані всі турбіни, великі ємкості з мастилами, його пронизували численні кабелі високовольтної лінії. Все це могло запалати в одну мить, як бікфордів шнур.

Незабаром на допомогу хлопцям Правика прибув караул військово-пожежної частини №6 з міста Прип'яті на чолі з 23-річним лейтенантом Віктором Кибенком. Пожежники миттєво поставили автоцистерни на гідрант і приєднали до сухотрубів рукави.

Палало бітумне покриття над машинним

ChNPP worker inside Shelter

Працівник ЧАЕС на об'єкті «Укриття»

залом і допоміжним корпусом. Полум'я та ядучий дим не давали людям можливості дихати. А тут ще й висока радіація, на яку в ті хвилини ніхто не звертав уваги, але яка незабаром помстилась багатьом з них.

За якийсь час до станції примчав начальник пожежної частини майор Леонід Телятников, який тоді перебував у відпустці і випадково виявився вдома. Дізнавшись про нещастя, він без вагань поспішив до своїх підлеглих. Картина, яку побачив, приголомшила майора: відкритий реактор четвертого блока, а над ним у спалахах вогню — маленькі, наче мурашки, людські постаті...

Згадуючи ті події, Телятников розповідав, що спочатку найнебезпечнішим місцем був машинний зал, де діяв підрозділ Правика. А коли вогонь на даху залу придушили, центр подій перемістився в реакторне відділення, де діяв караул Кибенка. Правик згодом залишив своїх підлеглих пильнувати дах машзалу, а сам приєднався до Кибенка.

«З Правиком я так і не встиг поговорити,» — каже Телятников — «Тільки коли відправляв до лікарні, тільки вже в цей момент мовив буквально кілька слів... О 2 годині 25 хвилин його уже було відправлено до лікарні (тобто через годину після вибуху). Вони нагорі хвилин п'ятнадцять — двадцять перебували...»

Виявляється і двадцяти хвилин достатньо, аби отримати смертельну дозу радіаційного опромінення. З лікарні Володимир Правик вже не вийшов...

Три години тривав бій з вогнем біля машинного відділення. Кибенок не пам'ятав, як прибула допомога, як дістався до драбини, як опинився внизу. Опритомнівши, запитав: як там? Почувши, що пожежу ліквідували, полегшено зітхнув.

Чи можна хоча б подумки побувати в ту ніч 1986 року біля палаючого реактора разом з пожежниками-героями? Якби було можна, то розказала б про подвиг кожного з них. Але біда в тому, що герої здебільшого не повертаються з бою живими. Ось і серед нас тепер немає лейтенантів Володимира

hall, where Kybenok's unit was fighting fire. Pravyk soon left his people to watch the roof and joined Kybenok.

"I never got a chance to talk to Pravyk," says Telyatnykov "Only when I was sending him to the hospital, I had a chance to say just a few words... At 2:25 a.m., he was already sent to the hospital (just one hour after the accident). They were up there for fifteen – twenty minutes..."

But twenty minutes are enough to get the lethal radiation dose. Volodymyr Pravyk has never returned from the hospital...

The firefighting in the machine hall lasted for three hours. Kybenok didn't remember when the back-up came, how he got to the ladder or how he got down. When he regained consciousness, he asked: "How is it up there?" When he heard that the fire was extinguished, he let out a sigh of relief.

Could one find himself, in his thoughts, at the burning reactor with the hero firemen that night? If I could, I would describe the feat of each one of them. But the problem is that most of the heroes don't come back from the battles alive. Lieutenants Volodymyr Pravyk and Victor Kybenok, master sergeant Mykola Titenok, first sergeants Volodymyr Tyshura and Vasyl Ignatenko, and sergeant Mykola Vaschuk are not here with us today. These six firemen gave up their lives, dozens and hundreds of others who survived the fire of Chornobyl are seriously ill today...

Almost every day, I can see the names of the dead Chornobyl heroes on the memorial in Slavutych. They are often remembered at ChNPP, in the city of Chornobyl, and in the new city for the plant workers. Recently, I had a chance to visit Slavutych Military Fire Station, one of the successors of traditions of Prypyat and ChNPP firemen. It's good to know that our fire fighters are always ready.

Their service has two directions: prevention of fires and fire fighting itself. There are many emergency calls, especially in the summer, sometimes up to 15-17 fire raids a month. Since our city is small, one can get to its furthest part in 6-8 minutes.

Slavutych firemen are always on time where they're needed.

May they never have to go through a nightmare that their Chornobyl colleagues faced.

Views of the reactor vessel head "Elena" showing coolant piping connectors and other effects of the 1986 accident, ChornobylNPP. Photographer: Artur Korneev, Deputy Director of Shelter Object. Spring 1997.

Вид головки реакторного корпусу «Олена» з фітінгами охолоджувального трубопроводу та іншими наслідками аварії 1986 року, ЧАЕС. Фотограф: Артур Корнеєв, заступник директору об'єкту «Укриття». Весна 1997 року.

Правика і Віктора Кибенка, старшини Миколи Титенка, старших сержантів Володимира Тишури і Василя Ігнатенка, сержанта Миколи Ващука. Шестеро пожежників, яких я згадала, віддали життя, десятки і сотні пожежників, які пройшли крізь вогонь Чорнобиля, сьогодні тяжко нездужають…

Імена загиблих героїв-чорнобильців майже щодня бачу на меморіальному знакові в Славутичі. Їх часто згадують на Чорнобильській АЕС, у Чорнобилі, в новому місті енергетиків. Нещодавно мені довелося побувати в Славутицькій військово-пожежній частині, яка є однією із спадкоємиць традицій і слави прип'ятських та «чаесівських» пожежників. Добре, що наші майстри вогнегасіння завжди напоготові.

Їхня служба організована в двох напрямках: профілактика пожеж та безпосереднє гасіння. Викликів чимало, особливо влітку. На місяць тоді припадає по 15-17 бойових виїздів. Оскільки наше місто невеличке, до найдальшої його точки можна доїхати за 6-8 хвилин.

Пожежники Славутича завжди вчасно встигають на місце подій.

Хай же на їх долю ніколи не випаде випробування, яке довелось витримати чорнобильцям.

Примітка: Імена героїв у називному відмінку - Володимир Правик, Віктор Кибенок, Микола Титенок, Володимир Тищура, Василь Ігнатенко, Микола Ващук.

When can we come back to Prypyat?

Kateryna Khropata

Коли повернемось у Прип'ять?

Катерина Хропата

Уявіть: живуть люди, люблять своє місто, свій дім, сім'ю, свою роботу. Вони ходять відпочивати до річки, до лісу, зустрічають радісно весну і навіть не думають про те, що все це може раптово скінчитись. Але це сталося: 26 квітня 1986 року відбулась аварія на Чорнобильській атомній електростанції (ЧАЕС). Людей почали евакуйовувати, вивозити із Прип'яті. Люди залишали все, сідали в автобус чи машину і їхали невідомо куди, аби далі від Прип'яті. Цю весну, весну 1986-го року, вони запам'ятають на все життя.

Василець Андрій Олександрович працював на ЧАЕС і жив з дружиною та

Imagine: people love their town, their home, their family, their work. They spend their weekends at the river or in the forest, they wait for spring to come, they are happy and don't even think that it all might suddenly end. But it did end: on April 26, 1986, there was an accident at Chornobyl Nuclear Power Plant (ChNPP). People were evacuated from Prypyat. People left all they had, got on the buses or cars and rode – no matter where, just away from Prypyat. That spring, the spring of 1986, they will remember forever.

Andriy Oleksandrovych Vasylets use to work at ChNPP and live in Prypyat before the

accident with his wife and nine month-old son. He agreed to meet with me and answer several questions.

When exactly did you find out about the accident?

I heard rumors on Sunday, April 27, but I only found out for sure when I came to Prypyat. The thing was that on Saturday morning I took the first train to Chernihiv with my family. I didn't see anything unusual in town, maybe just too many illuminated windows this early in the morning. I was going to leave my wife and son with my mother and come back home on Sunday.

And there you were, returning to Prypyat...

Right. On the way home, I saw a train coming the other way – it seemed that its floors were bent – so many people were stuffed in there. Also, it was unusual to see no people on the Prypyat platform. I wanted to ask somebody, what was the matter, but there was nobody there.

Did you think then that you would never return to Prypyat again?

You see, when I went to the ChNPP and was told about the accident and then saw everything with my own eyes, the thought flashed across my mind.

When did you move to Slavutych?

I can remember the exact date – July 7, 1988.

Did you miss Prypyat?

Of course I did. My son keeps on asking me when can we go there. Prypyat is forever. There will not be anything better than Prypyat in my life.

дев'ятимісячним сином до аварії в Прип'яті. Він погодився зустрітись зі мною і відповісти на кілька запитань.

Коли саме Ви дізнались, що сталася аварія?

Чутки ходили у неділю - 27 квітня, а точно дізнався, приїхавши у Прип'ять. Справа в тому, що я з сім'єю суботнього ранку першим дизелем виїхав до Чернігова. Нічого дивного у місті не помічав, тільки те, що в таку ранню пору в багатьох вікнах світилось. Думав, відвезу сім'ю до матері, а сам у неділю повернусь додому.

І ось Ви повертаєтесь у Прип'ять...

Так. По дорозі додому нам назустріч ішов дизель, і здавалось, що підлога у вагонах прогинається, настільки дизель був заповнений людьми. Ще здивувала відсутність зустрічаючих на станції. Зазвичай їх траплялось дуже багато. Я хотів кого-небудь запитати, що сталось, але звернутись на пероні не було до кого.

Чи думали Ви про те, що вже ніколи не повернетесь до Прип'яті?

Справа в тому, що коли я з'їздив на ЧАЕС і дізнався про те, що сталося, а незабаром побачив все те на власні очі, то така думка промайнула в голові.

Коли Ви оселились у Славутичі?

Я навіть дату пам'ятаю - 7 липня 1988 року.

Чи сумували за Прип'яттю?

Звичайно, сумував. Мій син досі запитує: коли ми туди поїдемо? Прип'ять - це навіки. Нічого кращого за Прип'ять на моєму віку вже не буде.

That day me and Daddy were *learning a poem by heart...*

MARYNA PICHKUR

Того дня ми з татом учили віршик...

Марина Пічкур

26 квітня 1986 року. Ця дата надовго залишиться в пам'яті людства, а також у моїй. Мені було три роки, ми жили у Білій Церкві. Але пам'ятаю цей день, як сьогодні...

Ніч. Сплю. Батько, як завжди, пішов на роботу о третій годині ранку. Відпрацювавши зміну, прийшов додому. Забрав мене з вулиці, і ми сиділи вдома з сестрою. О шостій годині вечора почали ми з татком вчити віршик. Тільки вивчили перші строфи, як приїхав автобус. Батько зібрався хвилин за десять, попрощався з нами. Забрали його на роботу, сказавши, що це - чергові заняття з цивільної оборони. Я залишилася з мамою та з своєю старшою сестричкою Наташею. Мого татка разом з його товаришами привезли в гараж, попросили заправляти автобуси бензином. Потім вони під'їхали до відділу міліції, де в кожний автобус посадили по міліціонеру. Колона з 123 автобусів рушила в бік Чорнобиля.

Їхали довго і нудно... З горем пополам приїхали в Залісся, де всю колону направили до Чорнобиля по об'їздній дорозі. Не доїжджаючи шести кілометрів, колона вперлась у хвіст таращанської колони, яка прибула першою. Зупинились. Ніхто з них не знав про ту кляту радіацію: деякі водії

April 26, 1986. This date will remain in people's memory for a long time, as well as my own memory. I was three years old then, we lived in the Bila Tserkva area. I can remember this day just as if it were today...

It is night. I am sleeping. My father, as usual, went to work at 3 a.m. After his shift was over, he came back home. He picked me up from the yard, and we sat at home with my sister. At 6 p.m., me and my dad started to learn a poem by heart. We just learned the first couple of verses, when a bus arrived. Father got dressed for work and was ready to go in just 10 minutes. They took him to work. We were told that this was a regular civil defense training exercise. I stayed at home with my mom and my older sister, Natasha. My dad and his coworkers were brought to the garage and asked to fill the bus gas tanks. Then they went to the militia station and one militia officer got on each bus. A convoy of 123 buses started towards Chornobyl.

The way there was long and boring... They just managed to get to Zalissya, where the entire convoy was sent to Chornobyl on a by-pass highway. Six kilometers before Chornobyl, the convoy had to stop before the tail of the

Taraschany convoy that was the first to arrive. They had to wait. Nobody knew about the awful radiation; many of the drivers tanned under the sun or ate outside. My father and several military cadets were taken to Prypyat to patrol it. After four hours of patrolling, they were left in an apple garden between Chornobyl and Zalissya for the night. From that garden, my father went to Prypyat and back for two days, and on the third day, he went home. From outside our door, he asked Mother to give him clean clothes. Then he took a long shower and threw the old clothes away.

My dad went to work for Chornobyl Nuclear Power Plant (ChNPP) as a driver, and he worked on shifts. I missed him a lot, when he was away. Pretty soon we got a three-room apartment in the newly built town of Slavutych.

Some time has passed. I have found many friends in this little town that has become my hometown. All seemed to be well, but radiation got my father. Lately, his knees ache terribly. Oh God, if you could only know, what a disaster that is – that invisible cunning death. How many liquidators died in the first days after the accident and how many more are slowly dying, like burnt candles! I can see my father's suffering everyday and I hurt, because I love him so much. My teardrops fall at my soul and wash away at least some of my sorrow. What awaits us in the future? Will my parents live to see their healthy – and thus happy – grandchildren? So far no one can give an answer to this question. How I wish they could!

загорали або грілися під сонцем, деякі обідали. Мого ж батька забрали разом з деякими військовими курсантами на чергування в Прип'ять. Коли відчергували чотири години, курсантів розмістили в автобусах між Чорнобилем і Заліссям в яблуневому саду. З того саду тато їздив два дні до Прип'яті, а на третій день - вирушив додому. Не заходячи в хату, попросив маму винести чистий одяг, щоб переодягнутись. Потім довго мився, а одяг, в якому він був, викинули.

Тато перейшов на постійну роботу водієм Чорнобильської АЕС, працював по вахтах. Я дуже сумувала за ним, коли його не було вдома. Згодом ми отримали трикімнатну квартиру в новозбудованому місті Славутичі.

Минув деякий час. В цьому маленькому, але вже рідному місті, у мене з'явилося багато друзів, все, здавалося б, йшло гаразд, але радіація змусила згадати про себе. В останній час у мого татка дуже болять ноги в колінах. Боже, якби ви знали, що то за горе - це невидима смерть, яка так підступно забирає людське життя. Скільки ліквідаторів загинуло тоді, в перші дні аварії, а скільки згасають, як свічки, поступово! Я кожен день бачу, як страждає мій татусь, і мені боляче робиться за нього, адже я його дуже люблю. І сльоза омиває душу, щоб хоч трішки полегшити дійсність. Що нас чекає в майбутньому? Чи діждуться мої батьки своїх онуків здоровими, а значить і щасливими? Поки що на це питання ніхто не може дати відповідь. А жаль, дуже жаль!

Object Shelter - a Unique Facility

YEVGENIYA VYSOTSKA

Об'єкт «Укриття» - унікальна споруда

Євгенія Висоцька

Цю незвичайну споруду - об'єкт «Укриття» - було побудовано після Чорнобильської катастрофи в 1986 році. За своїм статусом об'єкт - зруйнований запроектною аварією 4-й енергоблок Чорнобильської АЕС, на якому виконано першочергові заходи з метою зменшення наслідків лиха і де тривають роботи з забезпечення контролю за його станом, ядерною та радіаційною безпекою. «Укриття» не має аналогів у світі.

Таке визначення дають фахівці ядерної енергетики, радіології, будівельної справи, екології...

Причини створення. Аварія на енергоблоці № 4 Чорнобильської атомної станції, що трапилась 26 квітня 1986 року о 1 годині 23 хвилини 40 секунд, по суті є великомасштабною радіаційною аварією, внаслідок якої:

- в атмосферу було викинуто з пошкодженого реактора велику кількість продуктів ядерного ділення (3 - 4 відсотки загальної активності),
- забруднені маси повітря розповсюдились на великі відстані (головним чином потерпіли Київська, Житомирська області України, Могилівська, Гомельська області Білорусі, Брянська область Росії),
- зруйновані захисні бар'єри, системи безпеки, конструкції, активна зона реактора,
- ядерне паливо втратило свої споживчі якості і перетворилось на радіоактивні відходи.

У зв'язку з наслідками аварії в середині травня 1986 року Урядова комісія прийняла

Object Shelter, a very unusual structure, was erected following the Chornobyl accident in 1986. By its status, this is Chornobyl Unit 4 destroyed in a beyond-design-basis accident, with urgent mitigation measures completed and additional work under way to ensure the monitoring of its condition as well as nuclear and radiation safety. There are no structures anywhere else in the world similar to the Shelter facility.

This is as defined by nuclear experts, health physicists, builders, environmentalists...

Why Shelter? The accident at Chornobyl Unit 4 that occurred at 1 hour 23 minutes 40 seconds a.m. on April 26, 1986, is a large-scale radiation accident which resulted in:

- a large release of nuclear fission products from the destroyed reactor into the atmosphere (3–4 percent of total activity)
- contaminated air masses that spread over long distances, mainly affecting Kyiv and Zhytomyr regions in Ukraine, Gomel region in Belarus, and Bryansk region in Russia
- destroyed safety barriers, reactor safety systems, structures, and core
- nuclear fuel losing its useful qualities and turning into radioactive waste.

Given the accident effects, in mid-May 1986, the Government Commission decided to further isolate the destroyed unit to prevent nuclide releases into the environment and to reduce levels of radiation. Design of Object Shelter was started. In the course of design,

Robot "Pioneer" demonstrated at ChNPP for possible use inside Object Shelter

Робот «Піонер» було продемонстровано на ЧАЕС для можливого використання на Об'єкті «Укриття»

quantitative estimates of activity of uranium and transuranium elements' fission products that were in the core at the time of the accident were taken into account as well as the fuel that remained inside the destroyed structure. At the end of May, construction work started in shifts working round-the-clock. Roughly 10,000 workers were involved. Hard radiation conditions were addressed by developing a special set of protection measures.

In November of 1986, construction of the protective enclosure—Object Shelter, which is also unofficially known as 'sarcophagus'—was completed. Initially Shelter was an independent enterprise. However, since 1993, it's been qualified as a separate division of Chornobyl Nuclear Power Plant (ChNPP). Today, it comprises a number of structures equipped with special nuclear safety systems to isolate radio-

рішення про подальшу консервацію зруйнованого енергоблока з метою попередження виходу радіонуклідів у довкілля і зниження рівня опромінення. Почалося проектування об'єкта «Укриття». Під час розробки проекту враховувались кількісні оцінки активності поділу продуктів урану та трансуранових елементів, які нагромадились в активній зоні реактора на момент аварії, і частка палива, що лишилась всередині зруйнованої споруди. В кінці травня того ж року розпочались будівельні роботи, яки проводились цілодобово вахтами. Кількість робітників сягала 10 тисяч. На будові враховувався особливо тяжкий радіаційний стан, у зв'язку з чим було розроблено спеціальний комплекс захисних заходів.

У листопаді 1986 року будівництво захисної споруди - об'єкта «Укриття», який неофіційно називають ще «саркофагом», - було закінчено. Спочатку «Укриття» - самостійне підприємство, а з 1993 року воно - відокремлений структурний підрозділ Чорнобильської АЕС. Сьогодні «Укриття» являє собою сукупність споруд, які прикривають джерела радіоактивності, включно з реакторним блоком і машинним залом, від довкілля і мають системи ядерної безпеки.

Завдання. У відповідності до одержаної в 1997 році ліцензії, метою будь-якої діяльності на об'єкті є захист персоналу діючих енергоблоків Чорнобильскої АЕС, населення і природного довкілля від впливу радіоактивних матеріалів, які лишились після аварії 1986 року у зруйнованому 4-му енергоблоці і на його проммайданчику.

Для реалізації цієї мети перед персоналом об'єкта поставлено такі завдання:

- гарантування ядерної безпеки,
- зниження впливу об'єкта «Укриття» на довкілля і діючі енергоблоки ЧАЕС,
- розвідка, паспортизація і прогнозування поведінки паливовміщуючих матеріалів,
- проведення комплекса досліджень та обстежень об'єкта і його впливу на довкілля,
- гарантування безпечної експлуатації обладнання і споруд, проведення робіт на станції,

Vitaly Tolstonogov, ChNPP director, and Alexander Klyuchnykov, director of the Interdisciplinary Scientific and Technical Center "Shelter" (third and second from right respectively), at the 1997 International Cooperation for Chornobyl Nuclear Power Plant and Slavutych Conference, Slavutych, Ukraine.

Віталій Толстоногов, директор ЧАЕС, і Олександр Ключников, директор Міжгалузевого науково-технічного центру «Укриття» (третій і другий справа, відповідно) на конференції з Міжнародного співробітництва у ЧАЕС і Славутичу, 1997 рік, Славутич, Україна.

- створення структури управління перетворенням об'єкта,
- створення спеціальних нормативно-технічних документів з безпеки об'єкта «Укриття»,
- інформування громадськості про всі види діяльності і реалізовані проекти.

Технології та засоби. План SIP. Головна мета всіх робіт на «Укритті» - перетворення об'єкта в екологічно безпечну систему. Українські науковці, спеціалісти, робітники втілюють в життя «Комплексну програму робіт на об'єкті «Укриття», яка включає поточну експлуатацію, науково-дослідні і дослідно-конструкторські роботи, капітальне будівництво за рахунок фонду ліквідації наслідків аварії та за кошти Національної енергогенеруючої компанії «Енергоатом».

Починаючи з 1997 року, в Україні у відповідності до Плану здійснення заходів (Shelter Implementation Plan - скорочено SIP), виконуються міжнародні програми з перетворення об'єкта в екологічно безпечний стан. SIP розроблений консорціумом фірм. З урахуванням домовленостей, досягнутих у Денвері, для його реалізації створено міжнародний Чорнобильський фонд «Укриття», управління яким здійснює Європейський банк реконструкції та

active sources including the reactor unit and turbine hall so they do not affect the environment.

Task. According to the license obtained in 1997, the purpose of any activity at the Shelter is protection of the personnel of operating Chornobyl units, the public, and the environment from the influences of radioactive materials retained after the 1986 accident within the destroyed Unit 4 and its site.

To this end, Shelter personnel were tasked with the following:

- guarantee nuclear safety
- reduce Shelter influences upon the environment and operating Chornobyl units
- survey, characterize, and forecast behavior of fuel-containing materials
- carry out combined research and inspection of the Shelter facility and find out its impacts on the environment
- ensure safe operation of equipment and structures and safe working conditions at the plant
- create a management structure for transforming Object Shelter
- develop dedicated safety standards and regulations for Object Shelter
- provide information to the public about all types of activities and completed projects.

Tools and Technologies. Shelter Implementation Plan. The main purpose of all Shelter-related activities is placing it in an ecologically safe condition. Ukraine researchers, experts, and workers have been implementing the *Comprehensive Program of Activities at the Shelter* that includes routine operations, research and development, capital construction carried out with funding from the Mitigation Fund for the Consequences of Chornobyl Accident and the National Nuclear Energy Generating Company EnergoAtom.

Since 1997, in Ukraine, work has been under way according to the Shelter Implementation Plan (SIP) covering international programs on placing the Shelter in an ecologically safe condition. SIP was developed by a consortium of companies. Taking into account agreements reached in Denver, Chornobyl Shelter Fund was established for SIP implementation. The fund is managed by the European Bank for Reconstruction and Development. Total cost of the project is USD $758 million.

SIP envisages both short-term and long-term measures to be taken for the creation of ecologically safe conditions at Chornobyl Unit 4 and sets objectives as follows:

- reduce risks of collapse of building structures
- reduce consequences in case of collapse
- improve nuclear safety at the Shelter
- improve working conditions and ecological safety
- develop a long-term strategy of work and research in relation to transforming the site into an ecologically safe system.

Contracts have been awarded for early biddable projects within four packages (package A-Construction, package B-Operations and Maintenance, package C-Emergency Systems, and package D-Fuel-Containing Materials).

In the framework of international programs, the Chornobyl ventilation stack has been repaired with U.S., Canadian, and Ukrainian funding (total cost – USD $2.2 million); diamond cutting equipment has been commissioned for operation, which made it possible for researchers to access more rooms inside the Shelter.

U.S. Department of Energy supports procurement of dosimetry equipment and instrumentation, protective coverings of lead wool, mechanical and electrical equipment, protection means, software, computers, etc.

Achievements. Situation at Unit 4 was put under control. A state was achieved with the self-sustained chain reaction stopped, fuel cooled down, and radioactivity maintained within specified limits.

By the condition of its internal building structures, the Shelter is a facility with a limited operation life term. It may only be considered as a temporary approach to securing safety of the destroyed unit.

розвитку. Загальна вартість проекту - 758 мільйонів доларів США.

SIP встановлює різні короткотермінові і довготермінові заходи, необхідні для створення екологічно безпечних умов на 4-му блоці Чорнобильської АЕС, і передбачає досягнення таких цілей:

- зменшення ризиків обвалення будівельних конструкцій,
- зменшення наслідків можливого обвалення,
- поліпшенння ядерної безпеки об'єкта,
- поліпшення умов праці та екологічної безпеки,
- розробки довготермінової стратегії та досліджень стосовно перетворення майданчика в екологічно безпечну систему.

Укладено контракти на виконання першочергових проектів SIP за чотирма пакетами (пакет А «Будівництво», пакет В «Експлуатація і моніторинг», пакет С «Аварійні системи», пакет D «Паливовміщуючі маси»).

У відповідності до міжнародних програм здійснено ремонт вентиляційної труби коштом США, Канади і України (вартість робіт - 2,2 мільйонів доларів США), введено в експлуатацію обладнання алмазного різання, завдяки чому виникла можливість доступу дослідників до нових приміщень всередині об'єкта.

За рахунок Міністерства енергетики США здійснюються поставки дозиметричних приладів і дозиметричного обладнання, захисних покриттів з свинцевої вати, механічного і електронного обладнання, засобів захисту, програмного забезпечення, комп'ютерів тощо.

Результати. Ситуація на 4-му блоці перебуває під контролем. Досягнуто стану, який характеризується припиненням ланцюгової реакції поділу, охолодженням палива і утриманням радіоактивних продуктів у встановлених межах.

За станом внутрішніх будівельних конструкцій «Укриття» - об'єкт з необмеженим терміном експлуатації. Воно може роглядатись лише як тимчасове рішення щодо гарантування безпеки зруйнованого блока.

Causes of the Chornobyl Accident
Two Views

Iryna Makarova

Причини аварії на ЧАЕС
Дві думки

Ірина Макарова

Перша думка

Мене звати Ірина Макарова, мені 14 років. Я хочу розповісти про причини катастрофи на ЧАЕС.

Безлюдні села Чорнобильського району, спорожніла Прип'ять, вулицями якої лише зрідка проїжджає патрульна машина з посиленим радіаційним захистом, тваринницькі ферми зі щільно зачиненими воротами, а вздовж доріг, що прямують до Чорнобиля - принишклі поля, ліси.

Що призвело до цього? Є цілий ряд причин, одні з котрих просто версії, інші ж - безперечні факти.

Недбалість, безвідповідальність, безконтрольність - у свідченнях очевидців постала картина різноманітного втілення цих абстрактних характеристик у реальній повсякденній станції. «Пасьянс» широкий - від недбалого заповнення журналів, ігнорування працівниками інструктажів з техніки безпеки до приховування серйозних порушень. Було підтверджено, що лише за півмісяця з середини січня 1986 року на четвертому енергоблоці шість разів виходив з ладу аварійний захист. Але документи з цього приводу навіть не оформлялися. А в наявних інформація перекручувалася... Чи не ця звичка надавати недостовірну інформацію - адже якось обходилося, та й не раз - відбилася в тому, що дані про рівень радіації, передані після аварії нагору, директор Брюханов удесятеро занизив?! «Відсутність

First View

My name is Iryna Makarova, and I am 14 years old. I would like to tell you about the causes of the accident at Chornobyl Nuclear Power Plant (ChNPP).

Deserted villages of the Chornobyl region, solitary streets of Prypyat, where only now and then one can spot a patrol car with enhanced radiation protection, cattle farms with gates locked shut, and along the roads leading to Chornobyl—silent fields and woods.

What has caused all of this? There are a whole series of explanations, some of which are just theories, others—true facts.

Carelessness, irresponsibility, lack of control—witnesses describe a scene with a multitude of variations of these abstract terms in the daily routine of the plant. The range is wide—from careless maintenance of logbooks, plant workers skipping safety trainings, to concealment of serious violations. It has been proven that particularly within the last two weeks of January 1986, Unit 4 emergency protection system went out of order six times. However, no reports or statements were filed. And already existing documents distorted the truth... Maybe, this habit of supplying incorrect information—we have gotten away with it, and more than once—became the reason for plant director Bryukhanov's underestimating the post-accident radiation levels in reports to his management on the order of ten?! "Lack of information available to the public regarding the levels of radiation," – these words, stated in court, blame the former director as well as the former plant shift supervisor Po. Rogozhkin – they were responsible for not taking timely measures according to existing plant evacuation plans. They are responsible for the fact that almost all plant personnel that started work at 8:00 am that day, remained at the plant for no apparent reason.

Another serious cause is numerous violations. For instance, an individual, who later stated this in court, performed an inspection of the working discipline at the plant, which found that during business hours 12 employees were busy with activities unrelated to work: "playing dominoes, cards, writing letters, etc."

Of course, these are some of the important causes, but they are not the only ones. However, if one tracked all these reasons to one root cause, one would end up with irresponsibility, poor plant and personnel management, and lack of resourcefulness.

Editor's note: *Quotes and data from "Chornobyl Reports. Notes by Writer V.Yavorivsky", M. "Planeta," 1989; Section: "Lessons from the Catastrophe" by Andrey Illesh.*

гласної інформації про радіаційні умови» – слова, що прозвучали на суді, звинувачують колишнього директора і колишнього начальника зміни станції Б. Рогожкіна: вони відповідальні за те, що своєчасно не було вжито заходів, передбачених планом евакуації, що діяв на цій АЕС. За те, що без усякої потреби на станції залишався майже весь персонал, що вийшов на роботу о 8:00 ранку.

Ще одна вагома причина - безліч порушень. Наприклад, коли чоловік, що свідчив про це, перевіряв дотримання персоналом станції трудової дисципліни, він виявив, що 12 осіб займаються в робочий час сторонніми справами: «грають в доміно, карти, пишуть листи тощо».

Звичайно, ці причини — з числа поважних, та вони не всі. Однак, якщо звести всі причини до однієї, отримаємо безвідповідальність, погане стеження за станцією і робочим персоналом, брак винахідливості.

Примітка редактора: *цитати і дані із книги «Чорнобильський репортаж. Записки письменника В. Яворівського», М. «Планета», 1989; глава «Уроки катастрофи», Андрій Іллеш.*

Badly damaged Unit 4 before Object Shelter was constructed
Зруйнований четвертий блок до будівництва об'єкта «Укриття»

Друга думка

Нещодавно я написала статтю про причини аварії на ЧАЕС. Але, як з'ясувалося пізніше, факти, що були там наведені, виявились невірними. Наприкінці статті я напишу, що саме було невірно, та доповню цей список іншими хибними причинами, що колись друкувалися.

А зараз, про справжні причини.

Аварія сталася у процесі випробувань, що проводилися з турбогенераторною установкою перед виведенням енергоблока в ремонт. Випробування були важливими і спроба їхнього проведення була не першою, а третьою. Провести попередні випробування виявилося неможливим з ряду об'єктивних причин. Мета випробування - перевірка здатності турбогенератора під час повного відключення енергопостачання блока за рахунок його вибігу (зниження кількості обертів перед зупинкою) забезпечити на протязі короткого часу електроенергією механізми АЕС, що забезпечують розхолодження реактору до вмикання та розкрутки (20-30 секунд) дизель-генераторних установок.

Персонал при цьому гадав, що випробування мають електротехнічний характер, і програма їх проведення не була в достатній мірі проаналізована фахівцями, що несуть відповідальність за безпеку АЕС. Вона також не була узгоджена з головним конструктором та науковим керівником у Москві. Не можна стверджувати, що програма була неграмотною, але в ній були відсутні спеціальні розділи, які б наголошували на питаннях безпеки, на неприпустимості відхилень режиму блока перед зупинкою. Аварії цього разу не сталося б, якби оператор зміг втримати потужність реактора (автоматика не допомогла) на рівні 700-1000 МВт (теплових), як передбачалося програмою випробувань. В протилежному випадку належало миттєво зупинити реактор, припинивши випробування.

Вказане у програмі значення потужності 700-1000 МВт (теплових) було обрано не випадково. Адже:

- на цьому рівні потужності витрата живильної води забезпечує

Second View

Recently, I wrote an article on the causes of the Chornobyl accident. However, as I discovered later, the facts that were given there were wrong. At the end of this article, I will say what was wrong and add onto this list more wrong causes than have ever been published.

Now, let's talk about the true causes.

The accident happened in the process of testing a turbine-generator set preceding the closedown of the unit for repair. The testing was important and that wasn't the first try, that was the third time they tried to do it. Previously, the testing attempts failed for a number of objective reasons. The purpose of testing was to check the ability of the turbine generator while in coastdown (reducing speed before stop) during a blackout to supply electricity to the ChNPP machinery ensuring reactor cooling down until the diesel-generators turn on and catch up (20-30 seconds).

The personnel were under illusion that the testing was of an electrical nature, and the testing plan wasn't properly analyzed by the ChNPP safety experts. Neither was the plan approved by the chief designer and scientific supervisor in Moscow. It wouldn't be fair to say that the plan was not competent, although it lacked entries emphasizing the safety issues and stating the inadmissibility of deviations in the mode of operation of the unit before shutdown. The accident would have been avoided, had the operator kept the reactor power (automatic controls failed) at a level of 700-1000 MW (thermal) as was provided by the testing instructions. Otherwise, the reactor should have been shut down immediately, and the testing had to stop.

The planned level of 700-1000 MW (thermal) wasn't a random parameter. It was chosen for the following reasons:

- At this power, the feedwater flow rate ensures the thermohydraulic stability of the main circulation circuit with four coolant pumps on;
- During the transition period (of power

reduction), this rate ensures a sufficient reactivity margin (number of control rods inserted into the reactor core).

Under the specific conditions that formed at the unit at that time, the upper power limit—1000 MW (thermal)—would be preferable. There were two reasons for that. Firstly, two additional main coolant pumps had to be switched on for the purpose of the experiment. Also, operation of six main coolant pumps demanded a higher flow rate of feedwater. Therefore, the power had to be increased.

The second reason was the fact that, as was stated in the accident reports, the experiment was planned to be carried out in the daytime on April 25. The personnel began the experiment and decreased the unit power in the daytime, on April 25, in preparation to the further testing. However, the experiment was interrupted, because the controller's office prohibited shutting down the unit and allowed to continue the experiment after passing through the evening load peak. This decision lead to quite negative effects. The controllers' orders should have been protested. The interruption of the experiment after the 50 percent power reduction seriously reduced the reactivity margin and decreased the number of control rods in the reactor core due to "after-poisoning" of the reactor ("iodine pit")—these circumstances and lack of detailed testing instructions contributed to the formation of pre-accident condition.

The main paradox is, however, that the operator activated the reactor protection system manually, before the automatic controls could operate, but the system didn't work as protection, it caused just the opposite effect.

To be more specific, the operator depressed the rescuing scram button before any warning or alarm signals could switch on the protection system (it wasn't out). He did it ahead of time, not waiting for the automatics to switch on the system following the indication of overload. However the reactor scram button that was supposed to shut down the reactor, caused its

термогідравлічну стабільність головного циркуляційного контуру під час роботи чотирьох циркуляційних насосів (ГЦН);

- під час перехідного періоду (зниження потужності) вона забезпечує достатній запас реактивності (кількість заведених в активну зону реактора стержнів СУЗ).

За конкретних умов, що склалися на блоці, краще було б використати верхній рівень потужності, що був вказаний у програмі, 1000 МВт (теплових). Краще з двох причин. По-перше, для експерименту потрібно було вмикати додатково два головних циркуляційних насоси. Крім того, для забезпечення стійкої роботи шістьох ГЦН потрібно було багато живильної води, а отже рівень потужності необхідно було відповідно збільшити.

Друга причина полягає в тому, що, як повідомлялося у матеріалах про аварію, експеримент мав бути проведений вдень 25 квітня. Персонал розпочав його проведення і знизив потужність блока вдень 25 квітня, готуючись до наступних кроків. Проте експеримент було припинено внаслідок того, що диспетчерська служба заборонила вимкнути блок і дозволила продовжити експеримент після проходження вечірнього максимуму навантажень. Це рішення мало доволі негативні наслідки. Не можна було погоджуватися з диспетчерами. Перерва в проведенні експерименту після зниження потужності до 50 % значно зменшила запас реактивності, скоротила кількість заведених в активну зону стержнів СУЗ внаслідок «доотруєння» реактора («йодна яма»). Ці обставини, а також відсутність у програмі іспитів детальних вказівок, спричинили умови передаварійної ситуації.

Головний же парадокс в тому, що оператор увімкнув захист, не чекаючи на автоматику, проте він спрацював не як захист, а навпаки.

Якщо ж говорити більш детально, оператор натиснув рятівну кнопку аварійного захисту реактора, натиснув до появи попереджувальних та аварійних сигналів про перевищення потужності, від яких захисні засоби спрацювали б автоматично (вони не були виведені з робочого режиму), натиснув з випередженням, не чекаючи автоматичного ввімкнення засобів захисту за наявності сигналів перевищення потужності. Але кнопка аварійного захисту, яка повинна була зупинити реактор, розігнала його на миттєвих нейтронах. Кнопка спрацювала в цьому разі не як гальма, а як газова заслінка в автомобілі.

Перелік помилок:

1. В одній з публікацій було надруковано, що ***оператор переплутав кнопки.*** Це не так. Він натиснув на потрібну кнопку, але вона спрацювала як газова заслінка.
2. На процесі пролунало, що ***оператори взагалі вимкнули аварійний захист***. Ні, основні засоби захисту були в роботі, у тому числі найважливіший з них, який реагував на перевищення встановленого рівня потужності.
3. У звіті МАГАТЕ особливо відмічається та обставина, що ***в процесі випробувань було блоковано автоматичну зупинку реактора при відключенні обох турбогенераторів, що якби не це, аварії не сталося б***. Ні. Зняття блокування передбачалося при запуску та зупинці АЕС. Технологічно це було виправдано, а іншого порядку і бути не може.
4. Наголошується на ***«вкрай грубій помилці» персоналу в частині відключення системи аварійного охолодження реактора (САОР), що вмикається при максимальній проектній аварії, або ж інших аварійних ситуаціях, визначених в технологічному регламенті***. Ні, це все було заплановано програмою. Персонал можна звинуватити тільки в тому, що при зупинці експерименту на декілька годин внаслідок заборони диспетчерською службою зниження навантаження блоку понад 50 відсотків, потрібно було ввести захисні засоби в дію. Проте, перед експериментом їх знову потрібно було вивести з робочого

excursion with instantaneous neutrons. The system worked not as brakes, but rather as a throttle in a car.

A List of Incorrect Information:

1. It was written in one of the publications, that the ***operator pressed the wrong button.*** This is not correct. He pressed the right button, but it worked as a throttle.
2. It was said in court that the ***operators switched off all the protection systems.*** No, the major protection systems were on, including the main one—overload control.
3. International Atomic Energy Agency reports emphasize the fact that ***the automatic reactor shutdown system that would turn on after the switch-off of both turbine generators was blocked during the testing, and in the absence of this circumstance, the accident wouldn't have happened.*** No, the interlock was supposed to be removed in ChNPP's start-up and shutdown operations. This was justified technologically, and this is the only way to do it.
4. They accentuate the ***"grossest error" of the personnel in respect to turning off the emergency reactor cooling system, that is supposed to be on in case of a maximum design-basis accident or in other emergencies regulated by the technical specifications.*** No, all this was in the plan. The only thing that may be blamed on the personnel was the fact that they should have turned on the reactor protection system during the interruption of the experiment due to controller's office prohibition of over 50 percent power reduction. However, before the resumption of the experiment, this system had to be switched off again. Personnel didn't pay much attention to this because, first, the power was much less than the nominal; second, this operation demanded time commensurate with that of the experiment interruption;

and third and most important, the personnel knew that six other units didn't have this system at all and yet they operated at their full capacity all the time. This doesn't excuse the personnel but explains their reasons to a certain degree.

5. ***Director V.P. Bryukhanov was found guilty in the accident.*** No, he was acquitted later.

Editor's note: *Quotes and data from "Chornobyl. Ten Years Later. Inevitability of the Accident" by G. Shasharin, Moscow, Energoatomizdat, 1995.*

режиму. Персонал не надав цьому великого значення, по-перше, тому, що потужність була значно нижчою від номінальної, по-друге, для проведення цієї роботи потрібен був час, порівняний із зупинкою експерименту, і, по-третє, найголовніше, персонал знав, що на шістьох блоках такої системи взагалі не існує, і вони постійно працюють на повній потужності. Це не є виправданням персоналу, але якоюсь мірою пояснює його дії.

5. ***Директор ЧАЕС В.П. Брюханов є винуватцем аварії.*** Ні, пізніше його виправдали.

Примітка редактора: *цитати і дані із книги Г. Шашаріна «Чорнобиль. Десять років по тому. Неминучість аварії», Москва, Енергоатоміздат, 1995.*

Object Shelter

Oleksiy Ustyugov

Об'єкт «Укриття»

Олексій Устюгов

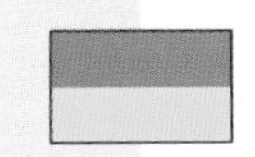

Після аварії найважливішою проблемою було визначення способу ізоляції зруйнованого реактора і запобігання проникненню радіоактивних матеріалів у навколишнє середовище. Велике занепокоєння виникало через високі рівні радіації та обмежений час. Тому для розв'язання проблеми створили спеціальний комітет.

Існувало 18 планів зведення «Укриття» або, як його називали спочатку, «Саркофага». Головним критерієм вибору плану спорудження був час, потрібний для його будівництва.

Зрештою, прийняли рішення про зведення купольно-аркової споруди. Науковці, інженери, будівельники, солдати і багато інших людей цілодобово працювали в умовах високої радіації. Щоб уникнути сильного опромінення, спорудили цементні стіни. Ці роздільні стіни оточили 4-й блок по периметру і дали змогу працювати на проммайданчику, наскільки це було можливим взагалі. Крім того, люди намагалися використовувати роботів, але це було безнадійною справою. Минав деякий час, і роботи зупинялися посередині своєї роботи. Причиною було сильне випромінювання.

Науковці оцінили, що під час вибуху в 4-му блоці знаходилося приблизно 190 тонн палива. Однак, частину радіоактивного палива було викинуто в навколишнє середовище, атмосферу і на прилеглі території. Визначили, що кількість розкиданого палива становить близько 10 тонн.

The most important problem after the accident was to determine a way to isolate the damaged reactor and prevent radioactive materials from spreading into the environment. The big concerns were high radiation and limited time. Therefore, a special Committee had been established to solve the problem.

There were 18 plans for building up the Shelter or the Sarcophagus, which is what it was called in the beginning. The main criterion for choosing the construction plan was the amount of time that would take to build the Sarcophagus.

Finally, the decision was made to build a cupola-arched construction. Scientists, engineers, builders, soldiers, and many other people were working 24 hours a day in conditions of high radiation. To avoid strong exposure to the radiation, cement walls were made. Those separation walls surrounded Unit 4 on the perimeter and allowed work as close to the site as was possible. Also, people tried using robots, but it was pointless. After a while, robots just stopped in the middle of their jobs. The reason for this was high radiation.

Scientists estimated that during the explosion, Unit 4 contained about 190 tons of fuel. However, a part of the radioactive fuel was eject and spread into the environment, atmosphere, and surrounding area. The amount of ejected fuel was determined to be about 10 tons.

However, despite the high radiation and severe work conditions, the best construction institution, best workforce, and best equipment of the Soviet Union were there to liquidate the

«Учасник ліквідації наслідків аварії»

consequences of catastrophe. The 20-story 300 thousand-ton concrete Shelter was the result of six-month's cooperative effort of 10,000 people. They worked around the clock in two shifts. It became the most gigantic building of the century and, probably, of all human history, and we hope it will never happen again.

Shelter was built with a warranty for 30 years, and it was the first step to isolate dangerous materials from the environment, but there are still 180 tons of radioactive fuel inside of it and only 17 years left on the warranty.

Проте, незважаючи на високі рівні радіації та тяжкі умови роботи, до ліквідації наслідків катастрофи було залучено найкращі будівельні організації, найкращу робочу силу і найкраще обладнання Радянського Союзу. В результаті шестимісячних спільних зусиль 10000 чоловік було споруджено 20-поверхове бетонне «Укриття» вагою 300 тисяч тон. Працювали цілодобово, у дві зміни. Це було найграндіозніше будівництво сторіччя, а можливо, і за всю історію людства, та ми сподіваємося, що такого ніколи більше не станеться знову.

«Укриття» будувалося з гарантією на 30 років, і це був перший крок до ізоляції небезпечних матеріалів від довкілля. Але всередині ще перебуває 180 тон радіоактивного палива, а гарантії лишилося тільки на 17 років.

The Communities Today
Життя регіонів сьогодні

L.E. Bowman

Larry Meyers

CHAPTER 8

ГЛАВА 8

NUCLEAR LEGACY
Richland

АТОМНА СПАДЩИНА
Річленд

The United States Department of Energy

Kylie Fullmer

Міністерство енергетики Сполучених Штатів

Кайлі Фулмер

1942-й рік. У віддаленій місцевості на південному сході штату Вашингтон, що зветься Хенфордським майданчиком, саме розпочинається Манхеттенський проект. Першочергове завдання проекту - виробити якомога більше плутонію за якомога коротший час, щоб здобути перемогу у Другій світовій війні.

Пройшли роки, і керівництво майданчиком перебрало на себе Міністерство енергетики Сполучених Штатів. Воно піклувалося вже не про швидке виробництво плутонію, а про радіоактивні відходи, спадщину, залишену на різних майданчиках по всій території країни. Його новою місією стало відновлення довкілля та дезактивація, а також створення сприятливих умов для наукових і технологічних досягнень Америки.

З усіх проектів, над якими зараз працює Міністерство енергетики, найважливішим є проект звільнення території від радіоактивних відходів. На самому лише Хенфордському майданчику знаходиться 54 мільйони галонів рідких радіоактивних відходів. Із старих резервуарів для зберігання шкідливі відходи повільно витікають у грунт, і приблизно 200 квадратних миль грунтових вод вже забруднено. Хоч Міністерство енергетики і використовує науковий та технічний досвід для того, щоб успішно довести дезактивацію до кінця, це завдання все ще залишається надзвичайно складним. Коли йдеться про дезактивацію, мають на увазі безпечну обробку, зберігання і остаточне захоронення радіоактивних відходів, залишків радіоактивних матеріалів та відпрацьованого

The year is 1942. The Manhattan Project has just began at a remote site in southeastern Washington, called the Hanford site. The project's main priority is to get as much plutonium in as little time as possible to create a nuclear weapon that will win World War II.

The years passed and the U.S. Department of Energy (DOE) took over command of the site. No longer were they concerned about producing plutonium quickly but about the radioactive waste that remained as a legacy at various sites around the United States. Their new mission became environmental restoration and cleanup and promotion of American advances in science and technology.

Out of all the projects that DOE is currently working on, their most important project is radioactive waste cleanup. At the Hanford site alone there are 54-million gallons of radioactive waste in liquid form. Old storage tanks have slowly leaked harmful waste into the ground and about 200 square miles of contaminated groundwater exist as well. Although the DOE is using the scientific and technical expertise to help accomplish cleanup, the task is still an enormous challenge. Cleanup involves the safe treatment, storage, and final disposal of radioactive wastes, surplus nuclear materials, and spent nuclear fuels. Yucca Mountain, Nevada, is now being studied as a possible permanent disposal site for this waste.

Not to say that all the DOE does is work with nuclear cleanup, they have a number of other accomplishments as well. The DOEsponsored research has also helped to make fuel cell breakthroughs, discovered the third form of life (i.e., the archea), made the air bags that cushioned the landing of the Mars Pathfinder, and confirmed the existence of the three families of quarks, which are the fundamental building blocks of matter. The DOE funding of research has resulted in 71 Nobel prize winners and over 450 Research and Development 100 awards. That is more than any other single entity and twice as many as all other federal agencies combined. The DOE is also working to ensure clean, affordable, and dependable supplies of energy for the United States, now and in the future. The DOE is also trying to bring competition to the electricity industry. This allows consumers to choose an electricity provider that offers the best products at the lowest rates, saving consumers an estimated $20 billion per year. The DOE can also boast its more than 30,000 scientists and engineers who are busy conducting breakthrough research in high-energy physics, energy sciences and technology, accelerator technologies, superconducting materials, environmental sciences, and material sciences in support of the DOE's mission.

Looking ahead to the future, the DOE wants to ensure that the United States continues to be a "leader in science and technology." Internationally, the DOE is working to ensure that other countries effectively cleanup the environmental effects of the Cold War. Global cooperation for environmental restoration will be an ongoing part of the DOE's mission as we move into the new millennium.

Megan Bruemmer

«Вітаємо до Хенфорда»

ядерного палива. Гора Юкка, штат Невада, зараз вивчається як можливе постійне місце захоронення для таких відходів.

Годі й говорити про те, що Міністерство енергетики займається лише дезактивацією ядерних матеріалів, на його рахунку чимало й інших досягнень. Міністерство виступило спонсором тих досліджень, завдяки яким удосконалено твели, відкрито третю форму життя (тобто архей), виготовлено повітряні мішки для м'якої посадки станції «Марс пасфайндер», підтверджено існування трьох груп кварків, що є фундаментальними складовими речовинами. В результаті фінансування досліджень Міністерством енергетики здобуто 71 Нобелівську премію і понад 450 нагород «100 видатних досягнень в науці та дослідженнях». Це більше, ніж у будь-якої іншої організації, і удвічі більше ніж у всіх федеральних агенцій загалом. Крім того, Міністерство енергетики працює над забезпеченням для Сполучених Штатів екологічно чистих, потужних і незалежних джерел енергії на теперішній час і на майбутнє. Міністерство енергетики також намагається стати конкурентом електростанцій. Це дає споживачам змогу вибирати постачальника електроенергії, який пропонує найкращу продукцію за найнижчу ціну, а споживачі, згідно з оцінками, заощаджують 20 мільярдів доларів на рік. Міністерство енергетики може похвалитися ще й своїми науковцями та інженерами, яких налічується понад 30000. Дослідження в галузі фізики високих енергій, енергетики, технологій прискорювачів, надпровідних матеріалів, екології, матеріалознавства, якими вони займаються для реалізації місії Міністерства енергетики, справді видатні.

Міністерство енергетики бажає забезпечити для США позицію «лідера в науці та техніці» на майбутнє. В міжнародному масштабі Міністерство енергетики працює над тим, щоб допомогти іншим країнам позбутися наслідків холодної війни для навколишнього середовища. Світова співпраця над відновленням довкілля буде невід'ємною частиною діяльності Міністерства енергетики, коли ми переступимо поріг нового тисячоліття.

Types of Waste

Claire Sellers

Типи відходів

Клеар Селлерз

До головних типів відходів атомної енергетики та виробництва ядерної зброї належать високоактивні, низькоактивні, змішані та трансуранвої відходи. Високоактивні відходи дуже радіоактивні і становлять велику небезпеку під час маніпуляцій з ними та їх утриманні. У Хенфорді є два типи високоактивних відходів - відпрацьоване паливо і продукти поділу, отримані в процесі переробки реакторного палива з метою відновлення плутонію та урану. Розробка безпечного, ефективного та недорогого способу зберігання високоактивних відходів для Хенфорда ще попереду, а зараз існує проблема безпечного поводження з тими, що утворилися за часів Другої світової війни.

В минулому відпрацьовані паливні стержні з урану і плутонію зберігалися під шаром води товщиною 16 футів. Тепер Міністерство енергетики США докладає всіх зусиль для того, щоб перемістити їх з води в інше ізольоване сховище сухого типу. Після того, як стержні витягнуть з води, вони повинні будуть пройти спеціальну обробку в системі холодної вакуумної сушки, яка ще тільки розробляється. Багато з них зазнають впливу ерозії, і через це вода заповнюється шламом. В зв'язку з цим виникають труднощі для персоналу, який займається переміщенням стержнів.

У процесі переробки відпрацьованого палива з метою відновлення плутонію та урану утворюється дуже багато високоактивних відходів, що є головним чином продуктами поділу. Це атоми, які з'являються в результаті розщеплення атомів урану. Більшість із них - короткоживучі і швидко розпадаються, проте інші, наприклад, цезій-137, кобальт-60, стронцій-90, технецій-99, європій-154, європій-152, європій-155 та йод-129 протягом

Marlene Baily

The main types of waste from nuclear power and nuclear weapons production are high-level waste, low-level waste, mixed waste, and transuranic waste. High-level waste is highly radioactive and poses a great risk in dealing with it and trying to contain it. The two main types of high-level waste found at Hanford are spent fuel and fission products from processing of reactor fuel for recovery of plutonium and uranium. Hanford has yet to find a safe, efficient, and inexpensive way to store high-level waste, and they are currently dealing with the problem of safely managing high-level waste that was generated during World War II.

In the past, spent uranium and plutonium fuel rods have been stored under 16 feet of water in concrete swimming pool like structures. Currently, the U.S. Department of Energy (DOE) is endeavoring to remove these rods from the water and into another dry containment building. After the rods are removed, they will be processed through a Cold Vacuum Drying system which is still being developed. Many of the rods are eroding, causing the water to be filled with sludge thus making it very difficult for personnel trying to remove the rods.

Processing spent fuel for plutonium and uranium recovery generated large quantities of high-level waste consisting mostly of fission products. These are the atoms that are created when the uranium atom splits. Most have short half lives and rapidly decay away, but others, such as cesium-137, cobalt-60, strontium-90, technetium-99, europium-152, europium-154, europium-155, and iodine-129 represent long-term hazards. At present, Hanford has about 54 million gallons of high-level waste classified as sludge, salt cake, or liquid. This waste is stored in 177 underground tanks, with capacities as great as 1 million gallon. Of these, 149 are single-shell tanks, many dating back to World War II. Of the 149 single-shell tanks, 67 are known to have leaked.

Low-level waste ranges anywhere from trash to used gloves and suits and other materials suspected of low-level contamination. Hanford stores some of the low-level waste in barrels. Low-level waste is basically trash, but the DOE must put all of their trash through a special process. This type of waste poses little danger to people and the environment when properly managed.

Mixed waste is a combination of solid and liquid chemicals and radioactive materials. It is the most difficult type of waste to store. Mixed waste is often used as a solvent to remove the cladding on fuel rods. The waste is labeled mixed because it contains two separate types of hazards, chemical and radioactive. The processing of spent nuclear fuels results in mixed waste. Many of the early storage tanks were only single walled and are now slowly developing leaks. *See article on K Basins.*

High-level waste from nuclear power plants is mostly spent fuel elements in solid form and thus less of an environmental risk when properly stored. However, it is extremely hazardous to anyone who comes in contact with it without taking proper precautions. The amount of exposure to contaminated materials can be controlled by proper shielding, increasing one's distance from the materials, and by limiting exposure time. The current plan for long-term storage of high-level waste is to bury it at Yucca Mountain in Nevada.

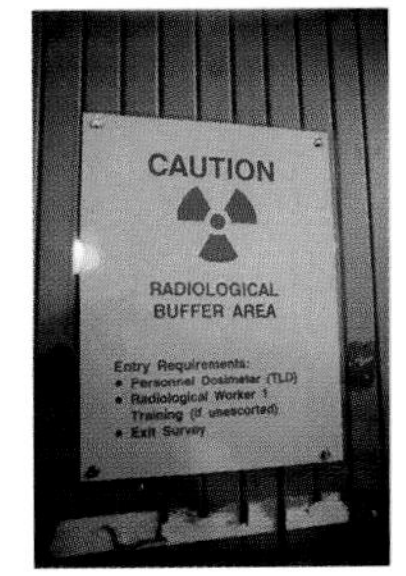

тривалого часу є джерелом ризику. На сьогоднішній день у Хенфорді є 54 мільйони галонів високоактивних відходів, що класифікуються як шлам, сульфат натрію або рідина. Ці відходи зберігаються у 177-ми підземних резервуарах, ємність яких сягає 1 мільйона галонів. 149 із них являють собою одностінні резервуари, багато з яких збереглися ще з часів Другої світової війни. Відомо, що з цих 149-ти одностінних резервуарів 67 протікали.

До низькоактивних відходів належить багато чого - від паперового сміття до використаних захисних рукавичок і спецодягу та інших матеріалів, що вважаються низькоактивними. Деякі з низькоактивних відходів у Хенфорді зберігаються в бочках. В основному ці відходи являють собою сміття, проте все це сміття підлягає спеціальній обробці, яку здійснюють підприємства Міністерства енергетики США. Цей тип відходів становить невелику небезпеку для населення і довкілля, якщо з ним поводяться належним чином.

Змішані відходи - це суміш твердих і рідких хімікатів та радіоактивних матеріалів. Саме цей тип відходів найважче зберігати. Часто такими відходами стають розчинники, що використовуються для усунення оболонки паливних стержнів. Відходи назвали змішаними через пов'язаний з ними подвійний ризик - хімічні та радіоактивні ефекти. Змішані відходи утворюються в результаті переробки відпрацьованого ядерного палива. Багато з тих резервуарів для зберігання, що використовувалися раніше, були одностінними і тепер трохи протікають. *Дивіться статтю про басейни «К».*

Високоактивними відходами атомних електростанцій найчастіше бувають відпрацьовані твели, які тверді і тому в разі належного зберігання становлять менший ризик для довкілля. Однак для будь-кого, хто вступає з ними в контакт без певних запобіжних засобів, вони винятково небезпечні. Дію забруднених матеріалів можна контролювати за допомогою належного захисту, збільшення відстані від них і обмеження часу дії. Сучасний план тривалого зберігання високоактивних відходів полягає в їхньому захороненні у місцевості гори Юкка, штат Невада.

Exploring the K-Basins

Kylie Fullmer

Історія басейнів «К»

Кайлі Фулмер

Чи можете ви уявити питну воду, забруднену радіоактивними речовинами? Це легко зробити, якщо йдеться про ту воду, що надходить з ріки Колумбія. З 1974-го до 1980-го року до ріки потрапило до 56,8 мільйонів літрів радіоактивних матеріалів, а на початку 1993 року стався інший витік, що становив майже 341000 літрів. Всі ці радіоактивні речовини надходять з басейнів «К», де знаходиться опромінене ядерне паливо з реакторів «К» і реактора «N». Басейни розташовані приблизно в 1400 футах від ріки Колумбія. Офіційні особи з Хенфордського майданчика визнають, що кілька разів басейни давали течу, і усвідомлюють, що через їх проектні та будівельні недоліки це може статися знову.

Басейни «К» - це два басейни зберігання палива, розташовані на ділянці 100-К Хенфордського майданчика. Ці два басейни, відповідно названі «східним» та «західним», мають по суті однакову конструкцію. Кожний басейн являє собою прямокутну залізобетонну споруду 125 футів завдовжки і 67 футів завширшки. Обидва приблизно на 16 футів заповнені водою. З південної сторони кожного басейну є транспортний жолоб, підведений відповідно до східного чи західного реактора «К». Коли з реакторів «К» виймалося паливо, воно просувалося цими жолобами до басейнів. За допомогою монорейкової підіймальної системи завантажені паливом контейнери переміщалися із заглибленої зони жолбів у басейни для подальшого зберігання. Після зупинки реакторів «К» у 1970 і 1971 роках більшу частину палива, що зберігалося, було вивантажено для переробки.

Початковим призначенням басейнів було зберігання опроміненого палива після його вивантаження з реакторів «К». Вода у басейнах виконувала подвійну функцію, а саме:

Can you imagine drinking contaminated water? If your water supply comes from the Columbia River, you might be doing just that. From 1974 to 1980, up to 56.8 million liters of radioactive material leaked into the river, and in early 1993, there was another leak of approximately 341,000 liters of radioactive material. All this radioactive material comes from the K basins which house deteriorating irradiated nuclear fuel from the K reactors and the N Reactor. The basins are located about 1,400 feet from the Columbia River. Officials at the Hanford site admit that the basins have leaked on several occasions and realize that they are likely to leak again due to design and construction defects of the basins.

The K basins are two fuel storage basins located in the 100-K Area at the Hanford site. The two basins, respectively called the K-East Basin and the K-West Basin, have essentially the same design. Each basin is a rectangular, reinforced-concrete structure and is 125 feet long and 67 feet wide. Each have about 16 feet of water in them. The south side of both basins is connected to a discharge/pickup chute that is then connected to either the K-East or K-West Reactor. When the fuel was pushed out of the K reactors, the chutes were used to move it to the basins. Baskets loaded with fuel were moved from the chute pit areas to storage in the basins with a monorail hoist system. After the K reactors were shut down in 1970 and 1971, most of the stored fuel was removed for processing.

The original purpose of the basins was to store irradiated fuel following its discharge from the K reactors. Water in the basins provided both radiation shielding and cooling to remove decay heat until the fuel was transferred to chemical processing facilities like the PUREX Plant. The K reactors were shut down in the early 1970s, and much of the fuel stored in the basins at that time was shipped to the PUREX Plant for processing. The basins were left idle but were kept filled with water. In 1972, the PUREX Plant was shut down and placed on standby. This posed a problem because the N Reactor was still producing radioactive waste that had to be put somewhere. As the N Reactor fuel storage basin approached storage capacity, a decision was made to modify the K basins to provide additional storage capacity. The K-East Basin was modified in 1975 and the K-West Basin in 1981 to provide temporary storage of irradiated N Reactor fuel. The N Reactor spent or irradiated fuel was transferred to the K basins from 1975 to 1989. Storage at the K basins was intended to be only as needed to sustain operation of the N Reactor while the PUREX Plant was on standby. PUREX was operated in the 80s, but not long enough to process all the stored irradiated fuel. But the decision was made to deactivate the PUREX Plant, leaving more than a thousand tons of N Reactor fuel in the K basins.

To get a bearing on how much waste is stored at the basins, one would have to realize that the K basins are where 80 percent of the U.S. Department of Energy (DOE)-owned waste inventory is stored. The K-East Basin alone contains hundreds of tons of irradiated nuclear fuel from the N Reactor, and together there are 100,000 irradiated N Reactor fuel assemblies containing a total of 2,100 metric tons uranium (MTU) stored at the K basins. There is an additional 2.4 MTU of unirradiated N Reactor fuel in storage at the K-East Basin, and 0.3 MTU at the K-West Basin. There are 952 MTU from the N

радіаційного захисту та охолодження з метою відведення тепла, що виділялося під час розпаду, аж поки паливо не перевозили на підприємства хімічної переробки, як наприклад, до заводу «П'юрекс». Реактори «К» було зупинено на початку 1970-х років, і тоді ж більшу частину палива перевезли для переробки на завод «П'юрекс». Басейни простоювали, але, як і раніше, вони були заповнені водою. У 1972 році завод «П'юрекс» було зупинено і переведено у резервний режим. Це спричинило проблему, бо реактор «N» все ще виробляв радіоактивні відходи, які мали десь зберігатися. Оскільки басейн витримки палива реактора «N» було майже повністю заповнено, то з метою отримання додаткового місця вирішили модернізувати басейни «К». Щоб створити тимчасове сховище для опроміненого палива із реактора «N», у 1975-му році було модифіковано східний басейн «К», а у 1981 році - і західний. Паливо з реактора «N» переміщалося до басейнів «К» в період з 1975-го по 1989-й рік. Єдиною метою зберігання у басейнах «К» була необхідність підтримки експлуатації реактора «N», поки завод «П'юрекс» функціонував у резервному режимі. Завод «П'юрекс» працював у 80-х роках, але недостатньо довго для переробки усього опроміненного палива, яке зберігалось на той час. Але дію заводу «П'юрекс» вирішили припинити, і в басейнах «К» залишилося паливо з реактора «N», кількість якого перевищувала тисячу тонн.

Щоб уявити, скільки ж відходів зберігається в басейнах«К», слід усвідомити, що це близько вісімдесяти відсотків відходів, які належать Міністерству енергетики США. Один лише східний басейн «К» містить сотні тонн опроміненого ядерного палива з реактора «N», а усього в басейнах «К» зберігається 100000 опромінених паливних збірок реактора «N», що містять в цілому 2100 метричних тонн урану. Ще 2,4 тонни урану в неопроміненому паливі для реактора «N» перебуває на зберіганні у східному басейні «К», а 0,3 тонни урану - в західному басейні. В останньому налічується 952 тонни урану з реактора «N» у 3815-ти герметичних контейнерах, а 3668 відкритих контейнерів східного басейну «К» містять 1144 тонни урану.

З басейнами «К» пов'язано декілька проблем. Одна із них полягає в тому, що радіоактивні речовини, які зберігалися в басейнах, перебували там довше, ніж очікувалося. Вода східного басейну «К» спричиняє корозію палива з подальшим його ушкодженням і виходом радіоактивних речовин у воду, що сприяє нарощуванню на дні басейну товстого шару осаду. Іншу проблему являє собою теча басейну, що веде до двох додаткових проблем. Басейни розташовані дуже близько до ріки Колумбія, і внаслідок будь-якої течі питна вода забруднюється. Ще одна згадана проблема полягає в тому, що якби в Хенфорді колись стався землетрус, то радіоактивні відходи витекли б із обох басейнів, оскільки вони спроектовані без урахування сучасних сейсмічних критеріїв. Басейни «К» проектувалися відповідно до критеріїв 1950-го року, отже передбачений проектом 20-річний термін експлуатації перевищено більше ніж на 20 років. Тому системи електропостачання, протипожежного захисту, водопостачання та конструкція басейнів не відповідають сучасним стандартам. Для гарантії безпеки працівників потрібна модернізація. Оскільки басейни «К» такі старі, річна вартість їхньої експлуатації та техобслуговування перевищує 40 мільйонів доларів. Це приблизно вдесятеро більше, ніж очікувана вартість таких робіт на новішій споруді. Крім того, конструкція басейнів не забезпечує локалізації радіоактивних матеріалів відповідно до сучасних вимог. Через це опромінення працюючих протягом планових і позапланових робіт перевищує бажане.

Подальше зберігання радіоактивних матеріалів у басейнах «К» неможливе. Багато хто хотів би, щоб радіоактивні речовини було вилучено якомога безпечніше та швидше і перенесено у більш стабільне сховище, поки керівництво Хенфордського майданчика вирішує, що з ними робити. Але перш за все необхідно перемістити все паливо з басейну «N» до басейнів «К», щоб остаточно вивести реактор «N» з експлуатації. До грудня 2002-го року Міністерство енергетики США планує вилучити з басейнів «К» все паливо.

Reactor waste inventory stored at the K-West Basin in 3,815 sealed canisters, and 1,144 MTU stored at the K-East Basin in 3,668 open canisters.

There are several problems with the K basins. One is that the radioactive material kept in the basins has been there longer than was anticipated. In the K-East Basin, the water is corroding the fuel, which further damages the fuel and releases radioactive material into the water which contributes to the buildup of a thick layer of sludge on the basin floor. Another problem is the basins are leaking, which leads to the next two problems. The basins are very close to the Columbia River, and any leaking could further contaminate the drinking water. The other problem of concern is, if Hanford ever experienced an earthquake, radioactive waste would probably leak out because the basins are not designed to modern seismic criteria. The K basins were designed according to 1950 criteria and have currently exceeded their 20-year design life by more than 20 years. Accordingly, the electrical, fire protection, water systems, and basin structure do not meet current design standards. Upgrades are required to ensure worker safety. Because the K basins are so old, their annual operating and maintenance costs are greater than $40 million. That is about ten times the expected cost of the same activities at a newer facility. Also, the basins were not designed to provide containment of radioactive material in conformance to modern criteria. This results in higher than desired radiation exposure to workers during routine and non-routine activities.

The K basins cannot continue to store radioactive material. Many people would like the radioactive material removed as safely and as soon as possible and put in a more stable storage facility until Hanford officials decide what to do with it. But first, all fuel from the N Reactor needs to be moved to the K basins to enable completion of N Reactor deactivation. DOE plans to remove all fuel from the K basins by a target date of December 2002.

Remediation

Kylie Fullmer

Оздоровлення майданчика

Кайлі Фулмер

The plutonium manufactured at Hanford was used in the bomb dropped on Nagasaki, Japan, in World War II. Plutonium is produced when uranium fuel rods are irradiated in a nuclear reactor. The nuclear reactions produce heat and new elements, including plutonium. A series of chemical processes are used to separate the plutonium from the other elements. The uranium fuel is put into large tanks where nitric acid and other chemicals dissolve the fuel. Other chemical processes separate the plutonium from the other radioactive materials. These processes create a lot of waste, some of it not very radioactive and some of it highly radioactive.

The Hanford site has since ceased to produce plutonium, but they still have the waste

Плутоній, виготовлений в Хенфорді, був у бомбі, скинутій на японське місто Нагасакі під час Другої світової війни. Плутоній утворюється при опроміненні уранових паливних стержнів в ядерному реакторі. В результаті ядерної реакції утворюється теплова енергія та нові елементи, у тому числі плутоній. Для відокремлення плутонію від інших елементів використовується ряд хімічних реакцій. Уранове паливо вміщується у великі баки, де азотна кислота та інші хімікати розчиняють його. Додаткові хімічні процеси відокремлюють плутоній від інших радіоактивних речовин. В результаті цих процесів утворюється велика кількість відходів. Деякі з них не дуже радіоактивні, інші належать до високоактивних.

На Хенфордському майданчику вже давно не виробляють плутоній, але там все ще знаходяться відходи його виробництва. Ці відходи нині зберігаються у великих підземних резервуарах. Існує два типи резервуарів. Ті, що мають одну оболонку, застаріли вже років двадцять тому, вони можуть протікати. Ще є резервуари з подвійними стінками, вони більші за розміром і не протікають. В Хенфорді 149 резервуарів з одною оболонкою та 28 - з двома. Міністерство енергетики визнає, що для того, щоб уникнути подальших витоків, відходи мають бути переміщеним в більш безпечні резервуари з подвійною оболонкою.

Але видалення відходів з резервуарів з одною оболонкою являє собою проблему. Більшість відходів тверді, їх не можна викачати. На дні резервуарів утворюється густа речовина. Вона утворюється з хімічних та радіоактивних субстанцій, які осідають на дно. Густина цієї речовини різна: від густини цементу до горіхового масла. На її поверхні часто є твердий шар соляної кірки. Це вологий, але дещо твердий шар, що складається з хімічних речовин, які можуть розчинятися водою. Рідина в резервуарах буває поровою або поверхневою (надосадовою). Порова рідина заповнює пустоти у твердих відходах, викачувати її важко. Поверхнева рідина знаходиться на поверхні твердого соляного шару. Верхню частину резервуарів заповнюють випари. Приблизно половину поверхневої рідини вже було відкачано з одностінних резервуарів з використанням технології так

«Більшість людей, які знайомі з хенфордськими резервуарами, погоджуються з тим, що у Хенфорді є два типи резервуарів - ті, що протікають, і ті, що ще будуть протікати»

Відділ ядерної безпеки Офісу енергетики штату Орегон

"Most people familiar with Hanford's tanks agree there are two kinds of tanks at Hanford— those that leak and those that will leak"

Oregon Office of Energy's Nuclear Safety Division

created from the production of plutonium. This waste is now being stored in large underground tanks on the Hanford site. There are two different kinds of tanks that store waste. Single-shell tanks, which only have one containment shell, are known to leak and have exceeded their design life by more than 20 years, and double-shell tanks, which are larger than single-shell tanks, have two containment shells and are not known to have leaked. There are 149 single-shell tanks and 28 double-shell tanks. The U.S. Department of Energy (DOE) officials realize that to stop these leaks in single-shell tanks, the waste will have to be moved to the more stable double-shell tanks.

Moving the waste out of the single-shell tanks poses a problem. Most of the waste is solid and cannot be pumped out. On the bottom of the tanks, sludge collects. It contains chemicals and radioactive materials that have settled to the bottom. Sludges have a consistency ranging from cement to peanut butter. On top of the sludge is often a layer of saltcake. Saltcake is a moist but somewhat solid material composed of water-soluble chemicals. The liquids in the tanks are referred to as interstitial or supernatant. The interstitial liquid fills the spaces within the solid wastes and is not easily pumped. The supernatant liquid generally floats on top of the saltcake. Vapor fills the top of each tank. About half of the supernatant liquid has been pumped from the single-shell tanks using a technique called interim stabilization. Interim stabilization is pumping as much liquid as possible from the single-shell tanks and moving it to the double-shell tanks. A tank is considered interim stabilized when it contains less than 50,000 gallons of drainable liquid and less than 5,000 gallons of liquid floating on top of the waste. As of now, 119 tanks have been interim stabilized, including 64 known leakers. Twenty-nine tanks remain to be interim stabilized.

There is a plan to remove most of the saltcake and sludge from the tanks. This plan is called hydraulic sluicing. The idea is to use high-velocity streams of water to break the waste apart. This allows it to be pumped from the tanks. There are problems with this plan though. Sluicing could severely damage the tanks, resulting in extensive leaks into the soil, and sluicing will require additional water to be added to the tanks. Some scientists are considering installing a barrier around the single-shell tanks to prevent leaks caused by sluicing, but it is not certain how effective this idea would be.

DOE is providing funding for another plan called vitrification. The vitrification process is when the waste is converted into a glass-like material that will then be poured into steel containers to harden. These containers will be stored at Hanford. Containers containing high-level waste will only be stored at Hanford until a national high-level waste repository is constructed. Containers containing low-level waste will be permanently buried at the Hanford site. By changing the waste into a solid form, the material will still be radioactive but will no longer be mobile and able to enter the environment through the soil or groundwater.

Once all the waste is removed, we will still be left with the empty tanks, and though that is still far in the distance, the DOE is already coming up with solutions for this problem. Finally, the waste, created over 50 years ago, is being cleaned up.

званої «тимчасової стабілізації». Технологія тимчасової стабілізації дозволяє відкачати максимальну кількість рідини з одностінних резервуарів та перемістити її в резервуари з подвійними оболонками. Вважається, що резервуар тимчасово стабілізований, якщо в ньому знаходиться менше 50000 галонів рідини, яку можна відкачати, та менше 5000 галонів надосадової рідини на поверхні відходів. На сьогодні, тимчасово стабілізовано вже 119 резервуарів, з яких 64 часом протікали. Тимчасовій стабілізації підлягають ще 29 резервуарів.

Існує план видалення більшої частини соляного шару та густого осаду з резервуарів. Він називається планом гідравлічного вимивання. Ідея полягає у використанні швидкісних потоків води для того, щоб розбити тверді утворення відходів. Це дозволяє відкачати їх з резервуарів. Однак, з цим планом пов'язані і проблеми. Вимивання може серйозно пошкодити резервуари, що призведе до витоків з них у грунт, а також до необхідності додавати воду в резервуари. Деякі вчені пропонують встановити спеціальні бар'єри навколо одностінних резервуарів, щоб запобігти витокам після промивання, але невідомо, наскільки це може бути ефективно.

Міністерство енергетики США фінансує ще один проект, що зветься «ветрифікацією». Цей процесс полягає в тому, що відходи перетворюються на склоподібну масу, яку потім заливають у сталеві контейнери, де вона твердне. Ці контейнери зберігатимуться в Хенфорді. Контейнери з високоактивними відходами залишатимуться на Хенфордському майданчику, поки не буде збудоване національне сховище високоактивних відходів. Контейнери з низькоактивними відходами будуть захоронені в Хенфорді назавжди. Перетворені на тверду речовину, відходи залишаться радіоактивними, але не зможуть витікати в землю або потрапляти в підземні води.

Коли всі відходи будуть видалені, спустошені радіоактивні резервуари все ще залишатимуться з нами. Незважаючи на те, що це лише віддалена перспектива, Міністерство енергетики вже зараз пропонує розв'язки цієї проблеми. Нарешті наслідки того, що почалося більш як 50 років тому, починають ліквідувати.

THE *Hanford Reach*

KERRI BROWN

Природний комплекс Хенфорда

Керрі Браун

Прохолодний ранок у природному комплексі Хенфорда; свіже повітря, що бадьорить. Сонце повільно випливає на східному небокраї, зависаючи на горизонті. Сонячні промені відбиваються від водяної поверхні, а в цей час білоголовий орлан артистично злітає у небо із рибиною, що пручається у його пазурах. Десь далеко похукує сова, провіщаючи кінець темної ночі, а горобці шурухтять у кущі шавлія у своєму гніздечку. Ці краї стали темою багатьох дискусій та незгод. Захисники довкілля, індійці, фермери та місцеві керівники - усі обговорюють права на природний комплекс Хенфорда.

Ця земля є домівкою для більш ніж 50 різновидів тварин та 20 видів рослин, що перебувають тут споконвіку, багато з яких знаходяться під загрозою зникнення. В ці краї,

It is a cool, crisp morning on the Hanford Reach as the sun rises slowly in the eastern sky, resting on the horizon. The sun glints off the water as a Bald Eagle soars majestically through the sky with a fish wriggling in its talons. An owl hoots in the distance, calling the end of night, as sage sparrows stir in the brush where they nest. This land has become the topic of much controversy. Environmentalists, Native Americans, farmers, and local government leaders are all debating over the right to the Hanford Reach.

This land is home to more than 50 species of animals and 20 species of plants that are native to this area, many of them endangered. This land, known as the Hanford Reach, has been practically undisturbed since the Hanford site was built; thus the animals are well adapted

Larry Meyers

to this area. The Hanford Reach encompasses 51 miles of free-flowing river that is owned by the U.S. government, making it the longest free-flowing stretch of the Columbia River. The land that comprises the Hanford Reach consists of 90,000 acres of rare shrub-steppe habitat. This land is crucial to the survival of many animals, and in some cases, is the biggest reason they are not extinct or on the edge of extinction.

The Hanford Reach has a questionable future. Depending on who receives the rights to the land, the Hanford Reach could become one of many things. It holds the promise of excellent farmland, and the farmers have the backing of Senator Slade Gorton and Representative Richard Hastings to use the land for agricultural purposes. Arid Lands Ecology Reserve (ALE) would like the reach to be used as a space for the sensitive species. Senator Patty Murray supports the idea of using the Reach for a Federal Wildlife Reserve and scenic river. Local government officials would like to see the Reach used as a commercial center, with businesses and possibly homes. The land along the river provides prime land for future business prospects.

відомі як природний комплекс Хенфорда, практично ніхто не зазирав з часів побудови Хенфордського майданчика, отже тварини добре пристосувалися до життя тут. До природного комплексу Хенфорда належить відрізок вільної ріки завдовжки у 51 милю, володарем якої є уряд США, і тому ріка Колумбія тут має найдовшу ділянку, де вона вільно несе свої води. Природний комплекс Хенфорда складається з 90000 акрів степової зони з рідкими чагарниками. Цей природний осередок надзвичайно важливий для збереження багатьох видів тварин, а в деяких випадках є найбільшою причиною того, що вони не вимерли чи не перебувають на межі вимирання.

Майбутнє території природного комплексу Хенфорда зараз у тумані. В залежності від того, кому дістанеться ця земля, є багато варіантів і можливостей. Вона перспективна для фермерства, її використання для сільськогосподарських потреб підтримують сенатор Слейд Горден і представник до конгресу Ричард Хейстінз. Екологічний заповідник «Засушлива земля» бажав би використати природний комплекс для більш полохливих та вимогливих видів тварин і рослин. Сенатор Патті Мьоррі підтримує думку про перетворення території комплекса у федеральний природний заповідник для диких тварин із мальовничими річковими пейзажами. Місцева влада воліла б побачити комплекс як діловий центр з підприємствами і навіть житловими будинками. Землі уздовж ріки обіцяють великі можливості для розвитку бізнесу.

Якщо природний комплекс Хенфорда перетвориться на фермерський район, або, як тут висловлюються, «розвинеться», можливе повне знищення деяких видів поширених тут тварин. Можливість таких наслідків для

L.E. Bowman

багатьох не є секретом, але вони наполягають на розвитку цієї зони для потреб людини, неначе демонструючи свою впевненість у тому, що тварини можуть пристосуватися до життя будь-де. Та що б там хто не думав, пристосуватися до життя у будь-якому природному середовищі тварини не здатні.

Саме через таке переконання світ на сьогодні перебуває у тому небезпечному природному стані, з мільйонами різновидів тварин під загрозою знищення, багатьох вже зниклих та тих, що перебувають на межі вимирання. Що станеться з тваринами, які зараз поширені в природному комплексі Хенфорда, за умови його розвитку?

Білоголовий орлан є одним з таких видів. Люди обіцяють, що буде вдосталь простору для його існування, але дуже багато тутешніх орланів опинилися тут внаслідок міграції з безлюдних країв і не звикли до людей з їх діяльністю. Якщо ці краї почнуть розвиватися, птахи напевне покинуть свої гніздища і навряд чи повернуться сюди. Що ж буде з птахом нашої нації, якщо справи підуть саме таким чином? Після розробки земель ніщо не зупинить людей від проникнення на територію, що перебуває під захистом, і це буде лякати тварин.

Білоголові орлани, червони коршаки і сапсани живуть у природному комплексі Хенфорда. Там також є й велика кількість інших тварин і риб; деякі з них поширені в різних місцях, а деякі вже стали рідкими чи опинилися під загрозою знищення. Як «вища раса» (до якої дехто відносить людей), ми маємо піклуватися про інших живих створінь поруч з нами.

If the Hanford Reach is turned to farmland or "developed," then many of these species may become extinct. Many people know of these consequences, but because they seem to think animals can thrive anywhere, they still want to develop this land for human activities. However, animals can't thrive in any habitat.

Because of this reasoning, our world is in the terrible shape it is in today, with millions of endangered species, many others already extinct, and still others on the edge of extinction. If the Hanford Reach is developed, what will happen to the existing animals living there?

The Bald Eagle is one of these animals. People say that space for this bird will be provided, but a lot of eagles living here migrated from isolated places and aren't used to human activities. If the land is developed, the birds will leave their eyries, and once that happens, they may never return. If this happens, what will happen to our country's bird? Once the land is developed, there will be no stopping people from going into the protected areas and frightening the animals.

Bald Eagles, Ferruginous Hawks, and Peregrine Falcons live on the Reach. Many other animals and fish, some thriving in many other places, some rare and endangered, also live on the Hanford Reach. As the "superior race," as some people think of us, we have an obligation to take care of the other living things here with us.

Ferruginous Hawks

Kerri Brown

Червоні коршаки

Керрі Браун

The Ferruginous Hawk is one of the largest hawks in the world. These hawks are either a clear white or black with dark legs, but they always have a dirty white color on their chest. They live from southern Canada to northern Mexico and prefer open country with low cover.

Ferruginous Hawks have a diet that consists of gophers, ground squirrels, jack rabbits, other medium sized mammals, birds, large insects, and snakes. They have many techniques for hunting and usually work with their mate when they hunt. They either hunt from the air, tree branches, or along the ground.

These hawks build nests either in trees or on the ground. Ferruginous Hawks are the strongest hawks in the *Buteo* family. They use tree branches and large objects to build their nests. Every year, they add to this nest until it is 12 to 15 feet tall.

These hawks are so large they are often mistaken for eagles, but they are one of the most sensitive to human activity. If one of these hawks are disturbed by someone 120 meters away, 40 percent of the time they will abandon their nest. If someone is 250 meters away, 10 percent of the time they will leave. This is much more than other types of hawks, and one of the reasons they are on the brink of being endangered. The Hanford Reach is a good place for these hawks, because people are not allowed on this land very often, so the birds are not disturbed.

Червоний коршак є одним з найбільших яструбів у світі. Ці яструби мають або чисто біле оперення, або чорне оперення з ногами темного кольору, але на грудях біле оперення має завжди брудний відтінок. Вони поширені від південної Канади до північної Мексики, причому віддають перевагу відкритим місцям з низькою рослинністю.

Меню червоного коршака складають гофери, ховрахи, дикі кролики, інші невеликі ссавці, птахи, великі комахи та змії. Існує багато способів вполювати щось, але це робиться зазвичай разом із своєю парою. Полюють з повітря, з дерев, або наздоганяючи жертву на землі.

Гніздуються коршаки на деревах або на землі. Червоні коршаки є найсильнішими у сім'ї соколоподібних. Для будівництва гнізд вони використовують гілки дерев і великі предмети. Щороку гніздо добудовується, доки не стане заввишки 12 - 15 футів.

Ці коршаки настільки великі, що їх часто плутають з орлами, але вони дуже потерпають від діяльності людей. Якщо цих яструбів турбують з відстані 120 метрів, у 40 відсотках випадків вони залишать своє гніздо. Якщо це зробити з відстані 250 метрів, гніздище буде покинуто у 10 відсотках випадків. Це набагато частіше, ніж буває з іншими видами яструбів, і зокрема пояснює, чому червоні коршаки перебувають на межі свого знищення. Природний комплекс Хенфорда є чудовим місцем для цих яструбів, оскільки людям рідко дозволяють сюди наїжджати, а тому спокійне життя птахів не порушується.

Peregrine Falcons

Kerri Brown

Сапсани

Керрі Браун

Справжній сокіл, або сапсан, – це птах з темним опеpенням на спині та на верхівці голови, з чіткими позначками спереду голови; оперення на грудці світліше. Завдовжки приблизно 15 дюймів, розмах крил біля 40 дюймів. За своїми розмірами сапсан трохи менший від ворони, а за швидкісними якостями він посідає друге місце у світі між соколами, поступаючись лише мексиканському соколу. Справжні соколи рідко ширяють у повітрі, а швидкість їх пікірування може досягати 175 миль/год.

Поширений сапсан в усьому світі, окрім найвищих гірських районів, найсухіших пустель, антарктичної зони, деяких вологих тропічних лісів та океанських островів. Місце, яке вони вважають домівкою, є найбільшим за площею з усіх відомих на землі денних птахів. Перевагу сапсани віддають стрімким скелям, але живуть також і в лісах, гірській місцевості і навіть у великих населених містах, де є можливість гніздуватися на хмарочосах та живитися голубами.

Самиця сапсана за своїми розмірами більша від самця, і полюючи вона пікірує на здобич та хапає її першою від самця. При мігруванні сапсани пролітають за день до 160 миль, з середньою швидкістю до 20 миль/год. Вночі вони перепочивають зо 2 години, а потім знову вирушають о сьомій ранку. Кожної зими ці птахи мігрують на південь, а навесні повертаються до своїх гніздищ на півночі.

На початку Другої світової війни справжніх соколів навчали перехоплювати поштових голубів, йти на лобову з пропелерами ворожих літаків та різати стропи ворожих парашутистів за допомогою ножів, що кріпилися у них на погрудді. Пізніше цей

Peregrine Falcons are birds with a dark color on their back and the top of their head, with heavy markings on their face, and a lighter chest color. They are 15 inches long, with a wingspan of 40 inches and are slightly smaller then a crow. They are the second fastest falcon in the world, slower only than the Prairie Falcon. They rarely soar, and their dives can reach 175 mph.

They live all over the world, except on the highest mountains, driest deserts, Antarctica, some rainforests, and oceanic islands. Peregrine Falcons occupy the largest range of habitat of all known diurnal land birds. They prefer cliffs, but will live in forests, mountains, and even crowded cities, where they make their nests on skyscrapers and feed on pigeons.

Female Peregrines are larger then males, and when they hunt together, she dives and eats first. When Peregrines migrate, they fly 160 miles per day, with an average speed of 20 mph. At night, they rest 2 hours before starting again at 7 a.m. Each winter they migrate south, then in spring, they return to their nests in the North.

At the beginning of World War II, Peregrine Falcons were trained to intercept messenger pigeons, crash into enemy plane propellers, and slit enemy parachutes with knives attached to their chests. The project was later abandoned, but they still used them to intercept messenger pigeons. As much as this helped the allies, it also created a problem, because the falcons would eat the pigeons also. Because of this, people were allowed to kill Peregrine Falcons that preyed on pigeons and destroy their eggs.

This made the Peregrines scarce in some regions, but the army wasn't their only problem. When falconers started using guns instead of birds, they competed with the falcons for prey, so they would shoot them down. Pigeon racers blamed Peregrine Falcons for losses and shot them down illegally every chance they got.

Even with all these problems, Peregrine Falcons still thrived. But from the 1940s to the 70s, their numbers started to decrease rapidly. Organochlorine pesticides thinned the eggshells, so they would get squished when the adults sat on them. The eggs are a white pinkish cream color, sometimes with brown or red marks, and are 55 millimeters long. When people figured out what was happening, the use of the pesticides was limited or restricted.

Peregrine Falcons now thrive almost all over the world, but we can never tell for sure what will happen in the future. The Hanford Reach is an ideal place for these birds, as it is for the many other species of plants and animals living there.

проект було призупинено, але сапсани продовжували використовуватися для перехоплення поштових голубів. Це посприяло діям союзників, але і стало причиною певних труднощів, оскільки справжні соколи зазвичай поїдали впольованих голубів. Через це людям було дозволено вбивати справжніх соколів та знищувати їх гніздування.

Останнє в окремих місцях перетворило справжніх соколів на рідкого птаха, але це сталося не тільки з військових причин. Коли мисливці-соколятники перейшли на використання рушниць, справжні соколи перетворилися на суперників у полюванні, а тому у соколів стали стріляти. Власники поштових голубів звинуватили справжніх соколів у втратах своїх улюбленців і почали вбивати цих соколів за всякої нагоди, цілком нехтуючи чинним законодавством.

Та, навіть незважаючи на все сказане, справжні соколи вижили. Але з сорокових до сімдесятих років їх кількість швидко пішла на спад. Внаслідок застосування органічних пестицидів з домішками хлору шкаралупа яєць стала тоншою, і зазвичай не витримувала, коли дорослі птахи садились на неї. Самі яйця мають білий рожевувато-кремовий колір, інколи з коричневими чи червоними цяточками, 55 мм завдовжки. Коли люди здогадалися про зазначену причину зменшення сапсанів, застосування пестицидів було обмежено або заборонено.

На сьогодення справжній сокіл, або сапсан, поширений майже в усьому світі, та ніколи не можна сказати напевне, що може трапитися у майбутньому. Природний комплекс Хенфорда є ідеальним місцем для цих птахів, так само як і для безлічі інших різновидів рослин та тварин, що вподобали собі ці краї.

Білоголові орлани

Керрі Браун

Вага білоголового орлана від 8 до 12 фунтів, розмах крил – 7 футів. Тулуб має темно-коричневе оперення, а голова та хвіст – білого кольору. Орлани утворюють пари на все життя. Живуть вони до 30 років, а то і довше, з року в рік користуються одним і тим самим гніздом, щорічно додаючи до нього нові гілки та палички. Живляться орлани рибою та мертвими тваринами, а тому належать до птахів, що полюють та живляться падаллю.

У 1782 році білоголові орлани були поширені від Аляски до північної Мексики. З 1917 до 1952 року аляскійські рибалки знищили понад 128273 цих птахів, причому уряд Аляски виплачував винагороду за кожного вбитого птаха.

У 1961 році існувало лише 3576 білоголових орланів, а у 1968 - тільки 2772. Є ціла низка причин, що призвели до зменшення кількості білоголових орланів, але всі вони пов'язані з людським фактором.

Компанії, що розробляли деревину, вирубували дерева, на яких гніздилися ці птахи, або лякали їх, і птахи тікали якомога далі від своїх гніздовищ. Власники ранчо відстрілювали орланів, звинувачуючи їх у зменшенні поголів'я своїх отар. Молодих білоголових орланів вбивали випадково, плутаючи їх через колір оперення з молодими яструбенятами. Але найбільшого лиха орлани зазнали від дихлор-дифеніл-трихлор-етану, що загальновідомий як ДДТ.

ДДТ - це пестицид, який фермери зазвичай застосовували для боротьби із шкідливими комахами. Як правило, при поливанні рослин частина ДДТ змивалася і попадала з полів у найближчі озера та річки. Потім ці хімікати опинялися в мікроорганізмах, якими традиційно живилася дрібна риба. Дрібною рибою живилася більша риба, а тією – білоголові орлани. Звичайно ДДТ не призводив до знищення жодної з зазначених тварин, просто його кількість накопичувалася у внутрішніх тканинах, і на час, коли ДДТ потрапляв всередину білоголових орланів, доза вже була дуже великою. Але навіть від неї білоголові орлани не вмирали, але виявлялися нездатними до розмноження.

Зараз ДДТ заборонений у США, його вживання дозволяється тільки за надзвичайних умов і згідно суворих правил. Однак і на сьогодення ДДТ все ще негативно впливає на білоголових орланів та деяких інших птахів.

Bald Eagles

Kerri Brown

Bald Eagles are 8 to 12 pounds, with a wingspan of 7 feet. They have dark brown bodies with white heads and tails. They have one mate their whole life. They live 30 years or more and use the same nest year after year, adding sticks and branches each year. They eat fish and feed on dead animals. This makes them hunters and scavengers.

In 1782, the Bald Eagle lived from Alaska to Northern Mexico. From 1917 to 1952, Alaskan fishermen killed more than 128,273 of these birds and got paid by the Alaskan Government for each bird they killed.

In 1961, only 3,576 Bald Eagles existed and only 2,772 by 1968. There are many things that reduced the number of Bald Eagles, but they were all caused by humans.

Lumber companies cut down the trees where they nested or scared them away from their nests. Ranchers shot them from the sky saying the big birds killed their sheep. Babies were shot by accident, because they look more like big chicken hawks than Bald Eagles. The problem that affects them the most is dichlorodiphenyltrichloroethane, more commonly known as DDT.

DDT is a pesticide that farmers would spray on their crops to kill the bugs. When the plants were watered, some of the DDT would run off the plants into nearby lakes or rivers. The chemical would then be eaten by microorganisms, which would be eaten by small fish. The small fish were eaten by larger fish that would be eaten by the Bald Eagle. The DDT would not kill any of the animals; it would just grow in the tissue, so when it reached the Bald Eagle, it would be very large. This still did not usually kill the eagle, but it did not allow Bald Eagles to reproduce.

DDT has been banned from the United States and can only be used under extreme emergencies and under strict rules. However, it is still affecting Bald Eagles and other birds today.

Salmon

Kerri Brown

There are four main types of salmon that live in the Columbia River. Salmon are anadromous fish, a Greek word meaning "running upriver." The Chinook, Coho, Sockeye, and Steelhead Salmons have been around much longer than anyone can remember. Unfortunately, dams have been built along the Columbia River, destroying spawning grounds and making the trip from the river to the ocean extremely difficult.

The largest species of salmon is the Chinook, which is often called the King Salmon. They are usually around 4 feet long and 10 to 15 lbs, but ones as large as 126 lbs have been found. Chinook Salmon have greenish backs with black spots, silver sides and bellies, and black mouths and fins. As they age, their color darkens, and the males nose twists into a hook, called a "kype." They migrate from the ocean to places along the river between spring and fall. The female Chinook buries 3,000 to 7,000 eggs in holes called "redds" which they dig in gravel. After hatching, the fish stay for a year or two before going to the sea.

Sockeye Salmon start out with silver sides and bellies and greenish blue backs, but as they grow older, they turn red and their lower jaw turns light gray while their upper jaw and snout turn black, and the face of the males turns an olive green. They weigh 12 lbs on average and return to the river between ages 3 and 8, but most return to the river when they are 4. They lay about 3,500 eggs in small tributaries off lakes, and when they hatch, they move immedi-

Лосось

Керрі Браун

В ріці Колумбія є чотири основні види лосося. Лосось - прохідна риба, в перекладі з грецької її назва означає «той, хто пливе вверх по ріці». Лососі чінук, кохо, нерка, та сталеголовий лосось мешкають тут з давніх давен. На жаль, дамби перегородили річку Колумбія, вони знищили місця для нересту та зробили подорож з річки до океану надзвичайно важкою.

Найбільший з лососів – чінук, якого також називають королівським лососем. Він звичайно має 4 фути в довжину та важить 10-15 фунтів, але були випадки, коли були спіймані лососі вагою аж 126 фунтів. У лосося-чінука зеленувата спинка, з чорними плямами, сріблясті боки та черево, чорний рот та плавці. З віком вони темнішають, а ніс чоловічого особня перетворюється на гачок. З весни і до осені ці риби мігрують з океану уверх по ріці. Самка лосося відкладає від 3 до 7 тисяч ікринок в нори, які лосось риє у гравію. Після того, як з ікри вилуплюються мальки, риба ще рік чи два залишається в річці, перш ніж повернутися до океану.

Лососі-нерки народжуються зі сріблястими боками й черевом та з зеленувато-синьою спинкою, але з віком вони набувають червонуватого кольору, їхні нижні щелепи стають світло-сірими, верхні щелепи та ніс – чорними, а голова чоловічих особнів стає оливково-зеленою. Вони важать в середньому близько 12 фунтів, повертаються до ріки у віці від 3 до 8 років, але більшість – у віці 4 років. Вони відкладають близько 3500 ікринок в невеликих річках, які живлять озера; одразу після того, як з'являються маленькі рибки, вони переміщаються в озера, де живуть не менше року.

Лосося кохо часто називають срібним лососем. У нього металево-синя спинка, сріблясті боки та черево, на спинці та хвості зверху повсюди розкидані чорні плями, це володар чорного роту з тонкою білою смужкою вздовж ясен. Дорослий лосось набуває кольору іржі. Він важить звичайно близько 8 фунтів, але деякі виростають аж до 30 фунтів. Лосось кохо повертається в річку Колумбія у віці 3 років, самка відкладає від 3 до 4 тисяч ікринок в кількох місцях. Більшість лососів залишає ріку у віці 2 років, але вони можуть робити це й між 1 та 3 роками.

Сталеголового лосося називають ще райдужною фореллю. Він має суцільний сріблясто-сірий колір, інколи з червоними смужками, який з віком темнішає. Сталеголовий лосось багато в чому відрізняється від інших лососів. По-перше, їх носи не набувають гачкуватої форми, як в інших лососів. Ще одна розбіжність в тому, що більшість їх мігрує влітку, але міграція може статися в будь-яку пору року. Дорослі лососі можуть повертатися до річки для парування, а молоді – йти до океану. Ці риби повертаються до ріки через два роки перебування в океані, і на відміну від інших лососів, після розмноження вони не гинуть, але тільки 10-15 відсотків виживають після міграції з ріки до океану. Найстарішому сталеголовому лососю, якого впіймали, було 9 років.

Хоча лососі відкладають тисячі ікринок, багато з них з'їдають інші тварини, багато гинуть під час міграції, так що залишається небагато. З 1900-х до 1930-х років, внаслідок неконтрольованого рибальства, забруднення, непланового будівництва дамб та безконтрольного риття зрошувальних каналів, популяцію лососів майже повністю було знищено, але згодом, коли ці причини було усунено, її було відновлено практично до рівня 19-го сторіччя.

ately into the lake where they live for at least a year.

Coho Salmon are often called “Silver Salmon.” They have metallic blue backs with silver sides and bellies, black spots scattered around their backs and upper tails, and black mouths with a thin white line along their gums. The adult salmon turn a muddy red. They usually weigh about 8 lbs, but some have gotten to be as big as 30 lbs. Coho Salmon return to the Columbia River when they are 3 years old, and the females lay 3,000 to 4,000 eggs distributed among several redds. Most of the salmon go to the ocean when they are 2 years old, but they can leave anytime from 1 year to 3 years of age.

Steelhead Salmon are called “Rainbow Trout.” They are a solid silvery gray and sometimes have reddish streaks and darken as they grow older. The Steelhead Salmon differ from other salmon in many ways. One way is that their noses don't twist into hooks, or kypes, like other types of salmon. Another way they are different is that most of them migrate during the summer, but they can migrate anytime during the year, so while the adults are returning to the river to mate, and younger salmon are migrating to the sea. The fish return to the river after 2 years in the sea, and unlike other salmon, they don't die after mating, but only 10 to 15 percent of the salmon survive the migration from the river to the sea; the oldest one ever found was 9 years old.

Even though salmon lay thousands of eggs, many are eaten by other animals or die along the migration, so in the end, not many are left. From the 1900s to the 1930s, overfishing, pollution, non-federal dams, and unscreened irrigation ditches almost destroyed the salmon population, but as these things have been fixed and taken care of, the salmon population has almost returned to the number it was before the 1900s.

Chapter 9

Глава 9

Nuclear Legacy

Chornobyl and Slavutych

Атомна спадщина

Чорнобиль і Славутич

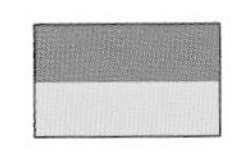

Chornobyl NPP
Interview with my Father

Kateryna Minazova

Чорнобильська АЕС
Інтерв'ю з батьком

Катерина Міназова

Мене звати Катерина, мені 14 років, і 10 з них я прожила у Славутичі. Це чудове маленьке містечко в Україні, яке молодше за мене і яке з'явилося на Землі через страшну подію - ядерну аварію на Чорнобильській атомній електростанції (ЧАЕС). Коли мені запропонували написати про це статтю - інтерв'ю, то я вирішила звернутися до свого батька, оскільки він відпрацював на ЧАЕС 12 років і є одним із провідних фахівців на станції у своїй галузі.

Як і чому сталася аварія на ЧАЕС?

Аварія трапилася внаслідок кількох порушень вимог виробничих інструкцій, через те, що були вимкнені автоматичні системи аварійного захисту під час проведення експерименту. В результаті ланцюгової реакції стався вибух.

І хто винен у тому, що сталося у квітні 86-го року?

Винна наявна на той час система управління і експлуатації такого об'єкта, як атомна станція. Для проведення експерименту персонал отримав наказ провести деякі відключення, незважаючи на заборону в інструкціях, і люди вимушені були це зробити.

Що зараз зроблено і робиться на ЧАЕС, щоб подібна аварія ніколи не сталася знову?

Встановлено додаткові системи аварійного захисту, проведено реконструкцію старих систем захисту, внесено зміни до інструкцій з підвищення культури безпеки.

My name is Kateryna, I am 14 years old, and ten of them I have lived in Slavutych. This is a wonderful little town in Ukraine, which is younger than me, and which owes its existence to a terrible event—the nuclear accident at Chornobyl Nuclear Power Plant (ChNPP). When I was asked to write an article-interview about this, I decided to speak with my father since he has worked at ChNPP for 12 years and has been one of the plant's leading specialists in his area of expertise.

How and why did the ChNPP accident happen?

The accident resulted from several violations of operation instructions; it was caused by the fact that the automatic emergency protection system was turned off during an experiment. An explosion was the result of a chain reaction.

Who is to blame for what happened in April of 1986?

The system of management and operation of such facilities as nuclear power plants that existed at the time. The personnel of the plant received orders to disconnect certain systems, although this was prohibited by technical specifications, and the people had no choice but to obey the orders.

What has been done, and what is currently being done at ChNPP to make sure that a similar accident will never happen again?

Additional emergency protection systems have been installed, old systems have been upgraded, and procedures have been modified in order to improve the safety culture.

Is a repeat of a similar explosion possible?

This would require that dozens of people, both in ChNPP management and in Kyiv, agree on a course of action that would result in an explosion, which is unlikely.

Can we, the residents of Slavutych, be sure that we won't follow the destiny of those who lived in Prypyat?

Slavutych is far from any industrial facilities, specifically from ChNPP. In this respect, its location even has advantages over that of other cities. Of course, it is possible that a natural disaster could lead to a mass evacuation of people, for example, if the Dnipro floods the town or if a meteorite falls on it. But it will not be because of an accident at ChNPP.

Today there is a closed 30-kilometer zone around ChNPP. When will the people be able to come back to their homes in the contaminated territories without risking their health?

In 300 years, and maybe later. In order for this to happen earlier, it is necessary to completely decontaminate the area. We are talking about vast territories. This would demand a huge investment of capital and effort, and it is probably not worth it. Today, decontamination within the exclusion zone is done only for conducting specific jobs and construction.

What will happen to ChNPP when it is shut down?

Most of the employees will be laid off. Only those who monitor the site, contaminated equipment, structures, and adjacent territories will stay. A nuclear waste storage facility, SNFS-2, where spent fuel will be stored and monitored, will be built.

Wouldn't this storage facility be dangerous for the environment?

Any spent fuel is potentially dangerous. That is why strict control is necessary to prevent

А повторення такого вибуху можливе?

Для цього повинні спеціально домовитися десятки людей, у тому числі й серед керівництва на ЧАЕС та у Києві, що малоймовірно.

Чи можна на сьогодні бути впевненим, що для нас, жителів Славутича, відсутня загроза зазнати долі мешканців міста Прип'яті?

Славутич розташований далеко від будь-яких промислових об'єктів і від ЧАЕС зокрема. Щодо цього ситуація для нас навіть краща, ніж для багатьох інших міст. Звичайно, може трапитися стихійне лихо, що спричиняє жертви і масове переселення людей. Наприклад, Дніпро розіллється так, що затопить місто. Або метеорит впаде. Але не аварія на ЧАЕС.

Зараз навколо ЧАЕС створено закриту 30-кілометрову зону. Коли люди зможуть повернутися на забруднені території без ризику для свого здоров'я?

Через 300 років, і навіть пізніше. Щоб це сталося раніше, необхідно провести повну дезактивацію території. Це величезна площа. Необхідно вкласти такі великі грошові кошти і зусилля, котрі навряд чи окупляться. Зараз дезактивація у зоні відчуження проводиться для виконання конкретних робіт, будівництва.

Що станеться з ЧАЕС, коли вона відпрацює свій термін?

Переважну частину персоналу буде скорочено. Залишаться ті, хто проводитиме контроль за станом проммайданчика, забрудненого обладнання, конструкцій та прилеглих територій. Буде збудоване сховище відходів ядерної технології СВЯП-2, де зберігатиметься відпрацьоване паливо і буде здійснюватися контроль за його станом.

А це сховище не являтиме собою загрозу для довкілля?

Будь-яке відпрацьоване паливо є такою загрозою. Для цього і потрібен жорсткий контроль за його зберіганням, щоб не допустити його викрадення і подальшого розповсюдження речовин.

А об'єкт «Укриття» не являє собою таку небезпеку? І коли його можна буде розібрати,

щоб влаштувати там тенісний корт?

Ніколи. На сьогодні людству не відомі технології, що дозволили б нейтралізувати наявне в «Укритті» паливо, брудне обладнання, заражений грунт під ним і навколо нього. Зараз можна лише локалізувати залишкові радіоактивні речовини і утримувати їх під кваліфікованим контролем.

То чому би людству не відмовитися взагалі від атомної енергетики, якщо вона спричиняє такі тяжкі та тривалі наслідки?

Можна відмовитися від усього і жити у печері, як стародавні люди. Зараз атомна енергетика - найдешевша. Вугільна та нафтопереробна галузі теж спричиняють порушення рівноваги в природі. Будуються шахти, які обвалюються і вибухають, гинуть люди, утворюються порожнини в землі, відбувається ерозія грунту. Результатом є не менш глобальні негативні наслідки.

А ти хотів би, щоб я, твоя дочка, працювала в атомній енергетиці?

Можливо, у якомусь науково-дослідному інституті за фахом, що не має прямого зв'язку з ядерною технологією, наприклад, статистична обробка інформації, ведення бази даних тощо. Але не на атомній станції.

theft and further contamination.

Does Object Shelter pose a similar danger? When can it be dismantled so that a tennis court can be built there?

Never. Today, we do not have any technologies that would enable us to neutralize the fuel inside the Shelter, contaminated equipment, and soil under and around it. Currently, we can only localize the remaining radioactive substances and perform quality control of their storage.

Then maybe mankind would be better off without nuclear energy, since it results in such hard and long-lasting effects?

We can do away with everything and live in caves, like ancient people. Today, nuclear energy is the cheapest. Coal mining and the oil industry also lead to disruptions in the natural balance. Mines are built, which then crash and explode, people are killed, and underground cavities are made, which leads to soil erosion. This results in an equally negative global effect.

Would you like to see me—your daughter—working in the nuclear industry?

Possibly, in some scientific and research institute in a position not directly involved with nuclear technologies, such as statistical information analysis, database maintenance, and so on. But I would not like to see you working at a nuclear power plant.

People have returned to live in the Exclusion Zone

Люди повернулися до зони відчуження

Володимир Савран

All Flesh, *Mice and Men,* *Strive for Survival*

Olga Schukina

Все живе прагне жити

Ольга Щукіна

Not far from the town of Slavutych there is a 30-kilometer Exclusion Zone. Both the town and the Zone came into existence following the 1986 accident at Chornobyl Nuclear Power Plant (ChNPP). Unlike Slavutych, Chornobyl Zone is considered a mystery, something inconceivable. Some people imagine it covered with ash, without any sign of existing life forms. I decided to find out for myself what the Chornobyl Zone is in reality. I was aided in this task by the Laboratory for Radioecology of Animals within the Chornobyl Center of International Research. The Laboratory has been continuously monitor-

Неподалік від Славутича пролягла тридцятикілометрова зона відчуження. І місто, і зона виникли внаслідок аварії на Чорнобильській АЕС. На відміну від Славутича, Чорнобильську зону здебільшого вважають чимось таємничим, неосяжним. Дехто уявляє її вкритою попелом, без єдиного натяку на існування будь-яких форм життя. Я вирішила з'ясувати для себе: яка ж Чорнобильська зона насправді? І в цьому мені допомогла лабораторія радіоекології тварин Чорнобильського наукового центру міжнародних досліджень, яка постійно слідкує за станом відчуженої території. Я взяла інтерв'ю в начальника лабораторії Сергія Петровича Гащака.

Сергію Петровичу, розкажіть, будь ласка, як була утворена лабораторія.

Після Чорнобильської аварії в зону приїхала велика кількість спеціалістів-експертів, але вони розмістилися в різних місцях. Через деякий час спеціалісти об'єдналися в організацію, а потім утворили лабораторію. На сьогоднішній день наша лабораторія має значний науковий і виробничий потенціал.

За якими напрямками ведуться дослідження?

Лабораторія вивчає дію радіації на речовини, має аналітичний відділ, радіохімічний, є відділ, який займається проблемою лісу і станом тварин. Також тут розробляються заходи для зниження проникнення радіонуклідів у організм. Багато зусиль доклали науковці у вирішенні питань, пов'язаних з об'єктом «Укриття», який найбільше забруднений. Не менш важливою є проблема захоронення радіоактивних матеріалів, звернена увага на стан лісів, їх розвиток. Також ми вирішуємо долю забрудненої території, допомагаємо повернути її в екологічно чистий стан.

В якому стані сьогодні флора і фауна в зоні?

За 13 років Чорнобильська зона дуже змінилась. Рослинність завойовує все більші і більші території. Поля і луки поросли бур'янами. Якщо до аварії ліс на цій території займав 50 відсотків, то зараз ця цифра збільшилася до 80 відсотків. Трава і кущі не ростуть лише на тих ділянках, де постійно діє людина. Тваринний світ теж прогресує в своєму розвитку.

Чи є зараз реальна небезпека для лісу?

Найголовніша небезпека – вогонь. Після аварії ліс залишився занедбаним. Саме тоді в соснових борах почали спостерігати морфоз. Сосна довгий час хворіла, і це призвело до вимирання лісів і захаращення території. Вогненебезпека значно зросла. Для врятування лісу було створено підприємство «Чорнобильліс», яке займається його розчищенням, насадженням нових дерев, а

ing the situation in the Exclusion Zone. I interviewed Mr. Sergiy Petrovych Gaschak, Head of the laboratory.

Mr. Gaschak, could you tell me about how the laboratory was created?

After the Chornobyl accident, a great number of experts and specialists came into the Zone, but they were located in different places. Some time later, the specialists united into an organization and then a laboratory was formed. Today our laboratory has a significant research and production potential.

What are the ways in which research is carried out?

The laboratory is engaged in studying the radiation effects on substances. It has an analytical department, radiochemical department, and a department for studying the forest problems and animal situation. Here we are also developing measures aimed at decreasing the amount of radionuclides that can get into the body. A lot of effort was put by the researchers into solving problems connected with *Object Shelter,* which is most contaminated. Of equal importance is the problem of disposal of the radioactive materials; attention is paid to the situation in the forests and their development. We also decide what to do with the contaminated territory, and help restore its ecologically pure conditions.

What are the flora and fauna conditions in the Zone?

Chornobyl Zone has changed a lot in 13 years. The vegetation covers a larger and larger area. The fields and meadows have been taken over by weeds. If before the accident the area of the forest here was 50 percent of the territory, now this figure has risen to 80 percent. The grass and bushes do not grow only in the areas with continuous human activities. Development of the animals here is in progress too.

Is there a real danger for the forest?

The largest danger is fire. After the accident, the forest was abandoned. Soon after, metamorphosis was noticed in the pine forest. The pine trees had not been well for a long time, and that resulted in the forests dying and the territory becoming more cluttered. The danger of fire became much greater. To save the forest, the enterprise "Chornobyllis" (meaning "Chornobyl forest") was set up; it is engaged in clearing the forest, planting new trees, and preparing the cleanest areas of the forest for woodcutting.

Do you conduct experiments with animals at the laboratory?

Of course, and they help us the most. Experiments help us to learn how radiation effects animals. We use rats, cows, pigs, sheep, rabbits, hens ...

I've heard something about the "Ferrocyanide" Program...

We developed this program in 1990. The main task of the program was to study the effects of food additions on animals. "Ferrocyanide" was introduced in many countries that suffered from the accident – Russia, Belarus, and the Scandinavian countries. This program was active in Ukraine too.

Mr. Gaschak, is it possible to revive the 30-kilometer Zone completely?

My colleagues and I hope for the best, and we believe in complete revival of the Zone. We are fighting for that, and nature helps us. Everything that is alive strives for survival, and even now, there are areas in the Zone that can already be utilized for agricultural purposes; some areas can be used partially. But there are portions of the forest which still remain a life threat. We direct all our efforts at supporting the revival. Projects for utilization of the biological resources of the Zone to generate energy have been considered. But for now, the Zone is an object for research.

Children being raised in the contaminated Exclusion Zone

Діти, що зростають у забрудненій зоні відчуження

також готує найбільш чисті ділянки лісу на лісозаготівлі.

Скажіть, чи є у Вашій лабораторії тварини, на яких проводять експерименти?

Звичайно, вони наші найперші помічники. Експерименти допомагають визначити, яким чином радіаційна доза діє на тварин. Ми використовуємо пацюків, корів, свиней, овець, кролів, курей…

Я дещо чула про програму «Фероціанід»…

Ця програма була розроблена нами у 1990 році. Головним її завданням було дослідити харчові домішки на тваринах. «Фероціанід» впроваджувався у багатьох країнах, які постраждали від аварії – у Росії, Білорусії, країнах Скандинавії… діяла ця програма і на Україні.

Сергію Петровичу! Чи вдасться все ж таки відродити тридцятикілометрову зону повністю?

Я і мої колеги сподіваємося на краще і віримо в повне відродження зони. Адже ми боремось за це, і природа нам допомагає. Все живе прагне жити, і вже зараз є ділянки зони, які можна використовувати для сільськогосподарських цілей, є території обмеженого користування. Але все-таки досі існують такі ділянки лісу, перебування в яких становить загрозу для життя. Ми всі сили спрямовуємо на те, щоб допомогти відродженню. Були вже розглянуті проекти використання біоресурсів зони для видобутку енергії. Але поки що зона – це об'єкт досліджень.

Володимир Савран

ANIMALS *of the Exclusion Zone*

Daria Goschak

ФАУНА *Чорнобильської зони*

Дарія Гощак

Після аварії на Чорнобильській станції величезні території по всій Земній кулі тією чи іншою мірою були забруднені радіонуклідами, викинутими із зруйнованого реактора. Однак тільки в найперші місяці після аварії і лише на дуже обмеженій території навколо ЧАЕС радіаційне забруднення довкілля мало значний вплив на здоров'я чи навіть викликало загибель тварин і рослин. На менш забруднених і більш віддалених ділянках радіаційне забруднення не відіграло значної ролі. Тут істотніший вплив на живі організми мала евакуація людей і припинення сільськогосподарської та лісогосподарської діяльності. Врешті-решт останні фактори почали більше впливати на формування флори і фауни і в центральній, найзабрудненішій, частині Чорнобильської зони.

Полишені людиною поля, ліси, луки, села і навіть міста почали залучатись у ланцюг природних подій, які повертали поліській землі її первісний вигляд. Чорнобильська зона

The accident at Chornobyl Nuclear Power Plant (ChNPP) resulted in various degrees of contamination of huge territories all around the world, with radionuclides dispersed in the fumes of the wrecked reactor. However, only during the first several months, and only in a limited area around ChNPP, the contamination had significant impact on the environment, causing sickness or even death of animals and plants. On the less contaminated and more distant territories, contamination didn't have a serious effect. A more serious factor here was the evacuation of people, and the discontinuance of farming and forestry. Finally, these latter factors began to influence the formation of flora and fauna in the central, uncontaminated part of the Chornobyl Zone.

Deserted fields, forests, meadows, villages, and even towns began to return to the natural chain of events, and the land of Polissya started to regain its original appearance. Chornobyl

Zone's natural wildlife has returned. With the passage of time, fields have become overgrown with grass, weeds, and shrubs. More and more open land has turned into forests. Houses in villages and towns collapse, soil collects on the highways and roads, vegetation meets no obstacles, growing on the roofs, walls, and roads.

People have little involvement with animals, and the zone has turned into a forest reserve. During 13 years, the number of many species of animals, birds, and other fauna has significantly increased. The environment is regaining its multiplicity and primeval beauty.

Scientific research reveals that about 50 species of fish, 11 species of amphibia, 7 species of reptiles, about 200 species of birds, and 70 species of mammals live here. In addition, during the spring and autumn migrations, another 60 species of birds arrive in the Zone. Among all of the above animals, thirty-eight species are in the Ukrainian Red Book (thus considered endangered), and over 200 are protected by European laws.

There is a cooling pond near ChNPP. It has a lot of fish: not only the local species (catfish, bream, crucian, perch), but also the species brought here from the Far East (a type of carp called "white amur", scaleless carp) and from America (canal sheat-fish, buffalo).

The most interesting fauna here is the amphibia – tree-frogs, who actually live on the trees, and beautiful green toads. There are many turtles in the local basins, and among the snakes, the most numerous are grass snakes.

After the Chornobyl accident, more large and rare birds have been spotted in the Zone. Gray cranes nest on damp marshy meadows, black storks live in the woods, and white-tail eagles and ospreys keep close to the water. There are many birds of prey that usually don't nest where people live. Also, the population of

дичавіла і набувала природності. Поступово поля заросли травами, чагарниками. Все більше відкритих ділянок заростають деревами. Будинки у селах і містах руйнуються, шляхи заносяться землею, а рослини без перешкод ростуть на дахах, стінах, дорогах.

Через те, що людина майже не турбує тварин, Чорнобильська зона перетворилась на заповідник. Протягом 13 років чисельність багатьох видів звірів, птахів та інших тварин значно зросла. Природа зони набуває розманітності і первісної краси.

Наукові дослідження показали, що тут мешкають близько 50 видів риб, 11 видів амфібій, 7 видів рептилій, близько 200 видів птахів і 70 видів ссавців. До того ж у час весняних та осінніх перельотів зону відвідують ще майже 60 видів птахів. Серед усіх цих тварин 38 видів занесені до Червоної книги України, понад 200 охороняються у відповідності з європейськими законами.

Біля Чорнобильської АЕС розташована водойма — став-охолоджувач. У ньому дуже багато риби: і не лише місцеві види (сом, лящ, карась, окунь), але і види, завезені з Далекого Сходу (білий амур, товстолобик) та Америки (канальний сомик, буффало).

Найбільший інтерес викликають представники амфібій — жаби-красуні квакші, які живуть на деревах, а також красиві зелені жаби. У водоймах зони багато черепах, а серед зміїв найзвичайнішим видом є вуж.

Після аварії в Чорнобильській зоні з'явилось більше рідкісних і великих птахів. На сирих заболочених луках гніздиться сірий журавель, у лісах — чорний лелека, біля водойм тримаються білохвості орлани, скопа. Є чимало інших хижих птахів, які рідко зустрічаються в місцях, де живе людина. Значно більше з'явилось у регіоні тетеруків.

Серед великих ссавців можна відмітити лося, благородного оленя, козулю, вепра, вовка, рись. На ріках зони оселились бобри, видри, норки, ондатри. Велика різноманітність дрібних ссавців: кроти, їжаки, землерийки, кажани, соні, полівки, миші, білки, зайці тощо.

До речі, названі тварини мешкають не тільки в лісах чи на луках, їх можна зустріти в містах і селах зони. Чимало птахів будують гнізда на балконах і в квартирах полишених будинків, а вепри і козулі частенько приходять підгодуватись до покинутих сіл.

1998 року в Чорнобильську зону завезли навіть коней Пржевальського та зубрів. Однак це був непродуманий захід, і від нього довелось відмовитись.

Тварини, що мешкають у Чорнобильській зоні, поза сумнівом, відчувають вплив радіації. Та в сучасних умовах цей вплив незначний, і його наслідки можна виявити лише з допомогою вельми складних наукових досліджень. Тварини накопичують в організмах радіонукліди, часом дуже багато.

Що буде з тваринним світом зони через десятиліття, піввіку?

Поживемо — побачемо.

black grouses has significantly increased in the area.

Among the large mammals are elk, noble deer, roes, wild boars, wolves, and bobcats. The riverbanks of the zone are populated with beavers, otters, muskrats, and minks. There is a large variety of small mammals: moles, hedge-hogs, shrews, bats, dormice, field voles, mice, squirrels, hares, etc.

By the way, these animals not only live in the woods or fields, they also can be observed in the towns and villages of the Zone. Many birds build their nests on the balconies and in the apartments of deserted buildings, while wild boars and roes often come to the villages to find something to eat.

In 1998, people even brought Przhevalsky horses and bisons here. However, this was an unreasonable venture, and they had to take the animals back.

Animals living in Chornobyl Zone undoubtedly experience radiation impact. However, under current conditions, this impact is insignificant and its consequences can only be analyzed by means of complex scientific research. Animals accumulate radionuclides in their bodies, sometimes, quite a lot.

What is going to happen to the animal kingdom of the Zone in ten years, fifty years?

We shall see.

Ялинки, що виросли з насіння, зібраного біля реактору, який вибухнув у 1986 році

Pine trees planted from seeds collected near the reactor that exploded in 1986

Володимир Савран

Chapter 10

Глава 10

City of Slavutych Today

Славутич сьогодні

The Symbol of Infinity

Kateryna Khropata

Символ безмежності

Катерина Хропата

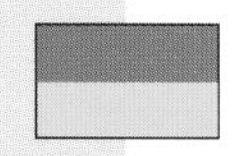

Славутич – місто, відоме всьому світу, але по-справжньому воно знане поки що зовсім мало. Місто, збудоване після Чорнобильської катастрофи представниками восьми республік колишнього Радянського Союзу фактично за один рік, своєю архітектурою, зовнішнім виглядом і внутрішнім складом сягнуло у XXI століття.

Славутич – символ безмежності часу. Своєю появою він продовжив вікову традицію людей – об'єднуватись у біді. І постав він назавжди не знаком чорнобильського лиха, а знаком мужності, єдності, дружби народів.

Серед поліських лісів, у межиріччі могутнього Дніпра і красуні Десни, на давній сіверській землі, за 200 кілометрів на північ від Києва, майже на кордоні з Білоруссю розташувалось це молоде, але вже з своєю історією місто.

26 березня 1988 року у Славутичі видано перші ордери на заселення житлових будинків.

Тепер у місті 12 кварталів. Бакинський, Бєлгородський, Вільнюський, Єреванський, Київський, Ризький, Талліннський, Тбіліський… Кожна назва – «географічна» пам'ять про будівельників, які звідусюди приїхали на новобудову. А Добринінський квартал – то пам'ять про літописного Добриню, рідного дядька князя Володимира – святителя Київської Русі. Добриня виріс на цій землі.

Стрижнем Славутича, який все частіше називають містом-музеєм сучасної архітектури, є проспект Дружби народів. Вдалішу назву годі було шукати. По-перше, у місті мешкають представники 28 національностей. А по-друге, його створили посланці багатьох незалежних тепер країн: Азербайджану, Білорусі, Вірменії,

Slavutych is a city known all over the world, but it is not yet known very well. This city, built after the Chornobyl catastrophe by representatives from eight republics of the former Soviet Union, with its architecture, appearance, and internal structure stepped into the 21st century practically within a year.

Slavutych is a symbol of infinity of time. Its emergence continued the ancient human tradition—to unite when trouble comes. It rose up forever not as a symbol of Chornobyl tragedy, but as a symbol of courage, unity, and friendship of nations.

This young, but already rich in history, city is located in the forest-covered Polissya region, in the area between the powerful Dnipro and the beautiful Desna rivers, on the ancient Siversk lands, 200 kilometers to the north from Kyiv, almost at the Belarus border.

On March 26, 1988, documents were prepared assigning the first apartments.

Now the town has 12 sections or blocks. Bakynskyi, Byelgorodskyi, Vilnyuskyi, Yerevanskyi, Kyivskyi, Ryzkyi, Tallinskyi, Tbiliskyi... Each name is a "geographic" memory of places where construction workers came from. And Dobryninskyi block was called that in the memory of Dobrynya, a hero from the ancient chronicles and an uncle to Prince Volodymyr who baptized the population of Kyiv Rus. Dobrynya grew up on this land.

The main street of Slavutych, the city more and more frequently called a museum of modern architecture, is Druzhba Narodiv Avenue—translated as "The Avenue of Friendship of Nations." No better name could have been found. First, representatives of 28 nationalities live in this city. And second, the town was created by people from many former Soviet Union republics, now independent states: Armenia, Azerbaijan, Belarus, Estonia, Georgia, Latvia, Lithuania, Russia, Ukraine... And despite any problems, the Slavutych residents will never forget that. Friendly relations with the first builders of the city continue and will do so in the future.

In my opinion, the value of both the town of Slavutych and its heart—Chornobyl Nuclear Power Plant (ChNPP)—is first and foremost in the people. There are many people that still imagine the residents of this young city only as victims of the technological catastrophe, fanatics of their work that have been sacrificed to the nuclear monster. Only those who have never been to our native town can believe this. And those, who are lucky enough to visit Slavutych, compare the experience to a fairy-tale.

Грузії, Естонії, Латвії, Литви, Росії, України… І попри будь-які негаразди славутчани цього ніколи не забудуть. Дружні стосунки з першобудівничими тривають і будуть тривати.

І Славутич, і його серце – Чорнобильська атомна станція – цінні, на мій погляд, перш за все своїми людьми. Багато хто й досі уявляє мешканців юного міста лише жертвами техногенної катастрофи, фанатами справи, відданими, мовляв, на поталу ядерному монстру. Так можуть вважати тільки ті, хто ніколи не приїздив до нашого рідного міста. А ті, кому пощастило відвідати Славутич, говорять, що наче побували у казці.

Володимир Савран

Children of Slavutych

Діти Славутича

Любов до отчого краю починається із золотого поля і блакитного неба. Краю мій тополиний! Скільки ти звідав за суворі віки? Топтали тебе копитами ворожі орди чужинців, плюндрували ясну красу, підкоряючи тебе вогнем і мечем. І тоді твої білі хати і зелені тополі палали, ніби свічі, під похмурим свинцевим небом. Краю мій вільний, нескорений, оспіваний у мужніх думах кобзарів і в материнських ласкавих піснях. Ти і сам – мов пісня.

Всього кілька років я живу в цьому чудовому місті, і тепер воно для мене як сонячний промінь в царстві хаосу і темноти. Дивишся на нього, вбираєш у себе його молоду красу, сповнюєшся високістю простору і оригінальності, і відчуваєш, що ти не в силі не любити цей куточок землі.

Love to the land of our fathers starts from the golden fields and blue skies. Oh, my land of poplars! How much have you gone through in these harsh centuries? Horrible enemy hordes trampled your land with the hooves of their war-horses, molested your bright beauty, conquered you with the sword and with fire. And your white houses and green poplars burned like candles under the sinister leaden clouds. Oh, my land, free, unconquered, glorified in courageous songs of folk singers – "kobzars" – and in caressing words of mother's lullabys. You, my land, are yourself a song.

I have lived in this wonderful city for just a few years, and it is now my ray of sunlight in the kingdom of chaos and darkness. I look at my city, I absorb its young beauty, I fill up with highness of space and originality, and feel that I just can't help loving this land.

My life and my hope
Are entwined with you, my dream city.
I am a resident of Slavutych, we are family:
You are my father and I am your child.

Oh, my city! You are like a fern fan that hides in the heart of the dense woods of Polissya. The fern leaves are blocks of Slavutych. Each one of them has original beauty, each one has impregnated the warmth of hands and the kindness of hearts of the people who built it. Just as Georgians and Lithuanians, Armenians and Estonians, Azerbajanis and Russians are different, so are Tbiliskyi and Vilnyuskyi, Yerevanskyi and Ryzkyi, Bakinskyi and Moscouskyi city blocks. Twelve residential blocks have created an unprecedented magic plant that blossoms every year with its colorful holidays, bright dancing tournaments and contests, and blazing fireworks. The city lives, works, gets stronger, and matures. Harsh ordinariness of today's life hasn't put its touch of decay on it yet. The city flaunts its magnificent attire as a young girl in her Easter dress.

So many times I have been to other cities, large or small, and never, I swear to you, my Slavutych, never did I betray you even in my thoughts. I wondered at the mighty hills of Kyiv, at Chernigiv's hoary antiquity, elegant and humor of Odesa—but in three or four days, I would start missing you so much, my native city. When a guide from Chernigiv was talking about the church domes of this ancient city, I thought of the two lovely bronze roes near my school. Their backs are so polished by children who play on them from dawn till dusk, that they blaze like church domes.

Bronze roes in my town
Are eating lush and sappy grass.
These bronze animals and their warmth
Have brought much kindness to human hearts.

It is as if these lovely wild animals symbol-

Моє життя, моя надія
Сплелись з тобою, місто-мрія.
Я – славутчанка, ми рідня:
Ти – батько, я – твоє дитя.

Моє місто! Ти ніби віяло папороті, що сховалося в глухих хащах поліського лісу. Листочки папороті – це квартали Славутича. Кожний із них красивий і неповторний, кожний увібрав у себе теплоту рук, доброту сердець людей, які будували їх. Як не схожі між собою грузини і литовці, вірмени і естонці, азербайджанці і росіяни, так не схожі між собою Тбіліський і Вільнюський, Єреванський і Ризький, Бакинський і Московський квартали. Дванадцять житлових кварталів з'єднались у неповторну, чародійну рослину, яка кожного року розцвітає своїми барвистими святами, яскравими танцювальними турнірами та конкурсами, різнокольоровими фейєрверками. Місто вповні живе, працює, набирається сили, міцніє. Суворе сьогодення ще не встигло накласти на нього палючих слідів: як на Великдень дівчина, красується воно в своїм розкішнім вбранні.

Скільки раз, буваючи в інших великих і малих містах, порівнювала їх з тобою, мій Славутичу, і клянуся, жодного разу, я навіть у думках не зраджувала тобі. Я дивувалася величності і розмаху Києва, красі сивочолого Чернігова, елегантності і гумору Одеси, та проходило три-чотири дні, й мене тягнуло до тебе, моє рідне місто. Коли гід з Чернігова розповідав про куполи храмів цього старовинного міста, я згадувала двох милих бронзових козуль біля моєї школи, на яких зранку до вечора вовтузиться дітвора, від чого спини козуль блищать, як куполи храмів.

Козулі у місті, із бронзи відлиті,
Незаймані трави їдять соковиті.
Від бронзових звірів, від їх теплоти,
Побільшало в місті людей доброти.

Ці симпатичні лісові звірі немов символізують моє місто, молоде й красиве.

Вони тікали від біди, зупинилися на цій лісовій галявині назавжди, щоб прикрасити один з куточків міста. Так і Славутич, побудований у гарному куточку Полісся, назавжди залишиться дивовижною перлиною України, що стала викликом біді 1986 року, виявом мужності, професійної майстерності і дружби тисяч людей. Про цю біду нагадує жителям і гостям Славутича невеликий пам'ятник, основою якого є чорнобильський дзвін.

Повернути все назад до горезвісного квітневого ранку 1986-го ніхто не в силі, але зменшити ціну його наслідків можна. Це робилось в перші дні аварії, робиться протягом тринадцяти років і повинно робитися ще не одне десятиліття. За після аварійні роки накопичено величезний досвід, зібрано унікальний матеріал впливу радіоактивного середовища на живу і неживу природу, вплив його на людину. Забути все це, поховати в архівах, відмежуватися від цього, навіть якби ми й хотіли, не зможемо. Ми повинні знати, що чекає нас в майбутньому, передбачати по можливості всі наслідки, знайти для них протидію, зменшити негативний вплив. Тут величезне поле діяльності для інтелектуальних сил, усіх без винятку професій. Тому я думаю, що в нашому місті буде створена Міжнародна зона з подолання наслідків Чорнобильської аварії. Незалежно від раси, національності і віри люди будуть робити одну, справді велику, справді гуманну справу – долатимуть наслідки катастрофи XX століття. Я сподіваюсь, що в нашому місті буде створено міжнаціональний центр по боротьбі з хворобами, викликаними радіаційним опроміненням та забрудненням. У цьому центрі будуть лікуватися люди з усіх куточків Землі. На озброєнні у медиків буде все, від найстаріших тібетських рецептів до передової медичної техніки з Японії, США та інших розвинутих країн.

Я вірю, я сподіваюся на це, як вірять і сподіваються тисячі людей, які постраждали від наслідків аварії. Славутич повинен жити, Славутич буде жити. Якщо кожен з нас

ize our city, young and beautiful. It's like they were running from danger and stayed in this clearing in the woods forever to make it beautiful. And Slavutych, built in a picturesque location in Polissya, will also forever remain a wonderful pearl of the Ukraine, a city that stood up to the disaster of 1986, a city that displayed courage, professional expertise, and friendship of thousands of people. There is a little monument, based on a bell from Chornobyl, that will always remind the locals and visitors of that terrible disaster.

Nobody can go back to the infamous April morning of 1986, but the consequences can be reduced. People worked on this during the first days after the accident, they have worked for the past thirteen years and will go on working for more than one decade. A huge amount of experience and unique information on the impact of radiation on living and inanimate nature as well as its impact on humans have been accumulated during the years following the accident. Even if we wanted, we couldn't hide it all in archives, forget it, or refuse to acknowledge it. We have to know what awaits us in our future, we have to try to foresee what the consequences will be and find an antidote, reduce the negative impact. There is a huge opportunity for all intellectual forces in any of the professions. That is why I believe that an international zone for reducing Chornobyl accident consequences will be established in our city. Regardless of race, nationality, or religion people will do one common thing, humanitarian and great indeed—they will work to reduce the consequences of the disaster of the 20th century. I hope that our city will have a medical center for treatment of the diseases induced by radiation exposure and contamination. This center will host patients from all around the world. The doctors will be armed with every possible remedy—from ancient Tibetan secrets to modern equipment from Japan, United States, and other developed countries.

I hope, I believe in this, just as thousands of people who suffered from the accident hope

Володимир Савран

Golden Autumn of Slavutych Festival

Фестиваль «Золота осінь Славутича»

and believe. Slavutych has to live, and Slavutych will live. If every one of us does something, no matter how small, for our city, then how many good things can we accomplish together!

Slavutych children are talented... There are future politicians and architects, physicists and chemists, poets and artists, teachers and actors among us.

And dancing here—it's something else!

Sometimes it seems to me that the whole city dances and dances professionally. In the future, Slavutych is destined to be one of the dancing centers of Ukraine. This future is soon to come. Ukraine now has a Slavutych School of Dance which is warmly welcomed not only in my country, but also in Russia, Poland, Hungary, Belarus... Slavutych is proud of such names as Natalia and Vadym Sovyetchenko, Vladlena Altukhova, Roman Mirkin. They defend the city's prestige in sports dancing, they teach more and more children, teenagers, and adults. I also

зробить щось хороше для свого міста, навіть на мізинець, то скільки гарних справ можна зробити разом.

Діти Славутича талановиті... Є серед нас майбутні політики й архітектори, фізики й хіміки, поети й художники, вчителі й артисти.

А як у нас танцюють!

Іноді мені здається, що танцює все місто, причому танцює професійно. В майбутньому бути Славутичу одним з танцювальних центрів України. Це майбутнє уже на порозі. На Україні з'явилася славутицька школа танців, їй аплодують не тільки в містах моєї держави, але й у Росії, Польщі, Угорщині, Білорусі... Славутич добре знає і пишається такими іменами, як Наталія і Вадим Совєтченки, Владлена Алтухова, Роман Міркін. Вони захищають честь міста з спортивних танців, під їх керівництвом навчаються все більше і більше дітей, підлітків, дорослих. Я також навчаюся в школі спортивного танцю і завжди з задоволенням іду на заняття, бо саме в ритмах танцю відпочиваю від шкільних і побутових проблем, відчуваю естетичну насолоду від тихоплинного «Віденського вальсу» і елегантного танго…

Хтось розумний сказав: «У колісниці минулого далеко не поїдеш». Тому треба думати і діяти по-новому. На мій погляд, треба в короткий строк, при сприянні країн «сімки» побудувати нове, більш надійне укриття для зруйнованого енергоблоку і почати роботу по переробці радіоактивно забруднених матеріалів на всій території. Найкращим пам'ятником для всіх, хто загинув у вогні Чорнобильської катастрофи, хто брав участь у ліквідації наслідків, буде посаджений на місці зруйнованого енергоблока Сад Дружби. Цей Сад буде прекрасним, особливо весною, коли потопатиме в білосніжному цвітінні.

Сад наповнився гулом бджоли,
Сад духмяним наповнився цвітом.
Тут колись страшний демон біди,
Смерчем атомним звився над світом…

Обнадійлива мрія огортає мене добрими думками, бажаннями. Хочеться жити, й любити, і бажати кожному щастя!

Володимир Савран

Children of Slavutych
Діти Славутича

study at the School of Sports Dancing and always look forward to my dancing classes as there, in the rhythm of the dance, I can relax, forget about school and everyday's problems, and I enjoy the aesthetic delight of slow Viennese waltz or elegant tango...

There is a wise saying: "You cannot ride to the future in the chariot of the past." Therefore, we have to think about the future and act accordingly. I believe that in the nearest future, in a short amount of time, we have to build a safer shelter over the destroyed unit with the help of the G-7 countries and start processing contaminated materials throughout the Zone. The best monument to those who died in the fire of Chornobyl catastrophe and who participated in accident remediation will be the Garden of Friendship planted where the exploded reactor used to be. This garden will be beautiful, especially in the spring when it will be covered with snowy white blossoms.

The garden is buzzing with bees,
The garden is filled with aroma of blooming trees.
Once upon a time the horrible demon of disaster
Rose over the world from here as an atomic hurricane...

My encouraging hope covers me with kind thoughts and desires. I want to live, and love, and wish everyone well!

Cultural Life of Slavutych

Yana Genzytska

Культурне життя Славутича

Яна Гензицька

Slavutych is the youngest city in the Ukraine. The average age of residents is thirty years old. About 60 percent of the residents are children.

Children are the ones who are given wonderful opportunities for a harmonious education. They are the ones for whom the beautiful kindergartens, schools, Art Schools, and Children Creative Activity School are built.

Different exhibitions, festivals, and competitions are held here. Our people like various celebrations: "Slavutych Romances," "The City Day," Art School concerts, kindergartens' performances, "Slavutych Star" dancing group performances, other celebrations which include both

Baseball comes to Slavutych for the first time – 1999
Уперше в Славутичі - бейсбол, 1999 рік

Славутич - саме молоде місто України. Середній вік його мешканців 30 років. З них 60 відсотків - діти.

Саме для них в місті створени чудові умови для всебічного гармонійного розвитку. Для цього і були зведені чудові дітсадки, школи, школи містецтв, дитячий дім творчості.

В місті проводяться різні виставки, конкурси, фестивалі. Мешканцям нашого міста подобаються різні свята: «Романси Славутича», «Свято міста», концерт школи мистецтв, концерти дитячих закладів, виступи танцювального колектива «Славутич-Стар», народні свята, в яких приймають участь як дитячи колективи, так і дорослі - хор «Полісся».

На виставках прикладного мистецтва можна побачити чудові роботи мешканців міста. Проводяться конкурси «Моя сім'я», «Конкурс Краси», «Конкурс Модел'єрців», де можна побачити на що згодні наші жителі.

Я міркую, що найулюбленнішим святом жителів міста є міжнародний фестиваль «Золота Осінь Славутича», на який приїздять творчі колективи з різних країн світу. Приїздять діти-журналісти, які випускають інформаційні газети, передачі, документальні фільми.

В святі приймають участь усі колективи

міста. Я теж приймаю активну участь від школи мистецтв та художнього гуртка. Свято має велике значення в культурному розвитку міста. Традиційним конкурсом цього фестивалю є конкурс «Славутчаночка», де приймають участь дошкільнята.

Цей фестиваль, та і всі різні конкурси, концерти, вистави, радують новими знайомствами з творчими колективами та талановими людьми.

ЧАЕС та міська влада роблять все для того, щоб в нашому місті проводилися творчі зустрічі та різні свята.

Володимир Савран

Golden Autumn of Slavutych Festival
Фестиваль «Золота осінь Славутича»

children and adult groups, such as adult choir "Polissya."

At applied art exhibitions, one can see wonderful pieces made by Slavutych residents. We also have competitions such as "My Family," "Beauty Contest," and "Fashion Designer Contest." There you will see the many fine talents of our people.

I guess that the most popular holiday here is the international festival "Golden Autumn of Slavutych." Participants from different countries come to this festival, including children journalists who release news bulletins, make TV programs, and create documentaries.

All performing groups of our city participate in this celebration. I also take part in the festival as an Art School student and an Art Club participant. A traditional part of the festival is the "Little Miss Slavutych" competition for the youngest children, the pre-schoolers.

This festival, along with all other competitions, concerts, and exhibitions, brings new acquaintances with different performing groups and talented people.

Chornobyl Nuclear Power Plant (ChNPP) and the city government make every effort to bring more performances and celebrations to Slavutych.

The BreakUp *of* *the Soviet Union:*

How Has It Affected the Life in Ukraine?

Sergiy Zhykharev

Розпад *Радянського Союзу:*

як він вплинув на життя в Україні?

Сергій Жихарев

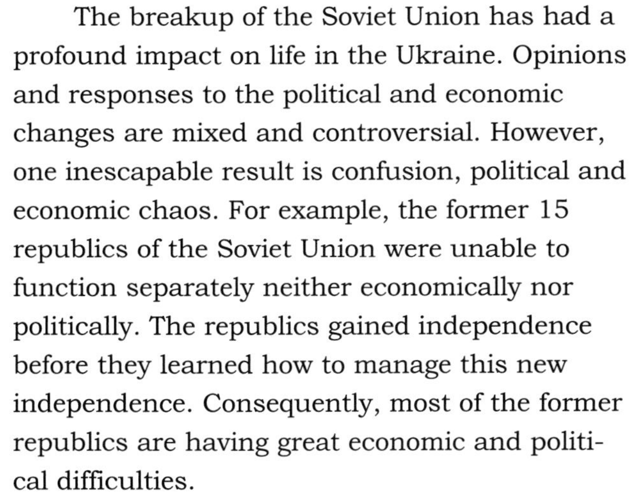

The breakup of the Soviet Union has had a profound impact on life in the Ukraine. Opinions and responses to the political and economic changes are mixed and controversial. However, one inescapable result is confusion, political and economic chaos. For example, the former 15 republics of the Soviet Union were unable to function separately neither economically nor politically. The republics gained independence before they learned how to manage this new independence. Consequently, most of the former republics are having great economic and political difficulties.

Ukraine is no exception to this rule. The country became independent, but the top nomenclature of the communist party remained at power. The independence and transition to a market economy was regarded as a chance to rob the country of its assets, and so the communist party rulers did. In only 4 years, the uncontrollable top level of the state officials of Ukraine and the law enforcement structures managed to turn one of the richest republics in the former USSR into an independent country with very deep economic troubles.

In 1994, the country was on the verge of total collapse and economic chaos. Inflation reached up to 280 percent, taxation was (and still is) unbearable. The federal budget was not able to collect any taxes, and the country had no

Розпад Радянського Союзу мав глибокий вплив на життя в Україні. Думки та відгуки щодо політичних та економічних змін дуже суперечливі. Однак, один неминучий результат має місце - настав політичний та економічний хаос. Наприклад, колишні п'ятнадцять республік Союзу не змогли функціонувати незалежно, ані в економіці, ані в політиці. Республіки набули незалежності ще до того, як навчилися користуватися нею. В результаті більшість республік переживає дуже великі економічні та політичні труднощі.

Україна не стала винятком з цього правила. Країна стала незалежною, але комуністична номенклатурна верхівка залишилася у влади. Незалежність та перехід до ринкової економіки були сприйняті, як можливість пограбувати державні кошти, що й було зроблено комуністичним керівництвом. Всього за 4 роки неконтрольована урядова верхівка та правоохоронні органи України примудрилися перетворити одну з найбагатших республік СССР у незалежну державу з дуже тяжкими економічними проблемами.

В 1994 році країна впритул підійшла до повного краху та економічного хаосу. Інфляція підскочила до 280 відсотків, оподаткування було (як і є тепер) нестерпним. Бюджет країни не міг зібрати будь-яких податків, країна не

Slavutych Mayor Udovychenko and DOE Deputy Secretary Glauthier plant a 'Friendship Tree' in Slavutych

Славутицький міський голова Удовиченко і заступник міністра енергетики США Глотієр садять Дерево Дружби у Славутичі

мала прибутків. Політичні партії з'являлися як гриби після дощу (зараз в Україні їх зареєстровано близько 45). На жаль, політична етика була незрозумілим поняттям для більшості політиків, від чого ми всі й постраждали. Кожен кандидат до Верховної Ради обіцяв золоті гори, але ніхто нічого так і не зробив. Коротше кажучи, політичний хаос спричинив жахливу законодавчу систему, що потім призвело до економічного розладу. Багато разів воля підмінялася анархією, наслідки цього були жахливими. Їх легко побачити в усіх куточках країни.

На щастя, потім все почало мало-помалу налагоджуватися, і з 1996 року Україна зробила деякий прогрес. Інфляція значно знизилася, до 6 відсотків. Українська валюта вже деякий час стабільна. Хоча більшість підприємств все ще ніяк не може одужати та почати виробництво, уряд вже почав розробляти нові податкові закони, які мають полегшити розвиток місцевих підприємств та стимулювати іноземні інвестиції. Цей процес йде дуже повільно та з великими труднощами, але він дає надію на добре майбутнє.

Ясно, що Україна, як демократична держава, все ще розвивається. Труднощі тут полягають у тому, що після довгих років безвідповідальних рішень, що базувалися на «курсі Комуністичної партії» та не мали жодних економічних підстав, нам тепер доводиться вчитися створювати ефективні економічні системи, що давали би прибуток приватним інвесторам та підприємцям, а також державі. Законодавство також дуже нестабільне. Воно все ще в процесі розвитку, за новими законами важко встигати, що становить небезпеку для інвесторів. Ця небезпека існує і для розвитку місцевого малого підприємництва та стимуляції

income. Political parties were popping up like mushrooms after the rain (currently, there are about 45 of them registered in Ukraine). Unfortunately, political ethics were an alien concept to most of the politicians, and we all suffered from it. Every Supreme Rada candidate made great promises, but never fulfilled one of them. To make a long story short, political chaos resulted in a horrid legal system, which in turn led to economic collapse. Many times anarchy substituted for freedom, and the consequences were terrible. They are easy to see throughout the whole country.

Fortunately, things have started to pick up, and since 1996, Ukraine made some progress. Inflation dropped significantly, down to 6 percent. Ukrainian currency has been stable now for quite a while. Although most of the enterprises are still unable to recover and begin production, the government has already started working on the new taxation laws to facilitate development of domestic private business and to encourage foreign investments. This process is happening very slowly and with great difficulties, nevertheless it gives great hope for the future.

It is clear that Ukraine is still developing as a democratic state. The difficulty of this process is that after so many years of irresponsible decisions based on the "course of the Communist Party" and no economic background we now need to learn how to create effective systems that would profit the private investor and businessman as well as the state. The legal system is also very unstable. It is still in the process of development, which makes it very difficult to keep up with current laws and rules, endangering investments. This is another point of concern for developing internal small business enterprises and promoting foreign investment into enterprises that would actually produce goods in Ukraine, instead of providing services, in order to create more jobs and ensure the revival of Ukrainian production.

I think that no matter how difficult the transition between totalitarism and democracy, between a long period of dependency and freedom, the changes that are going on now are for the better. Freedom of speech and thought may seem like little when one is hungry, however, it is not only those freedoms we have now. We now have a freedom to be responsible for our future, to build it with our own hands.

There are a lot of difficulties connected with it, but taking responsibility is never easy and we must take it now. Of course, the Ukrainian reality of today is far from democratic, but we need to go through all of this to be able to create a truly democratic state. There are many things we have to do before we will start to see the results, and they will not be seen very soon. After all, it is not fair to demand immediate changes for the better after several decades of methodical destruction of our national economy, heritage, and everything Ukrainian, and after persistent and rather successful attempts to condition us to hate our own culture and history. I think that the most difficult part of the transition towards independence is that we need to become a people once again, to learn how to look out for and take care of ourselves. Ukraine was controlled and ruled by oppressive powers for so long, that we have forgotten how to make our own decisions. As soon as we learn to do that, Ukraine will start to recover. I hope that my generation will not be afraid of taking responsibility and making decisions, and our progeny will live in a very different state.

I strongly believe that Nietzsche was right when he said: “That, which does not kill me, makes me stronger.” Ukraine went through oppression and destruction in its history and survived through it all. By now it must be strong enough to withstand almost anything. And it will, and some day we will see the real, strong, wealthy, independent Ukraine.

іноземних інвестицій в підприємства, які вироблятимуть продукцію в Україні, а не тільки пропонуватимуть послуги, з метою створення нових робочих місць та відродження українського виробництва.

Я вважаю, що яким би важким не був процес переходу від тоталітаризму до демократії, від тривалої залежності до волі, зміни, які мають сьогодні місце - це на краще. Голодному мало допоможе свобода слова та думки, але в нас сьогодні є не тільки це. Ми тепер маємо право нести відповідальність за своє майбутнє, будувати його власними руками.

З цим пов’язано багато труднощів, але відповідальність ніколи не буває легкою, а нам тепер вже настав час взяти її. Авжеж, Українська реальність сьогодні ще далеко не демократична, але нам треба пройти через все це, щоб створити по-справжньому демократичну державу. Треба ще багато чого зробити, щоб побачити результати, а результати будуть ще не скоро. Кінець кінцем, нерозумно було б вимагати негайних змін на краще після десятиріч методичного знищення національної економіки та культури, після наполегливих та досить успішних спроб примусити нас ненавидіти власну культуру та історію. Я вважаю, що найважча частина перехідного процесу полягає в тому, що нам знов треба навчитися бути народом, навчитися дбати про себе. Україною стільки часу керували загарбники, що ми забули вже, як приймати власні рішення. Як тільки ми знов зможемо це робити, Україна почне відроджуватися. Я сподіваюсь, що моє покоління не буде боятися приймати рішення та брати на себе відповідальність та на те, що наші нащадки житимуть у зовсім іншій Україні.

Я вірю, що Ніцше був правий, коли сказав: «Те, що не вб’є мене, зробить мене сильнішим». Україна пройшла через репресії та знищення і змогла вижити. Тепер вона має бути вже досить сильною, щоб пережити що завгодно. І вона переживе, і одного дня ми побачимо справжню, сильну, багату, незалежну Україну.

ПЕЛЮСТКИ СЛАВУТИЧА

Ольга Рєзан

Багато цікавого є в людині, особливо в малій дитині. Багато цікавого є в кожному місті. Долі людей і міст поєднані, наче пелюстки з серцевинкою у запашній квітці.

Коли малюк – ровесник свого міста, він з особливою допитливістю та увагою спостерігає за чарівними перетвореннями, що відбуваються довкола. Ось у маленькому селищі з'явились багатоповерхові будинки… Ось виросли, наче гриби у бору, ошатні магазини… А звідки ці незвичайні споруди з казковими фігурками? Виявилось, це твій дитячий садок. І він буде тобі домівкою на кілька років. Тато й мама говорили, що як підростеш, то будеш відвідувати інший будинок – триповерховий. Це – школа. Закінчиш її за десять років і перетворишся з малюка, дитини на корисну людину. У майбутньому. А яке воно, майбутнє, для дитини? Якого кольору і яке на смак? Може, таке пухнастеньке і швидкоплинне, як дозріла кульбабка: дмухнеш – і розтане миттєвою хмаркою? Ні, майбутнє – щось дивне, велике, більше за місто. Але що?..

За крок до дорослості багато чого сприймаєш по-іншому, ніж у пору дитинства. Проте незмінно відчуваєш вдячність людям, які створили для тебе Славутич з його житловими кварталами, скверами, клумбами, мальовничими куточками. Невелике місто, але для мешканців – дорослих і дітей – воно цілий світ, тихий і затишний. Аж не віриться, що десь неподалік вирує життя великих міст – гамірне, суєтне, задушливе…

Хотілося б і далі розповідати про наш Славутич на замрійливо-дитячій ноті. Однак із закінченням безтурботного дитинства раптом побачила, що перед містом чорнобильських енергетиків, якому незабаром виповниться 12 років, постають недитячі проблеми. Самою

THE PETALS OF SLAVUTYCH

Olga Ryezan

There are many interesting things about people, especially children. There are also many interesting things in each town or city. Destinies of people and their native places are as close as the petals of a fragrant flower.

If a child is of the same age as his native town, he inquisitively watches all the charming transformations around him with a special attention. Imagine, here multi-story buildings have emerged in a small settlement; over there, fashionable shops have grown quickly like mushrooms in a forest; and where did these unusual structures with fairy-tale figures come from? It turns out, child, that it is your kindergarten. For the next several years, it is going to be your home away from home. Mom and Dad also told you that when you got older, you would go to another building – a three-story one. It is a school. And after graduating from it in ten years, you would turn from being a child into a useful person. In the future. And the future – how does it look to a child? How does it taste, and what color is it? Maybe it's fluffy and light, capable of flying far away, like a mature dandelion – just blow on it, and it will disappear like a small cloud, destined to live only a moment. No, the future is something strange, great, larger than a city. But what?..

Just before becoming an adult, you perceive things much differently than you did when you were a child. However, you never stop feeling grateful to the people that created your world for you, your town of Slavutych with its blocks, squares, flowerbeds, and picturesque grounds. A small town, but for the inhabitants – adults and children – it is a whole world, quiet and cozy. One can hardly believe that somewhere, very close, large cities live their lives – noisy, fussy, suffocating.

I would like to go on telling you about our town of Slavutych in a dreamy and children-like way. But once my worry-free childhood was over, I could suddenly see that the town of Chornobyl plant workers (which is almost 12 year old) was facing adult problems. Nature itself dictates that no flower can be in bloom forever; sooner or later its petals will be scattered by the wind. A "flower" analogy may not be necessary when talking about cities, but it is appropriate -- one can tell with an unarmed eye that the "mellifluous period" for Slavutych is about to come to an end.

The complicated economic situation in this country could not but affect what Slavutych is today. Also contributing to the general situation is that the city's bread winner – Chornobyl Nuclear Power Plant (ChNPP) – is preparing to shut down its last power unit.

So, what is in store for our fathers and for us in the nearest future? Can the future be of gray color? If ten years ago, when my generation started school, the town had 2,600 schoolchildren, now their numbers are doubled. Certainly, we want a secure, reliable future.

There is hope. I became convinced of that once more during my meeting with Mr. Volodymyr Kostyantynovych Zhygallo, Deputy Mayor. "Any country that strives to get on the international level, takes care of education," Deputy Mayor said. Slavutych supports this course in all possible ways. Indeed, despite economic problems, a fourth school has been recently opened in town. Construction of the fifth educational institution is coming to its end, where a new liceum or college is to start functioning next year. There are also plans for a higher education institution in the near future.

To develop the capabilities of schoolchildren, a vocational center was established in town, where, by the way, one can become qualified to be a computer operator, office worker, seamstress, governess assistant, metal-worker, secretary, as well as become an automotive mechanic. Training at the Center helps us to get better prepared for entering universities and institutes.

The question "What profession should I choose?" once posed by poet Volodymyr Mayakovsky is not a rhetorical one even today.

природою так влаштовано, що квітка не може довіку квітувати безтурботно: рано чи пізно вітер починає обтрушувати пелюстки. Квіткова аналогія для міст, можливо, й не обов'язкова, але доречна, бо неозброєним оком помітно, що пора славутицького медозбору відлітає у вирій.

Складне економічне становище в країні не могло не відбитись на сьогоднішньому обличчі Славутича. Дається взнаки і те, що основна годувальниця міста – Чорнобильська АЕС – готується до виведення з експлуатації останнього енергоблока.

Що ж чекає наших батьків і нас найближчим часом? Невже у майбутнього сірий колір? Якщо десяток років тому, коли моє покоління пішло до школи, в місті було 2600 школярів, то тепер удвічі більше. І ми, зрозуміло, хочемо, щоб наша перспектива була надійною.

Надія є. В цьому я ще раз переконалась під час зустрічі з заступником міського голови Володимиром Костянтиновичем Жигаллом. «Кожна країна, що прагне досягти світового рівня, дбає про освіту», - сказав віце-мер. І Славутич всіма засобами підтримує цю тенденцію. Справді, незважаючи на економічні проблеми, в місті нещодавно відкрито четверту школу. Завершується спорудження п'ятого навчального закладу, де вже наступного року буде працювати ліцей або коледж. У недалекому майбутньому планується відкрити вищий навчальний заклад.

Для розвитку учнівських здібностей у місті створено центр професійної підготовки, де, до речі, можна набути фах оператора електронно-обчислювальних машин, комерсанта офісу, швачки, помічника вихователя, слюсаря, секретаря-друкарки, а також вивчити автосправу. Навчання в центрі допомагає нам краще підготуватись до вступу в університети та інститути.

Питання, порушене колись поетом Володимиром Маяковським – «Ким бути?» – і до сьогодні не риторичне. В реальних умовах Славутича випускникам шкіл і вузів важко влаштуватись на роботу. Нелегко і нашим батькам. Закриття Чорнобильської АЕС в найближчі роки збільшить кількість безробітних славутчан на 3000 чоловік. Частину нових робочих місць місцева влада розраховує створити за рахунок розвитку сфери виробництва товарів і послуг, створення нових підприємств малого і середнього бізнесу в рамках спеціальної економічної зони «Славутич». У місті розроблено за допомогою урядових кіл України, Сполучених Штатів Америки та Європейської спільноти «План дій», який, сподіваюсь, допоможе знайти моєму місту вихід із скрути. Зокрема, обнадіює відкриття в Славутичі агентства з розвитку бізнесу та бізнес-інкубатора. Є великі надії і на те, що пільговий режим спеціальної економічної зони приверне увагу українських та іноземних інвесторів.

Частина славутчан, зрозуміло, ще дуже довго працюватиме на об'єктах Чорнобильської АЕС та її проммайданчиках. Так, тут планується спільно з російськими партнерами збудувати парогазову електростанцію. Намічено також створити підприємство для переробки ядерних відходів. Хочеться вірити, що переробне виробництво буде екологічно чистим і корисним усьому світу, що воно допоможе використовувати атом людям на добро, а не на шкоду.

Невирішеним питанням у місті лишається житло. Близько 1400 славутицьких сімей чекають на свої квартири. До кінця року заплановано ввести в експлуатацію два житлові будинки, та цього поки що бракує для вирішення проблеми.

Мені, як і багатьом людям, хочеться бачити Славутич щасливим у XXI столітті. Сподіваюсь, що він залишиться красивим, чистим, впорядкованим, як квітник у дбайливого господаря.

In reality, Slavutych high school and even college graduates have problems finding jobs. Our parents are going through a difficult period as well. Shutting down the ChNPP within the next few years will be followed by a rise in unemployment of about 3,000 people. The local authorities plan to create some new jobs by developing the range of production of goods and services, setting up new enterprises within the system of the small and medium-size businesses in the special economic zone "Slavutych". The city developed an "Action Plan" with the assistance from government bodies of Ukraine, United States of America and European Community, which, I hope, will help my town to overcome existing problems. In particular, hope is provided by the opening in Slavutych of an Agency for Business Development and a business-incubator. There is also great hope that the benfits provided by the special economic zone will attract the attention of Ukrainian and foreign investors.

It is clear that some Slavutych residents will continue to work in ChNPP facilities and its technological grounds for a long time. For example, there are plans to build a steam-and-gas power plant here. There are also plans to set up an enterprise for processing nuclear waste. I would like to believe that the processing technology will be ecologically clean and useful for the whole world, and that it will help people to use the atom for good things, not for evil.

The housing problem remains a very acute one in our town. About 1,400 families in Slavutych are on the waiting list to receive apartments. By the end of the year, two new apartment buildings will be commissioned, but it is not enough to completely solve the problem.

I, just as many other people, would like to see Slavutych happy in the 21st century. I hope that it will retain its beauty, cleanliness, and will continue to be attended to like a flowerbed by a mindful gardener.

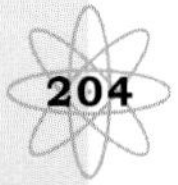

Chapter 11
Глава 11

City of Richland
Місто Річленд

The Community Today

Kelli Bruemmer

Життя регіону сьогодні

Келлі Бруммер

Marlene Baily

Larry Meyers

Biking, walking, boating, wine tasting, the ballet, golfing, and "site" seeing. These are many activities that draw thousands of tourists to sunny Richland. It never used to be like this though! Richland used to be a small farming community of 300 people, and when the Manhattan Project arrived, it exploded to 15,000!

"...A cosmopolitan area on the verge of significant growth," says Dennis Dohovan of *World Trade Magazine*, June 1995. The Tri-Cities (Richland, Kennewick, and Pasco) was rated 14th among a listing of 343 cities in the nation for the quality of life. Richland also has one of the highest numbers of Ph.D's and college graduates in the nation. The Hanford site and Pacific Northwest National Laboratory can be thanked for this as major employers of people in this community. A few other major employers are Lamb Weston, Iowa Beef Processing, and Energy Northwest. The area is trying to diversify from dependence on Hanford and the U.S.

Кататися на велосипеді, гуляти пішки, кататися на човнах, дегустувати вина, дивитися балет, грати в гольф, здійснювати екскурсії – все це можливо в сонячному Річленді, все це приваблює тисячі туристів. Але раніше все було по-іншому! Річленд був маленьким фермерським поселенням, тут проживало 300 мешканців, але з Манхеттенським проектом це число одразу підскочило до 15000!

« ... Космополітичний регіон на порозі значного росту», писав Денніс Дохован в журналі «Уорлд трейд мегезін» в червні 1995 року. Тримістя (Річленд, Кенневик і Паско) займає 14-ту сходинку в рейтингу 343 міст з найкращими умовами життя у всій країні. В Річленді також більше докторів наук і людей з вищою освітою, аніж в будь-якому іншому місті у країні. Це сталося завдяки Хенфордському майданчику, і Північно-західній тихоокеанській національній лабораторії, які дають найбільшу кількість робочих місць в регіоні. Інші значні роботодавці – це «Лемб уестон», м'ясне підприємство «Айова біф процессінг», а також Північно-західні енергосистеми. Регіон намагається розвиватися в багатьох напрямках, аби не залежати цілком від Хенфорда і Міністерства енергетики США. Тут успішно розвиваються нові фірми та технології.

Steelhead fishing in the Columbia River
У ріці Колумбія ловиться сталеголовий лосось

Туризм у Тримісті – надзвичайно важлива індустрія. Сотні людей приїжджають до регіону для того, щоб порибалити, покататися на човнах та зайнятися водним спортом на річці Колумбія. Тут є професійна бейсбольна команда («Трай-Сіті поссе») та професійна хокейна команда («Трай-Сіті амеріканз»). В радіусі 50 миль навколо Тримістя було створено більше 30-ти винoробних господарств, де можна

Department of Energy (DOE). Start up businesses are flourishing as are new technologies.

Tourism plays a huge part in the Tri-Cities. The Columbia River brings hundreds of people to the Tri-Cites for boating, water sports, and fishing. There is a professional baseball team (the Tri-City Posse) and a professional hockey team (the Tri-City Americans). Over 30 wineries within 50 miles of the Tri-Cities give visitors an opportunity to taste the delicious wines created

THE Spudnut Shop

Kylie Fullmer and Ben Ford

Кондитерська крамниця «Пундик»

Кайлі Фулмер і Бен Форд

Larry Meyers

Одразу ж, коли ви прочините двері кондитерської крамниці «Пундик», до Вашого носа дістаються солодкі пахощі тіста, що випікається, та глазурі, викликаючи слинку. Цю крамницю заповнюють усміхнені завсідники, що заходять сюди протягом років, а також молоді новачки, які насолоджуються дружнім обслуговуванням та смачною їжею, що вони тут отримують. Що тільки ви ступите на крок всередину, майже пливучи в морі ароматів, лагідна продавщиця стане поруч і запитає, чим вона може вам догодити. Ви почуваєтесь затишно, як удома.

Вал Драйвер, власниця крамниці, пишається тим, що «Пундик» існує з 1948 року. Крамницю заснували її батько Барлоу Жирардо та дядько Джеррі Белл. Маючи чек на 50 доларів, вони купили ліцензію та 100 мішків картопляного борошна. Спочатку крамниця була на Річленд Уай та потім переїхала на нинішнє місце у верхньому Річленді, коли в 1950 році було побудовано автостраду.

З давніх давен протягом тривалого часу існувало понад 500 «Пундиків». Проте після того, як справа кілька разів переходила з рук у

As soon as you walk in the door of the Spudnut Shop, the sweet aromas of baking dough and mouth watering glazes waft past your nose. The shop is filled with smiling old timers who have been coming here for years and young newcomers who enjoy the friendly service and tasty food they receive. As you step a bit further inside, almost floating on the scents, a friendly employee pops up beside you and asks how she can be of service. You feel pleasantly at home.

Val Driver, the owner, is proud to say that the Spudnut Shop has been in business since 1948. The shop was established by her father, Barlow Ghirardo, and her uncle, Jerry Bell. With a $50.00 check they bought a franchise and 100 sacks of spudnut flour. The shop was originally located in the Richland Wye but was moved to its present location in Uptown Richland when the highway was built in 1950.

here. The many wineries range from small family-owned operations to some of the greatest producers in the Pacific Northwest. Chardonnay, cabernet sauvignon, riesling, and merlot are some of the world class wines found here. Preston Wine Cellars is one of the family-owned wineries. Bill Preston started his winery in 1972. Four years later he stated, "The Columbia Basin is going to be the white wine capital of the world." Preston Wine Cellars was designed for

скуштувати смачного вина. Ці господарства різні: є і маленькі сімейні господарства, і найбільші виробники вина на північному заході тихоокеанського узбережжя. Шардонне, каберне совіньйон, різлінг та мерло – ось деякі із сортів вина світового класу, які виробляються тут. «Винарня Престона» – одне з сімейних підприємств регіону. Білл Престон, засновник «Винарні Престона», відкрив свою справу у 1972 році. Через чотири роки він

A long time ago there used to be over 500 Spudnut Shops. But after the business changed hands several times, people lost interest in investing in a spudnut franchise. The new owners had new ideas and rules that investors had to follow. These rules tended to be expensive for the investors, and many quit. Now only thirty-two Spudnut Shops remain. The Spudnut Shop in Richland is the oldest shop out of all thirty-two left.

Val credits the success of the shop to the fact that people can actually see the spudnuts being made. She says that the shop is a "good business" and that it gets good customers, meaning they are willing to help out when it gets busy. Val should know. She's been working at the shop for twenty-nine years, ever since she was a teenager. There are still people that come in now that came in when she was a kid. Val knows it is because the employees are friendly, and the atmosphere is light. That and the fact that spudnuts, made from potato flour, are totally irresistible.

It is not only the older people that enjoy the shop. It's also a great hangout for the younger generation. In fact, the shop used to be the local teenage hangout, with kids grabbing some spudnuts before heading home. The employees at the shop have to get up before 4:00 a.m. to make the spudnuts for the demanding public. We know it's because there's nothing as delicious as a spudnut.

руки, люди втратили цікавість до вкладання грошей в інвестиції цієї промисловості. У нових власників були нові задуми та правила, згідно з якими мусили діяти інвестори. Ці правила виявилися задорогими, і багато з них вийшли з гри. Зараз лишилося тільки 32 «Пундики». Той, що в Річленді, є найстарішим поміж них усіх.

Вал пов'язує успіх її крамниці з тим фактом, що люди можуть бачити, як насправді готуються пундики. Вона каже, що ця крамниця є «гарною справою», яка має гарних клієнтів. Це означає, що вони бажають допомогти їй, коли вона заклопотана справами. Це вона знає. Вона працює в крамниці протягом 29 років, ще з тих пір, коли була підлітком. До цих пір до крамниці приходять люди, які навідувались сюди ще тоді, коли вона була дитиною. Вал знає, що це так через те, що всі працівники приязні, і атмосфера в крамниці невимушена. Це, а також той факт, що пундики, зроблені з картопляного борошна, роблять спокусу занадто великою.

Не тільки літні люди люблять цю крамницю. Вона користується великою популярністю і серед молодого покоління. Дійсно, крамниця раніше була популярним місцем зборищ місцевих підлітків -- діти заходили прихопити з собою кілька пундиків перш ніж піти додому. Щоб приготувати пундики для вибагливих відвідувачів, працівники крамниці мусять прокидатися ще до 4:00 ранку. Ми знаємо: це тому, що нічого так не смакує, як пундик.

Larry Meyers

Left, Washington vineyards are becoming medal winners
Зліва, виноробні господарства Вашингтону стають лауреатами конкурсів

Below, Columbia Point Golf Course
Внизу, «Колумбія Поінт» - площадка для гри в гольф

Larry Meyers

сказав: «Басейн Колумбії стане світовою столицею білих вин». Винні льохи Престона приймають відвідувачів-туристів. Їм тут є чим зайнятися, а з порогу дегустаційного залу відкривається чудова перспектива гори Адамс.

В Тримісті є філія Університету штату Вашингтон. Також тут є двурічний коледж, який називається Коледж басейну Колумбії. Ці два навчальних заклади багато що роблять для регіону.

Сьогодні наше місто є містом у перехідному періоді, містом, що відіграло значну роль в історії США, і містом з великою перспективою розвитку.

the tourists. There are many activities for the tourists, and there is a beautiful view of Mt. Adams from the porch of the tasting room.

The Tri-Cities has a branch of Washington State University (WSU). There is also a community college called Columbia Basin College (CBC), and these two colleges bring many to the Tri-Cities.

Richland today is a town in transition, a town with a significant role in the history of the United States, and town full of promise for the future.

L.E. Bowman

The Columbia River

KERRI BROWN

Ріка Колумбія

Керрі Браун

The Columbia River starts in the Eastern Mountains of British Columbia, Canada. It then runs through Washington and makes the border between Washington and Oregon. The Columbia River is 1,400 miles long and drains 27,300 square miles on its way to the Pacific Ocean. It has been used in many different ways over the years by lots of different people.

When the Native American tribes lived on this land, they used the river for fishing and transportation. When settlers came, they also used it as a source of food and transported goods and lumber along it. When the government built Hanford here, it was mainly because of the Columbia River that Richland was picked. They used the river to keep the reactors from

Ріка Колумбія починається в східних горах Британської Колумбії в Канаді. Потім вона тече через штат Вашингтон і створює природний кордон між штатами Вашингтоном та Орегоном. Довжина Колумбії – 1400 миль, площа її басейну на шляху до Тихого океану – 27300 квадратних миль. За всі ці роки багато різних людей використовували Колумбію багатьма різними способами.

Коли на цій території жили племена американських індійців, вони використовували річку для рибальства та подорожування. Коли прибули переселенці, вони також живилися за її рахунок, а також сплавляли товари і ліс. Уряд збудував Хенфордський майданчик саме біля Річленда головним чином завдяки

Колумбії. Вода Колумбії використовувалася для охолодження реакторів. Сьогодні Колумбію використовують різноманітним чином: для рибальства, катання на човнах, водних лижах, плавання, катання під парусом, стрибків у воду, виробництва гидроелектроенергії та зрошування середини території басейну Колумбії.

На Колумбії (в межах території США) існує 11 дамб. Єдина ділянка, де течія вільна – впродовж природного комплекса Хенфорда, довжина її – 51 миля. Сім дамб знаходяться вище цього місця, та чотири – нижче. Середній денний об'єм протоку води в ріці складає від 63000 до 202000 кубічних футів на секунду. Найвищий рівень води в ріці спостерігається з квітня по червень, коли сходять сніги. Найнижчий рівень тут у вересні-жовтні, коли люди викачують річкову воду, а також використовують її в сільському господарстві середніх територій басейну Колумбії для поливки.

Хоча за минулі роки дамби сильно змінили характер Колумбії, вона залишається найголовнішим водоймищем для Річленда. Вона використовується для чого завгодно – від рибальства як джерела їжі до туризму і має для міста велике історичне значення.

overheating. Now, the river is used for lots of different things like fishing, boating, water-skiing, diving, swimming, sailboarding, the production of hydroelectric power, and irrigation of the Mid-Columbia Basin.

There are 11 dams on the Columbia River in the United States of America. The only unimpounded stretch of the river in the United States is along the Hanford Reach and is 51 miles long. There are 7 dams upstream of the Reach and 4 downstream. The daily average of the flow of the Columbia River ranges from 63,000 cubic feet per second (C.F.S.) to 202,000 C.F.S. The highest amount of flowing water is from April to June with the spring runoff of winter snows. The lowest amount of flowing water is from September to October because of river water removal, and the irrigation for the agriculture in the Mid-Columbia Basin.

Although the Columbia River has been changed by dams over the years, it has remained the most important resource in Richland. It has been used for everything from a food source to tourism and has significant historic importance for Richland.

Columbia Basin College

Kylie Fullmer

Коледж басейну ріки Колумбія

Кайлі Фулмер

Larry Meyers

Columbia Basin College (CBC) first opened its doors in 1955. The college's main priority is ensuring a good education for its students. Some of the students come straight from high school, some are older people coming back for further education and job training, and some come to improve basic skills, like reading or writing. For whatever reason a student comes to CBC, the college tries hard to meet their needs.

The student body now numbers over 4,000

Коледж Басейну ріки Колумбія (КБК) вперше відкрив свої двері в 1955 році. Найважливіша задача коледжу- надати добру освіту своїм студентам. Деякі студенти потрапляють сюди прямо після школи, інші – люди старшого віку – продовжують тут свою освіту або проходять професійне навчання; а ще інші приходять до коледжу, щоб покращити базові уміння – такі, як читання та письмо. Яка б причина не привела сюди студента, в КБК намагаються задовольнити його потреби.

Сьогодні в коледжі навчаються понад 4000 студентів. Їх середній вік – 29 років. Більшість з тих, хто навчається в КБК – приблизно 60 відсотків – жінки. З більш як 4000 студентів 25-30 відсотків продовжать свою освіту в чотирирічних коледжах. Більшість студентів відвідує спеціалізовані предмети, наприклад, для медсестер або механіків. В КБК є вечірня форма навчання для тих, хто вдень заробляє собі на життя, але більшість студентів, 75-80 відсотків, працює лише частину дня.

Як не дивно, більшість людей, приблизно половина населення, вважає за краще відвідувати дворічний коледж, аніж вступати до чотирьохрічного університету. Це тому, що місцевий коледж ближче до їх домівок, освіта тут дешевша, а розклад зайнять набагато гнучкіший, що дозволяє людям одночасно працювати. Люди також обирають КБК через його прекрасних викладачів, фантастичні навчальні програми та просто чудові театральні вистави та фізкультурний факультет.

Одна з програм, що діють у КБК, називається «Швидкий старт». «Швидкий старт» дозволяє школярам відвідувати лекції коледжу. Програма «Швидкий старт» була заснована законодавчими органами штату. Тепер у ній беруть участь близько 300 школярів.

Люди починають розуміти, що наш світ стає все більш насиченим технікою, і їм знадобиться вища освіта. Тут якраз у пригоді стає КБК, де навчають професійним дисциплінам, які приносять користь не тільки працівникам, а й фірмам, в яких вони працюють. КБК також активно пропагує важливість вищої освіти в середніх школах регіону. Як каже доктор Лі Торнтон, президент КБК, «у освіти велике майбутнє». Він також гадає, що за підтримки громади КБК стане важливою частиною Тримістя.

people. The average age of a student is 29. Most of the students who attend CBC, about 60 percent, are women. Of the more than 4000 students, 25 percent to 30 percent will continue their education at a four year college. A majority of the students take special skills classes, such as nursing or mechanics. CBC has night classes for those students who work a full day to support themselves, although most students, 75 percent to 80 percent, just have part-time jobs.

Surprisingly, most people, about half of the population, would rather attend a community college than a university. This is mostly because a community college is normally closer to home, the tuition doesn't cost so much, and the class times are more flexible which allows people to still work. People choose CBC in particular for its great faculty, fantastic programs, and outstanding theater productions and athletics department.

One of the programs offered at CBC is Running Start. Running Start allows high school students to take college courses. The Running Start program was started by the legislature. There are currently about 300 students in the program.

People are starting to realize that, as our world becomes more technical, they are going to need higher education. That is where CBC steps in. They offer courses that will train people for their jobs, benefiting not only the individual but the company that they work for as well. CBC is also getting more "proactive" in the local high schools and middle schools to get the word out about higher education. According to Dr. Lee Thornton, president of CBC, "the future for education is very strong." He also thinks that with support from the community, CBC will become a vital part of the Tri-Cities.

WSU Tri-Cities

Dustan Terlson

Філія університету штату Вашингтон у Тримісті

Дастен Терлсон

Washington State University Tri-Cities (WSU Tri-Cities) offers access to a college education for students who cannot attend the main campus for multiple reasons. WSU Tri-Cities is located on the banks of the Columbia River in north Richland. Students can earn a bachelors or even a master's degree from WSU Tri-Cities campus. WSU Tri-Cities offers a variety of programs ranging from business to science, nursing to agriculture, humanities to engineering, and education to environmental science. Students who attend the campus receive the benefits of a research institution, which includes research, internship, and scholarship opportunities. WSU Tri-Cities is also a home to programs that serve the Tri-Cities area. WSU Tri-Cities houses the Food and Environmental Quality Laboratory that includes three full-time scientists and a number of support staff who conduct research on herbicides, pesticides, and agricultural pests. WSU Tri-Cities is committed to providing quality education, research, and service to the Tri-Cities area.

Філія університету штату Вашингтон у Тримісті (УВТ) пропонує віщу освіту студентам, які з різних причин не мають змоги відвідувати головний філіал. УВТ розміщений на берегах річки Колумбія в північній частині Річленда. Студенти можуть отримати в УВТ ступінь бакалавра або навіть магістра. Університет пропонує різноманітні програми в діапазоні від бізнесу до природничих наук, від курсу навчання на медсестру до сільського господарства, від гуманітарних до інженерних спеціальностей, від педагогічної до екологічної освіти. Студенти, які відвідують УВТ, користуються перевагами, що надає науково-дослідна установа – в тому числі можливостями займатися наукою, практичною роботою, отримувати стипендію. На базі УВТ також існують програми, які обслуговують район Тримістя. При університеті діє Лабораторія якості харчових продуктів і навколишнього середовища, в якій працює три штатні наукові співробітники і допоміжний персонал; співробітники лабораторії займаються дослідженнями, пов'язаними з гербіцидами, пестицидами і сільськогосподарськими шкідниками. УВТ вважає своїм обов'язком забезпечувати район Триміття освітніми, науково-дослідними та іншими послугами високої якості.

Larry Meyers

Леррі Хейлер

Larry Haler

ЗНАЙОМТЕСЯ:

Леррі Хейлер

МЕР РІЧЛЕНДА

Мес'ю Квеснел

Леррі Хейлер - це людина з планами на майбутнє. Його та інших посадовців Річленда переповнюють ідеї щодо майбутнього розвитку міста, у тому числі урізноманітнення, розширення і залучення більшої кількості туристів. Він хоче, щоб місто Річленд функціонувало більшою мірою як підприємницька структура, і штат мерії зараз працює над тим, щоб збільшити орієнтацію на споживачів.

За останні кілька років Річленд пройшов значний шлях. Після того, як у кількох журналах Річленд було названо одним з «кращих та найбільш придатних для життя місць в США», а також одним з «кращих місць, куди варто приїхати, почати бізнес та створити сім'ю», він став набагато відомішим. Замість

PROFILE:

Larry Haler

MAYOR OF RICHLAND

MATTHEW QUESNELL

Larry Haler is a man with a plan for the future. He and other Richland city officials are bursting with ideas for the city in the years to come, including diversifying, expanding, and bringing in more tourism. He wants the city of Richland to be run more like a business, and the staff is currently working on becoming more customer-oriented.

Richland has come far in the past several years. Having been named one of the "best and most liveable places in the country" and one of the "best places to move to, start a business, and raise a family" in several magazines, Richland has become much more well-known. Instead of just being "that nuclear project out in the middle of the desert," the city has become known as a very nice place to live. Also, a very large change has swept through the city council. Not too long ago, the city council never ventured outside of the community and was not involved in state organizations. The council didn't know what other communities were doing that might be better than what was done in Richland. Now all the council members, including the mayor, belong to various groups outside the community in order to better serve the city.

According to Mr. Haler, Richland's uniqueness comes not only from the Hanford site, but from the rest of the community. The friendly city of Richland has one of the highest numbers of Ph.D.'s and college graduates per capita in the United States. The city has fairly favorable and predictable weather, and its location by the Columbia River also adds to the community. Tourism brings in close to $30 million annually. Richland produces wine that rivals even that of Napa Valley in both taste and quality. The city also has superb golf courses that draw people from as far as Seattle. The Allied Arts Show and hydro boat racing in the summer also attract tourists. The main attraction right now for tourists is the river shore development.

Currently, the city of Richland is working on many projects. Roads and sidewalks are being improved in order to advance the aesthetics of the city and to attract more businesses. Business licenses are cheaper and construction permits can be obtained much quicker than before; within sixty days. The city government is also working with the government on the Fast Flux Test Facility (FFTF) and on receiving funding for the railroad system in Richland.

In the near future, Richland will concentrate on making Columbia Point the new "hot spot" for tourism. The city is trying to bring in a performing arts center, an amphitheater, a theater complex, and a small convention center to the Columbia Point area. The city will also try to further promote its current attractions.

When asked what he sees for the future of Richland, Mr. Haler especially stresses the point that he hopes the city becomes less dependent on the Hanford site. He would also like to see at

того, щоб бути, як колись, «місцем реалізації ядерного проекту серед пустелі», це місто зажило популярності як місце, дуже гарне для життя. Крім того, дуже значні зміни сталась з міською радою. Ще не так давно міська рада ніколи не поширювала свої інтереси за межі громади і не брала участі в різноманітних структурах штату. Рада не знала, чим займаються інші громади, не знала, де, можливо, щось робиться краще, ніж в Річленді. Зараз усі члени ради, включно з мером, належать до різноманітних угрупувань за межами громади, щоб краще слугувати містові.

Як вважає пан Хейлер, унікальність Річленда полягає не тільки в Хенфорді, але і в решті громади. Привітне місто Річленд налічує чи не найбільшу кількість докторів наук та осіб з вищою освітою на душу населення в Сполучених Штатах. Крім того, це місто відзначається лагідною та передбачуваною погодою, принадності йому додає й те, що розкинулось воно на березі ріки Колумбія. Щороку туризм приносить близько 30 мільйонів доларів. В Річленді виробляється вино, яке за смаком і якістю конкурує навіть з тим, що виробляється в Напа Веллі. В місті є також чудові поля для гри в гольф, що приваблюють навіть людей з Сіетла. «Шоу споріднених мистецтв» та гонки гидрочовнів улітку також привертають увагу туристів. Розвиток берегової зони здійснюється таким чином, що саме вона є найпринаднішим місцем для туристів.

Зараз місто Річленд працює над багатьма проектами. Облаштовуються дороги та тротуари для того, щоб додати йому естетичності та залучити більше бізнесменів. Ліцензії на відкриття своєї справи дешевші, а дозволи на будівництво можна отримати набагато швидше, ніж раніше: за шістдесят днів. Міський уряд співпрацює з федеральним у рамках проекту Випробувального реактора на швидких нейтронах (ВРШН) та над отриманням фінансування для залізничної системи в Річленді.

У найближчому майбутньому Річленд сконцентрується на тому, щоб зробити Колумбія Поінт новою «Меккою для туристів». Місто намагається побудувати в цій зоні Центр мистецтв, амфітеатр, театральний комплекс, а також невеличкий Центр зібрань. Крім того, місто намагатиметься і надалі розвивати свої вже існуючі принади.

Коли пана Хейлера запитати, яким він бачить майбутнє Річленда, він особливо наголошує на тому, що сподівається на зменшення залежності від Хенфорда. Він також хотів би бачити щонайменше 65 відсотків промисловості міста приватизованою. Місту б допомогло також більше розмаїття ресторанів; пан Хейлер пропонує відкрити ресторани Олив Гарден та Чиліз. Він сподівається на збільшення кількості видовищних закладів, доріг, обсаджених деревами, а також на більш енергійну громаду. Навіть тепер місто працює над покращанням організації дорожніх потоків за рахунок побудови шестирядної дороги, що веде за межі міста, поширення окружної магістралі до шестирядної, і побудови нового мосту через ріку Якіма. Міська рада хотіла б також збільшення кількості населення і сподівається до 2010 року довести кількість мешканців хоча б до 45 тисяч.

Однак на все це піде щонайменше 10-20 років. Для здійснення всіх цілей, поставлених перед містом Річленд, знадобляться відданість, рішучість, везіння і просто тяжка робота. Схоже на те, що у мера Леррі Хейлера роботи буде достатньо.

least 65 percent of the industrial segment of the city being privately owned. A greater variety of restaurants would also help the city; Mr. Haler suggested the Olive Garden and Chiles. He hopes for more performing arts, more tree-lined roads, and a more vibrant community. Even now, the city is working on improving the traffic flow by making a six-lane road out of Richland, making the bypass highway six-lane, and building a new bridge over the Yakima River. The city council would also like a greater population and hopes to have at least 45,000 people by the year 2010.

All of this, however, should take at least 10 to 20 years. It will take perseverance, determination, good fortune, and just plain, old hard work to accomplish all of the goals for the city of Richland. Looks like Mayor Larry Haler has his work cut out for him.

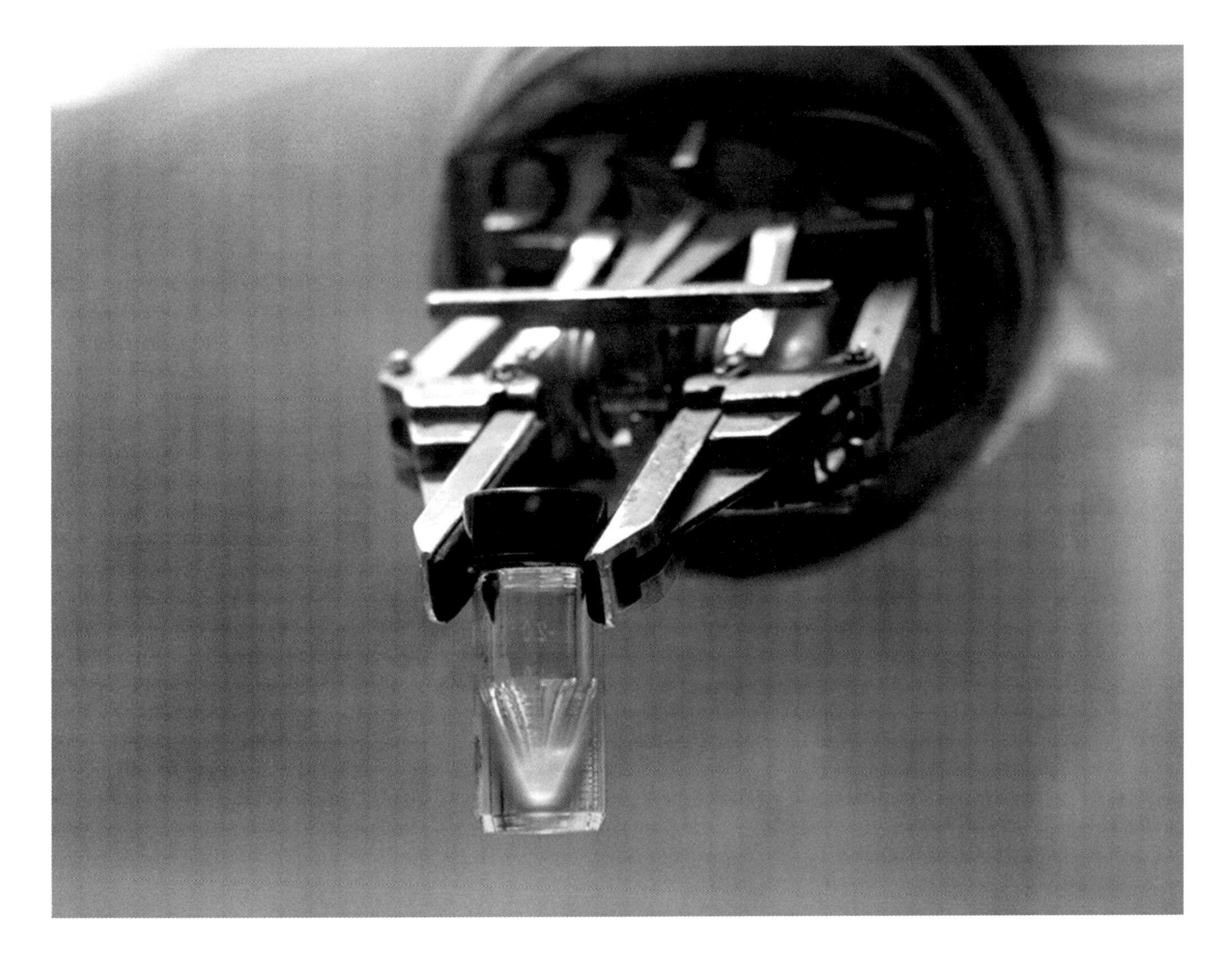

CHAPTER 12

ГЛАВА 12

DIVERSIFICATION IN THE Business Community

Диверсифікація *підприємницької громади*

Mister Tri-Cities

Sam Volpentest

Kylie Fullmer

«Пан Тримістя»

Сем Волпентест

Кайлі Фулмер

Я сподівалася побачити маленького, згорбленого, можливо, нерухомого, і зовсім старенького дідуся. Але Сем Волпентест в свої 95 років все ще міцний і навіть продовжує працювати, незважаючи на вік. Це невеличка на зріст людина з обличчям, на якому відбилися роки та досвід. Сем дуже ввічливий, та ще й кумедний, і я відразу зрозуміла - він неодмінно має бути цікавою особистістю, чиє незвичайне життя варте того, щоб про нього послухати.

Сем ніколи не відвідував коледж, проте він знає, що таке робота. Без батьківської підтримки та з матір'ю, що завжди тяжко трудилася, Сем пішов на роботу в дванадцять років і з тих пір продовжував працювати. Зараз у нього є кабінет, вкритий пам'ятними дощечками, що нагадують про численні місця його роботи, та свідчення про напружену працю задля Річленда.

В 1952 році Сем допомагав будувати

I was expecting him to be small, hunched over, possible immobile, and, well, overall old. But Sam Volpentest, at age ninety-five, is still going strong, continuing to work full time. He is a small person with a face wizened by years and experience. Sam is extremely courteous, not to mention funny, and I knew right away that he's bound to be an interesting person with an extraordinary life worth listening to.

Sam never attended college, but he knows what it means to work. With no father to provide income, and a mother already working hard, Sam got a job at age twelve and has worked ever since. Now he has an office covered with plaques commemorating the numerous jobs he has held and signs of his hard work for Richland.

In 1952, Sam helped gain funds for Highway-240, providing a faster route to Seattle. Construction lasted until 1964. In the early 1950's, a lump had been discovered in Sam's jaw. His dentist kept a constant watch over it to see that it didn't develop into something else. But one morning in 1957, Sam woke up with a swollen face and bruised gums. A doctor confirmed it, he had a cancerous tumor in his jawbone. He was also told that it would have to be operated on immediately. He went to Seattle for the operation. They wanted to operate that very day, but Sam scheduled for four days later, saying he had work to do in Richland.

While Sam was recuperating from his operation, he started plans to get the new Federal Building in Richland. In September of 1963, President Kennedy came to Hanford for N-Reactor ground breaking. N-Reactor convinced President Kennedy that he should continue funding reactors to maintain peace. Test reactors, previously built in Idaho Falls, were now being built at Hanford. This led to the Fast Flux Test Facility (FFTF) being built at Hanford, a reactor Sam was responsible for getting funded.

Diversification started in 1963. Up until that point, almost everything was managed by General Electric and Sam thought that Richland should try to attract other businesses. At Sam's insistence, each firm could bid on a contract, but only if they promised to give something to the community. In 1965, Sam went back to New York to attract new businesses and caught the attention of Battelle. Altogether, there were eight businesses that bid, among them, Battelle, Arco, Westinghouse, and Hanford Environmental Health Foundation (HEHF).

When Interstate-82 (I-82) highway was being built, Sam realized that it would bypass Richland and put up a fuss. He faced opposition, ended up going to court, and had to pay extremely high court fees. When it was all over, more road bed had been put down, two new bridges had been built, one named for Sam, and I-82 fully serviced Richland.

Among Sam's other accomplishments are helping fund the Environmental Molecular Science Lab (EMSL) and LIGO, founding TRIDEC, and being named Tri-Citian of the year in 1963. Sam can also be referred to as Mr. Tri-Cities. He has been working on Hanford fund-

швидкісну магістраль 240, що дала змогу швидко добиратися до Сієтлу. Будівництво тривало до 1964 року. На початку 50-х років у Семовій щелепі виявили новоутворення. Стоматолог у Сієтлі постійно стежив за ним, щоб воно не переросло у щось інше. Проте одного ранку в 1957 році, Сем прокинувся з опухлим обличчям та синцями на яснах. Лікар підтвердив утворення на його щелепній кістці злоякісної пухлини. Також він сказав, що необхідна термінова операція. Сем поїхав до Сієтлу, щоб його стоматолог зміг зробити цю операцію. Стоматолог хотів зробити її того ж дня, проте Сем запланував її чотирма днями пізніше під тим приводом, що має роботу в Річленді.

Коли Сем одужував після операції, у нього з'явилися плани будівництва Федерального будинку в Річленді. У вересні 1963 року президент Кеннеді відвідав Хенфордський майданчик. Під час цього візиту, він прийняв участь у церемонії початку будівництва реактора «N». Реактор «N» переконав президента Кеннеді, що задля підтримання миру фінансування реакторів слід продовжувати. Випробувальні реактори, сконструйовані раніше в Айдахо Фолз, тепер споруджувалися в Хенфорді. Саме тому в Хенфорді почалося будівництво випробувального реактора на швидких нейтронах. Сем був відповідальним за цей реактор.

В 1963 році почалася диверсифікація. До тих часів майже все перебувало під орудою компанії «Дженерал електрик», і Сем вважав, що слід спробувати розгорнути в Річленді інші види підприємництва. Сем наполіг на тому, щоб кожна фірма могла брати участь у тендері на присудження контракту тільки за умови, що пообіцяє зробити щось для громади. В 1965 році Сем рушив до Нью-Йорка, щоб залучити нових підприємців і привернув увагу компанії Баттелл. Разом це призвело до восьми учасників тендеру, у тому числі Баттелла, «Арко», «Вестінхауз» та Хенфордської фундації екологічного благополуччя.

Коли будувалася міжштатна швидкісна магістраль 82, Сем зрозумів, що вона не повинна була пройти повз Річленд, і розвинув бурхливу діяльність. Він наштовхнувся на опір, що вилився у судовий розгляд та вкрай високі судові витрати. Коли все скінчилося, нову дорогу було прокладено на довшу відстань, було побудовано два мости, один з яких було названо на честь Сема, і міжштатна швидкісна магістраль 82 повністю обслуговувала Річленд.

Серед решти Семових здобутків є фонд допомоги фінансування Екологічної молекулярної наукової лабораторії та Лазерно-інтерферометричної обсерваторії гравітаційних хвиль, заснування Ради економічного розвитку Тримістя, а також те, що в 1963 році Сем був названий людиною року в Тримісті. Крім того, Сема можна назвати «пан Тримістя». Протягом 49 років він працював задля фінансування Хенфорда. Сем вважає, що у Хенфорді багато гарних ресурсів, і що в майбутнєму ми будемо використовувати їх повною мірою. Крім того, він вважає, що Хенфорд стане лідером в науках і технологіях.

Тож як пояснює Сем своє довголіття? Коли стоматолог, що оперував Семові його ракову пухлину, з'ясував, що він живе поблизу Хенфорда, він жартома запропонував йому раз на місяць прогулюватись навколо реактора «N» для отримання опромінення, достатнього для виживання. Хоча Сем цього й не робив, він впевнений в тому, що саме Хенфорд протримав його так довго на цьому світі. На мою думку, Гері Пітерсен мав рацію, коли сказав про Сема: «Ви ніколи більше не зустрінете когось, схожого на цю людину.»

ing for forty-nine years. Sam thinks that Hanford has many good resources, and that the future will see us using these resources to their fullest. He also thinks that Hanford will be a leader in science and technology.

So, how does Sam account for his long life. Well, when Sam's doctor who operated on his cancerous lump found out that he lived near Hanford, he jokingly suggested that Sam walk around a reactor once a month, just to get enough radiation to live off of. Though Sam doesn't do that, he does believe that Hanford is what has kept him alive so long. I think Gary Petersen got it right when he said of Sam, "You won't meet anybody, ever again, like this man."

A City of the 21st Century Cannot Lose its Future

Olga Schukina

Місто XXI віку не може втратити майбутнє

Ольга Щукіна

Our Slavutych is the youngest city in the Ukraine. It was born after the Chornobyl Nuclear Power Plant (ChNPP) accident that has carved a deep mark in the hearts of millions of people. But thanks to the people, who work in the city and do everything for its development and flourishing we, the children, don't feel any consequences of that tragedy and look to our future with optimism.

One of those people, who have been taking care of our city from "day one" is our mayor, Volodymyr Udovychenko. For over twelve years, his life has been closely connected with the land of Polissya and with the city of Slavutych.

Volodymyr Udovychenko arrived here as the Deputy Head of the organizational committee that was to create local council of people's deputies in Slavutych. The first pits, trenches, and foundations for future residential blocks just started to appear in the pine forest; one could only guess the location of future streets and the main avenue—Friendship of Nations Avenue—by the cuttings in the forest, but the city authorities have already been created and actively working. During that time, Mr. Udovychenko had a chance to fill important managing positions. He worked as the first Deputy Head of Slavutych city executive committee, as the secretary of the local committee of

Volodymyr Udovychenko

Володимир Удовиченко

Наш Славутич — наймолодше місто України. Народився він, як відомо, після аварії на Чорнобильській АЕС, що залишила свій глибокий слід у серцях мільйонів. Але, завдяки людям, які працюють у місті заради його розвитку і розквіту, ми, діти, не відчуваємо наслідків трагедії і з оптимізмом дивимось у майбутнє.

Одним з тих, хто плекає місто, так би мовити, від першого кілочка, є наш мер Володимир Удовиченко. Ось уже тринадцятий рік поспіль його біографія міцно пов'язана з поліським краєм і містом Славутичем.

Володимир Петрович прибув сюди в якості заступника голови оргкомітету по створенню в Славутичі міської ради народних депутатів. Ще тільки починали серед соснового бору з'являтись котловани і фундаменти на місці майбутніх кварталів, ще тільки за просіками вгадувались напрями майбутніх вулиць і центрального проспекту Дружби народів, а в місті вже створювалась і активно діяла місцева влада. І панові Удовиченку довелося попрацювати в ті роки на важливих керівних посадах. Був першим заступником голови Славутицького міськвиконкому, секретарем міського комітету Компартії України і секретарем парткому Чорнобильської АЕС (як ми знаємо, за часів Радянського Союзу партія фактично теж займалась і управлінською, і господарською роботою). З 1990 року він очолює мерію Славутича, в даний час обіймає посаду міського голови.

Росте авторитет Славутича — зростає авторитет його мера. Володимир Петрович нещодавно захистив дисертацію на здобуття звання доктора економічних наук. Він активно працює в різних державних і громадських структурах України та міжнародних організаціях. Зокрема, пан Удовиченко — член Координаційної ради з питань місцевого врядування при Президенті України, голова Координаційної ради фонду сприяння органам місцевого самоврядування при Президенті України, заступник представника України в Палаті місцевих влад Європи, очолює Асоціацію міст-супутників атомних електростанцій України.

Вагомі, зрозуміло, не посади чи представницькі повноваження самі по собі, а ті справи, що стоять за ними. Про це ми й повели мову з мером Славутича, який охоче погодився зустрітися зі мною.

Володимире Петровичу, архітектори і громадськість у час будівництва Славутича називали його містом майбутнього, містом XXI віку. Але у зв'язку з імовірним закриттям Чорнобильської АЕС наше моноіндустріальне місто може втратити історичну перспективу і, в кращому разі, добувати свого віку як звичайне селище на краю української ойкумени. Принаймі, так вважає частина дорослих, з якими мені доводиться спілкуватись у повсякденні.

Почнімо з того, що у наймолодших поколінь славутчан думка більш оптимістична.. Ось ваші однокласники, як вважають — вірять в майбутнє рідного міста?

Так.

От і добре. А тепер спробуймо розібратись разом з приводу майбуття. Один з вагомих аргументів «за» в тому, що наше місто впевнено рухається до перетворення в екополіс. На потерпілій 1986 року землі виростає острівець екологічної чистоти, міцного здоров'я, зрештою людського щастя. В

the Communist Party of Ukraine, and as the secretary of the ChNPP's Communist Party committee (as we know, in the Soviet Union the Communist party was involved in both administrative and economic management). Since 1990, he has headed up Slavutych city government, currently as the mayor of the city.

As prestige of Slavutych grows, the mayor's prestige grows as well. Recently, Volodymyr Udovychenko has defended his thesis and became a Doctor of Economics. He is an active participant in many government and public structures of Ukraine and in international organizations. Particularly, Mr. Udovychenko is a member of the Presidential Coordination Council on Questions of Local Government, Head of the Presidential Coordination Council of the Foundation for Local Government Support, Deputy Representative of Ukraine on the Board of Local European Governments, and Head of the Association for Satellite-Cities of Nuclear Power Plants in Ukraine.

What matters, obviously, is not the ranks or positions in themselves, but the actual deeds that are behind them. This became the topic of my interview with the mayor of Slavutych, who readily agreed to meet with me.

Mr. Udovychenko, when the city was being built, architects and the public called Slavutych the "city of the future," and the "city of the 21st century." However, due to the probable closedown of ChNPP, our mono-industrial city may lose its future and, in the best case, will be living the rest of its days as just another one of the many average Ukrainian villages in the middle of nowhere. At least, this is the opinion of some of the adults I associate with every day.

Let's start with the fact that the youngest generations of Slavutych residents are more optimistic. For instance, your schoolmates, what do they think? Do they believe in the future of their hometown?

Yes.

That's good. Now, let's try to figure out

together what awaits us in the future. One of the major "pro" arguments is the fact that our city is on the way to becoming a metropolis. On the land that suffered in 1986, there is now an oasis of environmental purity, human health, finally, human happiness. We have been working on this together with the National Academy of Sciences of Ukraine and its institutes, the Ukrainian Ecological Academy, governmental structures, international organizations, G-7 countries, and the European Community. Certain achievements of Slavutych related to ecological rehabilitation of the land and preservation of environment have been recognized internationally. Our city has been awarded a golden medal of the international movement "Ecoforum for Peace" and became a member of this non-governmental United Nations organization.

However, the face of the city is not only its attractive looks and clean environment. Guarantees of its steady future also lie in development of education, culture, health care, sports...

Why don't we talk about education then?

Our goal is to create the most favorable conditions for students, so that every one of them could acquire profound knowledge of basic sciences and choose an interesting and promising occupation. School of Young Businessmen has been operating successfully for over three years. It has a two-year course for high school students. Wonderful instructors from Kyiv teach weekly classes. I am happy to teach the young businessmen personally—my ties with the school are old and strong.

We have professional and psychological training centers. By the way, the latter is a part of the UNESCO-Chornobyl program.

Yet another interesting educational aspect. Foreign Language Center attended by over 400 children has been working for over a year.

Non-traditional methods of teaching and upbringing are implemented in city schools in order to improve the educational process. For example, school #1 actively implements the

цих напрямах творчо співпрацюємо з Національною академією наук України і її інститутами, Українською екологічною академією, урядовими структурами, міжнародними організаціями, країнами «великої сімки» і Європейської Спільноти. Певні досягнення Славутича в справі екологічної реабілітації територій та збереження природи помічені в світі. Місто нагороджено золотою медаллю Міжнародного руху «Екофорум за мир» і прийнято почесним членом цієї неурядової організації при Організації об'єднаних націй (ООН).

Проте обличчя міста роблять привабливим не тільки гарний зовнішній вигляд і чисте довкілля. Запорука його впевненого майбутнього і в доброму розвитку освіти, культури, медицини, спорту...

Тож поговоримо про освіту?

Мета наша — створити найбільш сприятливі умови для школярів, щоб кожен міг одержати глибокі знання з основ наук, обрати для себе цікаву й перспективну професію. Вже четвертий рік у місті успішно діє школа молодого бізнесмена. В ній — дворічний курс навчання для старшокласників. Чудові викладачі з Києва щотижня читають лекції. Відчуваю й особисте задоволення від занять з юними бізнесменами: з цією школою у мене давні і міцні зв'язки.

У нас створено центри професійної та психологічної підготовки. До речі, останній працює за програмою «ЮНЕСКО-Чорнобиль».

Або ще один цікавий освітній аспект. Другий рік діє центр вивчення іноземних мов, який відвідують понад 400 дітей.

З метою підвищення ефективності навчально-виховного процесу в закладах освіти міста впроваджуємо нетрадиційні підходи до навчання і виховання учнів. Так, у середній школі № 1 проводиться значна робота по впровадженню системи розвивального навчання. Відкрито перший клас з вивченням англійської. Для старшокласників — класи з поглибленим вивченням фізики та математики. У школі № 3 працює кафедра вчителів іноземних мов, запроваджено вивчення англійської з першого класу. Відкрито клас з поглибленим вивченням української мови і літератури.

Чимало уваги приділяється науково-дослідницькій роботі серед учнів. Дівчата і хлопці активно співробітничають з Малою академією наук України, не раз здобували перемогу і призові місця у Всеукраїнських конкурсах та на олімпіадах творчих робіт школярів.

Чи є перспективи в культурному житті Славутича?

Звичайно. Фестивалями, на які було щедре наше місто ще в найближчі роки, культурний розвій не вичерпується. Не секрет, що коштів у Славутича тепер менше. Але, як і раніше, головну ставку робимо на пожвавлення діяльності закладів культури, проведення масових заходів. За традицією славутчани широко святкують День міста, проводять міжнародний дитячий фестиваль «Золота осінь Славутича», в якому беруть участь юні мистецькі таланти, майбутні працівники телебачення, радіо, преси.

Рік у рік поліпшують роботу дитяча школа мистецтв, дорослі і дитячі художні колективи кіноконцертного комплексу, будинку культури «Енергія», Будинку дитячої творчості. На високому рівні пройшли міські творчі конкурси «Грай, гармошко!», «Як тебе не любити, Славутичу мій!» Молодь схвально поставилась до відкриття розважально-мистецького клубу «Містер Ікс запрошує». Самодіяльний драмтеатр Славутича вийшов переможцем українського театрального фестивалю.

Цікаво працює колектив міської бібліотеки. Тільки за останній рік її книжковий фонд виріс на 3 тисячі примірників і тепер становить 64 тисячі одиниць.

Наскільки знаю, одна з головних турбот мерії і керівництва Чорнобильської АЕС — створення передумов здорового способу життя.

education system focused on student development. They have a first-grade class with focus on English language. High school students have specialized classes focused on the study of physics and mathematics. School #3 has a chair of foreign language department, English is taught there beginning with first grade. There is also a specialized Ukrainian language and literature class.

Serious attention is paid to scientific research in schools. Boys and girls actively cooperate with the Little Academy of Sciences of Ukraine and have won numerous prizes in all-Ukrainian contests and in students Olympiads.

Does the cultural life of Slavutych have a future?

Of course. Cultural development is not limited to the numerous festivals that have been held in our city in the past years. It's no secret that today Slavutych's financing has been reduced. However, just like in the past, we pay major attention to the enlivening of cultural life and the organization of mass cultural events. Traditionally, Slavutych celebrates Day of the City, hosts international children's festival "Golden Autumn of Slavutych" which brings together young talented future actors, and TV, radio, and newspaper journalists.

Year after year, the local School of Arts, children's and adult performing groups from the local entertainment center, the house of culture "Energy," and the Children's creative club improve their work. Local creative contests

Slavutych Children Dancers
Учасники дитячого танцювального колективу в Славутичі

"Play, harmonica!" and "My beloved Slavutych," went very well. Young people like the newly opened entertainment and arts center "Mister X Invites." Slavutych amateur drama theater became the winner of the Ukrainian theater festival.

The city library staff works very well. Just in the past year, its stock of books has increased by 3,000 and today houses 64,000 books.

As far as I know, one of the major concerns of the city administration and the management of ChNPP is creation of healthy life conditions.

For many years, Slavutych has been working together with the World Health Organization on the implementation of the "Healthy Cities" program. We have a unique sports and health facility, the largest and the best in Ukraine per capita. Each of the five sports and health complexes has a specialization in certain types of sports. We have open air tennis courts, volleyball courts, and hockey stadiums. There are many swimming pools, two of which are 25 meters long. Sports complex "Olympiysky" will open soon. Sports school for children and youth has wrestling, boxing, swimming, gymnastics, and cross-country sections. There is a wonderful yacht club at the Dnipro River. We also have a horse-race track. The city stadium has a 5,000 person capacity. The city cultivates 25 sports: we hold contests for students and for ChNPP employees. Our city has raised three world sambo (self-defense) champions: Yulia Antipova, Olena Kosytsyna, and Anastasia Tukmachova; a team chess composition world champion Sergiy Tkachenko; and other well-known athletes.

Stepping aside from our interview for a moment, I would add that our mayor is an athletic person himself. He plays on the veterans' soccer team, and more than once our residents elected him "Man of the Sports Year." In 1994, the mayor was awarded the Honor Token of the International Olympic Committee "Ecology. Sports. Olympism."

Славутич не перший рік працює разом з Всесвітньою організацією охорони здоров'я над втіленням програми «Здорові міста». Маємо унікальну фізкультурно-оздоровчу базу, з розрахунку на одного жителя — найбільшу і найкращу в Україні. Кожен з п'яти фізкультурно-оздоровчих комплексів спеціалізується на розвитку певних видів спорту. На свіжому повітрі маємо тенісний корт, волейбольні майданчики, хокейні коробки. Збудовано чимало басейнів, серед яких два 25-метрових. Готується до введення в експлуатацію спорткомплекс «Олімпійський». В дитячо-юнацькій спортивній школі працюють відділення боротьби, боксу, плавання, художньої гімнастики, легкої атлетики. На Дніпрі є чудовий яхт-клуб. Наявна кінно-спортивна база. Міський стадіон вміщує 5 тисяч глядачів. У місті культивуються 25 видів спорту, проводяться спартакіади школярів та працівників Чорнобильської АЕС. У нас вирощено чемпіонок світу з боротьби самбо Юлію Антипову, Олену Косицину, Анастасію Тукмачову, чемпіона світу з шахової композиції в командному заліку Сергія Ткаченка та інших відомих спортсменів.

Перервавши на якийсь час інтерв'ю, додам від себе, що наш мер – людина спортивна. Володимир Петрович виступає за футбольну команду ветеранів, йому неодноразово за результатами громадського опитування в місті присвоювалось звання «Людина спортивного року». 1994 року меру Славутича вручено Почесний знак Міжнародного олімпійського комітету «Екологія. Спорт. Олімпізм».

Хотілося б, аби і в решті аспектів славутицького життя не було особливих проблем. Але це, на жаль, не так. Нас усіх хвилюють економічні перспективи.

Безумовно. Головна проблема полягає в тому, що на провідному підприємстві міста — Чорнобильській атомній станції — залишається в роботі лише один енергоблок — третій. І скільки він буде діяти, невідомо. У відповідності з Меморандумом про взаєморозуміння між урядом України, урядами країн «великої сімки» та Європейського суспільсва треба готуватись до виведення блоку з експлуатації. Але умови цього меморандуму західними партнерами поки що не виконуються. Тому ще є можливість на блоці попрацювати.

Ми повинні чітко усвідомлювати, що рано чи пізно за технічними умовами експлуатації блок доведеться зупиняти. Про це йдеться й у спеціальному Законі України, присвяченому проблемам подальшої експлуатації Чорнобильської АЕС, підготовки до виведення її блоків з експлуатації та перетворення об'єкта «Укриття» в екологічно безпечну систему.

Як не допустити соціального вибуху у зв'язку з тим, що значна частина станційників залишиться без роботи?

Над цим працюємо не перший рік. Мета — забезпечити створення компенсуючих робочих місць у місті. Славутич ініціював чимало заходів на державному і міжнародному рівнях. Експертами України, США і Євроспільноти розроблений План дій щодо вирішення соціальних проблем Чорнобильської АЕС та Славутича, в якому викладено питання формування стратегії диверсифікації економіки міста та створення компенсуючих робочих місць. Планом передбачені головні засади розвитку в Славутичі малого і середнього бізнесу. Нові виробництва найрізноманітніших напрямків — це гарантія майбутнього працевлаштування і доброго заробітку славутчан.

А які перспективи відкриває перед містом спеціальна економічна зона «Славутич»?

Спеціальну економічну зону утворено у відповідності з Указом Президента України від 18 червня 1998 року та Законом України від 3 червня 1999 року. Вона діятиме до 2020 року і надасть значні пільги її суб'єктам. Місцева влада зробить усе, щоб цей час був продуктивно використаний для економічного розвитку Славутича, зрештою, для піднесення життєвого рівня наших людей. Роботи в цьому

We'd like to see no real problems in other aspects of life in Slavutych. Unfortunately, that is not the case. We all are concerned with the economic prospects.

It's quite natural. The main problem today is that there is just one operating unit (Unit #3) left at ChNPP. No one really knows how long it will be working. According to the Memorandum on mutual understanding between the government of Ukraine, the governments of the "G-7 countries," and the European Community, we have to prepare for shutdown of this unit. However, so far the Western partners haven't performed their obligations under this Memorandum. This means that the unit still has some time ahead.

We must clearly realize that the technical conditions will necessitate the unit's shutdown, sooner or later. All this is described in the special Law of Ukraine dedicated to the further operation of ChNPP, preparation for its shutdown, and transformation of the Object Shelter into an ecologically safe area.

What has to be done to prevent the social disturbances which will happen when most of the plant's personnel will lose their jobs?

We have been working on this for years. Our goal is to create compensating jobs in town. Slavutych has launched a lot of government and international projects. Ukrainian, American, and European experts have collaborated on the Action Plan for solution of social problems in relation to ChNPP and Slavutych. This plan forms a strategy for economic diversification and creation of compensating jobs in Slavutych. It defines the main principles for the development of small and medium size businesses in Slavutych. New enterprises with various activities are the guarantee of future jobs and financial stability for Slavutych residents.

What opportunities does the special Slavutych economic zone provide for the city?

The special Slavutych economic zone was established pursuant to the Decree of the

President of Ukraine, dated June 18, 1998, and the Law of Ukraine, dated June 3, 1999. This zone will exist until 2020 and will provide its economic subjects with important benefits and exemptions. The local authorities will do everything in their power to productively use this time to further Slavutych economic development, and thus improve the living conditions for our people. A lot has to be done in this area.

The tasks work left at ChNPP will be performed by the people of Slavutych, won't it?

Yes. Slavutych has to finish its mission. Particularly, the operation of ChNPP has to be finished with ensuring of high safety standards. The plant has to be decommissioned, accumulated radioactive waste has to be recycled, and the whole series of long-term and short-term projects on turning Object Shelter into an ecologically safe zone must be implemented.

These are the main tasks. Who will perform them? People who today live in Slavutych and work at ChNPP.

Mr. Udovychenko, let's say, everything goes as you just said. What are your expectations, say, beyond the year 2020?

Slavutych is the future of Ukraine. If the government goes along with our plans, the city may turn into a social laboratory. This laboratory could work out as a model of the ideal social state which is defined in the Constitution of Ukraine as the model for our country.

напрямі дуже багато.

Але ж і перетворення на проммайданчику Чорнобильської станції доведеться здебільшого робити славутчанам?

Так. Славутич повинен сповна виконати функції, які лягли на його плечі. Зокрема, треба довести до кінця експлуатацію Чорнобильської АЕС із гарантуванням високої безпеки, вивести станцію з експлуатації, забезпечити переробку радіоактивних відходів, нагромаджених в результаті роботи станції, виконати цілу низку довготермінових і короткотермінових заходів щодо приведення об'єкта «Укриття» в екологічно безпечну систему.

Такі основні функції. Хто їх виконає? Люди, які сьогодні живуть у Славутичі і працюють на Чорнобильській АЕС.

Володимире Петровичу, уявімо собі, що все відбудеться саме так, як ви сказали. Ваш подальший прогноз, скажімо, за межі 2020 року?

Славутич — майбутнє України. Якщо урядовці погодяться, він може стати лабораторією соціального міста. В цій лабораторії можна буде відпрацювати модель соціальної держави, прагнення до якої зафіксовано в Конституції України.

Ink Pen Beats Emirates, Or Business in Slavutych—Fact or Fiction?

Olga Ryezan

Як авторучка перемогла Емірати, або Чи має бізнес перспективи у Славутичі?

Ольга Рєзан

Бізнес. Це іншомовне слово сьогодні відоме кожному, але не кожен пересічний українець знає, що воно точно означає. Поцікавилась у кількох своїх знайомих — людей різного віку: який зміст вони вкладають у поняття «бізнес»? Скільки людей — стільки думок…

В перекладі з англійської це слово означає: діло, справа, заняття. Але особливе діло, особлива справа, особливе заняття, бо це поняття в нашій свідомості невіддільне від економіки.

Щоб поглянути на проблему з точки зору фахівця, я вирішила відвідати славутицький офіс директора акціонерного товариства «Перспектива» Сергія Миколайовича Чеснокова, який, до речі, очолює і Спілку виробників товарів та послуг міста Славутича. Зазвичай, підприємці (чи бізнесмени — як кому зручніше!) дуже зайняті, і тому мені довелось протягом трьох тижнів завзято телефонувати до офісу. Сергій Миколайович весь час був у ділових (бізнесових?) поїздках. Але наша зустріч нарешті відбулась, і я змогла взяти інтерв'ю.

Спочатку —кілька запитань для знайомства.

Sergiy Chesnokov
Сергій Чесноков

Business: now everyone is familiar with this foreign word, but not every Ukrainian knows exactly what it means. I've done a little poll among several of my friends, people of different age groups: what do they mean when they say "business"? Different strokes for different folks, really...

Translated from English, this word means work, affairs, occupation. But it is special work, special affairs, and special occupation, as this notion is inseparable to us from economics.

I wanted to hear a specialist's point of view and decided to visit the Slavutych office of Sergiy Mykolayovych Chesnokov—Director of Perspektyva Joint Stock Company, who is also the Head of the Slavutych Goods and Services Providers Association. As a rule, entrepreneurs (businessmen—if you like!) have a very busy schedule, and I had to keep calling the office for three weeks to speak with Mr. Chesnokov. He was always on official (or should I say "business"?) travel. Finally, we were able to meet, and I could interview him.

First, some questions to get acquainted.

Mr. Chesnokov, could you tell me about the start of your career?

I graduated from school, then college, worked for the Electronica Company in Voronezh, and then joined Novovoronezh Nuclear Power Plant.

How did you happen to come to the Ukraine?

In September 1987, I was offered a job with the Chornobyl computer center, which was renovated at the time with the intention of managing of the activities in the 30-kilometer Exclusion Zone. Then I got my job with Chornobyl Nuclear Power Plant (ChNPP).

As far as I know, you were then transferred to Slavutych.

At the time of construction of the new city, they implemented the new computer center project. As the Head of the Logistics office of ChNPP, I was asked to manage this center. The work on automation of Slavutych began. At that time, state financing was still afloat—and everything was exciting and moving fast. We gathered a group of young specialists: economists, electronic engineers—and the results were vast. For most of us, everything was first: first personal computers, first databases... Many school students assisted us at the time. They collected necessary information about the residents of Slavutych to be entered in the database. That was also the time when we opened a computer center at the Professional Training School Facility, where we trained high school students. They collected information on twenty thousand Slavutych residents! It was a great job.

Now I can see why even ten years later, you're still in touch with student youth. And what came next?

Then financial problems began: our country, then USSR, was passing through perestroika. We started to think about how our computer center could make money on its own. When perestroika completely went out of style,

Сергію Миколайовичу, з чого починали?

Закінчив школу та інститут, працював у Воронезькому об'єднанні «Електроніка», а потім на Нововоронезькій АЕС.

Як потрапили на Україну?

У січні 1987 року мене запросили на роботу в обчислювальний центр міста Чорнобиля, який після аварії створювався заново для управління роботами в 30-кілометровій зоні відчуження. Згодом опинився на Чорнобильській АЕС.

Наскільки мені відомо, після цього Ви перейшли працювати в Славутич.

Під час спорудження нового міста впроваджувалась програма створення в ньому електронно-обчислювального центру. Мені як начальнику відділу забезпечення ЧАЕС доручили керувати цим центром. Почалась робота з автоматизації Славутича. Тоді було державне фінансування, і все робилось досить цікаво і швидко. Створили групу молодих спеціалістів: економісти, електронщики — і ми досягли значних результатів. Для більшості з нас все було вперше: перші персональні комп'ютери, перші бази даних… Нам тоді допомагало чимало школярів, які збирали необхідну інформацію про жителів Славутича для внесення в базу даних. Тоді ж ми створили при шкільному навчально-виробничому комбінаті комп'ютерний центр, де навчали старшокласників. Школярі зібрали дані на 20 тисяч славутчан! Це була гарна робота.

Тепер мені зрозуміло, чому Ви і через десять років не пориваєте зв'язків із учнівською молоддю. А що було далі?

Далі виникли фінансові труднощі: в тодішній країні — СРСР — тривала перебудова. Ми потихеньку почали думати, як електронно-обчислювальному центру самому заробляти гроші. Коли мода на перебудову минула, довелось остаточно вибирати: або залишатись на станції і одержувати зарплату від держави, або перейти в електроннообчислювальний центр «Перспектива» і працювати самостійно. І ось з 1990 року я тут працюю.

Як створювалась «Перспектива»?

Це було третійне підприємство, в якому була державна частка. Незабаром ми першими в місті провели приватизацію, викупили державну частку, і підприємство перетворилось на приватне. Співробітники виявились і співвласниками. Зараз ми — акціонерне товариство «Перспектива».

А коли б не ризикнули тоді – виграли б чи програли?

Якби ми працювали всі дев'ять років на станції, не думаю, що були б більше або менше забезпеченими. Ми також отримуємо платню. Крім цього, маємо свою техніку, комп'ютери, зв'язки з іншими фірмами. Ось і всі наші досягнення. Все інше ми могли б мати і працюючи на станції. Однак сьогодні набагато важче розпочинати бізнес.

Чому ж?

Тоді легше було ризикувати. І нинішнім станційникам, які підуть у бізнес, не позаздриш. Зараз існує чимало законів, які, м'яко кажучи, не сприяють розвитку бізнесу. Кожного року настає момент, коли здається, що в таких умовах працювати неможливо. А цей рік, напевне, для нас найважчий.

І все ж працюєте…

Так. Сподіваємось вирости. В наш час песимістом більше двох-трьох днів бути не можна. На четвертий день починаємо думати, боротись. Найголовніше в бізнесі— генерація ідей. За ці роки двічі чи тричі ми змінювали профіль діяльності.

Чому?

Починали як обчислювальний центр, займались монтажем технічних засобів: ксероксів, комп'ютерів, комп'ютерних мереж, факсів. Коли у місті погіршилось фінансування, приготувались надавати послуги по всій Україні. Та в цьому напрямку бізнесу

we had to make our final choice: either stay with the plant and receive salary from the state or transfer to Perspektyva computer center and function independently. I've been working here since 1990.

How did Perspektyva come to existence?

It used to be a tertiary company with a government share. After a while, we became the first in the city to perform privatization, we bought out the state share and turned the enterprise into a private company. People who worked there became co-owners of the company. Today we are Joint Stock Company Perspektyva.

And if you didn't take that risk, would you have won or lost?

If we had worked all nine years at the power plant, I don't think we would have been any richer or poorer. We also are paid salaries. Besides that, we have our own equipment and computers, ties to other companies. This is all we have achieved. Everything else we could have also had working at the plant. However, today it's a lot more difficult to start a business.

Why so?

Back then, it was easier to take a risk. I would not want to be in the shoes of those power plant workers who want to start a business. Now, there are so many laws that, to say the least, don't facilitate business development. Every year we come to a point when, it seems, we can no longer work in these conditions. And this year probably has been the toughest one for us.

Still, you continue to work ...

Yes. We are hoping to grow. In these times, we can't be pessimistic for more than two or three days. On the fourth day, we start to think, start to fight. The main thing in business is the generation of new ideas and concepts. For the past two years, we changed the type of our activities twice or three times.

Why?

We began working as a computer center, and we were assembling technical equipment:

photo copy machines, computers, computer networks, and fax machines. When the financing of our city decreased, we prepared to provide services to all of Ukraine. But we met with rough competition in this area of business. This was when we made a decision to expand the range of our services.

How far did you expand?

We started to supply office equipment and instruments to various Kyiv organizations. Then we added to this office line of work yet another type—office supplies. At that time, there were only a few importers of quality office supplies. And there were so many new companies starting up in the country, and each one needed to set up its office!

So, it was a direct hit...

It was. Each time you succeed in something, you hope it will stay this way for a lifetime. We figured notebooks, pens, pencils, and paper would always be in demand—and we would be able to expand our business. However, after the August-September 1998 financial crisis in Russia and Ukraine, people started to learn to make do without a lot of things. The same goes for commercial companies...

You mean, you have to find some new direction again?

We do. One comes to new ideas through personal experience. I recall how in the recent past some of the companies in Slavutych were always shown to us as examples to follow. Compared to their business, our activities looked like a hobby—teaching children, computers. I looked at those companies with admiration, sometimes I envied them—they were able to spend money on production development. However, none of those companies that served as models to us have survived.

Is there a key to this riddle?

I have visited other countries and learned that business development depends on the speed of capital turnover. Production in our country has lacked support for all these years. To start any kind of production, a company needs a year or two just to get things going. But

виникла велика конкуренція. Тоді й прийняли рішення розширити напрямки роботи.

До яких меж?

Надавали послуги з поставок обладнання та офісної техніки в Києві для різних організацій. Потім до цього, так би мовити, офісного напрямку додали ще й канцелярський. На той час було мало імпортерів нормальних канцтоварів. А скільки ж у країні створювалось нових фірм, і кожній потрібно було налагодити роботу свого офісу!

Отже, ви вгадали...

Так. І кожного разу, коли досягаєш певного успіху, сподіваєшся, що це на все життя. Ми вважали: зошити, ручки, олівці, папір завжди будуть потрібні — і ми зможемо розширити цей напрямок бізнесу. Але після фінансової кризи у серпні-вересні 1998 року в Росії та Україні люди почали відмовляти собі багато в чому. Фірми опинились в аналогічному становищі…

І знову доведеться шукати щось нове?

Так. До ідей приходиш через особистий досвід. Пригадую, як нам у не вельми далекому минулому завжди ставили в приклад деякі славутицькі фірми.В порівнянні з ними наша діяльність виглядала як хобі: навчання дітей, комп'ютери. Я з радістю дивився на них, часом заздрив: вони могли витратити кошти на розвиток виробництва. Але, на жаль, з тих фірм, які слугували нам за взірець, не залишилось жодної.

Чи має ця загадка розгадку?

Відвідавши інші країни, я зрозумів, що розвивається той бізнес, який швидко обертається. Виробництво в нашій країні всі ці роки не підтримувалось. Аби щось виробляти, потрібен рік-другий для становлення підприємства. А за цей час дуже змінюється попит, і ти стаєш просто банкрутом. Ось приблизно таке трапилось і з багатьма славутицькими фірмами.

Зараз шукаємо напрямки, де вже є

ринок. І починаємо займатись виробництвом. Повільно, своїми силами, з залученням зарубіжних партнерів, але ми йдемо до виробництва.

Розкажіть, коли ласка, докладніше...

План дій простий. Спочатку дізнаємось, що продається. Потім вивчаємо: хто виробляє подібний товар в Україні? Якщо товару виробляється мало або товар не тієї якості, починаємо самі виробляти. Наш перший виріб — звичайна авторучка. Співпрацюємо з Прилуцьким заводом пластмас. Складаємо ручку у себе.

Таких авторучок у кожному будинку повно! Я навіть не здогадувалась, що вони виготовляються славутицькою фірмою...

Сьогодні ця ручка конкурує з найдешевшою в світі, яку виробляють у спеціальній економічній зоні Об'єднаних Арабських Еміратів. Арабська ручка заповнила український ринок...

І як же її випередити? Для Вас, мабуть, ніхто не створить на ринку таких шалених пільг, як для виробників корейсько-українського автомобіля?

Наша ручка за якістю краща. Вона складається з трьох частин, а та — з двох. Наша — міцніша. Завдання — зробити її дешевшою. Сьогодні маємо постійне зростання реалізації, в багатьох регіонах ми вже витісняємо арабських колег. Плекаємо надію, що завдяки спеціальній економічній зоні «Славутич» одержимо додаткові пільги і зможемо здешевити свою продукцію.

А що виробляєте ще?

Освоюємо виробництво скріпки. За ціною вона дешевша імпортної. Тому, що у нас є ринок. Сподіваюсь, досягнувши нормальної якості, зможемо продавати українську скріпку і в Європі. Найцікавіше те, що такі маленькі речі мають великий попит. Знадобилось чимало часу, аби зрозуміти: необов'язково виробляти щось складне.

this time is enough for demand to change dramatically, and you end up in bankruptcy. This is roughly what has happened to many of the companies in Slavutych.

Today we are looking for those activities, where the market has already been formed. Then we begin production. Although slowly, on our own and with assistance from foreign partners, we are still moving towards production.

Please, give us some details.

We have a simple plan. First we find out what can be sold. Then learn about Ukrainian manufacturers of these products. If their products are scarce or of poor quality, we start our own production. Our first product is an ordinary ink pen. We cooperate with Prylutsky Plastic Factory. The pens are assembled at our facility.

Everybody seems to have these pens. I never thought that these were Slavutych products...

Today our pen competes with the cheapest pen in the world that is made in the special economic zone in the Arab Emirates. This Arab pen has flooded the Ukrainian market...

Is there a way to beat their pen? I don't think you can count on the incredible exemptions equal to those granted to the manufacturers of the Ukrainian-Korean automobile.

Our pen is of a better quality. It is made of three parts instead of two, like the other pen. Our pen is more durable. Our task is to reduce its cost. Today our sales are growing, and in many regions, we are pricing our Arab competitors out of the market. We are holding onto a hope that the status of Special Economic Slavutych Zone may grant us some additional exemptions, and we will be able to reduce the cost of our products.

What are your other products?

We are mastering the production of paper clips. They will have a lower cost in comparison with the imported ones. This is because we have the market. I hope, when the quality of our clips is good enough, we'll be able to sell them in Europe, as well as here. The most interesting thing is that little products like this are in great demand. It took us a lot of time to realize that we don't have to manufacture something big and complex. It's sufficient to offer people things that they need everyday. For instance, today we are starting a joint production of file folders together with our Polish partners.

Your company is old by Ukrainian standards. Perspektyva is listed in business directories. "Business" newspaper informs that you are among the top five Ukrainian stationery suppliers.

Fair enough. We are one of the five founders of the Ukrainian Association of Stationery Suppliers.

Let's go back to discussing problems. What is the means of survival for businesses in Ukraine?

It has never been easy for us. There was a time in Slavutych when business went out of style, and businessmen were said to be the people who wouldn't let ChNPP employees work normally and live well. This situation remained for several years. Development of small enterprises involved in trade, service, or lease was tampered with. We managed to survive because we had a certain positive image. Perspektyva worked on this image through continuous implementation of social programs in the city. For all these years, we have taught young Slavutych residents to work on computers free of charge. Then in our training facility, we organized a self-financing center, where one could, in particular, study foreign languages. We were given free equipment. For over a year, we trained the teachers and developed teaching programs. In doing that, we remembered that the local situation had opened a broad field of activities for foreign companies. Our self-supporting center turned into an independent company. Children study English and German languages there, while foreigners study Russian. We hire the best specialists and pay them good salaries. This direction of activity continues to develop.

Достатньо пропонувати людям те, що потрібне їм кожного дня. Зараз, наприклад, разом з польськими партнерами розгортаємо виробництво папок.

Ваша фірма існує, за вітчизняними мірками, досить довго. «Перспектива» фігурує в довідниках. Газета «Бізнес» стверджує, що Ви входите до провідної п'ятірки фірм, які торгують канцтоварами в Україні.

Маєте рацію. Ми є одним з п'яти засновників Української асоціації постачальників канцтоварів.

Давайте повернемося до проблем. Як вижити сьогодні бізнесовим структурам?

Нам ніколи нічого легко не давалось. Був час у Славутичі, коли мода на підприємництво минула, з підприємця створювався образ людини, яка заважає працівникам АЕС працювати і гарно жити. Це тривало рік у рік. Не давали розгорнутись малим підприємствам, які займались торгівлею, сервісом, орендою. Ми змогли вижити, бо мали певний позитивний імідж. «Перспектива» його створювала тим, що постійно займалась соціальними програмами в місті. Усі ці роки ми навчали юних славутчан працювати на комп'ютерах, причому безкоштовно. Згодом на базі навчального центру створили госпрозрахунковий центр, де можна вивчати й іноземні мови. Отримали допомогу у вигляді обладнання, протягом року готували викладачів, розробили програми навчання. При цьому врахували, що на тлі міської ситуації виникло багато роботи для іноземних компаній. Госпрозрахунковий центр перетворився на самостійне підприємство. Тут діти вивчають англійську та німецьку мови, а іноземці — російську. Запрошуємо на роботу найкращих спеціалістів і платимо їм гарну платню. Цей напрямок діяльності розвивається.

З Вашої розповіді з'ясовується, що Ви все-таки отримували допомогу з боку державних структур...

Ми зажди працювали самостійно. Але коли взяти до уваги державні інвестиції в період створення, то тоді, справді, маєте рацію. На початковому етапі ми отримали приміщення, а головне — нам дали спокійно розвиватись, не заважали. Через два роки ми цього всього уже б не отримали.

Найболючіше питання для славутчан: що буде з містом, коли закриється Чорнобильська АЕС? Чи потрібні будуть після цього людям Ваші товари?

Я бував у Донецьку, Запоріжжі, маленьких містах, які не мають ніякої інфраструктури, не мають гарної соціальної обстановки, однак люди не їдуть з насиджених місць. У Славутичі лишились ті, хто хоче все життя прожити тут. Я оптиміст, тому сподіваюся, що Славутич не спіткає доля Прип'яті. Із впровадженням спеціальної економічної зони «Славутич» будуть створені нові робочі місця, що допоможе забезпечити працівників ЧАЕС роботою.

А наші товари будуть потрібні завжди. Щоб там не було, а діти ходитимуть до школи, створюватимуться нові фірми, яким знадобляться сучасні канцтовари та обладнання. Отже, перспектива у «Перспективи» є.

Your story reveals that you did get certain support from the state...

We always have been independent in our work. But if you are talking about state investment at the time of creation of the company, then you do have a point. In the beginning, we were allowed to use this facility, and more importantly, the state didn't interfere with our development. Just two years later, we wouldn't have gotten any of that.

The most painful question for Slavutych people is this: what will happen to the city after the closure of ChNPP? Will your products still be in demand?

I've been to Donetsk, Zaporizhzhya, small towns that have no infrastructure or adequate social environment, but people are not leaving their old haunts. The only people who have stayed in Slavutych are those who want to stay here for life. I am an optimist; therefore, I hope that Slavutych will not follow the destiny of Prypyat. Establishment of the Special Economic Slavutych Zone will create a lot of jobs that will be available for today's ChNPP employees.

As to our products, they will always be in demand. Whatever may come, children will go to school, new companies will be created and will need office supplies and equipment. Thus, Perspektyva's perspective looks good.

TACIS

DMYTRO GENZYTSKY

Програма технічної допомоги Союзу Незалежних Держав

ДМИТРО ГЕНЗИЦЬКИЙ

My dad works for an energy service company. Talking to him about the future of our town, I learned about a special economic zone established in Slavutych, which gives the businesses created in our city an opportunity for preferential tax treatment. Conditions inherent in the zone make it possible for the creation of new jobs for Chornobyl Nuclear Power Plant (ChNPP) personnel subject to dismissal due to plant shutdown. A joint United States-European Union-Ukrainian project has been launched. There is also an Action Plan "that stipulates a number of projects, implementation of which will further facilitate development of the city." Some of the projects are now complete, one of them being creation of the Agency for Business Development with support from the Technical Assistance to the Commonwealth of Independent States (TACIS) program.

TACIS is a program launched by the European Union in favor of the Newly Independent States, aimed at developing harmonious and strong economic and political ties between the European Union and partner countries.

The purpose of the program is to provide support to partner countries initiatives for creation of societies based on political freedoms and economic development.

Мій тато працює в енергосервісній компанії. В бесіді з ним про майбутнє нашого міста я довідався про те, що в Славутичі створена спеціальна економічна зона, яка дає можливість підприємствам, створеним у місті, користуватися пільгами по податкам. Умови цієї зони дають можливість створювати додаткові робочі місця для робітників ЧАЕС, вивільняємих у зв'язку з закриттям станції. Існує спільний проект США – Європейский Союз – Україна. Існує також План дій, «в якому передбачено сукупність проектів, реалізація яких призведе до подальшого розвитку міста». Деякі проекти уже реалізовані. Один з них – це створення та функціювання в місті Агенства з розвитку бізнесу за допомогою програми технічної допомоги Союзу Незалежних Держав, чи TACIS.

TACIS – це програма, розроблена Європейским Союзом для нових Незалежних Держав з метою розвитку гармонійних і міцних економичних та політичних зв'язків між Європейским Союзом та країнами-партнерами.

Мета програми – це підтримка ініціатив країн-партнерів по створенню суспільств, заснованих на політичних свободах та економичному розвитку.

Richland Diversification

Ben Ford

Диверсифікація Річленда

Бен Форд

Урядове місто, залежне від ядерної індустрії - таким був Річленд від часів свого заснування в 40-х роках. Півсторіччя Річленд був відомий під назвою «Атомне місто» – тут є навіть ресторан під назвою «Атомний Ейл» і кегельбан «Атомні кеглі». Навіть вулиці міста нагадують про атомну промисловість – Ядерний провулок та Протонний проспект.

З плином часу мешканці міста почали відчувати тягар такої спеціалізації замість гордості. Громадська думка після закінчення холодної війни та після аварії на Чорнобильській АЕС вже була не на користь ядерної промисловості. Багато людей стали боятися атомних об'єктів і не бажали мешкати поруч з ними. Потреба уряду в працівниках на Хенфордському майданчику зменшилася і продовжуватиме зменшуватися в майбутньому. В результаті Річленд став намагатися знайти себе. Для виживання йому прийшлося вдатися до диверсифікації.

Диверсифікація є існуючим планом Річленда, який має забезпечити зменшення залежності від федерального уряду та Міністерства енергетики і перетворення міста на більш різнопланове. Завдяки плану диверсифікації в 1999 році Річленд є квітучим регіоном. Його назвали 13-м у списку найкращих місць для проживання на території США, тут розмістилася національна лабораторія та є багато місць для відпочинку. Успішно розвиваються нові підприємства, на багатьох з них потрібні працівники з кваліфікацією, яка вже є в мешканців Річленда. Схоже, що план диверсифікації буде успішним.

Шлях до диверсифікації, однак, не був легким, вона вимагала значних зусиль та підтримки. Хоча план орієнтовано на відокремлення від Хенфорду, багато нових

A government town, dependent on the nuclear industry—this has been the identity of the city of Richland since its inception in the 1940s. For half a century, Richland has been known as the Atomic City—hosting businesses such as "Atomic Ale" and "Atomic Lanes Bowling Alley." Even the streets bear names related to the nuclear industry, Nuclear Lane and Proton Avenue.

As time passed though, the title became more and more of a burden than something pointed to with pride. Public opinion after the Cold War and the Chornobyl disaster of 1986 turned against the nuclear industry. Many people began to fear nuclear sites and were hesitant to locate near them. The government's need for employment at the Hanford site decreased and will continue to do so. As a result, Richland struggled to find its own identity. Diversification became necessary for long-term survival.

Diversification is Richland's ongoing plan to break away from total dependence on the Federal government and the U.S. Department of Energy (DOE) to become a city with a wide variety of opportunities. In 1999, Richland is a thriving community thanks to successful diversification efforts. It has been ranked the 13th best place to live in the United States and is known for being home to a national laboratory as well as for numerous recreation opportunities. New business start-up are flourishing, many of which employ the skills that Richland's workforce already posses. This trend makes the diversification plan seem likely to succeed.

The road to diversification has not been an easy one and required much planning and support. Although the plan is to separate from Hanford, many businesses in the area got their start because of Hanford. In the beginning, back in the years of World War II, Hanford was strictly against employees breaking away and starting up their own businesses. But major companies and government contractors now encourage new business development. For instance, the Pacific Northwest National Laboratory offers a program in which workers are allowed an entrepreneurial leave of absence, and a loan to support start-up businesses.

Aside from helping workers get a start with new businesses, Richland has other successful strategies. In 1958, Richland helped form the Port of Benton with the goal of furthering economic development in the area.

The Port developed the Richland airport. It obtained 290 acres of land for a marine port, and a barge slip is now used to unload and store the radioactive compartments cut out of nuclear submarines. The Port of Benton also owns twelve miles or 1,000 acres of railroad. The Port actively recruits new business clusters such as the medical and therapeutic industry involving medical isotopes. Cluster development involves recruiting businesses that are interdependent and ones which area personnel resources can support.

A portion of the Hanford site was donated to the Port. Originally intended to be a marine port because of its location on the Columbia, the plans never took flight. Instead, the area began evolving in a new, ultimately more useful direction. It became what is now known as the Science and Technology Park, hosting such companies as Battelle and British Nuclear Fuels (BNFL). Additionally, the Port of Benton has added miles of bicycle trails bordering the Columbia River and is active in preserving the Hanford Reach in its current condition.

Richland's attempts at diversification have been very successful thus far, but only time will tell whether they can accomplish their original goal: to become a city apart from Hanford.

видів діяльності було створено саме завдяки Хенфорду. Спочатку, в роки Другої світової війни, Хенфордське керівництво було категорично проти того, щоб робітники залишали його та починали власний бізнес. Однак, сьогодні найбільші компанії та урядові підрядники підтримують розвиток нового бізнесу. Наприклад, Тихоокеанська північно-західна національна лабораторія пропонує оплачувані відпустки та позики для заснування власного бізнесу.

Окрім допомоги працівникам при відкритті власної справи, в Річленді є й інші успішні проекти. В 1958 році Річленд допоміг заснувати Порт Бентон з метою подальшого економічного розвитку регіону.

Порт створив аеропорт в Річленді. Він придбав 290 акрів землі під територію морського порту та стапелі для барж, які тепер використовуються для розвантаження та зберігання радіоактивних відсіків з атомних підводних човнів. Порт Бентон також володіє 12 милями, або 1000 акрами залізниці. Порт активно залучає нові галузі та підприємства, наприклад медичну промисловість, що використовує ізотопи. Розвиток нових галузей включає залучення взаємопов'язаних підприємств, а також тих, які даватимуть роботу місцевим працівникам з певними навиками.

Частину Хенфордського майданчика було передано в дарунок Порту. Оригінальні плани створення морського порту на Колумбії не були втілені. Однак, ця зона почала розвиватися в іншому, набагато практичнішому напрямку. Вона перетворилася на те, що тепер називають «Науково-технологічним парком», де розташувалися такі компанії як Баттелл і Британське Ядерне Паливо. Крім того, Портом тут були прокладені численні велосипедні траси.Він також багато робить для збереження природного комплекса Хенфорда.

Спроби Річленда урізноманітнити свій профіль поки що були успішними, але тільки час покаже, чи зможе він досягти своєї основної мети – перетворитися на місто, незалежне від Хенфорда.

Interview with: Ray K. Robinson Inc.

Matthew Quesnell, Zach Cook, and Kelli Bruemmer

Компанія «Рей К. Робінсон Інк.» дає інтерв'ю

Мес'ю Квеснел, Зек Кук і Келлі Бруммер

Щогодини один мешканець штату Вашингтон помирає від раку, а одна дитина в США отримує діагноз цієї хвороби. Через брак наявних медичних ізотопів хворим з усієї країни відмовляють у лікуванні раку, а перспективні дослідження припиняються.

Випробувальний реактор на швидких нейтронах (ВРШН) здатний допомогти у вирішенні проблемі, що виникла через брак медичних ізотопів та їх вартість, чи навіть розв'язати її. Однак, замість того, щоб повною мірою використати його потужності, реактор залишається недіючим і незавантаженим. Урядовці закрили ВРШН, але багато прихильників цього реактора домагаються відновлення. Призначення ВРШН полягає у створенні медичних ізотопів для лікування раку в його різних проявах. На поточний момент існують медичні антитіла, які приєднуються до цих ізотопів, щоб убивати ракові клітини,

Every hour a Washington resident dies of cancer, and a child in the United States of America is diagnosed with this disease. Due to the lack of medical isotopes available, patients around the country are refused cancer treatment and promising research is stopped.

The Fast Flux Test Facility (FFTF) is capable of helping or even solving the problems presented by the lack of medical isotopes and cost. However, instead of being used to its full potential, it sits silent and empty. Government officials have closed down FFTF, but many supporters of this reactor are trying to re-open it. An important purpose for FFTF is to create medical isotopes for different cancer treatments. Currently, there are medical antibodies that can be attached to these isotopes to kill cancer cells while leaving healthy cells alone.

Medical isotopes are radioactive variations of elements that are harmful to cells. When these isotopes are directed at certain cells, they can be useful. A drug is currently available that has attached iodine-131 to an antibody to fight certain types of cancer, but does not kill other types. The antibodies seek out these certain cancer cells, and its isotope, which releases alpha radiation, kills these cells.

Medical isotopes are a great achievement in our current nuclear medical society. The antibodies with isotopes attached may even stop the fear of the word cancer. When most people hear "cancer," they think of all of the bad side effects of chemotherapy and radiation treatment, but there is a hope of not having to worry about these harmful side effects. Medical isotopes have very few side effects and have a much higher full remission rate than either chemotherapy or radiation that isn't directed internally towards the cancer.

In light of the current situation, many people are trying to get this cost-effective cancer treatment going strong on the market. Unfortunately, some are afraid of radiation and its sometimes deadly effects. To improve public awareness, informational areas in science classes have been started to teach kids about these "wonder cures" in the medical/cancer world.

FFTF's restarting will enhance the production of medical isotopes and benefit the medical society. FFTF will improve our local economy and diversify our working business relationships to another degree if all goes well. Also, this activity will bring new jobs and opportunities to the Hanford area.

Ray Robinson owns a company that works with these medical isotopes and helps educate younger and older generations about the benefits of specifically targeted radiation. In the future, it is hoped that these isotopes will one day cure all types of cancer and rid the world of this dreaded disease.

водночас не зачіпаючи здорові.

Медичні ізотопи являють собою радіоактивні різновиди хімічних елементів і є шкідливими для клітин. Проте коли ці ізотопи скеровуються на певні клітини, вони можуть приносити користь. На сьогодні ми маємо лікувальний йод-131, приєднаний до антитіла, завдяки чому він бореться з певними видами раку, хоча й не з усіма. Антитіла вишукують ракові клітини певного типу, а ізотоп випромінює вбивчі для них альфа-частинки.

Медичні ізотопи - це велике досягнення сучасної ядерної медицини. Антитіла з приєднаними ізотопами спроможні навіть зупинити страх перед словом «рак». Більшість людей, коли чують його, думають про всі негативні побічні ефекти хіміотерапії та променевої терапії, але є надія, що про все це хвилюватися не доведеться. Побічних ефектів, пов'язаних з медичними ізотопами, дуже мало, і коефіцієнт повної ремісії для них значно вищий, ніж для хіміотерапії чи опромінення, для котрих не існує внутрішньої скерованості на рак.

У світлі сучасної ситуації багато хто намагається просунути на ринок цей дешевий та ефективний у вартісному відношенні засіб. На жаль, дехто наляканий радіацією та її дією, подеколи смертельною. Щоб громадскість була краще освідомлена, у школах стали виставляти спеціальні оглядові стенди, за допомогою яких діти дізнаються про «дивовижне зцілення» від раку.

Повторний запуск ВРШН збільшить виробництво медичних ізотопів і принесе користь медицині. ВРШН покращить нашу місцеву економіку і урізноманітнить наші робочі ділові зв'язки новим виміром, якщо все піде добре. Крім того, завдяки ВРШН в Хенфордському регіоні з'являться нові робочі місця і нові можливості.

Рей Робінсон є власником фірми, що працює з цими медичними ізотопами і допомагає роз'яснювати і молодшому, і старшому поколінням вигоди від спеціального застосування радіації. Є сподівання, що в майбутньому одного прекрасного дня цими ізотопами вилікують рак у будь-яких його проявах, і світ позбавиться цієї грізної хвороби.

FFTF under construction in early 1970's
Будівництво ВРШН на початку 70-х років

Fast Flux Test Facility

Kelli Bruemmer

Випробувальний реактор на швидких нейтронах

Келлі Бруммер

Випробувальний реактор на швидких нейтронах (ВРШН) являє собою ядерний реактор з натрієвим охолодженням тепловою потужністю 400 мегават, що належить Міністерству енергетики (МЕ) Сполучених Штатів Америки. Цей реактор призначався для експлуатації в ролі прототипа реактора-розмножувача Клінч Рівер, для випробування повномасштабних компонентів і випробування палива і матеріалів в рамках програми розробки швидкого реактора-розмножувача з охолодженням рідким металом. Протягом декількох останніх етапів будівництва від американської програми створення розмножувача відмовилися. Однак, реактор ВРШН було завершено для виконання інших завдань. Будівництво реактора розпочалося у вересні 1969 року і було завершено у вересні 1978 року. На ВРШН витратили шістсот сорок сім мільйонів доларів. Одразу ж після його

The Fast Flux Test Facility (FFTF) is the U.S. Department of Energy's (DOE) 400-megawatt thermal, sodium-cooled, nuclear test reactor. This reactor was designed to operate as a prototype plant for the Clinch River Breeder Reactor, to test full-scale components, and to test fuels and materials for the Liquid Metal Fast Breeder Reactor development program. During the last few phases of construction, the nation's breeder program was abandoned. However, the FFTF reactor was completed to perform other missions. Construction on the reactor began in September 1969 and was completed in September 1978. Six hundred and forty seven million dollars were spent on the FFTF. Once it was finished, system tests were conducted for 16 months, and the reactor went critical for the first time in February 1980. The reactor reached full power in April 1982. The first operating cycle lasted 53 days, which was the longest ever for a sodium-cooled reactor. The FFTF reactor set new records for sodium-cooled reactors by having three operating cycles of 100 days each and achieving fuel burn-up of more than 80,000 megawatt days per metric ton of fuel with flawless performance. By December 1985, the reactor achieved fuel burn-up of 152,000 megawatt days per metric ton of fuel.

FFTF established a history of outstanding performance. It reached its goal of 98 percent operational efficiency in December 1986. The nine years of hard work were worth while. The dedication shown by these DOE employees demonstrated strong work ethics and an equally strong desire to address new challenges. In June 1987, the FFTF reactor set a new record of 105 days of continuous operation at full power. This is a further example of the commitment held by the FFTF crew members. In October 1988, it beat that record and set the new record at 126 days. The reactor set a new capacity factor record of 78.5 percent in December 1988. Three medical isotopes were produced and delivered by FFTF to medical research programs in April 1989.

Three years later, the FFTF was placed on standby due to lack of a mission. Since the original mission for the breeder program was stopped before it was even started, there were not as many missions as DOE anticipated. William Young, the assistant secretary for nuclear energy, expressed the opinion that DOE would save at least $100 million a year if the reactor were shut down. He also said that the department could not define an adequate mission for the FFTF reactor. The Secretary of Energy, Hazel O'Leary, evaluated the capabilities, feasibility, and possible future missions of the FFTF. The independent review team that was appointed by O'Leary recommended that the facility be shut down. On December 15, 1993, Hazel O'Leary ordered a phased process to place the FFTF in a safe shutdown mode. The first fuel assembly was removed from the reactor on April 20, 1994. The FFTF achieved a performance-based initiative success by safely

завершення протягом 16 місяців проводилися випробування системи, а перший раз реактор досяг критичності у лютому 1980 року. У квітні 1982 року реактор вийшов на повну потужність. Перша кампанія тривала 53 доби, що було довше, ніж для типового реактора з натрієвим охолодженням. Три кампанії по 100 діб кожна і досягнення вигорання палива понад 80000 мегават-діб на тонну палива за умов бездоганної роботи дозволили поставити на ВРШН нові рекорди для реакторів з натрієвим охолодженням. До грудня 1985 року реактор досяг вигорання 152000 мегават-діб на тонну палива.

Історія ВРШН стала прикладом надзвичайних експлуатаційних характеристик. У грудні 1986 року було досягнуто мети - 98 відсотків експлуатаційної ефективності. Це була винагорода за дев'ять років тяжкої праці. Одержимість, виявлена працівниками МЕ, продемонструвала сталу трудову етику і бажання випробувати свої сили знову. У червні 1987 року на реакторі ВРШН поставлено новий рекорд - 105 діб безперервної роботи на повній потужності. Це являє собою ще один приклад відданості своїй справі членів команди ВРШН. У жовтні 1988 року цей рекорд було побито і встановлено новий - 126 діб. У грудні 1988 року на реакторі поставлено рекорд для коефіцієнту використання встановленої потужності - 78,5 відсотків. На ВРШН було вироблено три медичні ізотопи, наданих у квітні 1989 року для медичних дослідницьких програм.

Через три роки ВРШН було виведено в резерв через відсутність завдань. Оскільки його початкове призначення для програми будівництва розмножувача відпало ще до його запуску, залишилося не так багато можливих завдань, як сподівалося МЕ. Віл'ям Ян, помічник міністра з питань атомної енергетики, висловив думку про те, що в разі зупинки реактора МЕ щороку заощаджувало б щонайменше 100 мільйонів доларів США. Також він сказав, що міністерство не може визначити для реактора ВРШН належного призначення. Міністр енергетики Хейзел О'Лирі провела оцінку можливостей, технічної придатності і можливих майбутніх завдань для ВРШН. Незалежна група експертів, призначена О'Лирі, дала рекомендацію зупинити реактор. 15 грудня 1993 року Хейзел О'Лірі видала наказ про поступове переведення ВРШН у режим безпечної зупинки. 20 квітня 1994 року з реактора було вийнято першу паливну збірку. Показники успішної роботи ВРШН стали ще більш вагомими завдяки безпечному завершенню розвантаження реактора на чотири з половиною місяці раніше строку, причому було заощаджено 475000 доларів бюджетних коштів.

Серед усіх реакторів, що належать до комплексів МЕ, реактор ВРШН має найбільший корисний об'єм для опромінення і найвищий сумарний потік нейтронів. Ці характеристики, разом із можливостями регулювання енергії нейтронів, дають ВРШН можливість виробляти значні кількості різноманітних медичних ізотопів. Ці ізотопи можна використовувати для лікування раку та інших захворювань. ВРШН є унікальним реактором, вельми придатним для виробництва цих нових ізотопів.

Рішення про те, запускати ВРШН знову чи ні, являє собою важливий крок для МЕ. Якби на ВРШН було відновлене проміжне виробництво тритію, це створило б можливості виробництва медичних ізотопів, незрівнянні з жодним іншими реактором у західній півкулі. За наявності реактора ВРШН, який виробляє медичні ізотопи, витрати на охорону здоров'я за наступні 30 років зменшилися б більше ніж на 150 мільярдів доларів, щонайменше ніж на 10 мільярдів доларів упав би дефіцит торговельного балансу, а життя понад 100000 осіб за рік було б врятовано. Крім того, ця технологія могла б сприяти диверсифікації економіки регіону Тримістя і розвиткові біомедичної галузі. До інших переваг повторного запуску ВРШН належать 1) постачання медичних ізотопів для лікування понад 20 мільйонів хворих на рак і 2) виробництво медичних ізотопів, які не можуть бути отримані з інших джерел. Наявність таких ізотопів дала б змогу розробляти нові методики лікування, що зрештою могло б дати в результаті засоби проти раку, СНІДу та інших хвороб.

completing reactor vessel defueling four-and-a-half months early and $475,000 under budget.

Of all reactors within the DOE complexes, the FFTF reactor has the largest volume for irradiation and the highest total neutron flux. These characteristics, along with neutron energy tailoring capabilities, enable the FFTF to make large quantities of various medical isotopes. These isotopes can be used to treat cancer and other diseases. It is a unique reactor well suited to produce these new isotopes.

Deciding whether or not to restart the FFTF has been a major decision for DOE. If the interim tritium production mission were restarted at the FFTF, it would provide medical isotope production capabilities unmatched by any other reactor in the Western Hemisphere. By having the FFTF reactor produce medical isotopes, health care costs over the next 30 years may decrease by more than $150 billion, the trade deficit could drop by at least $10 billion, and more than 100,000 lives could be saved per year. This technology could also help diversify the Tri-City economy and help build the growing biomedical industry. Other benefits that would come from restarting FFTF include (1) supplying medical isotopes for the treatment of more than 20 million cancer patients and (2) producing medical isotopes unavailable from other sources. These isotopes would allow the development of new treatment technologies that could eventually lead to a cure for cancer, AIDS, and other diseases.

Nuclear Medicine:
An Interview with Dr. Mahony

Matthew Quesnell

Ядерна медицина:
інтерв'ю з доктором Махоні

Мес'ю Квеснел

The field of nuclear medicine is relatively new and has a rather short history. This branch of medicine, which has grown rapidly due to frequent advances in technology, is an exciting new frontier in the medical world. The treatments that doctors can give patients with the techniques used in nuclear medicine have helped countless people worldwide.

Nuclear treatments started in 1938 when a man was treated with an isotope of plutonium, called Pu–232, in California. At the time, nuclear medicine was an extremely small field of study. Most people did not even know that nuclear medicine existed, let alone what it could do for patients. In the early 1950s, nuclear medicine came to hospitals, but it really had no significant use. It was used only for minor treatments involving the thyroid gland, blood, and anemia. Starting in the early 1960s, however, nuclear medicine started to come into use and gradually has become more and more common as the years have gone by. Currently, one out of every three patients in a hospital is treated with nuclear medicine in some form. In the radiology departments of hospitals today, patients are treated with X-rays, CAT scans, MRIs, ultrasound, and many other forms of nuclear medicine.

The most common use for nuclear medicine is in treating thyroid cancer. Another very common use is in heart disease. Isotopes are

Галузь ядерної медицини відносно нова і має досить коротку історію. Цей розділ медицини, розвиток якого прискорили нові технічні досягнення, відкриває для медиків нові захоплюючі перспективи. Засоби лікування, які лікарі можуть запропонувати хворим, маючи на озброєнні методики ядерної медицини, допомогли незліченній кількості людей у всьому світі.

Початок ядерним методам лікування було покладено у 1938 році, коли в Каліфорнії для лікування хворого застосували ізотоп плутонію Р–232. На той час ядерна медицина була досить обмеженою сферою досліджень. Більшість людей навіть не знала про її існування, не кажучи вже про її можливості для лікування хворих. На початку 1950-х років ядерна медицина прийшла до лікарень, але вона не знайшла істотного застосування на практиці. Її використовували лише у мінімальних курсах лікування щитовидної залози, захворювань крові та анемії. Однак на початку 1960-х років ядерна медицина увійшла до вжитку і з плином часу застосовувалася все більше. На сьогоднішній день один із кожних трьох хворих лікується за допомогою якогось її методу. В радіологічних відділеннях сучасних лікарень для лікування пацієнтів використовують рентгенівські промені, сканограми, отримані за допомогою комп'ютерних аксіальних та ЯМР-томографів, ультразвук і багато інших різновидів ядерної медицини.

Найпоширенішим застосуванням ядерної медицини є лікування раку щитовидної залози. Іншим вельми відомим прикладом є захворювання серця. Для визначення стану серця до організму пацієнта вводять ізотопи.

Але ці сучасні чудеса ядерної медицини влітають у копієчку. Ціни на різноманітну техніку, наприклад, комп'ютерний аксіальний томограф, ЯМР-томограф або рентгенівський апарат сягають десь від півмільйона до двох мільйонів доларів.

Коли доктора Махоні, який практикує в цій галузі з 1964 року, а зараз працює у Медичному центрі Кадлек у місті Річленді, питають про майбутнє ядерної медицини стосовно громади Тримістя, він з надією говорить про перспективу, хоча й не без скептичної нотки. «Я не вважаю, що наше місто перебуває на шляху до того, щоб стати великим медичним центром впродовж наступного десятиріччя, але хто знає . . . може, колись так і буде. Я, звісно, хотів би побачити, що це станеться.»

«Очевидно, що сфера ядерної медицини розширюється. Коли я сюди прийшов, тут було лише 200 чоловік [що займалися ядерною медициною]. Тепер їх 600. Крім того, значно удосконалено методики й технології. Я вважаю, що галузь буде розвиватися й надалі, але не думаю, що колись вона вийде на чільне місце в медицині. Незважаючи на таку поширеність ядерної медицини сьогодні, в лікарнях її застосування все ще обмежене.»

Що хотів би побачити д-р Махоні, то це відновлення роботи випробувального реактора на швидких нейтронах (ВРШН), щоб виробляти медичні ізотопи для лікування хворих. «Особисто я хотів би повторного запуску ВРШН, оскільки це реально допомогло б ядерній медицині. Але я маю сумнів, що це станеться; це було б занадто дорого. На мою думку, робота ВРШН коштувала б близько 200 мільйонів доларів на рік, а це, напевне, завеликі гроші».

injected into the patient and used to determine the current condition of the heart.

These modern miracles of nuclear medicine do come at a price, however. Prices for the various machines using nuclear medicine such as the CAT scan, MRI, or X-ray cost anywhere from half a million up to two million dollars.

When asked about the future of nuclear medicine in the Tri-Cities community, Dr. Mahony, who has been working here in the field since 1964 and who currently works at Kadlec Medical Center in the city of Richland, seems hopeful, yet also a bit skeptical. "I don't think we're going to become a big medical city within the next ten years, but who knows . . . maybe a long time from now, we just might be. I would certainly like to see that happen."

"Obviously, the field of nuclear medicine has been growing. When I came here there were only 200 people [working on nuclear medicine]. Now there are 600. The techniques and technology have also improved a great deal. I think that the field will continue to grow, but I don't think that it will ever be a major part of medicine. Even with nuclear medicine being so common nowadays, it is still a fairly small part of the hospital."

One thing that Dr. Mahony would like to see happen would be the reopening of the Fast Flux Test Facility (FFTF), in order to produce more medical isotopes for use by patients. "Personally, I want FFTF to restart, because it really would help in nuclear medicine. But I doubt it will happen; it would be too expensive. I think it would cost something like an estimated 200 million dollars a year to run FFTF, and that is probably just too much money."

Dr. Mahony also stresses the fact that the nuclear industry is one of the safest in the world. "I believe that in 1962, an accident happened here involving three workers who were injured . . . it wasn't publicized very much. Other than that, they're really haven't been too many accidents or safety complications with the nuclear industry outside of the obvious big one, which would be the Chornobyl accident. It really is remarkably safe. All isotopes are kept in lead cabinets, which are always locked, and are always shipped in lead containers. We always work with nuclear materials in the hot lab and try to protect people from the effects of the radiation they receive here, even though it is so small that it could not harm them anyway."

On a light note, Dr. Mahony relates a story about how advanced current radiation detection methods are: "Several years ago, a worker from WPPSS (Washington Public Power Supply Station) came here to receive a bone scan. The procedure went fine, and he went back to work. However, when he went to use the bathroom, the alarm suddenly went off. The whole place was shut down for almost two days, and I think the total expense caused by this incident was over half a million dollars. Anyway, it turned out that the worker's urine, which was radioactive because of the scan, had traveled through the pipes and had been detected, which set off the alarm!"

It would seem the future for nuclear medicine is looking rosy. As this still relatively new and promising field grows even more, perhaps nuclear therapy will one day be as common as any other form of medicine. And perhaps Richland, along with the FFTF, will lead the way into this brave new world.

Д-р Махоні підкреслює і той факт, що ядерна промисловість є однією з найбезпечніших у світі. «Я гадаю, що в 1962 році тут сталася аварія, і троє робітників було уражено ... про це не дуже розголошувалося. Окрім цього випадку, в ядерній енергетиці насправді не було великої кількості аварій чи ускладнень для безпеки, за винятком безумовно великої аварії в Чорнобилі. Ця галузь є просто на диво безпечною. Всі ізотопи постійно зберігаються у свинцевих камерах під замком, і завжди перевозяться у свинцевих контейнерах. Ми завжди працюємо з ядерними матеріалами у «гарячій» лабораторії і намагаємося захистити людей від дії опромінення, яке вони тут отримують, хоча вона й настільки мала, що аж ніяк не могла б завдати їм шкоди.»

З легким гумором д-р Махоні розповідає історію про те, якими передовими є сучасні методи виявлення радіації: «Кілька років тому робітник Вашингтонської громадської електростанці (ВГЕ) прибув сюди, щоб зробити сканограми кісток. Процедура пройшла нормально, і він повернувся до роботи. Проте коли він відвідав туалетну кімнату, несподівано спрацювала сигналізація. Все було зачинено майже на два дні, і я гадаю, що загальні збитки становили понад півмільйона доларів. А все це сталося через те, що сеча робітника, що стала радіоактивною внаслідок сканування, пройшла через каналізаційні труби і була виявлена детекторами, через що і спрацювала сигналізація!»

Здавалося б, що майбутнє ядерної медицини виглядає у рожевому світлі. Оскільки прогрес цієї області медицини, що залишається відносно новою і перспективною, очевидний, то можливо, якогось дня ядерна терапія стане поширеною не менше, ніж будь-який звичний спосіб лікування. І, можливо, Річленд, разом з випробувальним реактором на швидких нейтронах, проторує шлях у цей хоробрий новий світ.

New Developments Using Medical Isotopes

Kelli Bruemmer

Нові розробки з використанням медичних ізотопів

Келлі Бруммер

Кожної години один мешканець штату Вашингтон помирає від раку. За останні два-три роки мав місце помітний розвиток діагностики із використанням медичних ізотопів і лікування серйозних хвороб. Найбільше використання медичних ізотопів розроблялося для раку і сердечних захворювань. До інших хвороб, для яких існує декілька нових розробок, належать імунні розлади, ревматоїдний артрит, інші хвороби, пов'язані з переродженням суглобів, та інфекційні захворювання, такі як менінгіт і СНІД.

Однією із останніх розробок у лікуванні раку є клітинна променева терапія, або «влучні кулі» на молекулярному рівні. Влучні кулі виконані з різноманітних матеріалів, у тому числі з ядерних відходів, які вводять до організму пацієнтів. При цьому вони вишукують ракові клітини і приєднуються до них, а до здорових - ні. Одразу ж після прикріплення до хворих клітин влучні кулі стають джерелом випромінювання і руйнують їх. Це зводить до мінімуму пошкодження сусідніх здорових тканин і водночас ефективно вбиває уражені

Every hour a Washington resident dies of cancer. During the last two or three years, remarkable developments in medical isotope diagnostics and treatment for major diseases have occurred. The biggest developments in the use of medical isotopes have been for cancer and heart disease. Other diseases that have seen new developments are immune disorders, rheumatoid arthritis, other degenerative joint diseases, and communicable diseases such as meningitis and AIDS.

One of the recent developments in cancer treatment is cell-directed radiation therapy or molecular-level "smart bullets." Smart bullets are made from a variety of materials, including nuclear waste, that are injected into the patients and seek out the cancer cells. They attach themselves to the cancer cells, but do not attach to healthy cells. Once attached to the diseased cells, the smart bullets give off radiation and destroy them. This minimizes the damage to the surrounding healthy tissues, but still effectively kills the diseased cells. Cell-directed radiation therapy can reduce the adverse side effects (i.e., hair loss and nausea) making it a favored alternative to

conventional chemotherapy or radiation treatments.

Many new treatments using medical isotopes are being tried in clinical trials. Right now, clinical trials of many different medical isotopes are underway around the world. These trials are typically conducted on 20 to 30 cancer patients. If the trials are successful, the isotopes will need to be produced by a facility like the Fast Flux Test Facility (FFTF) so that thousands of patients can be treated.

The U.S. Department of Energy (DOE) wants voters to decide on whether FFTF should be reopened to produce isotopes. If any of these clinical trials are successful, the FFTF reactor would be needed to produce the medical isotopes for hospitals around the United States. No other facility in the United States, besides the FFTF reactor, would be able to supply enough isotopes for the hospitals. FFTF would be able to reliably produce more than 60 different isotopes. Preliminary studies have distinguished cost-effective strategies for generating large quantities of various isotopes.

FFTF is extremely important to the future of our community. Many supporters are trying to get the reactor restarted so that the lives of cancer patients around the world can be saved.

клітини. Клітинна променева терапія може зменшити негативні побічні ефекти (наприклад, випадання волосся, нудоту), що робить її більш придатним альтернативним варіантом традиційній хіміотерапії або променевій терапії.

У багатьох нових методах лікування використовуються медичні ізотопи, які зараз проходять клінічні випробування. Саме тепер по всьому світові проходять перевірку багато різноманітних медичних ізотопів. Ці випробування звичайно проводяться на 20-30 ракових хворих. В разі успіху виникне потреба у виробництві ізотопів на Випробувальному реакторі на швидких нейтронах (ВРШН) у розрахунку на тисячі пацієнтів.

Міністерство енергетики США хотіло б, щоб питання відновлення роботи ВРШН щодо виготовлення ізотопів вирішили виборці. У разі успіху зазначених клінічних випробувань реакторові ВРШН потрібно було б виробляти медичні ізотопи для лікарень на території Сполучених Штатів. Жодна інша установка у США, окрім реактора ВРШН, не була б здатна забезпечити ізотопи для лікарень у достатній кількості. ВРШН міг би надійно виробляти більше ніж 60 різних ізотопів. Завдяки попереднім дослідженням виділено економічно ефективні стратегії генерування різноманітних ізотопів у значних кількостях.

ВРШН має винятково важливе значення для майбутнього нашого суспільства. Багато прихильників повторного запуску реактора намагаються досягти своєї мети, щоб зберегти життя хворих на рак у всьому світі.

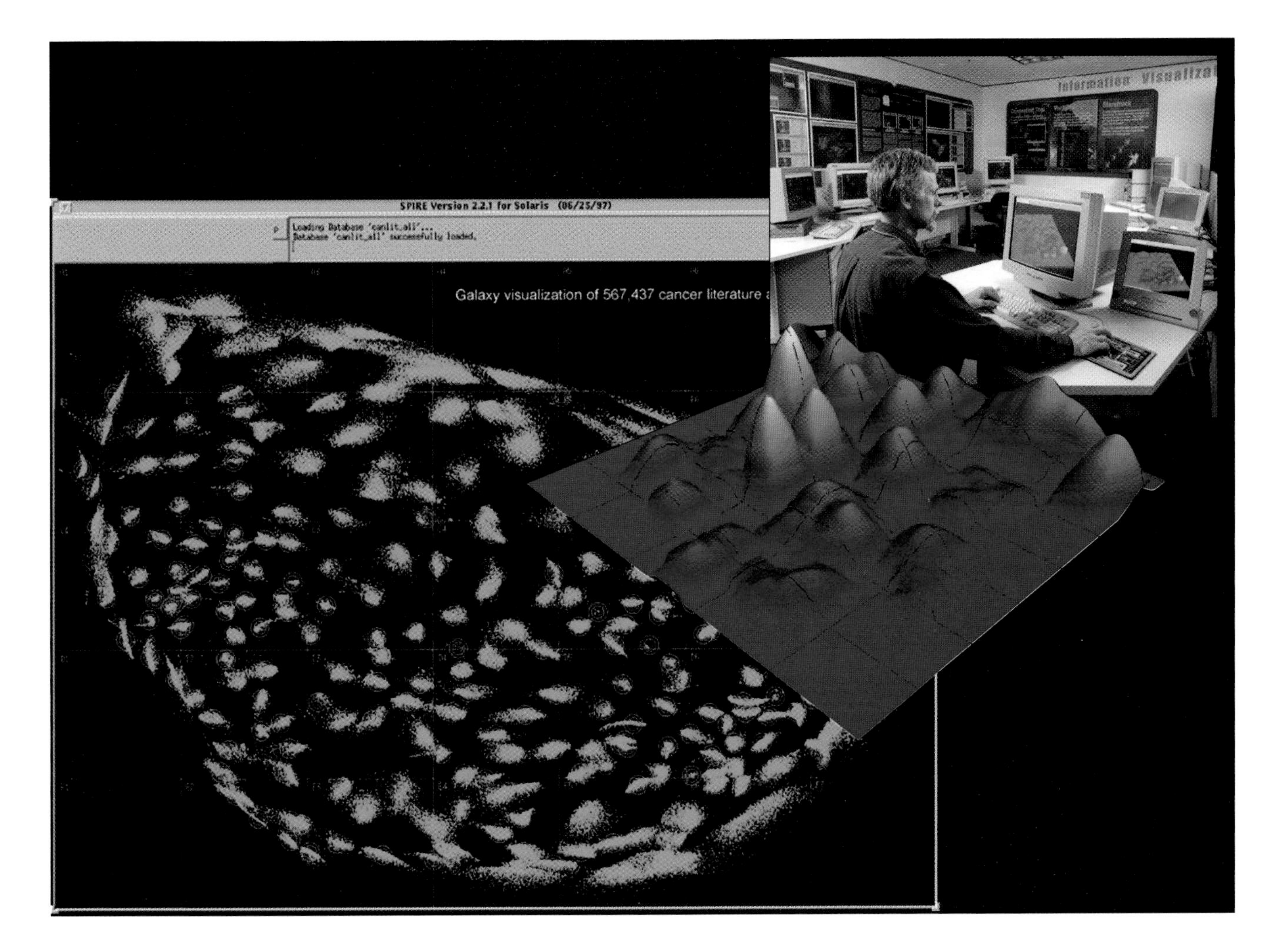

CHAPTER 13
ГЛАВА 13

DIVERSIFICATION IN *Science and Technology*

Диверсифікація *у науці і техниці*

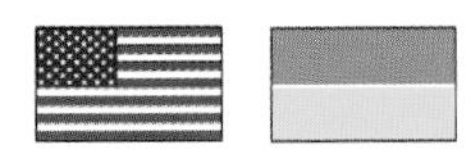

Slavutych Laboratory

will grow into a scientific center of Ukraine with the help of the USA

OLGA PONOMARENKO

Славутицька лабораторія

з допомогою США виросте в науковий центр України

Ольга Пономаренко

Славутицька лабораторія міжнародних досліджень і технологій виникла в 1997 році. За невеликий проміжок часу вона зробила значний внесок у розвиток міжнародного співробітництва з питань атомної енергетики, радіоекології, дозиметрії, дезактивації і поводження з радіоактивними відходами, охорони довкілля тощо.

Але перш, ніж поговорити про напрями діяльності лабораторії, запрошуємо здійснити невеличку екскурсію по її офісу.

Перше, що впадає відвідувачеві в око,— надзвичайна чистота і охайність в усіх

Slavutych Laboratory for International Research and Technology was founded in 1997. After such a short time, it has already made an important contribution to the development of international cooperation in the fields of nuclear energy, radioecology, dosimetric control, decontamination, radioactive waste treatment, environmental protection, and more.

But first, before we talk about the activities of the lab, let's make a little tour of its office.

The first thing to catch the eye of a visitor is the extraordinary cleanliness and neatness of the premises. It is apparent that in this environment, people just can't be working carelessly, hands in pockets.

Now, let's wonder together. Here is a huge TV screen in the conference hall. This is a video communication system, which allows one to reach the American city of Richland within just a minute and talk to residents of this overseas land. Talk about what? Business, of course. Lab employees, Chornobyl Nuclear Power Plant (ChNPP) personnel, government officials, or Slavutych businessmen communicate with their U.S. counterparts from time to time, when they need to coordinate their actions on joint projects. Besides that, since quite recently, regular conferences of Slavutych and Richland school students are also held here. Of course, we talk about business, but also find time to smile to each other: who would lose a chance to have fun for free? Actually, this is not for free, everything is paid for by the adults: management of the U.S. Pacific Northwest National Laboratory in Richland and their Slavutych colleagues. See!

What's in this room? Ooh! Nuclear computer database. Wow! Friendly employees explained that this database contains almost all known libraries of digital and reference information in the world that are necessary for engineering calculations in all branches of the nuclear fuel cycle. We will let you in on a secret (Hush! Anybody eavesdropping?): this nuclear database is one of the largest... in the whole world. Its contents were transferred from Richland and other technical communities over to Slavutych via electronic communication channels for many, many days.

Let's move on. "How-do-you-do-enki buly!" We felt a spontaneous urge to shout this reprise of well known Ukrainian comedians when the doors of the audio equipped language classes opened before us. Fantastic! You sit behind the desk, put on the headphones, and... begin to speak real English. Of course, that's only if you have done your homework well. What if you haven't? Then your vocabulary is not much

приміщеннях. В такій обстановці люди, здається, просто не можуть собі дозволити працювати недбало, сховавши руки в кешені.

А тепер давайте дивуватись разом. Ось у конференц-залі встановлено великий телеекран. Це – система відеозв'язку, з допомогою якої за хвилину можна викликати американське місто Річленд і поговорити з мешканцями заокеанського краю. Про що? Зрозуміло, про діло. Співробітники лабораторії, працівники Чорнобильської АЕС, представники влади чи ділових кіл Славутича час від часу спілкуються з американськими колегами, узгоджують дії щодо спільних проектів. А з певного часу почались і регулярні відеоконференції школярів Славутича та Річленда. Ми, звичайно, й про діло говоримо і встигаємо поусміхатись одне одному: хто ж втрачатиме свій шанс похизуватись задарма?! А втім, не задарма: за все платять дорослі — працівники Тихоокеанської північно-західної національної лабораторії США, розташованої в Річленді, та їхні славутицькі колеги. Он як!

А що в цій кімнаті? Ага: комп'ютерний банк ядерних даних. Овва! Привітні співробітники пояснили нам, що банк містить в собі майже всі відомі в світі бібліотеки цифрової і реферативної інформації, необхідної для проведення інженерних розрахунків в усіх галузях ядерного паливного циклу. Додамо по секрету (цитьте! щоб ніхто не підслухав!): банк один з найбільших ... у світі. І «перекачували його капітали» електронним зв'язком просто з Річленда та інших наукових закладів в Славутич протягом багатьох-багатьох діб.

Ідемо далі. «Хаудуюдуенькі були!» Мимоволі захотілось так вигукнути слідом за відомими гумористами, коли перед нами відчинились двері лінгафонних класів. Оце фантастика! Сідаєш за стіл, вдягаєш наушники, вмикаєш магнітофон — і... починаєш говорити справжнісінькою англійською. Звичайно, якщо добре засвоїш урок. А як ні? Тоді твій словник мало чим відрізнятиметься від глосарія йоркширського поросятка.

У двох лігафонних класах з допомогою досвідчених викладачів успішно оволодівають англійською спеціалісти Чорнобильської АЕС, що виконують роботи за спільними проектами, а також чимало мешканців міста, які бажають вивчити мову міжнародного спілкування...

І нарешті перед нами — найповажніші двері. Проте постукаємо в них трохи згодом. А до цього обміркуємо побачене і почуте.

Як нам пояснили, ідея створення наукового центру, який би займався питаннями атомної енергетики, виникла відразу після розпаду СРСР. Для розв'язання названої проблеми існували відокремлені організації, які займались нею частково. А як звести під одним крилом такі напрями діяльності — експлуатацію АЕС, виведення енергоблоків, що відпрацювали встановлений термін, з експлуатації, поводження з радіоактивними відходами, підвищення безпеки ядерних об'єктів? Зрештою проблему було розглянуто на урядовому рівні. 1995 року почали розробляти окремі документи та схеми для створення відповідної організації. 1996 року Указом Президента України засновано Чорнобильський центр з проблем ядерної безпеки, радіоактивних відходів та радіоекології. А незабаром утворили відділення цього центру — Славутицьку лабораторію міжнародних досліджень та технологій, яка безпосередньо займається науково-технічними, інженерними питаннями безпечної експлуатації АЕС, виведення їх з експлуатації, ядерно-радіаційної безпеки.

До складу лабораторії входять два основні підрозділи: Лабораторія інженерних розробок і технологій та Міжнародна радіоекологічна лабраторія, яка віднедавна забезпечує проведення досліджень в галузі радіоекології в зоні відчуження та на проммайданчику Чорнобильської АЕС.

Проблеми атомної енергетики — актуальні в усьому світі. Україна поки що не

different from that of a Yorkshire piglet.

In two audio equipped language classes, under the guidance of experienced teachers, ChNPP personnel who work on the international projects intensively study English, as well as many of the local residents who want to study this language of international communication.

And finally, we come to the most important door. We'll knock on it in just a while. For now, let's think over what we have seen and heard.

We have been told that the idea of founding an international scientific center to address issues within nuclear industry was born right after the collapse of the Soviet Union. There were independent organizations working on separate aspects of the problem. But how does one bring together such different activities as plant operation, unit decommissioning and shutdown, disposal of radioactive waste, and increasing safety parameters at nuclear facilities? Finally, the issue was discussed at the government level. In 1995, some of the documents and plans for this organization's establishment began to be prepared. In 1996, by Directive issued by the President of Ukraine, the Chornobyl Center for Nuclear Safety, Radioactive Waste and Radioecology was founded. Soon after a branch of this center was established—Slavutych Laboratory for International Research and Technology which specifically works on technical, scientific, and engineering issues of safe plant operation, plant decommissioning and shutdown, and nuclear and radiation safety.

The Laboratory has two main departments: the Laboratory of Engineering Design and Technology and the International Radioecology Laboratory, which has recently begun doing research in the field of radioecology in the Exclusion Zone and at ChNPP site.

Problems associated with nuclear energy are equally pressing all around the world. So far, Ukraine hasn't accumulated sufficient experience in this field, but it has many experienced specialists that can work on the projects just as well as their Western colleagues. This is work in a very complicated and dangerous sector of the market, under rough competition conditions. Ukrainian companies have to prepare well for the market relations.

Although the Slavutych lab is very young and it is extremely difficult for it to compete with industry leaders, it still actively submits proposals, implements certain projects, and wins in the hard struggle.

The Laboratory was created within the International Nuclear Safety Program with the assistance of the U.S. Department of Energy (DOE), particularly, its Office of International Nuclear Safety and Cooperation headed by Dr. Terry Lash. Incidentally, Dr. Lash has recently been awarded the honor badge "For Special Contribution to City Development" by the city of Slavutych administration.

The main partner of Slavutych lab is DOE's Pacific Northwest National Laboratory in Richland. The stories of these two cities are alike, no wonder that Slavutych's problems are very similar to those in Richland. These problems include safe shutdown of the plant, providing jobs for the experienced NPP personnel, as well as jobs for the young specialists, who return to the city after getting college degrees.

...Perhaps it is now time to open the door in front of which we stopped. Anatoly Volodymyrovych Nosovsky, Laboratory Director, has been waiting for us here. He has kindly agreed to tell us about present issues, and the future of the lab that he leads.

—All enterprises in Ukraine today have similar problems. During the times of economy crashes or its transition period, it's not enough merely to survive, we must develop. Our most important goal is to develop, creating new jobs, and to help the development of our city. We don't want to see people immigrating to look for jobs abroad. They can benefit from our national energy industry.

Mr. Nosovsky explained to us that expansion of Slavutych Laboratory activities depends on financing. Today it works on Western

має достатнього досвіду такої роботи, але тут багато досвідчених спеціалістів, які можуть виконувати проекти не гірше західних колег. Мова йде про роботу в досить складному і небезпечному сегменті ринку за умов жорсткої конкуренції. Українські фірми мають добре підготуватись до ринкових відносин.

Хоча Славутицька лабораторія — молода установа і їй надзвичайно важко конкурувати з лідерами галузі, тим не менше вона бере активну участь в тендерних заходах, реалізує деякі проекти і перемагає в нелегкій боротьбі.

Лабораторію створено в рамках Програми з міжнародної ядерної безпеки при підтримці Міністерства енергетики США, зокрема його відділу Міжнародної ядерної безпеки та співробітництва, який очолює пан Террі Леш. До речі, доктор Т.Леш недавно удостоєний почесного знака мерії Славутича «За особистий внесок у розвиток міста».

Основним партнером славутчан є Тихоокеанська північно-західна національна лабораторія США в місті Річленді. Історії цих двох міст дуже схожі, не дивно, що і проблеми, які доводиться вирішувати Славутицькій лабораторії, дуже схожі на річландські. Це — і безпечне закриття АЕС, і забезпечення роботою досвідченого персоналу Чорнобильської станції, і надання роботи молоді, що, закінчуючи навчання у вузах, повертається до міста.

...Певно, тепер час відчинити двері, перед якими ми з вами зупинились. Тут чекає на нас директор лабораторії Анатолій Володимирович Носовський. Він люб'язно погодився розповісти про сьогодення і перспективи установи, яку очолює.

— У будь-якого підприємства в Україні нині одні і ті ж турботи. В умовах краху економіки або ж її перехідного періоду потрібно не тільки вижити, але й розвинутись. Для нас найголовніше — розвиватися, створюючи робочі місця, допомагати процвітанню міста. Не хочеться, щоб люди виїжджали за кордон у пошуках роботи. Вони можуть сприяти поступу вітчизняної енергетики.

Пан Носовський розповів, що розширення діяльності Славутицької лабораторії пов'язане з можливістю фінансування. Зараз вона працює на замовлення західних партнерів, зокрема Сполучених Штатів Америки, Франції, Великої Британії. Але ці зв'язки мають все ж таки тимчасовий характер. Тому лабораторії треба обов'язково виходити на національний ринок.

— У майбутньому плануємо вирости в провідний інститут України, який буде спроможний надавати наукову і методичну підтримку вітчизняному ядерному енергетичному комплексу,— сказав Анатолій Володимирович.

...Не всі проблеми, якими доводиться займатись А.В.Носовському та його колегам, доступні розумінню сьогоднішнього школяра. Але ми твердо зрозуміли: у нашого Славутича є майбутнє. На нього й працює лабораторія.

projects, particularly those of the United States, France, and United Kingdom. However, these projects are temporary. Therefore, the lab has to become involved in the national market.

"In the future, we plan to become a leading Ukrainian institution, able to give technical support and information to the national nuclear complex," says Anatoly Nosovsky.

... Not all of the problems that Mr. Nosovsky and his colleagues have to deal with are understandable to today's school students. But we got one thing clear: our city of Slavutych has a future. The Laboratory works to make this future happen.

SPIRE

Brennan McQuerry

ППІД

Бреннан МакКвирі

Darcy Terlson

People of the Tri-Cities have realized that sometime in the near future their main industry, Hanford, will come to an end. Almost all jobs that have to do with Hanford are completely based on cleaning up the mess of the Manhattan Project. Sometime soon all that waste will be cleaned up. Knowing this, the Tri-Cities has tried to bring in new businesses and develop new technologies to keep the economy going strong. One of these new technologies, invented by Battelle at the Pacific Northwest National Laboratory, is SPIRE.

SPIRE stands for Spatial Paradigm of Information Retrieval and Exploration. What SPIRE basically does is takes a lot of information in the form of text and displays it visually. This is called information visualization. In SPIRE, there are many different programs that accomplish this in many different ways. This revolutionary idea was recognized with a 1996

Мешканці Тримістя зрозуміли, що колись, вже в недалекому майбутньому, їхню основну діяльність на об’єкті Хенфорд буде припинено. Майже вся робота, пов’язана з Хенфордом, полягає в ліквідації наслідків Манхеттенського проекту. То ж незабаром всі відходи вже буде поховано. Знаючи про це, мешканці Тримістя намагаються привабити до міста нові підприємства та розробляти нові технології, щоб підтримати економіку на високому рівні. Одна з таких технологій, що її винайшли в компанії Бателл, в її Північнозахідній тихоокеанській національній лабораторії, це ППІД.

ППІД – це «просторова парадигма пошуку інформації та досліджень». Загалом, ППІД це программа, яка бере великий обсяг інформації у вигляді тексту та подає його у візуальній формі. Це називається візуалізацією інформації. В складі ППІД багато різних програм, що роблять це по-різному. Ця революційна ідея отримала нагороду «100 найкращих досліджень і розробок», яка надається 100 найкращим винаходам чи перспективним розробкам, створеним в усьому світі.

Одна частина ПППІД, візуальна програма «Галактика», використовує зображення зірок, щоб представляти документи. Кожна світлова крапка, або «зірочка» відображує один документ. Споріднені документи знаходяться близько один до одного, інші – віддалік.

Ще одна частина ПППІД, «Тематичний ландшафт», подає теми серії документів у вигляді ландшафту. На ньому ті місця, в яких багато споріднених тем документів, виглядають як гори, а ті, в яких документів мало – як долини, або невеличкі пагорби. Як і в «Галактиці», ближчі теми знаходяться поряд, інші – далі.

«Інструмент взаємозв'язку» в ПППІД дає можливість знаходити спільні риси в перемінних, обраних користувачами. Наприклад, можна ввести список бейсбольних команд та список стадіонів, а програма сама розставить, яка команда грає на якому стадіоні.

«Мережева тема» - це мережева версія ПППІД, яка дає новий спосіб зображення веб-сторінок в запиті до глобальної мережі Інтернет. «Мережева тема» може показати теми, знайдені на тисячах веб-сторінок, а потім допоможе вивчати ті, що викликали інтерес.

Група, яка винайшла ПППІД, розробила також деякі інші шляхи візуалізації інформації. Програма візуалізації «Зоряне світло» використовує об'єктно-орієнтований підхід, який має значну перевагу над традиційними реляційними моделями даних. Крім того, інформаційна модель «Зоряне світло» може відтворювати дані та інформацію в різних форматах.

«Веселки» - це метод візуального вивчення різних типів зв'язків між

R&D 100 Award, which honors 100 of the most promising new technologies and products developed worldwide.

One part of SPIRE, the Galaxies visualization, uses the image of stars to represent documents. A point of light or "docustar" represents each document. The more related documents are clustered together while less related documents are farther apart.

The ThemeView visualization, also a part of SPIRE, has the topics of a set of documents shown as a landscape. In the landscape, places with lots of related topics would be high mountains, and places where not many documents are related would be valleys or small mountains. And as in Galaxies, closely related topics are closer together while less related topics are farther apart.

The Correlation Tool in SPIRE gives users the ability to find similarities between variables that they choose. For example, the user could put in a list of baseball teams and a list of baseball stadiums, the Correlation Tool would then be able to tell you which teams play at which stadiums.

WebTheme is a web-enabled version of SPIRE that provides a new way to display web pages from a query on the Worldwide Web. WebTheme can display topics and concepts found in thousands of web pages and then help the user further explore places of interest.

The group that invented SPIRE has also developed a number of other ways of visualizing information. The Starlight Visualization uses an advanced, object-oriented approach that is much more able to explore information analysis than are typical relational data models. Also, the Starlight information model is able to display multi-format information and data.

Rainbows is a method for visually exploring different kinds of relationships between documents. One of the strengths of this program is that it shows three different classes of relationships. The first sort of relationships this program displays is one similar to that of Galaxies and ThemeView in which documents are represented by points on a plane and closer related topics are closer together. The second form of displaying relationships is through arcs connecting documents, different colors of arcs represent particular kinds of relationships between documents. The third form of displaying relationships is through arcs below the plane of topics that also represent different kinds of relationships.

The Connex visualization tool displays relationships between documents by having them laid out on a graph and having the x and y axis corresponding to an ordered list of entities. There is also a z axis in this graph that corresponds to the various types of relationships that occur. This tool allows users to categorize various relationships and hide or show particular relationships at will.

Topic Islands presents a novel approach to the visualization and exploration of unstructured text. Using Topic Islands, you can generate outlines or summaries of text by level of detail and according to the user's interests.

The HyperCube provides a framework in which information structure can be represented. The HyperCube representation identifies the top 100 topics contained in an amount of information. The topics are then drawn from a set of standard terms, which then make up the axis of the cube.

The Cosmic Tumbleweed is a topic-based projection of documents. Instead of creating clusters of documents on a two-dimensional plane, it displays 3-dimensional clusters of topics.

Fractal Projections has information organized and viewed as fractal spaces. Like all the other programs the Fractal Projection displays relationships between bits of information, but in this program, it is displayed in the pictures of Iterated Function System fractals.

The Starstruck visualization displays documents as a starburst of topic rays. The length of each ray shows the strength of the topic that the ray represents in that document.

документами. Одним із сильних місць цієї програми є те, що вона показує три різні класи спорідненості. Перший тип зв'язків програма показує подібно до «Галактики» та «Ландшафту», документи там розміщуються на площині, причому більш споріднені – ближче один до одного. Друга форма показу зв'язків – арки, що з'єднують документи, причому тип зв'язку визначається кольором арки. Зв'язки третього типу зображуються за допомогою арок, які знаходяться під площиною документів.

Програма візуалізації «Конекс» показує зв'язок між документами шляхом побудови графів та нанесення на вісі X та Y впорядкованих списків об'єктів. Існує також вісь Z, що відповідає різним типам реальних взаємозв'язків. Ця програма дозволяє категоризувати різні взаємозв'язки та, за бажанням, показувати або ховати деякі з них.

Програма «Тематичні острови» являє собою новітній підхід до візуалізації та дослідження неструктурованого тексту. За допомогою цієї програми можна генерувати схеми або резюме текстів в залежності від ступеня деталізації та потреб оператора.

Програма «Гіперкуб» надає структуру, в якій можна створювати інформаційні побудови. Програма «Гіперкуб» визначає 100 найважливіших тем, які вміщує фрагмент інформації. Потім ці теми вимальовуються з використанням стандартних засобів і створюють вісь куба.

«Космічне перекотиполе» - це тематична проекція документів. Замість створення двовимірних скупчень документів, вона створює тривимірні масиви.

«Фрактальні проекції» – це програма, яка організує інформацію та надає її у вигляді фрактальних просторів. Подібно до інших програм, вона демонструє взаємозв'язки між одиницями інформації, але показує їх у вигляді фракталів ітерованих функціональних систем.

«Зоряний удар» візуалізує інформацію у вигляді зоряного спалаху «тематичних променів». Довжина променю вказує на значення конкретної теми в документі. Тематичні промені пронумеровані у кожному спалаху від «12 годин» за годинниковою стрілкою. Однакові в усіх документах теми знаходяться на відповідних позиціях у всіх спалахах.

Ці нові інструменти візуалізації інформації є тільки частиною програми диверсифікації економіки Тримістя. Врешті решт, ці зусилля окупляться створенням нових робочих місць для людей, які могли б втратити роботу після припинення робіт у Хенфорді.

The topic rays are ordered on each starburst from the 12 o'clock position on clockwise in the same way for each document in such away that corresponding topics are coming out from the center at the same angle on one starburst as they are on another.

These new information visualization tools are just one part of the effort to diversify the economy of the Tri-Cities. Eventually these efforts will pay off with more jobs for people who might otherwise not have work after the work at Hanford is finished.

GeoSafe

CLAIRE SELLERS

«Гео-Сейф»

Клеар Селлерз

Kari Wiborg

Way out in the boonies, away from all traces of civilization, is a small corporation called GeoSafe. Although they are not well known, their work can be seen in the sand: huge chunks of obsidian-like rock. GeoSafe is quite an unusual corporation, dealing with the safe containment of hazardous materials. GeoSafe uses sand to safely contain or destroy hazardous materials. At their test site near Richland, they plant four graphite electrodes into the sand underground, which transmit electricity through the electrodes to the starter path, sand, and soil. The path heats up and causes the surrounding medium, the hazardous material planted or buried, to melt. Once the medium is melted, it becomes electrically conductive. It conducts electricity to further melt the surrounding hazardous material. This continues, melting the material until the electricity is shut off. Typical soils experience a 25 to 50 percent decrease in volume because the void space (air pockets between the sand particles) has been eliminated. The remaining hardened, melted agglomerate is kept under-

Вдалині від битих шляхів, там, де нема жодних слідів цивілізації, розташувалась невелика корпорація під назвою «Гео-Сейф»[1] . Хоча вона не дуже відома, проте серед пісків можна побачити наслідки роботи корпорації - величезні уламки брил, схожих на обсидіанову скельну породу. «Гео-Сейф» – це досить незвична корпорація, що займається безпечним розміщенням небезпечних матеріалів. Для безпечного зберігання чи знищення небезпечних матеріалів «Гео-Сейф» застосовує пісок. На полігоні корпорації поблизу Річленда глибоко в пісок занурюють чотири графітових електроди, що пропускають електричний струм до потрібної початкової ділянки піску та грунту. Ця ділянка нагрівається, що спричиняє плавлення небезпечного матеріалу навкруги. Одразу ж після розплавлення матеріал стає електропровідним і пропускає струм далі для плавлення прилеглих ділянок. Цей процес триває доти, доки не вимкнуть струм. Як правило, грунт втрачає від 25 до 50 відсотків свого об'єму через те, що зникають порожнини (повітряні прошарки поміж частинками піску). Затверділа розплавлена маса залишається під землею назавжди чи до тих пір, поки не з'явиться необхідність її видобути. Наявні в піску органічні матеріали під час плавлення випаровуються при відсутності кисню, що примушує їх рухатись по трубах до спеціального укриття в скельних породах (якраз над розплавом), де випари проходять декілька стадій очищення.

На випробувальній установці неподалік від Річленда було видобуто з-під землі та залишено назовні багато «Гео-Мелтів»[2] (назва, що її «Гео-Сейф» дала описаному процесу плавлення та утвореним брилам). Склоподібні камені, що утворилися в результаті такого плавлення, дуже нагадують обсидіан, вони мають різні кольори, які змінюються при застиганні кожного нового розплаву. Деякі камені мають блискучий чорний колір, тоді як решта – тьмяно-брунатний. Кожний камінь має властивості скла, розбиваючись при падінні вздовж гладких похилих площин замість утворення прямих і гострих зубців. «Гео-Сейф» провів експеримент, щоб дослідити, що станеться, коли одночасно ініціювати два процеси плавлення у сусідніх місцях. При цьому обидва розплави злилися настільки міцно, що не можна було сказати, де закінчується один і починається інший. Після відключення струму між електродами розплави було викопано з-під землі та загартовано миттєвим зануренням у воду, завдяки чому отримали твердий матеріал, відмінний від тих, що охолоджувалися всередині скельних порід.

«Гео-Сейф» планує використовувати цю технологію для зберігання деяких типів небезпечних відходів та маніпуляцій з ними. Якщо резервуар з таким матеріалом помістити в грунт і неподалік розпочати два процеси плавлення, цей резервуар потрапить в розплав (він також буде плавитись і потрапить до тих розплавів, що зіллються в одне ціле). Такий тип «Гео-Мелту» називається пласким розплавом. Органічні матеріали будуть виходити з цього резервуару через чотири великі труби, заповнені камінням, і утримуватися в спеціальному укритті. При застосуванні цього методу для зберігання небезпечних матеріалів вони будуть постійно знаходитись в скельних породах.

Зараз «Гео-Сейф» вишукує нові шляхи для поширення своєї технології і, можливо, допоможе Міністерству енергетики США дати раду деяким з радіоактивних матеріалів, якими воно опікується. На виробництво та випробування цієї технології, щоб пересвідчитися в її безпеці при застосуванні до високорадіоактивних матеріалів, знадобиться час, але з задоволенням думаєш про те, що випробовується ще один засіб, який допоможе очистити Хенфордський майданчик.

[1] Від англійського «GeoSafe», що приблизно відповідає українському «гео[логічний] захист»
[2] Від англійського «melt» - «розплав»

ground forever, or until it is unearthed. The organic materials in the sand are vaporized in the lack of oxygen, which causes them to travel up the tubes to the Off-Gas Hood (a hood covering the melting), where they go through a number of cleanings.

At the test facility near Richland, many GeoMelts, (a name GeoSafe has given to the melting process), have been dug up and exposed to the air. The glassy rocks that result from this melting look a lot like obsidian, with a difference of color each time a new melt hardens. Some rocks are jet black, while others are a dull brown. Each rock has the characteristics of glass, breaking away in smooth slanted lines instead of straight, almost jagged lines. GeoSafe did an experiment examining what would happen if they started two melts close to each other at the same time. The two melts joined and became so solidly connected that one could not tell where one ended and the other began. They dug this up after they stopped sending electricity through the electrodes and flash-hardened it with water, making the hardened material much different from the ones that were allowed to cool inside the rock.

GeoSafe is planning to use this technology to contain and manage some types of hazardous waste. If a tank containing this material is placed into the ground and two melts are started next to it, the tank would be consumed within the melt (it would melt also and become part of the melts that would join to form one). This type of GeoMelt is called a planar melt. The organic materials from the tank would come out four large tubes that are filled with rocks and be contained in the Off-Gas Hood. By using this method to contain the hazardous material, it is permanently captured in the rock.

GeoSafe is now looking for more ways to expand their technology, and perhaps help the U.S. Department of Energy (DOE) with some of their radioactive materials. It will take time to manufacture and test the technology so that it is safe to use on highly radioactive materials, but it is good to know that there is one more way being tested to help clean up the Hanford area.

The Environmental Molecular Sciences Laboratory

James French and Michael McCain

Екологічна лабораторія молекулярних досліджень

Джеймз Френч і Майкл МакКейн

The Environmental Molecular Sciences Laboratory (EMSL), part of Pacific Northwest National Laboratory in the Tri-Cities, Washington, was founded in 1997. The brainchild of former Laboratory Director William R. Wiley, EMSL's mission is to develop and research new technologies to help with environmental restoration and preservation. They develop new ideas rather than work on old concepts. This special facility is the only one of it is kind. In addition, EMSL houses the third largest IBM computer mainframe in the world. They also have a "collaboratory" where conferences can be held from locations around the world.

EMSL's goals are to

- provide advanced and unique resources on critical environmental problems and other national issues
- educate young scientists in the molecular sciences to meet the demanding environmental challenges of the future
- attain an understanding of the physical, chemical, and biological processes needed

Екологічну лабораторію молекулярних досліджень (ЕЛМД), яка є частиною Тихоокеанської північно-західної національної лабораторії в Тримісті, штат Вашингтон, було засновано в 1997 році. Її місія полягає в розробці та розвитку нових технологій для відновлення та захисту навколишнього середовища. Тут розвивають нові ідеї і не намагаються обійтися усталеними теоріями. Цей заклад єдиний в своєму роді. Крім того, в ЕЛМД знаходиться третій у світі за розмірами комп'ютерний комплекс компанії «IBM». Тут також є лабораторія, де можна проводити «мости» зв'язку з будь-якою країною світу.

Завдання ЕЛМД такі:

- сучасні унікальні дослідження найбільш актуальних екологічних проблем та інших питань національного рівня
- освіта для молодих учених-екологів в галузі молекулярних наук, їх підготовка до серйозної роботи в майбутніх

екологічних програмах
- з'ясування фізичних, хімічних та біологічних процесів, які є найбільш важливими для розв'язання проблем довкілля
- сучасні молекулярні дослідження для екологічної програми Міністерства енергетики США.

ЕЛМД являє собою нову спробу вчених та інженерів вирішити міжнародні проблеми. В лабораторії є понад 100 одиниць спеціального дослідницького обладнання. Ним можуть користуватися вільно та безкоштовно будь-які дослідники, за умови того, що вони опублікують результати досліджень. ЕЛМД також підтримує заходи щодо очистки в Хенфорді та на всіх ядерних об'єктах країни. Вона досліджує проблеми охорони здоров'я, енергетики, та впроваджує нові технології, серед яких ядерний магнітно-резонансний (ЯМР) спектрометр, що дозволяє бачити надзвичайно малі частинки, наприклад, структурні елементи молекул. В ЕЛМД ведеться широкий спектр наукових досліджень. Ось деякі приклади того, що вивчають вчені-ентузіасти в ЕЛМД.

В одному з відділів ЕЛМД фахівці досліджують хімічний та фізичний склад мінералів, поступово знімаючи атоми, шар за шаром. Це дозволяє вивчити як поверхню, так і внутрішній склад мінералів. А ще вчені опромінюють мінерали та спостерігають енергію, що при цьому виділяється. Сьогодні ці дослідження використовуються для випробувань нових легких матеріалів для автомобільної промисловості. Вчені створюють для матеріалів ситуації штучного іржавіння, щоб визначити їх витривалість.

В лабораторії еко-спектроскопії дослідники за допомогою лазерів та безкисневих камер вивчають матеріали, з яких складається навколишнє середовище. Там багато різних лазерів, серед яких

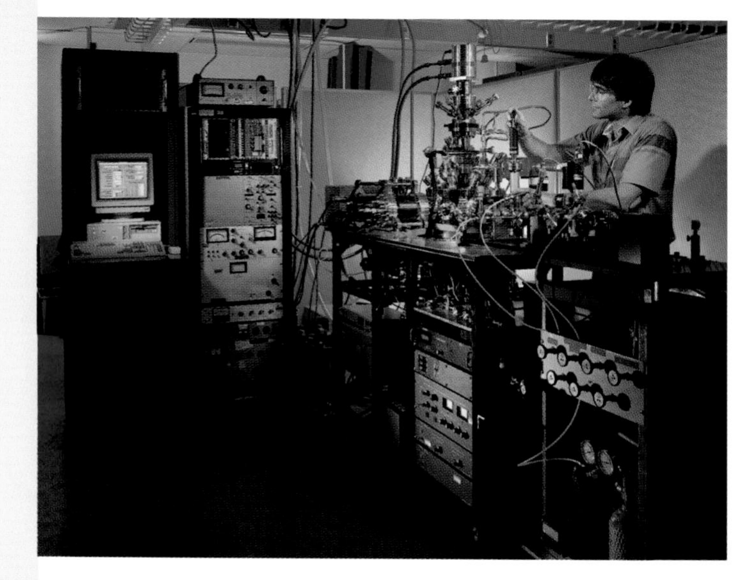

to solve critical environmental problems
- advance molecular science in support of the U.S. Department of Energy's (DOE's) environmental mission.

EMSL represents a new effort by scientists and engineers for solving international problems. It includes over 100 major scientific instruments for use by the scientific community. EMSL's facilities are open for use and free of charge for any user, if they will publish the results. EMSL also supports the cleanup of Hanford and other nuclear areas around the nation. It researches energy, health, and new technologies, including a nuclear-magnetic resonance spectrometer that allows visualization of extremely small bodies such as the structure of a molecule. Many types of research go on at EMSL. These are a few examples of the subjects that the dedicated scientists at EMSL look into.

At one area in EMSL, scientists analyze the composition and chemistry of minerals by removing layers of atoms. This allows them to study both the surface and the inside of the minerals. Another thing that they do is to irradiate the minerals and study the energy released. Currently, this research is being used to test a new lightweight material for cars. The scientists place the material in a forced corrosion situation to determine its strength.

In the enviro-spectroscopy lab, researchers use lasers and oxygen-less chambers for tests on materials in the environment. They have many different lasers, including ultraviolet, visible, and pulse lights. The energy excites the molecules in an object, causing measurable reactions. This can be used to determine if the materials around waste tanks are soluble. If so, leakage from those tanks may be carried into the groundwater.

Another part of EMSL studies how damaged DNA is recognized by protein. They use nuclear magnetic resonance to create a spinning magnetic field in large superconducting magnets made in England. Here, they also can use this technology to image objects, like an MRI scan, but they can research much smaller objects, like soft tissue and even cell groups. This can be used to test the effects of carcinogens (cancer causing substances) as well.

EMSL researchers also study chemical conversions and separations, fluid flow and solution chemistry, computational modeling of molecular processes, interfacial and surface science, multiphase systems, radiation chemistry, structural biology, advanced analytical methods, and other issues of the environment. Current focus areas include finding methods to retrieve, separate, convert, and dispose of hazardous and industrial wastes, studying the atmosphere and its gases and their molecules, and researching the movement of pollutants in groundwater and soil to develop ways to prevent this.

The people at EMSL are problem solvers, conducting new and important research for people around the world.

ультрафіолетовий, лазер видимого спектру та пульсуючий лазер. Їхня енергія збуджує молекули в об'єкті, що створює реакції, які можна вимірювати приладами. Це можна використовувати для визначення розчинності матеріалів навколо резервуарів з відходами. Якщо вони розчинні, відходи можуть потрапити в підземні води.

Ще один відділ ЕЛМД вивчає, як розпізнавати пошкоджену ДНК за допомогою протеїну. Там використовують ядерний магнітний резонанс для створення вихрового магнітного поля у великих магнітах-надпровідниках, які виробляють в Англії. Тут ці технології також використовуються для створення візуальних образів об'єктів подібно до магнітно-резонансного сканування, але з можливістю вивчати значно менші за розміром об'єкти, такі як тканини і навіть групи клітин. Їх також можна використовувати для вивчення дії канцерогенів (речовин, що спричинюють ракові захворювання).

Дослідники, які працюють в ЕЛМД, також вивчають хімічні перетворення та новоутворення, хімію рідин та розчинів, комп'ютерне моделювання молекулярних процесів, поверхні та внутрішній склад матеріалів, мультифазові системи, радіаційну хімію, структурну біологію, сучасні аналітичні методи та інші аспекти екології. Найбільша увага приділяється сьогодні проблемам переробки, відокремлення, конверсії та утилізації небезпечних та промислових відходів, вивчення атмосферних газів та їх молекул, дослідження міграції забруднення в підземних водах та в грунті з метою упередження цих явищ.

Персонал ЕЛМД професійно розв'язує проблеми, проводячи нові важливі дослідження для всього людства.

SAMMS

Dustan Terlson

СОММО

Дастен Терлсон

Самоорганізовані моношари на мезопористих основах, відомі також як СОММО – це докорінно нова надзвичайно перспективна технологія, розроблена Тихоокеанською північно-західною національною лабораторією (ТПНЛ) та компанією «Мобіл ойл корпорейшн». СОММО створено для видалення шкідливих токсинів з води. Перші розрахунки СОММО було виконано у 1992 році, але реальним фактом ця технологія стала лише у 1996. Розробка технології СОММО закінчена на етапі розрахунків, технічні аспекти завершено ще не всі.

Суть СОММО полягає в наявності великої кількості паралельних портів, наче це пучок із соломинок. Сумарна поверхня має величезну площу, але вага при цьому не дуже велика. Усередині соломинки мають спеціальне покриття, розраховане на те, щоб на нього налипали тільки певні види токсинів. Особливості технології СОММО дозволяють отримувати матеріал з високими кінетичними характеристиками, можливістю завантаження великої кількості матеріалу та дуже хорошими властивостями відбору.

Спочатку СОММО було розраховано для видалення з води ртуті. Трьома роками пізніше за допомогою цієї технології вже стало можливим видаляти з води сотні видів токсинів. У Бангладеші тисячі людей повільно помирають від отруєння миш'яком. Миш'як накопичується в їх організмах з вісімдесятих років. За умови застосування фільтрів СОММО цього б не сталося ніколи.

Self-Assembled Monolayers on Mesoporous Supports, also known as SAMMS, is a revolutionary new award-winning technology developed by Dr. Glen Fryxell and Dr. Jun Liu (Pacific Northwest National Laboratory [PNNL]) and Mobil Oil Corporation. SAMMS is designed to remove harmful toxins from the water. SAMMS was first designed in 1992, but did not become reality until 1996. SAMMS is completed in the design aspect, but the engineering aspect has not yet been completed.

SAMMS has a series of parallel ports, like a bundle of straws. It has a gigantic surface area, but does not weigh very much. The insides of the straws are coated with a special coating that is designed to have only certain toxins stick to it. SAMMS' properties produce a material with fast kinetics, high material loading, and excellent selectivity.

SAMMS was first designed to remove mercury from the water. After 3 years, SAMMS is able to remove hundreds of toxins from the water. In Bangladesh, thousands of people are slowly dying from arsenic poisoning. Arsenic has been piling up in their bodies since the 1980s. With the SAMMS filter, this would never happen.

SAMMS can also be used for other filtering, including nuclear waste. If SAMMS is engineered correctly, it could remove the uranium and other radioactive elements from the millions of gallons of water on the Hanford site. SAMMS could also be used to remove precious metals from the ocean, including silver and gold. This would be impossible with any other filter. The problem that the scientists face at PNNL is having the coating only hold the silver or gold and let everything else pass by. It could also be used in huge industrial parks to filter carbon dioxide and other harmful particles from the air they release into the atmosphere. This, right now, is only a dream of the team working on the SAMMS project, but one day they hope to achieve this goal. SAMMS could also be used in computer manufactories that require pure water to clean the computer chips and wires with. SAMMS will be available for home usage in one to eight years, and although it may seem like it would cost a fortune, it will be fairly cheap, around $20-25 for this amazing product. The Mobil Oil Corporation is designing SAMMS for public use.

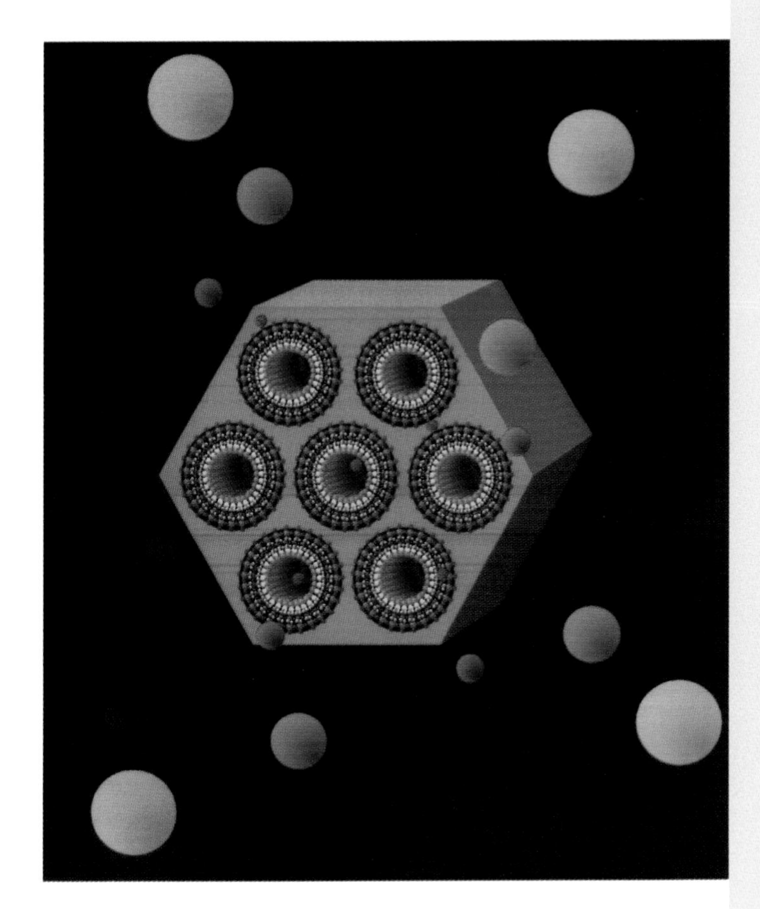

Технологія СОММО може також застосовуватися і для фільтрування інших речовин, зокрема ядерних відходів. За умови правильного інженерно-технічного забезпечення, технологія СОММО дозволить видаляти уран і інші радіоактивні елементи з мільйонів галонів води на території Хенфордського майданчика. СОММО можна було б також застосовувати для видобутку металів з океанів, включаючи сюди навіть золото та срібло. Останнє неможливо за умови застосування будь-яких інших фільтрів. Вчені з ТПНЛ на сьогодення вирішують проблему, яким чином утримувати на поверхні тільки срібло або золото, водночас перепускаючи інші речовини. СОММО можна було б також використовувати у великих промислових парках, щоб відфільтровувати з повітря, яке викидається в навколишню атмосферу, вуглекислий газ та інші шкідливі домішки. На поточний момент фахівці з групи, що працює в рамках проекту розвитку технології СОММО, про такі можливості тільки мріють, але не втрачають надію, що колись і це стане реальністю. СОММО знайшла б також застосування на підприємствах, що виробляють комп'ютерну техніку, де чиста вода необхідна для промивання комп'ютерних чіпів та провідників. Через один-вісім років технологія СОММО знайде своє застосування і в побуті. На перший погляд може здатися, що це буде коштувати фантастично багато, але насправді цей чудодійний пристрій матиме ціну приблизно 20–25 доларів США. Компанія «Мобіл ойл корпорейшн» зараз саме працює над розробкою технології СОММО для загального застосування.

HAMMER

DUSTAN TERLSON

ЦЕНТР «ХАММЕР»

Дастен Терлсон

Освітній центр «ХАММЕР» (що означає «контроль за небезпечними матеріалами і реагування на надзвичайні ситуації») імені Волпентеста є одним з найсучасніших національних комплексів практичної підготовки з питань безпеки. «ХАММЕР» – це установа системи Міністерства енергетики США, оперативне управління якою здійснює компанія «Флор Деніелс Хенфорд». «ХАММЕР» розпочався у 1986 році як ініціатива місцевої громади з метою поліпшення підготовки робітників, які мають справу з небезпечними матеріалами, надзвичайними ситуаціями, а також пожежників. Сем Волпентест, виконавчий віце-президент Ради з економічного розвитку Тримістя, марив ідеєю створення навчального центру світового рівня і повною мірою втілив її. Будівництво центру «ХАММЕР» було розпочато у 1994 році, коли Конгрес асигнував кошти для початку освітньої діяльності у тимчасовому приміщенні та власне будівництва центру. Після завершення будівництва у вересні 1997 року центр «ХАММЕР» був офіційно названий Освітнім центром ім. Волпентеста на честь Сема Волпентеста. Центр «ХАММЕР» займає територію у 120 акрів на північ від Річленду, штат Вашингтон, на Хенфордському майданчику, що є найбільшою у країні закритою ядерною зоною, яка знаходиться у стадії реабілітації. Загалом призначення центру «ХАММЕР» визначають чотири напрямки діяльності, а саме:

The Volpentest HAMMER (for Hazardous Materials Management and Emergency Response) Training and Education Center is the nations most advanced hands-on safety training complex. HAMMER is a U.S. Department of Energy (DOE) facility operated by Fluor Daniels Hanford. HAMMER began in 1986 as a community-based initiative to improve training for hazardous materials workers, emergency responders, and fire fighters. Sam Volpentest, Executive Vice President of Tri-City Economic Development Council (TRIDEC), adopted the dream of a world class training facility and made it a reality. The construction of HAMMER began in 1994 when Congress appropriated funds to begin operations in a temporary facility and initiate construction. Upon completion of HAMMER in September 1997, HAMMER was officially dedicated as the Volpentest Training and Education Center in honor of Sam Volpentest. HAMMER is located on 120 acres north of Richland, Washington, on the Hanford site, the largest nuclear reservation cleanup site in the country. HAMMER has four overall goals:

- provide lifelike hands-on training
- reduce injuries and unwanted health effects
- create a training industry
- share resources to reduce costs.

The HAMMER facilities include an administration/classroom building, a restaurant, and an expanding line of hands-on training props that provide realistic simulated hazardous work environments. Some of these props include a six-story training tower, railcar/truck burn pad, burn structure, a manmade pond, above-ground pipeline prop, geophysical test bed, and a 90-day storage pad for nuclear waste. The fire for burning simulations is controlled by computers in the administration building and fueled by propane. The water used to fight the fires is from the manmade pond. The water is also recycled back into the pond. During the training, the instructors watch from the administration building. If the students do anything wrong, the instructors stop the fire and review with the students what they did wrong, then they try it again. The training at HAMMER is considered "as real as it gets."

- Практична підготовка в умовах, максимально наближених до реальних
- Зменшення кількості травм та небажаного впливу на здоров'я людей
- Створення окремої освітньої галузі
- Спільне використання ресурсів з метою зменшення витрат.

У складі центру «ХАММЕР» є адміністративний корпус з навчальними класами, ресторан та велика кількість засобів для практичного навчання, що дозволяють моделювати реальні умови робіт, небезпечних для виконання. Зокрема, серед згаданих засобів є шестиповерхова башта, майданчик імітації пожежі у вагоні чи вантажівці, будівля для організації пожеж, штучний ставок, наземна трубопровідна лінія, майдан для геофізичних випробувань та сховище для зберігання ядерних відходів протягом 90 днів. Модельними пожежами можна керувати за допомогою комп'ютерів, розташованих у адміністративному корпусі, міняючи підживлення пропаном. Вода для гасіння пожеж береться із штучного ставка. Потім вода знову скидається у ставок для повторного використання. Під час навчання інструктори споглядають за діями курсантів з адміністративного корпусу. Якщо ті роблять щось не так, інструктори припиняють пожежу та аналізують разом з ними, що саме було зроблено неправильно, після чого справа продовжується. Вважається, що умови навчання в центрі «ХАММЕР» «не відрізнити від реальних ситуацій».

The Future
Майбутнє

L.E. Bowman

Chapter 14

Глава 14

The Future of Nuclear Energy

Майбутнє атомної енергетики

The Public's Misgivings About Nuclear Energy

Based on an Interview with Dr. Gene Eschbach

Rachel Berkowitz

Хибні уявлення про атомну енергію

(на основі інтерв'ю з доктором наук Джіном Ешбахом)

Речел Берковиц

Уявлення громадськості про атомну енергетику та задіяні при цьому хімічні («трансуранові») елементи, має серйозні вади. Люди вважають, що енергія атомного ядра являє собою більшу небезпеку, аніж інші джерела енергії. За словами містера Джіна Ешбаха хибні уявлення сосуються таких чотирьох питань: рівень безпеки продуктів поділу ядра і трансуранових елементів; радіоактивне забруднення довкілля; неконтрольованість ланцюгових реакцій (або «розгін реакторів»); і великі капітальні витрати на будівництво реакторів.

Багатьох хвилює проблема остаточного поховання продуктів поділу та трансуранових елементів. Пан Ешбах вважає за неправильне захоронювати використане ядерне паливо без попереднього видалення з нього продуктів реакції поділу та трансуранових елементів. Їх будуть зберігати в безпечних умовах у сховищі в горі Юкка, штат Н'ю Мексико. Деякі з продуктів поділу мають дуже малий період напіврозпаду, а тому розпадаються швидко. Інші залишаються в стабільному стані упродовж тривалого періоду часу. В жодному з цих випадків немає підстав для хвилювання. Однак є й такі продукти поділу і трансуранові елементи, що не розпадаються швидко, але й не залишаються у стабільному стані, а тому викликають занепокоєння. Такі трансуранові елементи можна було б утилізувати у реакторах, спалювати їх і мати виграш у вигляді тепла і нейтронів.

Пан Ешбах говорить, що у Сполучених Штатах Америки в атмосферу викидається мінімальна кількість радіоактивних елементів. Атомна енергетика у Сполучених Штатах Америки

The public has grave misconceptions and consequent misgivings concerning nuclear power and the chemical elements vital in its production (transuranics). People think that nuclear energy is more detrimental than other energy sources. According to Dr. Gene Eschbach, there are misconceptions about four issues: the safety level of fission products and transuranics, nuclear contamination of the environment, uncontrolled chain reactions or "runaway reactors," and the high capital cost of reactors and decommissioning.

Many people are concerned about the disposal of fission products and transuranics. Dr. Eschbach considers it a mistake in the long term to bury spent fuel without removing fission products and transuranics. Fission products and transuranics will be stored safely in the Yucca Mountains, Nevada. Most fission products have very short half-lives, less than 30 years, and therefore decay rapidly. Others remain stable for long periods of time. Neither provides cause for concern. However, there are some fission products and transuranics that do not decay quickly and are unstable, and thus provide cause for concern. The transuranics could be recycled in reactors to burn them up, and people could benefit from the heat and neutrons generated accordingly.

Dr. Eschbach says that in the United States the amount of radiation expelled into the atmosphere is minimal. The U.S. nuclear industry has demonstrated its ability to safely use nuclear energy, but the public still isn't convinced. Many people are afraid that radiation at any level is harmful. But radiation is always present, especially at higher altitudes. No correlation has been found between lifespan and exposure to natural radiation. For example, Denver, Colorado, receives twice as much cosmic radiation as the Pacific Coast. Should low levels of radiation have an adverse effect on people, people in Denver would have a shorter lifespan than people on the Pacific Coast. Statistics indicate no difference in mortality rate.

The safety of nuclear reactors is another major concern to the public. The Chornobyl reactor released high levels of radioactive gas to the environment, affecting many people near the reactor. However, the Chornobyl reactor did not have a containment sphere. The United States builds nuclear reactors with containment spheres to minimize the possibility of any leakage of fission products to the environment.

The capital cost of nuclear reactors is also an issue of concern. The cost of nuclear power can be divided into capital, fuel, and operating expenses.

At first, nuclear power plants were competitive with other power plants, but their cost has risen to exceed the cost of other power plants. In the 1970s and 1980s, the cost of reactors escalated because of more safety regulations, high inflation and interest rates, the decommissioning of every site rather than the maintenance of slightly contaminated sites in posterity, and the increasing price of uranium. The capital costs of nuclear reactors are now greater than those of fossil fuel

Darcy Terlson

Gene Eschbach

Джін Ешбах

вже довела свою спроможність безпечно застосовувати атомну енергію, проте громадськість все ще сумнівається у цьому. Багато хто побоюється, що дія радіації шкідлива в будь-якій кількості. Але ж радіація присутня завжди, особливо у високогір'ї. Ще не виявлено залежності між тривалістю життя та рівнем природної радіації. Наприклад, у Денвері, штат Колорадо, природний рівень радіації удвічі вищий, ніж на тихоокеанському узбережжі. Якби невеликі дози радіації мали негативний вплив на людей, то тривалість життя населення у Денвері була б меншою, ніж на тихоокеанському узбережжі. А за статистикою рівні смертності тут однакові.

Безпека експлуатації реакторів – ще одне питання, яке хвилює громадськість. Чорнобильский реактор спричинив викид в атмосферу великої кількості радіоактивних газів, постраждало багато людей, що перебували поблизу самого реактора. Але ж атомний реактор на Чорнобильській АЕС не мав захисної сферичної оболонки. Атомні ректори в США будуються із захисними сферичними оболонками, щоб звести до мінімуму будь-які витоки продуктів поділу в навколишнє середовище.

Непорозуміння стосуються і капітальних витрат на будівництво атомних реакторів. Витрати на атомну енергетику можна розділити на капітальні, паливні та експлуатаційні.

Спочатку атомні станції могли конкурувати з іншими електростанціями, але витрати на АЕС почали зростати і перевищувати витрати на інших станціях. У 70-х та 80-х роках кошториси атомних реакторів збільшилися через суворіші вимоги щодо додержання безпеки експлуатації, високі рівні інфляції та відсоткових ставок, необхідність зняття з експлуатації кожного проммайданчика на противагу обслуговуванню трохи забруднених територій нащадками, а також через зростання цін на уран. На сьогодні капітальні витрати для атомних реакторів перебільшують витрати на електростанціях, де використовується викопне паливо. У 1968 році будівництво атомної станції коштувало двісті мільйонів доларів США. У 1978 році атомна станція такого самого масштабу обходилася у один мільярд доларів США. Ця сума, можливо, продовжує збільшуватися і зараз.

Використання альтернативних енергоносіїв має свої власні недоліки, додає пан Ешбах. Виробництво енергії з використанням природного газу, нафти та вугілля (основні види енергоносіїв в усьому світі) спричиняють збільшення в атмосфері вмісту двоокису вуглецю в порівнянні з його природною концентрацією. Це загрожує глобальним потеплінням. Газ метан – ще один вид енергоносія - також збільшує імовірність глобального потепління, а використовувати його без викидів частини в атмосферу ми не вміємо.

Заміна викопного палива, а також природного газу в якості енергоносіїв на енергоносії, що не призводять до викидів в атмосферу двоокису вуглецю, як, наприклад, ядерна і сонячна енергія, вимагає великих змін у світовій енергетичній інфраструктурі. Звісно, це не єдина перевага атомної енергетики. Пан Ешбах вважає, що запаси урану або торію людство не вичерпає ніколи. В той же час вугілля і нафта, за умови продовження їх використання у тій кількості, що й сьогодні, вистачить досить ненадовго. Продукти радіоактивного поділу у сховищах - це загалом близько трьох тисяч тонн у порівнянні з сімома мільярдами чотирмастами тисяч тонн вуглецю, який викидається при використанні енергоносіїв викопного типу. Пан Ешбах вірить у те, що атомна енергетика відкриє двері у світле та блискуче майбутнє.

Джін Ешбах - член Американського ядерного суспільства і науковець, що працює в галузі атомної енергетики з самого її початку на Хенфордському майданчику. Останні двадцять років він працював у Тихоокеанській північно-західній національній лабораторії Баттелл. Він вважає, що «енергія взагалі є дуже цінною, тому вона має бути доступною в усіх її виглядах».

plants. In 1968, a nuclear plant cost two hundred million dollars to build. In 1978, a plant of the same size cost one billion dollars. The cost may still be climbing.

Alternative forms of energy have their problems, says Dr. Eschbach. Energy produced from natural gas, oil, and coal (the major energy sources throughout the world) add more carbon dioxide to the atmosphere than is there naturally. This may lead to global warming. Methane gas, another source of energy, also contributes to global warming, and we cannot use methane without releasing some to the atmosphere.

Replacing fossil fuel and natural gas energy sources with energy sources that don't release fossil carbon dioxide, such as nuclear and solar energy, would require an enormous change in the world's energy infrastructure. Nuclear energy has other advantages as well. According to Dr. Eschbach, people will never run out of uranium or thorium. In contrast, coal and oil will be depleted relatively soon at the present rate of consumption. Stored fission products would total approximately three thousand tons per year, compared to the seven billion, four hundred million tons of carbon produced by fossil fuel energy sources. Dr. Eschbach believes that nuclear energy is the key to a glowing and radiant future.

Gene Eshbach is a member of the American Nuclear Society, and a scientist who has worked in the nuclear industry since its early days at the Hanford site. For the past twenty years, he has been employed by Battelle Pacific Northwest National Labs. He believes that "...energy is so valuable, it should be available in all forms."

Nuclear Power: A Fuel for a Brighter Future

James French

Атомна енергія: паливо задля кращого майбутнього

Джеймз Френч

Nuclear power is one of the most promising forms of power generation. With dry cooling towers, nuclear reactors can be built in most locations, and they can generate large amounts of electricity. There are some harmful byproducts produced by nuclear fission; however, the total quantity of harmful byproducts is relatively small, and they can be dealt with using existing technologies. Reactor meltdowns have occurred, but today's reactor designs reduce the probability to almost nothing.

In nuclear fission, uranium-235 is bombarded by a neutron causing it to split or fission and produce immense amounts of energy in the form of heat and radiation. Radiation and byproducts generated by nuclear fission can be a threat to the environment. Fission products are highly radioactive and can be extremely hazardous when not properly controlled. Three types of radiation must be dealt with: alpha, beta, and gamma. Gamma rays are very penetrating and require shielding or limited exposure time. Alpha and beta particles are much less penetrating and do not generally represent a direct radiation threat. However, alpha- or beta- emitting radionuclides may become dissolved in water or adsorbed to dust particles. In this way, they may be ingested or incorpo-

Атомна енергетика є одним із найперспективніших видів енергетики. Атомні реактори з сухими градирнями можна побудувати у більшості місцевостей, і вони можуть генерувати велику кількість електроенергії. Процес поділу ядра супроводжується утворенням деяких шкідливих продуктів, проте загальна кількість таких побічних продуктів відносно невелика і є технології, що дозволяють їх використовувати. Мали місце випадки розплавлення реакторів, але для реакторів сучасних конструкцій така можливість практично виключена.

Під час реакції ядерного поділу U-235 бомбардується нейтронами, які змушують ядро розщепитися, або поділитися з виділенням величезної кількості енергії у формі тепла та випромінювання. Радіація та побічні продукти, що генеруються внаслідок реакції поділу ядра можуть являти загрозу для довкілля. Продукти поділу надзвичайно радіоактивні і можуть бути дуже небезпечними, якщо відсутній належний контроль. Треба зважати на три види радіації: альфа, бета та гамма. Гамма-промені відзначаються дуже хорошою проникливістю і вимагають екранування або обмеженого часу опромінення. Альфа- та бета-частинки менш проникливі і загалом не є безпосередньо

небезпечними. Однак альфа- чи бета-частинки, що випромінюють радіонукліди, можуть розчинятися у воді або поглинатися частинками пилу. Тоді ймовірне їх попадання у харчовий ланцюжок, що може спричинити серйозні ураження.

Персонал, що працює з радіоактивними матеріалами, повинен носити захисний одяг, щоб запобігти контакту з випромінювачами альфа- та бета-променів, і обмежувати час перебування поблизу цих радіоактивних матеріалів, щоб контролювати дозу гамма-опромінення. Окрім безпосередньо радіоактивних матеріалів, велика кількість матеріалів забруднюється контактним шляхом. Це означає, що одяг, рідини, перчатки, протирадіаційні костюми, різноманітні робочі матеріали, інструменти та прилади тощо треба піддавати дезактивації або проводити поховання в безпечному місті. Ядерні відходи можуть також просочитися у грунт та підземні води.

Одним з помилкових поглядів на атомну енергетику є твердження, що вона призводить до серйозного забруднення повітря. Джін Ешбах, колишній науковець, який працював у Хенфорді, запевняє, що насправді *істотного* впливу на повітря при цьому немає. Безумовно, радіоактивні ізотопи, які викидаються в атмосферу, залишають ледве помітні сліди, але кількість таких дуже мала. Повітряний шар навколо реактора справді трохи іонізується, це називається активізацією. Але це явище неістотне. Атомні реактори справді генерують надлишкову теплову енергію і таким чином спричиняють теплове навантаження. Проти цього явища необхідно вживати запобіжні заходи, щоб уникати помітного впливу на навколишнє середовище. Ще одна хибна думка – твердження про недостатню кількість ядерного матеріалу (того, що ділиться) для використання в атомних реакторах протягом більш ніж 1000 років. Про те, що вирішення цієї проблеми *вже* існує, багато хто і не здогадується. Загальна кількість урану U-235, ізотопу урану, що може розщеплюватися, складає менше одного відсотка від кількості усього наявного

rated into the food chain, where they may cause significant damage.

Personnel who work with radioactive materials must wear protective clothing to avoid contact with alpha and beta emitters and must limit the time they spend near the radioactive material to control the gamma dose. In addition to the radioactive materials themselves, many materials become contaminated by contact. This means clothing, liquids, gloves, radiation suits, various work materials, tools, etc. have to be decontaminated or disposed of in a safe manner. Also, nuclear waste may leak into the soil or groundwater.

Among the misconceptions about nuclear power is that it heavily pollutes the air. According to former Hanford scientist Gene Eschbach, nuclear energy does not have any major effects on the air. Slight traces of the radioactive isotopes are liberated, but in very small quantities. A slight ionization of the air surrounding a nuclear reactor does occur and is called activation. This is insignificant. Nuclear reactors do, however, produce excess heat and thereby cause thermal pollution. This must be dealt with in order to prevent significant effects on the surrounding environment. Another fallacy is that there is not enough fissionable material to power nuclear reactors for more than 1,000 years. What many do not realize is that there is a solution to this. Uranium-235, the fissionable isotope of uranium, is less than one percent of the total uranium in nature. Through the neutron bombardment of uranium-238 and one stage of decay, plutonium-239 can be produced.

Without proper precautions, nuclear power can become a destructive force. A nuclear reactor meltdown can kill those in the reactor building and significantly contaminate a large area and render it unsuitable for human occupation. After the Chornobyl incident, entire cities had to be evacuated.

Animals, birds, insects, and plants are also affected by the alpha, beta, and gamma produced by nuclear fission. In addition, many areas, particularly in the western United

States, have been contaminated by uranium mining and milling operations, which produced fuel for nuclear reactors. Plants that grow over contaminated areas can absorb radioactivity through groundwater and soil. Animals then eat these plants and leave diminutive amounts of radiation in numerous places in their droppings. In addition, animals that burrow into contaminated areas can become exposed to radiation. In the past, homes have been built over mill tailings, and the mill tailings have been used as backfill material. Thus, radiation spreads.

Nuclear power has been a powerful reminder of what we can achieve. The power produced through nuclear fission is astonishing. The amount of fuel required and the amount of waste generated is minuscule in comparison to energy sources such as coal. Nuclear power is clean, but there are grave consequences if it is misused. However, if we keep up the pace of technological progress the way we have in the last century, we shall be able to successfully harness nuclear power, and make it the most used source of power mankind has to offer.

природного урану. Шляхом нейтронного бомбардування урану U-238 та після одного етапу напіврозпаду можна отримати плутоній Pu-239.

Без належних пересторог атомна енергія може перетворитися на руйнівну силу. Розплавлення атомного реактора може призвести до смерті всіх, хто працює в будівлі реактора, спричинити серйозне забруднення атмосфери на великій території і зробити її непридатною для проживання людей. Після Чорнобильської катастрофи довелося евакуювати населення цілих міст.

Альфа-, бета- і гамма-випромінювання, що виникає внаслідок реакції поділу, вражає також тварин, птахів, комах та рослини. На додадок, багато територій, особливо на заході США, вже забруднено, тому що тут здійснюється видобуток та технологічна переробка уранової руди з метою отримання палива для атомних реакторів. Флора в забруднених районах здатна поглинати радіоактивність з підземних вод та з грунту. Потім тварини харчуються такими рослинами і залишають невеликі дози радіації усюди у своєму лайні. А тварини, що перебувають на уражених територіях, можуть зазнати впливу і власне випромінювання. У минулому, будинки будувалися на територіях, вкритих технологічним шламом від збагачувальних комбінатів; цей же шлам використовувався як матеріал для засипки. Отож, радіація поширюється.

Атомна енергетика завжди нагадує нам про можливості людства. Реакція поділу атомного ядра є джерелом енергії вражаючої сили. Кількість необхідного палива та кількість відходів, які в результаті утворюються, дуже незначні у порівнянні, наприклад, з вугіллям. Атомна енергетика - чисте виробництво, проте воно може бути пов'язане з сумними наслідками через недбале ставлення. Проте, якщо ми підтримуватимемо темпи технологічного прогресу на рівні минулого століття, ми зможемо успішно скорити атомну енергію і зробити її *найбільш* поширеною з усіх видів, відомих людству.

GLOBE

Global Learning & Observations to Benefit the Environment

James French and Michael Juracich

ПРОГРАМА «ГЛОУБ»

Всесвітні дослідження і спостереження задля збереження довкілля

Джеймс Френч і Майкл Джурасич

«Глоуб»[1] є однією з найцікавіших організацій, що базуються на співробітництві у світовому масштабі. Вона є прикладом того, яким буде співробітництво у світовому масштабі в майбутньому в процесі спільної роботи різних країн для рішення екологічних проблем. «Глоуб» – це всесвітня мережа, де студенти, викладачі та науковці працюють разом, щоб краще вивчити навколишнє середовище. Ця організація охоплює понад 7000 учбових закладів у 84 країнах світу.

GLOBE is one of the more interesting organizations that utilize global partnerships. It is a model of what global partnerships may look like in the future as countries work together to solve world environmental problems. GLOBE is a worldwide network of students, teachers, and scientists working together to further understand the global environment. The organization is composed of students from over 7,000 schools and 84 countries worldwide.

The focus of the GLOBE project is to learn about the world environment through measurement and observation. The goals of GLOBE are to

- enhance the environmental awareness of individuals throughout the world
- contribute to scientific understanding of the earth
- help all students reach higher levels of achievement in science and mathematics.

Data comes from more than 3.5 million observations that cover a wide variety of subjects, including atmospheric observations, hydrology, land coverage/biology, and soil study. Students ages five through eighteen participate in the program.

The aspect of GLOBE that astounds many is the massive amount of cooperation among different countries. Included in the 84 countries in the GLOBE project are Argentina, the People's Republic of China, the Czech Republic, France, Germany, Bulgaria, and the United States of America, to name a few. Students and mentoring scientists from around the world communicate, thereby increasing their understanding of science, cultures, and global communities. Data is transmitted to a central processing facility utilizing the Internet. Students grow in their ability to understand how science is used in real world settings to solve global problems and in their ability to communicate cross-culturally.

GLOBE training is just beginning in Slavutych and Richland.

В центрі уваги програми «Глоуб» є вивчення довкілля за допомогою вимірювань і спостережень. Програма «Глоуб» ставить перед собою такі задачі:

- Покращити знання людей усього світу про екологічні проблеми
- Доповнити існуючі наукові дані про Землю
- Допомогти усім школярам покращити свої результати в матетматиці і точних науках.

Дані базуються на 3,5 мільйонах спостережень, що стосуються великої кількості різних питань, у тому числі вивчення атмосфери, гідрології, біології та грунтології. У програмі приймають участь школярі віком від п'яти до вісімнадцяти років.

Багатьох «Глоуб» вражає масштабами співпраці різних країн. Серед 84 країн, що беруть участь у програмі «Глоуб», можна назвати хоча б такі, як Аргентина, Китайська Народна Республіка, Республіка Чехія, Франція, Німеччина, Болгарія та США. Спілкуючись між собою, школярі і науковці з усього світу покращують свої знання в галузі науки, культури і світової громади. Дані передаються до центру переробки інформації за допомогою комп'ютерної мережі «Інтернет». Школярі вчаться розумінню того, як наукові знання використовуються на практиці для вирішення проблем світового масштабу, а також спроможності спілкуватися з різними народами.

Навчання в рамках програми «Глоуб» тільки-но починається у Славутичі і Річленді.

[1] Від англійського «Globe» - земна куля

American and Ukrainian students in Reactor Unit 3, Chornobyl
Американські і українські школярі на третьому блоці Чорнобильської АЕС

Richland High School Bomber jacket
Куртка з емблемою середньої школи Річленда, талісманом якої є бомбардувальник

CHAPTER 15
ГЛАВА 15

Student Voices
Відгуки школярів

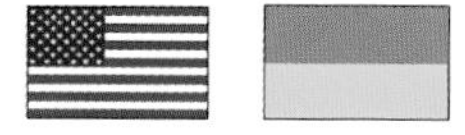

The Future of Richland
Майбутнє Річленда

Очима школярів

Student Views

Kalin Sloughter
Кейлин Слотер

Наскільки залежним буде Ваше місто від ядерної промисловості через 10 років? 20 років?

На сьогодні наше місто багато працює для того, щоб відділитися від ядерної промисловості. В регіоні заохочується розгортання нових підприємств з інших місць і підтримується створення місцевих підприємств. З огляду на теперішні зусилля, я думаю, що через 10 років ми напевне станемо менш залежними від ядерного осередку, ніж це є зараз, а через 20 років ми будемо практично незалежними.

Як Ви бачите свій особистий внесок у майбутнє свого міста?

Поки що я не знаю, чи я особисто буду жити у Річленді, коли стану дорослою. Проте учні, котрі як і я, обізнані з атомною енергетикою, мають чимало обов'язків. Саме ми маємо допомогти решті людей зрозуміти, що атомна енергетика не є чимось поганим, що це хороший, корисний спосіб виробляти енергію. Нашому поколінню вчених залишається також складне завдання винайти безпечні способи поховання відходів, які накопичені в таких місцях, як Хенфордський майданчик, а ще ми маємо допомогти містам типу нашого на шляху диверсифікації, щоб відійти від ядерної промисловості.

Яким би було Ваше місто сьогодні без

How dependent will your city be on the nuclear community in 10 years? 20 years?

Our community is currently working very hard to diversify from the nuclear community. New businesses are being encouraged to come to the area, and local businesses are being encouraged to start. Because of all of the current efforts, I think that in 10 years we will have become much less dependent than we currently are on the nuclear community, and that in 20 years, we will have become almost completely independent.

How do you view your personal involvement in the future of your city?

While I do not know if I myself will continue to live in Richland when I am an adult, students like me who know about nuclear energy have many responsibilities. It is our duty to help others to understand that nuclear energy is not a bad thing and that it is a good, useful source of power. Our generation of scientists is also left with the heavy task of finding safe means of disposal for the waste that has been created at places like the Hanford site, and we all need to help communities like ours to grow and to diversify from the nuclear industry.

Where would your community be today without the nuclear community?

Without the nuclear community, our community could never have grown to its current size. Before the Manhattan Project came to the area, we were just a small farming town, similar to many places in Eastern Washington. The Manhattan Project and the nuclear community have helped our community grow to a size that would have been unfathomable if it had remained a farming community. Because we are involved in the nuclear community, people all over the world have heard of the town of Richland, Washington.

What businesses do you see responsible for the future of your city?

The businesses that will have the greatest impact on our city will be Hanford and the city of Richland itself. Even as we continue to grow and diversify from the nuclear community, Hanford remains a large part in our lives. They are a big supporter of diversification, encouraging their own employees to start new businesses and donating land and buildings for businesses to use. The city of Richland is also very important to the efforts to diversify. They are working on bringing new businesses to the area, as well as helping the current businesses here to improve.

Does the future of your city lie in businesses or individuals?

The future of our community lies more in businesses than it does in individuals, because of all the efforts to diversify. The future of our city depends on being able to bring in new businesses to the area. The future of this area will be written based on the types of businesses that choose to come here. If we were unable to bring in these new businesses that we need, then we would end up eventually having no jobs, and all of the current residents would have to move away and get jobs in other areas.

ядерної промисловості?

Без ядерної промисловості наша громада не змогла б ніколи розростися до сьогодгішних розмірів. До початку робіт з Манхеттенського проекту, ми були просто маленьким фермерським містечком, яких чимало існує у східній частині штату Вашингтон. Манхеттенський проект і ядерна промисловість допомогли нашій громаді вирости до розмірів, про які не можна було і мріяти за умови, якби ми залишалися лише фермерською громадою. Завдяки тому, що ми є частиною ядерної промисловості, люди в усьому світі дізналися про існування у штаті Вашингтон нашого містечка Річленда.

Які види діяльності, на Ваш погляд, стануть визначальними для Вашого міста у майбутньому?

Що стосується видів діяльності, які будуть найбільшою мірою впливати на наше місто, то це Хенфорд та адміністрація міста Річленда. Навіть за умови нашого розвитку та диверсифікації від ядерної промисловості, Хенфорд залишається суттєвим складником нашого життя. Він усіляко сприяє диверсифікації, заохочує своїх власних працівників започатковувати нові підприємства і безкоштовно надає земельні ділянки та будівлі для відкриття таких підприємств. Адміністрація міста Річленда також має велике значення для диверсифікації. Вона працює над залученням в регіон нових підприємств і фірм, а також підтримує розвиток існуючих.

Майбутнє Вашого міста полягає в окремих людях чи в підприємствах?

Більшою мірою майбутнє нашого міста визначатиметься підприємствами, а не залежатиме від окремих осіб, оскільки це диктується курсом на диверсифікацію. Майбутнє нашого міста залежить від здатності залучати в регіон нові підприємства. Майбутнє цього краю буде писатися тими підприємствами, які оберуть для себе цей край і прийдуть сюди. Якщо ми не спроможемося посприяти виникненню таких нових підприємств, яких ми потребуємо, то це для нас скінчиться безробіттям, і всім нинішнім мешканцям доведеться виїхати звідси в інші місця в пошуках роботи.

Як, на Вашу думку, зміниться кількість населення через 10 років? 20 років? 50 років?

Мери Тримістя зараз працюють над питанням контрольованого зростання, що означає зростання таким чином, щоб наявних ресурсів завжди вистачало. Через це я гадаю, що темп розширення Тримістя буде стабільним, кількість його населення, найімовірніше, буде зростати без різких стрибків, проте через 50 років воно суттєво збільшиться.

Яку роль відіграє у майбутньому мешканців Вашого міста адміністрація міста, штату і держави?

Місцева адміністрація є одним з основних прибічників диверсифікації, і вона буде впливати на майбутнє міста дуже помітно. Адміністрація штату та федеральна адміністрація буде більше впливати на місцеву ядерну промисловість. Адміністрація штату та федеральні органи влади визначають нормативні акти та розмір фінансування для ядерної промисловості, отже той шлях, який вони оберуть, дуже вплине на майбутнє нашого міста.

Як Ви собі уявляєте майбутнє атомної енергетики? Що, на Вашу думку, станеться? Що, на Вашу думку, має статися? Чому відповіді на два останніх питання співпадають, чи чому вони відрізняються?

Майбутнє атомної енергетики великою мірою залежить від населення та від вчених і

What changes in population do you think there will be in 10 years? 20 years? 50 years?

The mayors of the Tri-Cities are working on managed growth, which means growing at such a pace that we do not exceed the resources available. Because of that, the Tri-Cities are going to grow at a steady pace and while there will most likely not be any huge population jumps in the near future, in 50 years the area will have grown significantly.

What role does government (city, state, and national) play in the future of your city?

The local city government is one of our biggest supporters of diversification and will have a very significant effect on the future of the city. The state and national government will have more of an effect on the nuclear community here. The state and national government are the ones who determine the regulations and the amount of funding that people in the nuclear industry receive, so what they choose to do will drastically affect the future of our city.

How do you view the future of nuclear energy? What do you think will happen? What do you think should happen? Why or why not are these different?

The future of nuclear energy depends largely on the general population and the scientists and engineers who work with it. Whether or not nuclear energy is used depends on the opinions of the people. If the general population decides that they dislike nuclear energy and do not want it to be used to power their communities, then they will protest the production of new nuclear power plants and pressure politicians to close down existing ones. If the public chooses to support nuclear energy, then there will be an increase in production of nuclear power plants and more money will be given to research in the field of nuclear energy.

The future also depends on scientists discovering ways to create nuclear energy

without creating so much waste. The waste created in reactors is currently the biggest problem in nuclear energy. If we can discover ways to make less waste, the field of nuclear energy will become much safer, and public acceptance of it will greatly increase. I believe that people's acceptance of nuclear energy will improve as they become more aware of the pros of using nuclear energy.

Is the world a better place because of nuclear energy?

I believe that only time will be able to tell us whether nuclear energy is a good thing or not. If in the future we discover that the cons outweigh the pros, then it will become a bad thing. If, however, ways are found to produce nuclear energy without creating waste, then nuclear energy will become a reliable, clean source of energy.

інженерів, зайнятих в цій галузі. Бути далі атомній енергетиці чи не бути залежить від того, що люди думають про неї. Якщо загальна маса населення вирішить, що атомна енергетика їм не до душі, і що їм не хочеться, щоб їхні громади отримували енергію саме з цього джерела, то люди почнуть виступати проти будівництва нових атомних реакторів і змусять політиків позакривати існуючі атомні станції. Якщо ж громадськість дійде висновку про необхідність підтримки атомної енергетики, то кількість нових атомних реакторів зростатиме, і збільшиться фінансування на науково-дослідні роботи в галузі атомної енергетики.

Майбутнє також залежить від досягнень науковців на шляху отримання атомної енергії з меншою кількістю відходів. Відходи, що збираються в реакторах, є на сьогодні найскладнішою проблемою в атомній енергетиці. Якщо буде знайдено способи зменшення кількості відходів, атомна енергетика стане набагато безпечнішою, а її шанси стати прийнятною для громадськості набагато збільшаться. Я вважаю, що сприйняття атомної енергетики населенням буде покращуватися, коли вони будуть більше знати про переваги її використання.

Чи є світ кращим завдяки атомній енергетиці?

Я впевнена, що відповідь на запитання, наскільки атомна енергетика хороше чи погане явище, може дати тільки час. Якщо у майбутньому ми переконаємося, що її переваги затьмаруються її недоліками, значить атомна енергетика є негативним явищем. Однак якщо будуть віднайдені способи виробництва атомної енергії без утворення відходів, її визнають надійним і екологічно чистим енергетичним джерелом.

Наскільки залежним буде Ваше місто від ядерної промисловості через 10 років? 20 років?

Якою мірою наше місто, Річленд (і решта міст Тримістя) буде залежним від ядерної промисловості, значною мірою визначається тим, яким саме чином піде розвиток нашого міста та як будуть змінюватися наші погляди на розвиток атомної енергетики. Якщо ставлення до атомної енергії залишиться негативним, наша громада мало-помалу чи швидко зменшиться, змусивши нас перенести центр уваги на інші види промисловості. На сьогодні наше місто покладається на працівників ядерної промисловості, фактично, через те, що вони складають велику частину населення нашого міста і є одними з основних споживачів товарів, що виробляються і (чи) продаються в місті. А позаяк наша громада продовжує кількісно зростати й урізноманітнюватися, то все більша частина населення міста буде знаходити собі роботу на комерційних підприємствах, що також будуть розвиватися тут. Сказане означає, що ми будемо все менше й менше залежати від атомної енергетики і більше концентрувати увагу на підприємницькому секторі. Я передбачаю, що через десять років ми будемо значно більше покладатися на комерційні підприємства, ніж це має місце зараз. Через двадцять років, можливо, ми будемо повністю орієнтуватися на промисловий та комерційний напрямки, а ядерна промисловість стане настільки другорядним, що її раптове зникнення зовсім не справить відчутного впливу на економічний стан усього нашого міста. Усе це при умові, що атомна енергетика відступить у тінь. Якщо ж цього не відбудеться і в регіоні почнуть проводити більше досліджень, відповідно буде збільшуватися зайнятість в цьому секторі. Роботи з очищення території, що ведуться сьогодні, також можуть різко пожвавішати.

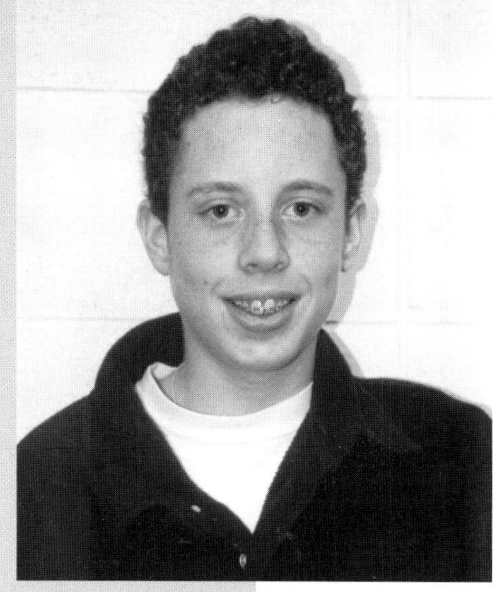

James French
Джеймз Френч

How dependent will your city be on the nuclear community in 10 years? 20 years?

How dependent our city, Richland (and the rest of the Tri-Cities for that matter) are on the nuclear community depends on how our city and our views on nuclear power progress. If attitudes towards nuclear power remain negative, the community will shrink slowly or abruptly forcing us to redirect our focus to the other business opportunities. Our city currently relies on the nuclear community substantially due to the fact that they comprise a great deal of our population, and they are some of the main consumers of the goods produced and/or sold here. As our community continues to grow and diversify, the population's general area of employment will shift to the commercial enterprises that will have developed here. This would mean that we would slowly move away from our reliance on the nuclear industry and focus our attention on the business area. I foresee that in 10 years, we could be relying on diversified businesses a great deal more than we are today. In 20 years, we could be solely relying on the industrial and commercial community while the nuclear community would have faded away to the point that their abrupt disappearance would not tremendously weaken our economic state. This is still assuming that the nuclear industry will fade away. If it does not and more research is conducted in the nuclear area, nuclear-related jobs would increase. Cleanup efforts being conducted here could also increase dramatically.

How do you view your personal involvement in the future of your city?

My personal involvement in the Tri-Cities (or maybe just Richland) and its future could eventually be substantial. Right now, with the writing of this volume, I and everyone else who is working on the book will be contributors to the future of the city. Our personal views today are what will be the personal views of the people tomorrow. We are the future of our city and will be the contributors to it.

Where would your community be today without the nuclear community?

Our community in the area thrives, or thrived, at least, because of the nuclear community. The nuclear industry helped it grow and thrive and led to other commercial industries. Without the nuclear industry, the Tri-Cities may never have existed. Richland would never have existed; instead, White Bluffs would still be standing. No airport would have ever (most likely) been located here, and the town would have remained a small village, nothing more.

What businesses do you see responsible for the future of your city?

As the Hanford site moves away from full production and most or many of the nuclear reactors have shut down, diversification has begun to step in and make significant changes in the business community. However, this is not to say that businesses involved with the Hanford site are out of the picture entirely. In fact, most commercial industries here in the Tri-Cities are merely vendors, not manufacturers and producers. Farming, of course, is a major industry here and does generate significant income, but they are one of the few producers out here. This, then, brings us back to the Hanford companies and organizations. The future of our city depends on which way Hanford goes. The area could continue to be a basin for research and development and growth, or Hanford could phase out completely after the cleanup efforts have been completed. I therefore assume that Hanford will continue to be a research basin. I would then venture to say that any business involved in research and development would be the key to the future of our city.

Як Ви бачите своїй особистий внесок у майбутнє свого міста?

Мій особистий внесок у теперішнє Тримістя (чи, можливо, тільки Річленд), у кінцевому підсумку міг би бути дуже відчутним. Ось зараз, працюючи над цим виданням, я, як і всі, хто зараз працює над цією книгою, вже робимо якийсь внесок у майбутнє нашого міста. Наші сьогоднішні погляди віддзеркалюють погляди людей у дні завтрашньому. Майбутнє нашого міста - це ми, і ми будемо його будувати.

Яким би було Ваше місто сьогодні без ядерної промисловості?

Наша громада розвивається чи, як мінімум, розвинулася, завдяки ядерній промисловості. Ядерна галузь допомогла їй зрости і набратися сил; вона також призвела до створення інших комерційних підприємств. Без ядерної промисловості, можливо, Тримістя ніколи б і не з’явилося. Річленд ніколи б не існував; замість нього все ще існувало б поселення Уайт Блаффс. Ніколи б тут не з’явився аеропорт (майже 100 відсотків гарантії), а саме містечко залишилося б невеличким селищем і нічим більшим.

Які види діяльності, на Ваш погляд, будуть визначальними для Вашого міста у майбутньому?

Оскільки масштабне виробництво на Хенфордському майданчику припинилося, а більшість атомних реакторів були зупинені, почалася поступова диверсифікація діяльності, що призвела до великих змін в підприємницьких колах. Однак було б неправильно сказати, що підприємства, що виникли на території Хенфордського майданчика, більше зовсім не існують. Практично більша кількість комерційних підприємств тут, у Тримісті, є постачальниками, а не виробниками чи переробниками. Звичайно, фермерство у наших місцях є одним з основних видів діяльності, воно дає помітні прибутки, але це лише один з дуже обмеженої кількості розповсюджених тут видів виробничої діяльності. Це знову повертає нас до хенфордських компаній та організацій. Майбутнє нашого міста залежить від того шляху, яким піде Хенфорд. Ця місцевість може, як і раніше, залишатися базовою для наукових досліджень і нових розробок і стати ще більшою, ніж була; але Хенфорд може і повністю припинити своє існування після проведення повного комплексу робіт з очищення території. Мені здається, що Хенфорд буде і надалі існувати як база для науково-технічних досліджень. А вже припустивши таку можливість, я ризикну передрікти, що будь-який бізнес, пов'язаний з дослідницькою діяльністю та новими розробками, мав би стати ключовим для майбутнього нашого міста. Всі вони так чи інакше визначили б майбутній історичний розвиток Тримістя.

Одним з підприємств, що виділяється серед решти, є меморіальний інститут Баттелл. Він є дослідницьким підрядчиком на Хенфордському майданчику ще з 1965 року. Тут працюють багато фахівців з комп'ютерної техніки, програмістів, інженерів та науковців, що займаються державними програмами і розвитком і вдосконаленням технологій.

Майбутнє Вашого міста полягає в окремих людях чи в підприємствах?

Я абсолютно впевнений, що майбутнє нашого міста цілком залежатиме від комерційних підприємств, що проводять тут свою діяльність. Проте це не означає, що працівники цих підприємств зовсім нічого не визначають. Я намагаюсь зробити наголос на тому, що саме ці комерційні підприємства та колосальна армія задіяних технічних працівників лабораторій, інженерів, програмістів та науковців, працюючи спільно, визначають ситуацію на нашому проммайданчику. Але жодна з окремо взятих особистостей не є відповідальною за експлуатацію майданчика в цілому чи розвиток громади навколо нього. Дуже обмежена кількість підприємств громадської власності стоять осторонь від великої кількості комерційних підприємств, що вже діють. Я без вагань складаю висновок, що майбутнє нашого краю визначатимуть підприємства.

Як, на Вашу думку, зміниться кількість населення через 10 років? 20 років? 50 років?

Оскільки Хенфордський майданчик стає все більш і більш масштабною науково-дослідницькою базою, роботи з очищення території активізуються, а комерційні підприємства невпинно розвиваються та

In essence, they would determine the history of the future for the Tri-Cities.

One business then that tends to stand out among the many is Battelle Memorial Institute. They are the research contractor for the Hanford site and have been since 1965. They employ scores of computer scientists, programmers, engineers, and scientists to work on various government programs and to advance technology.

Does the future of your community lie in individuals or businesses?

I solemnly believe that the future of our community lies in the hands of the businesses that are operating here. Now, this is not to say that the individuals employed at those businesses are not important, what I am trying to convey is that it is the businesses and the colossal amount of laboratory technicians, engineers, computer programmers, and scientists employed in them working together make the difference here at the site. No one individual is responsible for the entire site working or not and the community that thrives around it. Very few locally owned businesses stand out amongst the many commercial ones that are already in place. I would undoubtedly have to conclude that businesses are our key to the future.

What changes in population do you think there will be within the next 10 years? 20 years? 50 years?

With the Hanford site increasingly becoming a research basin, a major cleanup effort, and commercial businesses continuing to increase and propagate, the population of our area could increase dramatically in the future. In 10 years, the population could have gone up as much as a third more. In 20 years, the population may have doubled, and in 50 years, the population may have grown to be three times as large as it is now. It all depends on how the Hanford site goes and how the diversification efforts increase.

What role does the government (city, state, and national) play in the future of your community?

The national government has created, developed, and continues to run the Hanford site. Not only that, but it has funded it and has made the site what it is today. That having been said, it plays an important role in what the community does as well. It is the deciding factor in what will happen to the site in the future.

The city government also plays an important role in the future of the city. It is involved in attracting new businesses to the area, promoting tourism, and managing the overall growth of the community. The state government plays a significant role as one of three members in the Tri-Party Agreement. The Tri-Party Agreement determines the scope, sequence, and budget of Hanford cleanup projects.

However, I believe the national government is the most important constituent factor in the community. What it comes down to is that the national government is the judge and jury over the site. One thing that we must understand is that right now what happens to the site is what happens to the community. Thus, the government is the power behind our community.

How do you view the future of nuclear energy? What do you think will happen? What do you think should happen? Why or why not are these different?

The future of nuclear energy could be very bright indeed. Having studied, examined, and read works on its components, listened to stories about its conception, and having written works on it myself, this type of energy could be extremely beneficial to mankind if used properly. Unfortunately, there is so much arrogant presumption about the negative effects of nuclear energy that the United States has developed a negative attitude towards it, and its benefit to society is always overlooked. Thus, nuclear power (at least in this country) has a dim future. Unless we overcome our own nega-

поширюються, кількість населення в нашому регіоні у майбутньому може значно збільшитися. Через десять років населення може збільшитися на одну третину. Через двадцять років воно може подвоїтися, а через п'ятдесят - стати втричі більшим проти нинішнього. Все залежить від того, як буде розвиватися Хенфордський майданчик, і наскільки активно буде проходити диверсифікація економіки.

Яку роль відіграє у майбутньому Вашої громади адміністрація міста, штату і держави?

Хенфордський майданчик створено урядом, який забезпечив його розбудову і продовжує здійснювати управлінські функції і сьогодні. Крім того, уряд надав відповідне фінансування і зробив майданчик таким, яким ми його сьогодні бачимо. Окрім цього, уряду також належить важлива роль в усьому, чим займається громада. Уряд визначає подальшу долю майданчика.

Міська адміністрація також грає важливу роль у майбутнєму нашого міста. Вона займається залученням нових підприємств до регіону, розвитком туризму та керує зростанням нашої громади. Адміністрація штату грає важливу роль як один з трьох членів Угоди трьох сторін. Ця угода визначає обсяг, порядок і бюджет робіт, пов'язаних з очищенням території Хенфордського майданчика. Я вважаю, що федеральний уряд є найбільш впливовим для нас фактором. Ми повинні зрозуміти, що те, що станеться з Хенфордським майданчиком, вплине і на майбутнє нашого міста.

Як Ви собі уявляєте майбутнє атомної енергетики? Що, на Вашу думку, станеться? Що, на Вашу думку, має статися? Чому відповіді на останні два запитання співпадають, чи чому вони відрізняються?

У атомної енергетики справді надзвичайно блискучі перспективи. Серйозно ознайомившись із складовими атомної енергетики, прочитавши про це багато в літературі, послухавши історію зародження атомної енергетики та написавши про це власноруч, я поділяю думку, що цей вид енергії має шанси стати надзвичайно корисним для людства при правильному поводженні. На жаль, існує таке упереджене ставлення до атомної енергетики, яке усіляко поширюється, що у США створюється негативне враження про неї, а можливих переваг для суспільства не помічають. Отже, майбутнє атомної енергетики (принаймні у цій країні) дуже неясне. Доки ми не подолаємо свого власного негативного ставлення до неї, вона, можливо, ніколи не зможе розвинутися до рівня сприйняття в США. Неприємним фактом є те, що найближчим часом атомна енергетика не просунеться далеко в своєму розвиткові. Більшість людей не може усвідомити, що з відходами атомної енергетики можна справитися.

Особисто я вважаю, що треба продовжувати наукові дослідження і експерименти в атомній енергетиці, зазираючи у майбутнє, де вона може бути використана. Саме так, на мою думку, ми маємо обходитися з атомною енергією. Мій погляд і погляд суспільства на майбутнє атомної енергетики є, на жаль, дуже різними. Фактично, вони є полярно протилежними. Хоча атомну енергію можна безпечно використовувати, її продовжують заперечувати, вважаючи небезпечною. В інших країнах, що не надають уваги пропаганді проти атомної енергетики, наприклад у Франції, атомна енергія використовується на рівні 70 відсотків порівняно з іншими видами енергії. Нам необхідно зуміти подивитись крізь зверхність своєї нації, доки ми не опинились перед фактом неможливості забезпечити живлення для власних туалетів, холодильників, мікрохвильових печей, телефонів або, що ще гірше, телеприймачів. Ви говорите про проблему 2000-го року? А чому б не згадати про небезпеку припинення енергопостачання через 200 років?

Чи є світ кращим завдяки атомній енергетиці?

Певно що так! Атомна енергетика – гарант задоволення наших потреб в електроенергії. Багато країн користуються атомною енергією і доволі непогано живуть. Зверніть увагу на статистику. Фахівці обіцяють нам, що через якусь сотню років з невеликим, а то й менше, наші природні енергоносії (нафта/вугілля) буде вичерпано. Тому атомна енергетика напевне набуде значно більшого поширення.

tive stubbornness towards it, it may never grow into something that will be accepted in the United States. The unfortunate truth is that nuclear power is not going anywhere anytime soon. What most do not realize is that the wastes produced by the nuclear reactors can be dealt with.

My personal view is that nuclear power should continue to be researched, developed, and, in the future, utilized. This is what I believe should happen to nuclear energy. My view and the popular view, unfortunately, differ greatly. In fact, they are exact opposites. Even though nuclear energy can be safely utilized, it continues to be rejected and labeled as unsafe. Other countries such as France that are willing to see past all the negative propaganda, use nuclear power for as much as seventy percent of their power needs. We must overlook the arrogance of our nation before we find ourselves unable to power our own toilets, refrigerators, microwaves, phones, or worse yet, our TVs. Y2K? How about PF'n'2 (Power Failure in 200 Years)?

Is the world a better place because of nuclear energy?

YES!!! Nuclear power is the savior of our power needs. Many countries have now incorporated it into their society and are doing quite well. Look at the statistics. Experts give us another one hundred years or so before our natural fuels (oil/coal) run out. This being the case, nuclear power will most definitely become more widespread.

The Future of Slavutych
Майбутнє Славутича

Student Views

Очима школярів

Anton Syomen

Антон Сьомен

How dependent will your city be on the nuclear community in 10 years? 20 years?

I think our city in 10 years, all the more so in 20 years, will be independent from the nuclear community, because Chornobyl Nuclear Power Plant (ChNPP) will be shutdown and this will open the way for many other businesses, which won‘t be connected with the nuclear industry. Many workers who worked at ChNPP will be forced to look for another job, and only a small percentage of Slavutych population will manage the state of ChNPP.

How do you view your personal involvement in the future of your city?

In the future, when I finish school and graduate from college, I would like to live and work in this wonderful city—in Slavutych—because I believe in the future of our city and will do all I can to assist its growth and development. While I don’t know what my personal involvement will be in the future, I am sure that my life will be connected with Slavutych.

Where would your community be today without the nuclear community?

Наскільки залежним буде Ваше місто від ядерної промисловості через 10 років? 20 років?

На мою думку, наше місто через 10 років, а тим більш через 20 років, буде незалежним від ядерної промисловості, тому що Чорнобильська АЕС (ЧАЕС) припинить свою працю, і це відчинить шлях до розвитку інших підприємств, які не будуть пов’язані з ядерною промисловістю. Багато робітників, які працювали на ЧАЕС, змушені будуть шукати іншу роботу, і тільки незначна частина населення Славутичу буде контролювати стан ЧАЕС.

Яким Ви бачите свій особистий внесок у майбутнє свого міста?

У майбутньому, коли я закінчу навчання у школі та отримаю вищу освіту, я сподіваюсь жити та працювати у цьому чудовому містечку, яким є Славутич, тому що я вірю у майбутнє нашого міста, і я буду старатися, щоб наше місто росло та розвивалось. Поки я не знаю, яку участь я буду приймати у майбутньому нашого міста, але я впевнений, що моє життя буде пов‘язане з Славутичем.

Яким би було Ваше місто сьогодні без ядерної промисловості?

Без ядерної промисловості нашого міста взагалі не існувало би. Наше місто було збудовано для робітників, які працюють на ЧАЕС. Якщо після чорнобильської катастрофи було б вирішено не експлуатувати станцію, то таке місто, як Славутич, не виникло би взагалі, воно було би не потрібно.

Які види діяльності, на Ваш погляд, стануть визначальними для Вашого міста у майбутньому?

Які конкретно бізнеси відповідальні, я не можу сказати з впевненістю, але мені б бажалося, щоб це були екологічно чисті підприємства та дослідні комплекси. Втім, усе це залежить від місцевого та державного уряду.

Майбутнє Вашого міста полягає в окремих людях чи в підприємствах? Як, на Вашу думку, зміниться кількість населення через 10 років? 20 років? 50 років?

Мені здається, що майбутнє нашого міста залежить від бізнесів, тому що багато робітників, які працювали на ЧАЕС, залишаться безробітними, а отримання нових рабочих місць є важливим фактором для нормального існування міста. Якщо ця умова здійсниться, то наше місто буде рости та розвиватись, а якщо ні, то багато людей почне покидати Славутич у пошуках праці в інших містах. Перш за все це стосується молодого населення міста

Яку роль відіграє у майбутньому мешканців Вашого міста адміністрація міста, області і держави?

Місцевий уряд відіграє провідну роль у майбутньому нашого міста, тому що уряд є відповідальним за стан міста, за його зовнішний вигляд, за напрямок його розвитку. Не останню роль у майбутньому нашого міста несе державний уряд. Він повинен проголосити Славутич вільною

Without the nuclear community, our city would not exist. Our city was built for nuclear workers who work at ChNPP. If, after the Chornobyl disaster, it would have been decided to close Chornobyl, a city such as Slavutych would not have come into existence. It would not have been necessary.

What businesses do you see responsible for the future of your city?

I can't say for sure what businesses will be responsible for the future of our city, but I would like for them to be ecologically clean businesses and research complexes. However, everything depends on city and national government.

Does the future of your community lie in individuals or businesses? What changes in population do you think there will be within the next 10 years? 20 years? 50 years?

I think that the future of our community lies in businesses because many workers of ChNPP will become unemployed and making new work places is the most important factor of normal city existence. If this condition can be met, our city will grow and develop. If not, a lot of people will leave Slavutych to find new jobs. Primarily, this concerns our young people.

What role does government (city, state, and national) play in the future of your community?

City government plays one of the major roles in the future in our community because it is responsible for the condition of our city, its outside appearance, and for direction of its development. National government also plays a major role in the future of our community. The national government should declare Slavutych a free economic zone. This will stimulate the opening of new businesses.

In which ways are you personally involved in the future of your community?

Now I am studying at school, and after graduating, I want to go to college. I think that even in this way, I am helping our city because Slavutych and Ukraine need educated people who will build the future of our city.

How do you view the future of nuclear energy? What do you think will happen? What do you think should happen? Why or why not are these different? Is the world a better place because of nuclear energy?

I think that, as it is now, nuclear energy in the future will be one of the leading industries in the economy and will greatly develop. Nuclear energy will be the leader because it is the most effective. Nuclear energy is the future of our world. But I wish people would switch to alternative types of energy that are safer for the environment. In my opinion, there is no safer power than the power of wind and water. My thinking is different from what will actually happen in the future, because there is no energy more efficient than nuclear. This is why it improves our life and brings light and heat to our houses.

How important are international alliances to the future of your city? Why?

International alliances are always important for every city, because they open ways for exchange of the experience of experts, help open new profitable businesses, which create new work places, and help establish friendship between countries. This is reciprocal; everyone benefits. On the whole, international alliances open great perspective for city development.

економічною зоною. Це дасть стимул відкривати нові підприємства.

Що Ви особисто робите для будівництва майбутнього Вашого міста?

Поки що я навчаюсь у школі, а потім я бажав би отримати вищу освіту. Я гадаю, що цим я вже допомагаю нашому місту, тому що Славутичу та Україні взагалі потрібні освічені люди, яки б будували майбутнє нашого міста.

Яким Ви собі уявляєте майбутнє атомної енергетики? Що, на Вашу думку, має статися? Що, Ви гадаєте, повинно статися? Чому відповіді на два останніх питання співпадають, чи чому вони відрізняються? Чи є світ кращим завдяки атомній енергетиці?

Я гадаю, що ядерна енергетика у майбутньому, як і зараз, буде однією з провідних галузей економіки і буде розвиватись дуже потужно. За ядерною енергетикою майбутне усього світу. Але я бажав би, щоб люди переходили до більш безпечних для навколишнього середовища альтернативних видів енергії. Мені здається, що немає більш безпечної сили, ніж природні сили вітру та води. Мої припущення розбігаються з майбутньою дійсністю тому, що нема більш ефективної енергії, ніж ядерна. І ось тому вона покращує наше життя і несе у наши будинки світ та тепло.

Чи є міжнародне співробітництво важливим для майбутнього Вашого міста? Чому?

Міжнародне співробітництво завжди є важливим для любого міста, тому що дає змогу мінятись досвідом праці фахівців, допомагає відкривати взаємновигідні підприємства, котрі дають робочі місця, допомагає встановити дружні стосунки між іншими країнами. Це стосується обох сторін; усі виграють. Взагалі, міжнародне співробітництво відкриває великі перспективи для розвитку міста.

Наскільки залежним буде Ваше місто від ядерної промисловості через 10 років? 20 років?

На мою думку, через 10-20 років місто Славутич не буде залежним від ядерної промисловості.

Яким Ви бачите свій особистий внесок у майбутнє свого міста?

Моя участь у розвитку міста полягає в тому, щоб стати кваліфікованим фахівцем і використовувати свої знання у розвитку міста.

Яким би було Ваше місто сьогодні без ядерної промисловості?

Якщо б не ядерна промисловість, можливо й не було б цього міста на карті України.

Які види діяльності, на Ваш погляд, стануть визначальними для Вашого міста у майбутньому?

На мою думку, відповідальним за майбутнє міста Славутича є енерго-зберігаюча галузь промисловості.

Майбутнє Вашого міста полягає в окремих людях чи в підприємствах? Як, на Вашу думку, зміниться кількість населення через 10 років? 20 років? 50 років?

Майбутнє міста Славутича, на мою думку, полягає в бізнесах, тому що завдяки розвитку бізнеса місто процвітає. Я гадаю, що протягом наступних 10-50 років будуть відкриті різні підприємсва по виробництву іграшок і дитячих меблів (з глини, дерева).

Yana Genzytska
Яна Гензицька

How dependent will your city be on the nuclear community in 10 years? 20 years?

I think that in 10-20 years the city of Slavutych will not be dependent on the nuclear community.

How do you view your personal involvement in the future of your city?

My personal involvement is to become a qualified specialist and use my knowledge in our city development.

Where would your community be today without the nuclear community?

If not for the nuclear industry, possibly this city would not exist on the map of Ukraine.

What businesses do you see responsible for the future of your city?

In my opinion, businesses with energy saving technologies are responsible for the future of Slavutych.

Does the future of your community lie in individuals or businesses? What changes in population do you think there will be within the next 10 years? 20 years? 50 years?

The future of Slavutych, in my opinion, lies in businesses, because the city flourishes as a result of businesses. I think that in the nearest 10–50 years, different enterprises will be established for production of toys and children's furniture (from wood and clay).

What role does government (city, state, and national) play in the future of your community?

Unfortunately, the state does not take care of Slavutych's development. Our community at this point in time is dependent on the operation of Chornobyl Nuclear Power Plant (ChNPP).

In which ways are you personally involved in the future of your community?

I take part in our city's cultural life: I participated in the "Golden Autumn of Slavutych" festival, and the festival of Choir Art.

How do you view the future of nuclear energy? What do you think will happen? What do you think should happen? Why or why not are these different? Is the world a better place because of nuclear energy?

Our future lies in nuclear industry. The nuclear industry will be developed in different countries of the world. Answers people come up with are different because people dream about different things and think in different ways, but peace and well-being unite them all. The world is a better place because of nuclear energy. The nuclear industry will develop together with the city.

How important are international alliances to the future of your city? Why?

In my opinion, international cooperation is important for city development because unification of nations helps in the development of enterprises and businesses.

Яку роль відіграє у майбутньому мешканців Вашого міста адміністрація міста, області і держави?

На жаль, держава не піклується про розвиток міста Славутича. На сьогоднішній день життя міста залежить від праці ЧАЕС.

Що Ви особисто робите для будівництва майбутнього Вашого міста?

Я приймаю участь у культурному розвитку міста, була учасницею фестивалю «Золота осінь Славутича», фестивалю хорового мистецтва.

Яким Ви собі уявляєте майбутнє атомної енергетики? Що, на Вашу думку, має статися? Що, Ви гадаєте, повинно статися? Чому відповіді на два останніх питання співпадають, чи чому вони відрізняються? Чи є світ кращим завдяки атомній енергетиці?

Майбутнє за розвитком ядерної енергетики. Ядерна енергетика буде розвиватися у різних країнах світу. Відповіді можуть бути різними, тому що люди мріють про різне і міркують по-різному, але їх об'єднує мир та благополуччя. Через використання ядерної енергії світ є кращим. Ядерна енергетика буде розвиватися разом з містом.

Чи є міжнародне співробітництво важливим для майбутнього Вашого міста? Чому?

На мою думку, міжнародне співробітництво є важливим для розвитку міста, тому що об'єднання народів допомагає розвитку підприємств та бізнесу.

Наскільки залежним буде Ваше місто від ядерної промисловості через 10 років? 20 років?

Якщо закриють ЧАЕС і не буде ніякої ядерної промисловості, мешканці міста роз'їдуться по інших містах, тому що багато з них є робітниками ядерної промисловості. Якщо тут збудують щось із іншої промисловості – у місто приїдуть нові люди, спеціалісти, а сім'ї працівників ЧАЕС все одно поїдуть звідси. Через 10 років (без ЧАЕС) ситуація у місті погіршиться (бракуватиме води, світла, і т.п.). Через 20 років (без ЧАЕС) нашого міста не буде.

Яким Ви бачите свій особистий внесок у майбутнє свого міста?

Я не буду працювати у ядерній промисловості, я збираюсь стати перекладачем, і якщо тут буде для мене робота через 10 років, я буду жити тут.

Яким би було Ваше місто сьогодні без ядерної промисловості?

Нашого міста не було б.

Які види діяльності, на Ваш погляд, стануть визначальними для Вашого міста у майбутньому?

Виробництво продуктів харчування і торгівля харчопродуктами, та бізнеси, пов'язані з освітою.

Майбутнє Вашого міста полягає в окремих людях чи в підприємствах? Як, на Вашу думку, зміниться кількість населення через 10 років? 20 років? 50 років?

В бізнесах, не в окремих людях, тому що

Pavlo Gubin
Павло Губін

How dependent will your city be on the nuclear community in 10 years? 20 years?

If Chornobyl Nuclear Power Plant (ChNPP) is shut down and there is no nuclear community at all, city residents will move to other places because most of them work in the nuclear industry. If another industry is developed here, new people, new experts, will come to live in our city, but the families of nuclear workers will still leave. In 10 years (without ChNPP), the situation in our city will take a turn for the worse (due to lack of electricity, water, etc.) In 20 years, our city will not exist.

How do you view your personal involvement in the future of your city?

I will not be working in the nuclear industry. I am going to be an interpreter, and if there is work for me here in 10 years, I will live here.

Where would your community be today without the nuclear community?

Our city would not exist.

What businesses do you see responsible for the future of your city?

Food manufacturing, food sales, and businesses related to education.

Does the future of your community lie in individuals or businesses? What changes in population do you think there will be within the next 10 years? 20 years? 50 years?

It lies in businesses, not individuals, because an individual can't do a lot. Changes in population – see answer to first question above.

What role does government (city, state, and national) play in the future of your community?

I don't know.

In which ways are you personally involved in the future of your community?

With classmates I plant trees next to our school. I am a member of a basketball team, and we take part in competitions (city and national). I also play on a new baseball team.

How do you view the future of nuclear energy? What do you think will happen? What do you think should happen? Why or why not are these different? Is the world a better place because of nuclear energy?

All currently available ways of producing energy are polluting the environment and are a threat to people (they could blow up, break down, etc.) But people will still use nuclear energy (and also water and heat energy) in the future. I think they will invent other ways of producing energy — safer and not harmful. But it is very difficult, so they will go on using nuclear energy. No, the world is not a better place because of nuclear energy. I don't think that our city's past, which is connected with nuclear industry, will somehow affect our future.

How important are international alliances to the future of your city? Why?

Our people could learn from international firms how to run businesses and how to improve our economy in general. International cooperation is useful, but only when it does not bring harm to our environment.

одна людина не може зробити багато. Про населення: дивіться відповідь на перше питання.

Яку роль відіграє у майбутньому мешканців Вашого міста адміністрація міста, області і держави?

Не знаю.

Що Ви особисто робите для будівництва майбутнього Вашого міста?

Я із іншими школярами садимо дерева біля школи. Я граю в баскетбольній команді і ми беремо участь у змаганнях (міських і по Україні). Я також граю у новій бейсбольній команді.

Яким Ви собі уявляєте майбутнє атомної енергетики? Що, на Вашу думку, має статися? Що, Ви гадаєте, повинно статися? Чому відповіді на два останніх питання співпадають, чи чому вони відрізняються? Чи є світ кращим завдяки атомній енергетиці?

Всі існуючі тепер способи виробництва енергії забруднюють навколишнє середовище, і є загрозою для людей (вони можуть вибухнути, зламатися і т. п.). Але люди усе ж будуть використовувати ядерну енергію (а також водяну і теплову) у майбутньому. Я думаю, що вони повинні винайти інші способи здобування енергії – більш безпечні і не шкідливі. Але це дуже складно, тому вони будуть продовжувати користатися ядерною енергією. Ні, світ не є кращим через використання ядерної енергії. Я не думаю, що минуле нашого міста, пов'язане з ядерною промисловістю, якось вплине на наше майбутнє.

Чи є міжнародне співробітництво важливим для майбутнього Вашого міста? Чому?

Наші люди змогли б вчитися від міжнародних фірм тому, як вести бізнеси, як загалом підвищити нашу економіку. Міжнародне співробітництво корисне, але тоді, коли не надається шкоди нашій природі.

Appendix A

Units and Conversion Factors
Contributions by Gene Eschbach

1 — Precision and significant figures

Measurements can never be made with absolute precision; physical quantities obtained from experimental observations always have some uncertainty. A distance measured with an ordinary ruler or meter stick is usually precise only to the nearest millimeter, while a precision micrometer caliper can measure distances dependable to 0.01 mm or even less. The precision of a number is often indicated by following it with the symbol ± and a second number indicating the maximum likely error. If the diameter of a steel rod is given as 56.47 ± 0.02 mm, this means that the true value is unlikely to be less than 56.45 mm or greater than 56.49 mm. The terms *likely* and *unlikely* can also be given more precise meaning by use of statistical concepts, but these are beyond the scope of this book.

When numbers having uncertainties or errors are used to compute other numbers, these too will be uncertain. It is especially important to understand this when a number obtained from measurements is to be compared with a value obtained from a theoretical prediction. Suppose a student wants to verify the value of p, the ratio of circumference of a circle to its radius, to the nearest millimeter, obtaining the values 135 mm and 424 mm, respectively. He punches these into his pocket calculator and obtains the quotient 3.140740741. Does this agree with the true value or not? To answer this question we must recognize that at least the last six digits in the student's result are meaningless because they imply a greater precision in the result than is possible with his measurements.

However, the following is included as a basis for measurements mentioned in this book, and for converting measurements between the two countries and languages.

Одиниці виміру та перерахункові коефіцієнти

У статті використані матеріали Джіна Ешбаха

1 – Показники точності та інші важливі параметри

Виконати вимірювання з абсолютною точністю не можна взагалі; фізичні характеристики, отримані внаслідок експериментальних спостережень, завжди до певної міри неточні. Відстань, виміряна за допомогою звичайної лінійки чи якогось вимірювального засобу є точною до міліметра, а точність вимірів за допомогою прецизійного мікрометра досягає до 0,01 мм і навіть менше. Точність будь-якого числа часто показується знаком ± та ще одним числом після нього, яке означає максимально можливу похибку. Якщо діаметр сталевого прута позначений як 56,47 ± 0,02 мм, то це означає, що насправді ця величина найімовірніше буде не меншою від 56,45 мм та не більшою від 56,49 мм. Для точнішого визначення терминів «імовірно» та «не імовірно» можуть також вживатися статистичні поняття, але обговорення цього питання виходить за межі нашої книги.

Якщо неточні числа використовуються для обрахунків значень інших чисел, то останні також будуть неточними. Усвідомлення цього факту дуже важливе, особливо для випадків, коли певне число, що є результатом вимірів, необхідно порівняти з його теоретичним значенням. Припустимо, що учень хоче перевірити з точністю до міліметра число π, відношення довжини кола до його радіусу, отримавши на практиці значення 135 мм та 424 мм. Він уводить ці результати у свій кишеньковий калькулятор і отримує коефіцієнт 3,140740741. Чи є це дійсним значенням? Для відповіді на таке запитання треба визнати, що, як мінімум, шість останніх цифр в обчисленому результаті учня є ненадійними, оскільки вони стосуються більшої точності результату виміру, ніж це можливо отримати практично.

Подану нижче таблицю включено для інформації щодо вимірювань, про які йдеться у нашій книзі, а також для того, щоб надати змогу читачу перерахувати вимірювання з однієї системи на іншу, в залежності від країни і мови.

Префікси кратних та багатократних одиниць виміру

Множник	Префікс	Позначення	Множник	Префікс	Позначення
10^{12}	тера	Т	10^{-2}	санті	с
10^{9}	гіга	Г	10^{-3}	мілі	м
10^{6}	мега	М	10^{-6}	мікро	мікро (μ)
10^{3}	кіло	к	10^{-9}	нано	н
10^{2}	гекто	г	10^{-12}	піко	п
0	дека	да	10^{-15}	фемто	ф
10^{-1}	деці	д	10^{-18}	атто	а

Перерахункові коефіцієнти

Довжина

1 м = 100 см = 1 000 мм = 10^6 μм = 10^9 нм

1 км = 1000 м = 0,6214 милі

1 м = 3,281 фут = 39,37 дюйм

1 см = 0,3937 дюйм

1 фут = 30,48 см

1 дюйм = 2,540 см

1 миля = 5 280 фут = 1,609 км

1 ангстрем = 10^{-10} м = 10^{-8} см = 10^{-1} нм

Площа

1 см^2 = 0,155 дюйм^2

1 м^2 = 104 см^2 = 10,76 фут^2

1 дюйм^2 = 6,452 см^2

1 фут^2 = 144 дюйм²= 2 0,0929 м^2

Об'єм

1 л = 1 000 см^3 = 10^{-3} м^3 = 0,0351 фут^3 = 61,02 дюйм^3

1 фут^3 = 0,02832 м^3 = 28,32 літра = 7,477 галлонів

Час

1 хв. = 60 с

1 год. = 3 600 с

1 день = 86,400 с

1 рік = 3,156 x 10^7 с

Маса

1 кг = 10^3 g = 0.0685 слаг

1 г = 6.85 x 10^{-5} слаг

1 слаг = 14,59 кг

1 а.о.м. = 1,661 x 10^{-27} кг

Енергія

1 Дж = 10^7 ерг = 0,239 кал

1 кал = 4,186 Дж (на основі кількісної оцінки калорії, виконаної при 15° С)

1 фут·фунт = 1.356 Дж

1 БТО = 1 055 Дж = 252 кал

1 еВ = 1,602 x 10^{-19} Дж

1 кВт = 3,600 x 10^6 Дж

Масо-енергетична відповідність

1 кг ↔ 8,988 x 1 016 Дж

1 а.о.м. ↔ 931,5 МеВ

1 еВ ↔ 1,073 x 10^{-9} а.о.м.

Prefix Names of Multiples and Submultiples of Units

Factor by which unit is multiplied	Prefix	Symbol	Factor by which unit is multiplied	Prefix	Symbol
10^{12}	tera	T	10^{-2}	centi	c
10^{9}	giga	G	10^{-3}	milli	m
10^{6}	mega	M	10^{-6}	micro	μ
10^{3}	kilo	k	10^{-9}	nano	n
10^{2}	hecto	h	10^{-12}	pico	p
10	deka	da	10^{-15}	femto	f
10^{-1}	deci	d	10^{-18}	atto	a

Unit Conversion Factors

Length

1 m = 100 cm = 1000 mm = 10^6 μm = 10^9 nm

1 km = 1000 m = 0.6214 mi

1 m = 3.281 ft = 39.37 in.

1 cm = 0.3937 in.

1 ft = 30.48 cm

1 in. = 2.540 cm

1 mi = 5280 ft = 1.609 km

1 □ = 10^{-10} m = 10^{-8} cm = 10^{-1} nm

Area

1 cm^2 = 0.155 in^2

1 m^2 = 104 cm^2 = 10.76 ft^2

1 in^2 = 6.452 cm^2

1 ft^2 = 144 in2 0.0929 m^2

Volume

1 liter = 1000 cm^3 = 10^{-3} m^3 = 0.0351 ft^3 = 61.02 in.^{3}

1 ft^3 = 0.02832 m^3 = 28.32 liters = 7.477 gallons

Time

1 min = 60 s

1 hr = 3600 s

1 day = 86,400 s

1 yr = 3.156 x 10^7 s

Mass

1 kg = 10^3 g = 0.0685 slug

1 g = 6.85 x 10^{-5} slug

1 slug = 14.59 kg

1 u = 1.661 x 10^{-27} kg

Energy

1 J = 10^7 ergs = 0.239 cal

1 cal = 4.186 J (based on 15¡ calorie)

1 ft¥lb = 1.356 J

1 Btu = 1055 J = 252 cal

1 eV = 1.602 x 10^{-19} J

1 kWh = 3.600 x 10^6 J

Mass-Energy Equivalence

1 kg « 8.988 x 1016 J

1 u« 931.5 MeV

1eV« 1.073 x 10^{-9} u

Power

1 W = 1 J¥s^{-1}
1 hp = 746 W = 550 ft¥lb¥s^{-1}
1 Btu¥hr^{-1} = 0.293 W

Fundamental Physical Constants

Name	*Symbol*	*Value*
Speed of light	c	2.9979 x 10^{8} ms^{-1}
Charge of electron	e	1.602 x 10^{-19} C
Gravitational constant	G	6.673 x 10^{-11}
Mass of electron	m_e	9.110 x 10^{-31} kg
Mass of neutron	m_n	1.675 x 10^{-27} kg
Mass of proton	m_p	1.673 x 10^{-27} kg

Other useful constants

Mechanical equivalent of heat		4.185 J*cal^{-1}
Standard atmospheric pressure	1 atm	1.013 x 105 Pa
Absolute zero	0 K	-273.15^{0}C
Electron volt	1 eV	1.602 x 10^{-19} J
Atomic mass unit	1 u	1.661 x 10^{-27} kg
Electron rest energy	mc^2	0.511 MeV
Energy equivalent of 1 u	Mc^2	031.5 MeV
Volume of ideal gas (0^{0}C and 1 atm)	V	22.4 liter*mol^{-1}
Acceleration due to gravity (sea level, at equator)	g	978049 ms^{-}

British Units

The fundamental British unit of time is the second, with the same definition as in the SI. In the British system, the *pound* is a unit of *force*, and is a force equal to the weight of one pound-mass, under specified conditions. In this book the pound-mass is not used, and the pound is *always* a unit of force.

In physics, British units are used only in mechanics and thermodynamics; there is *no* British system of electrical units.

The U.S.business adopted the metric system for money and electrical measurements except for science.

Length, units — Effective 1 July 1959 in the U.S. system of measures, 1 yard = 0.9144 meter, exactly, or 1 meter = 1.094 yards = 39.37 inches. The standard inch is exactly 25.4 millimeters.

Temperature may be defined as the condition of a body which determines the transfer of heat to or from other bodies. The customary unit of temperature is the **Centigrade** degree, $^{1}/_{100}$ the difference between the temperature of melting ice and that of water boiling under standard atmospheric pressure.

Потужність

1 Вт = 1 Дж·с$^{-1}$
1 к.с. = 746 Вт = 550 фут·фунт·с$^{-1}$
1 БТО·год$^{-1}$ = 0,293 Вт

Основні фізичні константи

Назва	Позначенн	Величина
Швидкість світла	c	2,9979 x 10^{8} м·с$^{-1}$
Заряд електрона	e	1,602 x 10^{-19} К
Гравітаційна стала	G	6,673 x 10^{-11}
Маса електрона	m_e	9,110 x 10^{-31} кг
Маса нейтрона	m_n	1,675 x 10^{-27} кг
Маса протона	m_p	1,673 x 10^{-27} кг

Інші корисні константи

Механічний еквівалент тепла		4,185 Дж·кал$^{-1}$.
Нормальний атмосферний тиск	1 атм	1,013 x 105 Па
Абсолютний нуль	0 K	- 273,15 ^{0}C
Електрон-вольт	1 eV	1,602 x 10^{-19} Дж
Атомна одиниця маси (а.о.м.)	1 u	1,661 x 10^{-27} кг
Енергія спокою електрона	mc^2	0,511 МеВ
Еквівалент енергії 1 а.о.м.	Mc^2	031.5 МеВ
Об'єм ідеального газу (0^{0}C та 1 атм)	V	22,4 л·моль$^{-1}$
Прискорення вільного падіння (рівень моря, на екваторі)	g	978049 м·с$^{-2}$

Британська система одиниць

Базовою одиницею виміру в Британській системі є секунда (визначається так само, як і в системі СІ). *Фунт* у Британській системі є одиницею *сили*, він відповідає силі, що дорівнює вазі одного фунта маси за означених умов. В цій книзі фунт як одиниця маси не використовується, *«фунт» всюди* в тексті означає одиницю сили.

У фізиці британські одиниці виміру використовуються тільки в механіці та термодинаміці; британської системи електричних одиниць *немає*.

В США ухвалили метричну систему для грошей та електровимірювань, в науці вона не застосовується.

Одиниці довжини – дійсні з 1 липня 1959 року в американській системі одиниць виміру, 1 ярд = 0,9144 м, точно, або 1 м = 1,094 ярд = 39,37 дюймів. Стандартний дюйм точно дорівнює 25,4 мм.

Температуру можна визначити як стан тіла, який впливає на передачу тепла іншим тілам або приймає тепло від них. Традиційною одиницею виміру температури є градус **Цельсія**, $^{1}/_{100}$ різниці між температурою плавлення льоду та температурою, за якої кипить вода при нормальному атмосферному тискові.

Б
басейни "К", 164–166

В
Василець, Андрій Олександрович, 140–141
винні льохи Престона, 209–210
випробувальний реактор на швидких нейтронах, 240–241, 242–244, 246. *Також див.* реактори
відходи на Хенфордському майданчику, 160, 162–169
Волпентест, Сем, 212–213, 268

Г
Гащак, Сергій Петрович, 184–185
Гензицька, Яна, 296–297
Голод, Ніна Тимофіївна, 134–135
Губін, Павло, 298–300

Д
«Денна платня», 87
Дентон, Ларрі, 96–97

Е
економічна диверсифікація, 220–249
Екологічна лабораторія молекулярних наук, 263–265
Ешбах, Джін, 125–130, 274–276, 278

Ж
житлове будівництво, 29, 80–81, 204
жінки на Хенфордському майданчику, 84–86

З
Зона відчуження, 183–188

К
ріка Колумбія, 170–178, 211–212
корінні американці, 2–8
крамниця «Пундик», 208–209
культура, 86, 197–198, 226–227

М
Мазур, Дональд, 79
МакКоу, Білл, 82–83
Махоні, д-р., 245–247
Манхеттенський проект, 42–89
медичні ізотопи, 240–241, 244–249
Міназова, Катерина 180–182
Міністерство енергетики США, 160–161, 255

A
animals, 5, 173–176, 186–188. *See also* fish

C
Chesnokov, Sergiy, 230–236
Chornobyl Nuclear Power Plant, 108–109, 117–120, 132–155, 180–182. *See also* Object Shelter
Cold War, 75, 92–106, 126–127
Columbia River, 170–178, 211–212
culture, 86, 197–198, 226–227

D
Days Pay, 87
Denton, Larry, 96–97

E
economic diversification, 220–249
Environmental Molecular Sciences Laboratory, 263–265
Eschbach, Gene, 125–130, 274–276, 278
Exclusion Zone, 183–188

F
Fast Flux Test Facility, 240–241, 242–244, 246. *See also* reactors
Fermi, Enrico, 54–55, 83
firemen, 136–139
fish, 6, 101, 102, 177–178, 187
French, James, 288–292

G
Gashchak, Sergiy Petrovych, 184–185
Genzytska, Yana, 296–297
Golod, Nina Tymofiyivna, 134–135
Gubin, Pavlo, 298–300

H
Haler, Larry, 216–218
Hanford Reach, 170–178
Hazardous Materials Management and Emergency Response, 268–269
Heriford, Annette, 85–86
Hiroshima, Japan, 40–41, 67, 68–69
housing, 29, 80–81, 204

K
K basins, 164–166

M
Mahony, Dr., 245–247
Manhattan Project, 42–89
Mazur, Donald, 79
McCue, Bill, 82–83
medical isotopes, 240–241, 244–249
Minazova, Kateryna 180–182

N
Native Americans, 2–8
Nosovsky, Anatoly, 255–256
nuclear energy
Eschbach, Gene, 129–130
future of, 274–281, 286–287, 291–292, 295, 297, 299–300
nuclear medicine. *See* medical isotopes

O
Object Shelter, 144–147, 154–155
Oppenheimer, J. Robert, 58–59

P
plutonium, 52–53
Port of Benton, 220–222, 239
Preston Wine Cellars, 209–210
Prypyat, Ukraine, 36–37, 112–113, 134–135, 140–143

R
reactors, 60–62, 108–109, 116–130. *See also* Fast Flux Test Facility
Richland, Washington, 2–26, 90–91, 93, 206–218, 284–292
Robinson, Ray K., 240–241

S
schools
Richland, 23–26, 210, 214–216
Slavutych, 203, 225–226, 253–254
science and technology diversification, 252–269
security and secrecy, 72–76, 88–89
Self-Assembled Monolayers on Mesoporous Supports, 266–267
Slavutych, Ukraine, 28–37, 190–204, 293–300
Slavutych Laboratory, 252–256
Sloughter, Kalin, 284–287
Spatial Paradigm of Information Retrieval and Exploration (SPIRE), 257–260

Н
науково-технологічна диверсифікація, 252–269
Носовський, Анатолій, 255–256

О
об’єкт «Укриття», 144–147, 154–155
Оппенхаймер, Дж. Роберт, 58–59
осклування, 128, 169, 261–262
охорона і секретність, 72–76, 88–89

П
поводження з небезпечними матеріалами і аварійне реагування, 268–269
пожежники, 136–139
плутоній, 52–53
порт Бентон, 220–222, 239
Прип’ять, Україна, 36–37, 112–113, 134–135, 140–143
просторова парадигма пошуку інформації та досліджень (ПППІД), 257–260

Р
реактори, 60–62, 108–109, 116–130. *Також див.* випробувальний реактор на швидких нейтронах
риба, 6, 101, 102, 177–178, 187
Річленд, шт. Вашингтон, 2–26, 90–91, 93, 206–218, 284–292
Робінсон, Рей К., 240–241

С
самоорганізовані моношари на мезопористих основах, 266–267
Славутич, Україна, 28–37, 190–204, 293–300
Славутицька лабораторія, 252–256
Слотер, Кейлін, 284–287
Сцілард, Лео, 42–43, 44–45, 65–66
Сьомин, Антон, 293–295

Т
тварини, 5, 173–176, 186–188. *Також див.* риба

У
Удовиченко, Володимир, 223–229
уран, 43–52, 55–56, 65. *Також див.* реактори

Ф
Фермі, Енріко, 54–55, 83
Френч, Джеймс, 288–292

Х
Хейлер, Ларрі, 216–218
Хенфорд Річ, 170–178
Херіфорд, Еннет, 85–86
Хіросіма, Японія, 40–41, 67, 68–69
Холодна війна, 75, 92–106, 126–127

Ч
Чесноков, Сергій, 230–236
Чорнобильська атомна електростанція, 108–109, 117–120, 132–155, 180–182. *Також див.* об'єкт "Укриття"

Ш
школи
  Річленд, 23–26, 210, 214–216
  Славутич, 203, 225–226, 253–254

Я
ядерна енергія
  Ешбах, Джін, 129–130
  майбутнє, 274–281, 286–287, 291–292, 295, 297, 299–300
ядерна медицина. *Див.* медичні ізотопи

Spudnut Shop, 208–209
Syomen, Anton, 293–295
Szilard, Leo, 42–43, 44–45, 65–66

U
Udovychenko, Volodymyr, 223–229
uranium, 43–52, 55–56, 65. *See also* reactors
U.S. Department of Energy, 160–161, 255

V
Vasylets, Andriy Oleksandrovych, 140–141
vitrification, 128, 169, 261–262
Volpentest, Sam, 212–213, 268

W
waste at Hanford site, 160, 162–169
women at Hanford site, 84–86